✓ 책을 미리 읽은 전문가가 말합니다 +

장학사가 되어 인공지능의 놀라운 발전 속에서 교육 현장 활용 방안을 고민하며 준비했던 인기 교원 연수의 내용이 책으로 출간되어 매우 기쁩니다. 디지털 대전환 시대에 앱시트로 만드는 학급 관리 앱, 구글 사이트로 구현하는 교무실, 스트림릿과 챗GPT를 활용한 업무 자동화까지, 이 책은 교사들의 업무 부담이 늘어나는 상황에서 새로운 희망을 제시합니다. 기술이 교사들에게 부담이 아닌 날개가 되는 순간, 아이들을 향한 진정한 교육의 시간이 열릴 것입니다. 이 책이 업무 효율화와 교육 본질 회복을 위한 길잡이가 되기를 기대합니다.

강윤지 서울특별시교육청 창의미래교육과 장학사

매일 새롭게 등장하는 AI 기술로 인해 우리는 변화의 중심에 서 있습니다. 다가올 AI 시대, 학생뿐 아니라 선생님의 변화도 필수적입니다. 이 책은 선생님이 AI와 다양한 디지털 도구를 쉽게 이해하고 실무에 적용할 수 있도록 돕습니다. 이 책의 내용을 익힌 선생님과 함께하는 학생들은 보다 창의적이고 미래지향적인 배움을 경험할 수 있는 행운을 가지게 될 것입니다.

김승일 모두의연구소 대표

의미가 없거나 부정적인 영향을 미치는 노동, 이른바 '가짜 노동'이 화제입니다. 효율적인 업무를 위해 만든 관료제와 각종 서식을 비롯한 장치들이 업무를 방해하는 일을 자주 겪어보셨을 겁니다. 다행히 최근 생성형 AI의 도움으로 이런 장벽을 낮출 수 있게 되었고, 강력한 자동화 도구인 파이썬 코딩도 쉬워졌습니다. 이 책은 업무 자동화를 통해 선생님이 마주하는 많은 상황에서 가짜 노동을 덜 수 있는 방법을 제시합니다. 선생님들의 노력과 노하우가 담긴 이 책을 통해 많은 선생님이 아이들에게 지식과 애정을 전달하는 일에 조금 더 집중하게 되길 바랍니다.

이제현 한국에너지기술연구원 책임연구원, 국가인공지능위원회 산업·공공분과위원

✓ 책을 미리 읽은 독자가 말합니다 +

이 책을 만드는 단계에서 베타 리딩을 진행했으며, 담당 편집자와 저자진이 수록된 모든 예제를 직접 실습했습니다. 베타 리더께서 보내주신 의견들 덕분에 더 좋은 책으로 만들어 출간할 수 있었습니다. 참여해주신 모든 분께 감사드립니다.

> 반복되는 교무 업무를 구글 워크스페이스로 자동화하는 실습 중심의 책입니다. 앱시트와 앱스 스크립트를 활용한 자동화 방법이 특히 유용하며, 챕터별로 사례가 구분돼 있어 필요한 내용을 바로 찾아 적용할 수 있습니다. 파이썬은 비전공자에게 다소 어려울 수 있지만, 챗GPT를 활용해 실습하다 보면 자연스럽게 익숙해질 것입니다.
>
> **윤병희** 에듀웨이브평생교육원 대표, 디지털 리터러시 강사

> 하나의 도구에 국한되지 않고 앱시트, 파이썬 등 교사가 쉽게 접근할 수 있는 도구를 조합해 자동화를 구현하는 점이 좋았습니다. 특히 어려운 코딩이 필요한 부분은 AI의 도움을 받는 방법을 자세히 안내합니다. 덕분에 기존의 지식을 모아 나만의 자동화 아이디어를 실현할 수 있겠다는 기대가 생겼습니다.
>
> **유혜영** 초등교사, 《자배기 초등 복습 비법》 저자

> 반복되는 교육 업무를 더 효율적으로 관리하고 싶은 선생님들을 위한 맞춤 솔루션이 담긴 책입니다. 실용적인 예제와 친절한 설명이 담겨 있어 단계별로 실습할 수 있습니다. 스마트한 업무 환경을 만들고 싶지만 막막했다면 이 책과 함께 변화의 첫걸음을 내디뎌 보세요.
>
> **류지연** 구글 공인 트레이너, 《1년의 미라클》 작가

손쉽게 그리고 빠르게

8282 선생님을 위한 업무 자동화

with AI + 파이썬 + 노코드

강우혁
김송희
서승희
송석리
한 솔
한준구
황수빈
지 음

GOLDEN RABBIT

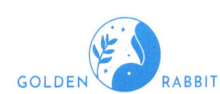

✓ 자동화 세상에 오신 선생님을 환영합니다! +

코딩을 취미로 하는 선생님들의 커뮤니티, 쪼랩

이 책의 공동 저자들은 '쪼랩^{zzolab}'이라는 코딩을 취미로 하는 선생님들의 커뮤니티 회원들입니다. 쪼랩에는 1,000여 명의 현직 유초중고 선생님들이 모여 있으며, 일부는 개발자 수준의 실력을 갖췄지만 대부분은 코딩을 배우고 싶은 '병아리반'입니다. 쪼랩에서 파이썬, 웹 개발, 인공지능, 데이터 분석 등 다양한 스터디를 통해 **많은 선생님들이 귀찮고 반복적인 업무를 해결하는 방법으로 코딩을 배우고 싶어한다는 것을** 알았습니다. 그래서 파이썬 기반의 한글 문서 자동화, 노코드 기반 업무 자동화 등 다양한 업무 자동화 스터디를 진행했고 이렇게 쌓인 노하우를 바탕으로 이 책이 탄생하게 되었습니다.

Learning by Solving! 문제를 해결하면서 배우세요!

코딩 학습에서 가장 효과적인 방법은 'Learning by Solving', 즉 실제 문제를 해결하면서 배우는 것입니다. 많은 선생님들이 코딩을 배우다 중단하는 이유는 배우는 목적이 뚜렷하지 않거나, 배운 코딩을 실제 문제 해결에 적용해본 적이 없기 때문입니다. 이 책은 현직 선생님들이 학교 업무에 활용한 자동화 사례를 담아, 누구나 직접 따라 하며 익힐 수 있도록 구성했습니다.

먼저 코딩에 익숙해지기 전 노코드 서비스로 자동화 사례를 학습해보고, 코딩에 익숙해진 다음에는 챗GPT와 같은 생성형 AI를 통해 더 효과적으로 업무 자동화를 활용하는 방법도 소개합니다. 학습을 통해 왜 코딩이 필요한지, 코딩을 하면 무엇이 편리해지는지 자연스럽게 깨닫고, 나아가 자신의 문제를 해결할 수 있는 능력을 갖추게 될 것입니다.

이 책은 복잡한 IT 기술 없이도 자동화를 쉽게 배울 수 있도록 구성돼 있습니다. 단순한 이론서가 아니라, 교사들이 직면하는 문제를 해결하는 맞춤형 가이드라는 점이 인상적입니다. 한 줄의 코드만으로 반복 작업이 자동화되는 경험을 하게 될 것입니다.

김주현 메디치 교육센터

파이썬과 개발 관련 내용이 낯설게 느껴졌지만, 단계별 실습을 따라하다보니 자연스럽게 익숙해질 수 있었습니다. 이번 기회를 통해 IT 기술과 자동화에 대한 관심을 가지게 되었고, 실제 업무에도 적용해 보고 싶다는 생각이 들었습니다.

정선영 수원 수일고등학교 교사

이 책을 통해 교사에게 필요한 자동화 기술이 무엇인지 알게 되었고, 실습 예제를 교사인 아내와 함께 학습하며 큰 도움을 줄 수 있었습니다. 교사가 아닌 저도 활용할 수 있는 유용한 자동화 지식이 많아 업무에 큰 도움이 될 것 같습니다.

권무석 한국지능정보사회진흥원 인공지능데이터본부

비개발자인 저에게 파이썬은 늘 어렵고 먼 영역처럼 느껴졌습니다. 하지만 이 책은 친절한 설명과 따라 하기 쉬운 예제로 자동화를 실무에 바로 적용할 수 있게 해줍니다. 효율적인 업무 방식을 익히고 싶은 분들께 추천합니다.

이홍은 KT ds

✓ 학습 전에 소소하지만 꼭 알아둬야 하는 이야기 +

 하나, 선생님 업무 자동화 200% 활용하려면, 오픈 카톡에서 함께 연구해요

함께 모여서 모르는 내용을 질문하고, 오류를 해결해보세요. 다른 선생님은 어떻게 업무의 생산성을 높이고 있는지 알아보며 더 많은 업무 자동화 아이디어를 얻어갈 수 있을 거예요.

• 오픈 카톡방 : open.kakao.com/o/gtFz4Agh

 둘, 실습에 필요한 코드를 전부 제공합니다

학습 효과를 높이기 위해서는 책에 나온 코드를 직접 따라 입력하는 것을 권장합니다! 하지만 너무 바쁘고, 더 빨리 학습하고 싶고, 지금 당장 쓰고 싶다면 다음 링크에서 예제 코드를 다운받아 활용하세요. 실습에 필요한 스프레드시트, 파이썬 코드, 앱스 스크립트 코드, 완성된 배포 파일 등을 제공합니다.

• 실습 파일 다운로드 : vo.la/azECUb

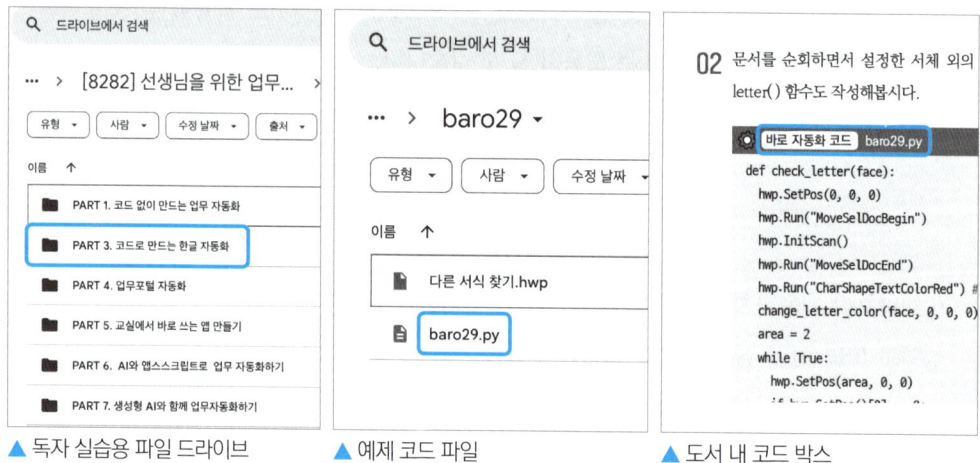

▲ 독자 실습용 파일 드라이브　　▲ 예제 코드 파일　　▲ 도서 내 코드 박스

셋, 파이썬 코딩이 처음인 선생님을 위해 기초 문법 노트를 제공합니다

파이썬이 처음이라도 걱정하지 마세요! 기본적인 문법을 쉽게 익힐 수 있도록 기초 문법 노트를 제공합니다. 변수, 조건문, 반복문 등 필수 개념을 정리한 자료로, 책의 실습을 더욱 원활하게 따라갈 수 있습니다. 아래 링크에서 다운로드하여 파이썬의 기초를 탄탄하게 다져보세요!

- **파이썬 기초 문법 노트** : bit.ly/4hzXk7Q

넷, 생성형 AI와 함께 학습하세요!

생성형 AI를 사용하면 코딩을 훨씬 쉽게 배우고, 다양하게 활용할 수 있습니다. 코드나 개발 지식을 잘 몰라도 사람에게 말하듯 원하는 요청을 입력하면 되기 때문이죠. 반대로 프로그래밍 지식이 있다면 챗GPT에게 훨씬 효과적으로 질문할 수 있습니다. 단순히 어떤 기능을 만들어달라고 요청하기보다 필요한 라이브러리, 함수를 제시했을 때 더 완성도 있는 대답을 빠르게 얻을 수 있기 때문입니다. 여러분의 주로 활용하는 모델이나 서비스를 사용해도 상관없지만 이 책에서는 챗GPT와 커서 AI를 권장합니다.

▲ 챗 GPT

▲ 커서 AI

- **챗GPT 홈페이지** : chatgpt.com

- **커서 AI 홈페이지** : cursor.com

✓ 선생님 업무 자동화 로드맵을 소개합니다 +

앞 순서부터 차근차근 학습해나가는 것을 권장하지만 바쁜 업무 중에 바로 필요한 자동화 예제를 따라할 수 있도록 로드맵을 제공합니다. 질문을 따라가면서 선생님이 지금 가장 필요로 하는 기능이 무엇인지 확인해보고 학습해보세요. 책을 한 번 정독하고 추후에 이 로드맵을 따라 필요한 부분만 복습하는 것도 여러분의 활용 능력을 키우는 좋은 방법이 될 것입니다.

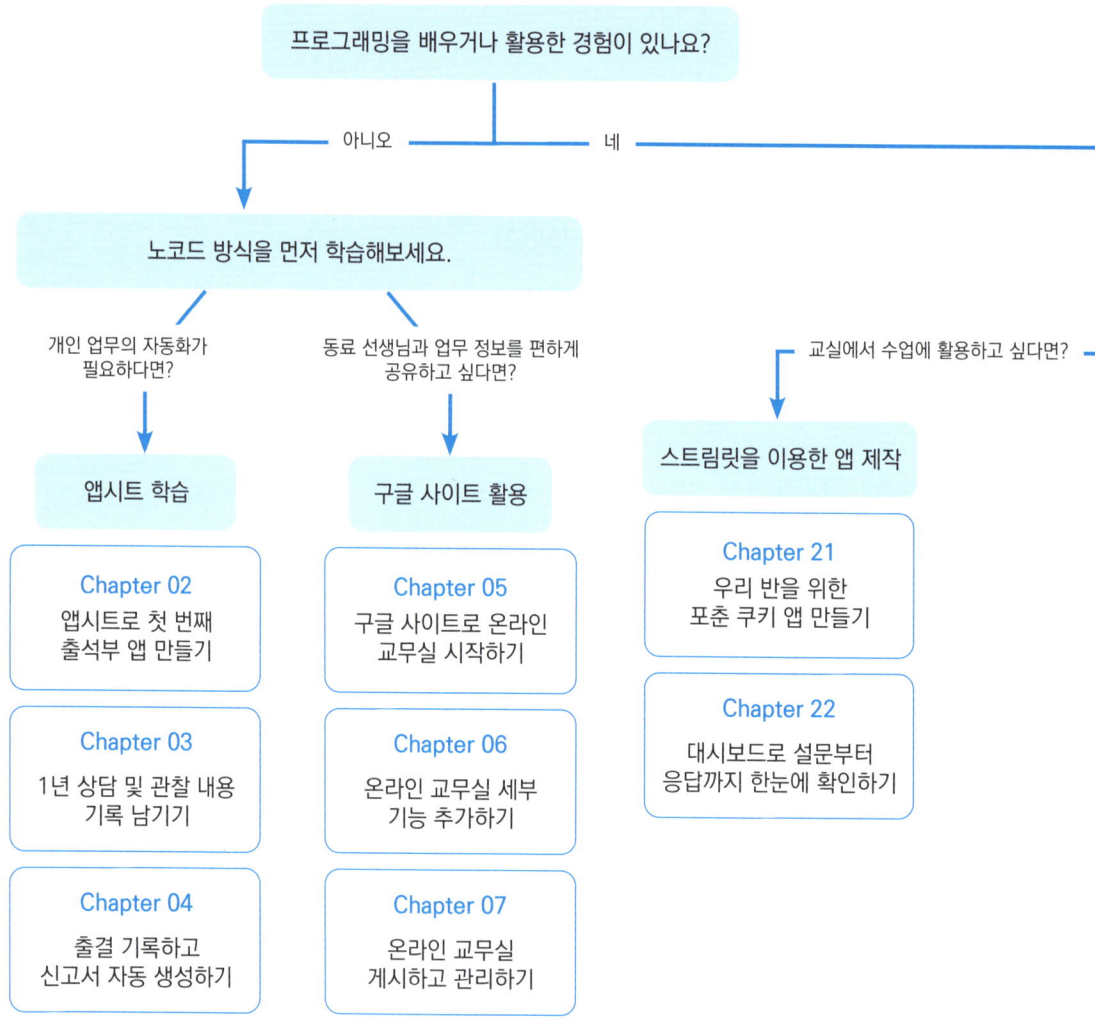

```
                                          ┌─────────────────────────┐
                                          │ 심화 업무 자동화를 학습하고 │
                                          │     싶다면 여기로!       │
                                          └─────────────────────────┘
                                          ┌─────────────────────────┐
                                          │      Chapter 26         │
                                          │ 커서 AI를 이용해 업무    │
                                          │   자동화 도구 만들기      │
                                          └─────────────────────────┘
                                          ┌─────────────────────────┐
                                          │         부록            │
                                          │    파이썬 데이터 분석    │
                                          └─────────────────────────┘
```

어떤 목적의 업무를 자동화하고 싶나요?

교무실에서 빠르게 업무를 처리하고 싶다면?

교무실 업무 자동화

한글 문서를 활용한다면?	구글 워크스페이스를 활용한다면?	나이스, 업무포털을 사용한다면?
파이썬 한글 자동화	**AI 기반 자동화**	**업무포털 자동화**
Chapter 10 한글 자동화로 문서 관리하기	**Chapter 23** 챗GPT와 구글 워크스페이스 자동화하기	**Chapter 15** 업무포털 접속 자동화하기
Chapter 11 한글 자동화로 가정통신문 편집하기	**Chapter 24** 스프레드시트와 챗GPT 결합하여 사용하기	**Chapter 16** 나이스 메뉴 이동 자동화하기
Chapter 12 한글 자동화로 시험지 편집하기	**Chapter 25** 챗GPT로 새 학기 반 편성 조회 페이지 만들기	**Chapter 17** 나이스 복사-붙여넣기 자동화하기

목차 +

코드 없이 만드는 업무 자동화

PART 01 앱시트로 만드는 학급 관리 앱

Chapter 01 클릭만으로 앱 만드는 앱시트 알아보기 20
- 코드 없이도 앱을 개발할 수 있는 노코드 플랫폼, 앱시트 20
- 앱시트로 무엇을 만들 수 있나요? 21

Chapter 02 앱시트로 첫 번째 출석부 앱 만들기 24
- 바로 실습 01 출석부 데이터 구성하고 앱시트로 첫 번째 앱 만들어보기 24
- 바로 실습 02 출석부 앱 데이터 테이블 준비하기 31
- 바로 실습 03 출석부 앱 뷰 설정하기 35
- 바로 실습 04 출석부 앱 액션 설정하기 39
- 바로 실습 05 모바일에서 학급 관리 앱 실행하기 43

Chapter 03 1년 상담 및 관찰 내용 기록 남기기 46
- 바로 실습 06 상담 데이터 구성하기 46
- 바로 실습 07 상담 뷰 설정하기 50
- 바로 실습 08 상담 액션 추가하기 56

Chapter 04 출결 기록하고 신고서 자동 생성하기 62
- 바로 실습 09 출결 데이터 구성하기 62
- 바로 실습 10 출결 뷰 설정하기 69
- 바로 실습 11 오토메이션으로 결석 신고서 PDF 자동 생성하기 74
- 바로 실습 12 결석 신고서 PDF 완성도 높이기 87

PART 02 구글 사이트로 만드는 온라인 교무실

Chapter 05 구글 사이트로 온라인 교무실 시작하기 ·· 90
클릭 몇 번으로 완성하는 나만의 웹 사이트, 구글 사이트 살펴보기   90
〔바로 실습 13〕 구글 사이트로 온라인 교무실 메인 페이지 제작하기   92

Chapter 06 온라인 교무실 세부 기능 추가하기 ·· 98
〔바로 실습 14〕 부서별 온라인 교무실 페이지 제작하기   98
〔바로 실습 15〕 구글 사이트에 공유 캘린더 삽입하기   100
〔바로 실습 16〕 구글 사이트에 시트 삽입하기   102
〔바로 실습 17〕 전 교사, 전교생 하나의 메신저로 소통하기   104

Chapter 07 온라인 교무실 게시하고 관리하기 ·· 110
〔바로 실습 18〕 온라인 교무실 사이트 게시하기   110
〔바로 실습 19〕 온라인 교무실 권한 관리하기   113

LEVEL 02 파이썬 코드로 만드는 업무 자동화

PART 03 코드로 만드는 한글 자동화

Chapter 08 파이썬 업무 자동화 준비하기 ·· 120
〔바로 실습 20〕 파이썬 설치하기   120
〔바로 실습 21〕 비주얼 스튜디오 코드 개발 환경 준비하기   123

💬 with AI 커서 AI 활용하기　127

Chapter 09　파이썬 한글 자동화 기본 익히기 ……………………………………… 135

파이썬 한글 자동화 시작하기　135

바로 실습 22　한글 기본 기능 자동화하기　137

바로 실습 23　파이썬 코드로 한글에 내용 입력하기　143

💬 with AI 매크로 스크립트 코드를 파이썬 코드로 바꿔봅시다　152

Chapter 10　한글 자동화로 문서 관리하기 ………………………………………… 155

바로 실습 24　한글 파일 엑셀로 한 번에 취합하기　155

바로 실습 25　클릭 한 번으로 개인 정보 가리기　166

💬 with AI 코드별 설명이 필요할 때 이렇게 해보세요　171

Chapter 11　한글 자동화로 가정통신문 편집하기 ……………………………… 173

바로 실습 26　가정통신문 자간 자동 조정하기　173

바로 실습 27　문서의 날짜 옆에 요일 일괄 넣기　180

Chapter 12　한글 자동화로 시험지 편집하기 …………………………………… 184

바로 실습 28　여러 서식 동시에 적용하기　184

바로 실습 29　다른 서체만 찾아내기　189

바로 실습 30　오지선다 만들기　192

💬 with AI 버튼으로 자동화 코드를 수행하고 싶어요　197

PART 04 코드로 만드는 업무포털 자동화

Chapter 13　업무포털 자동화 미리보기 ·········· 202

파이썬으로 만드는 업무포털 자동화　202
업무포털 자동화 프로그램 미리 보기　203

Chapter 14　업무포털 사용자 인터페이스 만들기 ·········· 207

바로 실습 31　인터페이스 디자인 구현하기　207
with AI　인터페이스를 수정해볼까요?　212

Chapter 15　업무포털 접속 자동화하기 ·········· 215

웹 페이지 요소를 다루는 라이브러리, 셀레니움　215
바로 실습 32　인터페이스 디자인 구현하기　218
바로 실습 33　업무포털 접속 자동화 실행하기　227
with AI　아이디와 비밀번호를 가져올 수 있게 응용해볼까요?　229

Chapter 16　나이스 메뉴 이동 자동화하기 ·········· 232

바로 실습 34　브라우저 일시 정지 기능 알아보기　232
바로 실습 35　나이스 메뉴 이동 자동화 구현하기　234
바로 실습 36　나이스 메뉴 이동 자동화 실행하기　241

Chapter 17　나이스 복사-붙여넣기 자동화하기 ·········· 243

엑셀 데이터 다루는 라이브러리, 판다스　243
바로 실습 37　나이스 복사-붙여넣기 자동화 구현하기　245
바로 실습 38　나이스 복붙 자동화 실행하기　252
바로 실습 39　모든 교실을 위한 실행 파일 배포하기　254

Chapter 18 업무포털 자동화 응용 기능 추가하기 ····· 256

- **바로 실습 40** 업무포털 / 에듀파인 / 나이스 한 번에 접속하기 256
- **바로 실습 41** 나만의 나이스 메뉴 바로가기 259
- **바로 실습 42** 개인 근무 상황 관리 바로가기 260

PART 05 교실에서 바로 쓰는 앱 만들기

Chapter 19 코드 몇 줄로 앱 만드는 스트림릿 알아보기 ····· 264

장단점으로 알아보는 스트림릿 264
- **바로 실습 43** 스트림릿으로 첫 번째 앱 배포하기 266

Chapter 20 스트림릿 기본기 다지기 ····· 283

- **바로 실습 44** 스트림릿 기본 기능 살펴보기 283
- **바로 실습 45** 원하는 페이지를 나의 앱에 그대로 가져오기 291

스트림릿 홈페이지 200% 활용법 293
- **바로 실습 46** 종종 생기는 오류 해결하기 296
- **with AI** AI와 오류를 찾고 배포 문제를 해결해요 299

Chapter 21 우리 반을 위한 포춘 쿠키 앱 만들기 ····· 302

- **바로 실습 47** 앱 만들고 개발 준비하기 302
- **with AI** 포춘 쿠키 메시지 만들기 304
- **바로 실습 48** 랜덤 문구 생성 기능 만들기 306
- **바로 실습 49** 애니메이션 추가하기 310
- **바로 실습 50** 포춘 쿠키 앱 배포하기 312

Chapter 22 대시보드로 설문부터 응답까지 한눈에 확인하기 ········· 315

- 바로 실습 51 페이지 기본 화면 구성하기　315
- 바로 실습 52 앱에 구글 폼 불러오기　316
- 바로 실습 53 앱에 스프레드시트 데이터 불러오기　320
- 바로 실습 54 설문 앱 배포하기　328

LEVEL 03 AI와 함께 만드는 업무 자동화

PART 06 챗GPT와 앱스 스크립트로 업무 자동화하기

Chapter 23 챗GPT와 구글 워크스페이스 자동화하기 ············ 336

- 바로 실습 55 앱스 스크립트로 클릭 한 번에 체크 박스 초기화하기　336
- 바로 실습 56 구글 캘린더 일정 업로드 자동화하기　341
- 바로 실습 57 구글 드라이브 자료 원 클릭으로 스프레드시트에 가져오기　350

Chapter 24 스프레드시트와 챗GPT 결합하여 사용하기 ············ 355

- 바로 실습 58 AI 스프레드시트 요약 도우미 만들기　355
- 바로 실습 59 나이스 다운로드 문서 불필요한 형식 정리하기　365
- 바로 실습 60 나이스 과목별 세부 능력 특기 사항 자동 검토하기　369

Chapter 25 챗GPT로 새 학기 반 편성 조회 페이지 만들기 ············ 375

- 바로 실습 61 반 편성 조회 시스템 구상하기　375
- 바로 실습 62 챗GPT와 앱스 스크립트 웹 페이지 만들기　380
- 바로 실습 63 반 편성 조회 페이지 오류 해결하기　386

PART 07 커서 AI로 업무 자동화하기

Chapter 26 커서 AI를 이용해 업무 자동화 도구 만들기 ··················· 390
- 바로 실습 64 커서 AI로 이미지 클릭 자동화 프로그램 만들기   390

Chapter 27 마크다운 보고서 제작하기 ·· 407
- 바로 실습 65 자동화 코드 소개하는 파일 작성하기   408
- 바로 실습 66 커서 AI와 마크다운으로 문서 요약하기   411

Chapter 28 커서 고급 사용법 더 알아보기 ·· 414
- 바로 실습 67 여러 문서 한 번에 참조하기   414
- 바로 실습 68 공식 문서 첨부하기   415
- 바로 실습 69 체크아웃 기능 사용하기   416
- 바로 실습 70 노트패드 사용하기   416
- 바로 실습 71 에이전트 기능 사용하기   417
- 바로 실습 72 SVG 파일 제작 요청하기   418

부록 ··· 423
- 부록 A   423
- 부록 B   431
- 부록 C   434
- 부록 D   437
- 저자의 한마디   442

찾아보기 ··· 444

코드 없이 만드는
업무 자동화

학습 내용

PART 01 앱시트로 만드는 학급 관리 앱

PART 02 구글 사이트로 만드는 온라인 교무실

학습 목표

- 스프레드시트와 앱시트를 이용하여 업무에 필요한 앱을 만들 수 있습니다.
- 앱시트의 오토메이션을 활용하여 반복되는 업무를 자동화할 수 있습니다.
- 구글 사이트를 이용하여 정보를 효과적으로 정리한 온라인 교무실 사이트를 구축할 수 있습니다.
- 구글 사이트로 생성한 사이트를 게시하여 교직원, 학생과 공유할 수 있습니다.
- 구글 사이트 공유 권한을 구분하여 효과적으로 온라인 교무실을 운영할 수 있습니다.

이게 되네?

PART 01
앱시트로 만드는 학급 관리 앱

'선생님이 여러 가지 블럭 중에 일부를 모아서 앱을 만드는 모습을 그려줘.'라고 프롬프트를 입력하여 생성한 이미지입니다.

여기서 공부할 내용

누구나 쉽게 따라 할 수 있는 업무 자동화 방법을 소개합니다. 노코드 앱 제작 툴인 앱시트를 활용한 학급 관리 앱을 만들며 복잡한 코딩 없이도 출석부 관리, 학생 상담 기록, 업무 일정 관리 등을 자동화하는 놀라운 경험을 할 수 있습니다. 차근차근 따라 하면서 업무 자동화를 시작해봅시다.

(Chapter 01)

클릭만으로 앱 만드는 앱시트 알아보기

여기서 예제의 난이도와 필요한 사전 지식을 확인하세요.

활용도구 앱시트   구글 스프레드시트

이 챕터에서는 앱시트라는 도구를 통해 코딩 없이도 앱을 쉽게 만드는 방법을 배웁니다. 먼저 앱시트가 무엇인지 알아보고, 실습 전 필요한 준비 사항을 점검한 뒤, 마지막으로 직접 나만의 첫 앱을 만들어 보는 과정을 진행합니다. 이제 함께 앱시트의 기본 개념부터 실습까지 단계별로 익혀봅시다.

💬 코드 없이도 앱을 개발할 수 있는 노코드 플랫폼, 앱시트

앱시트^{AppSheet}는 코딩 없이 앱을 개발할 수 있는 노코드^{no-code} 플랫폼입니다. 프로그래밍 지식이 없어도 데이터를 활용해 손  쉽게 맞춤형 앱을 만들 수 있고, 이를 통해 업무를 자동화하거나 효율성을 높일 수 있습니다. 특히 구글 클라우드에서 제공하는 서비스이기 때문에 구글 스프레드시트의 데이터를 연동해 빠르고 유연하게 앱을 제작할 수 있는 여러 기능을 제공합니다.

앱시트의 가장 큰 장점은 사용자가 원하는 기능을 직접 만들어 사용할 수 있는 맞춤형 도구라는 점입니다. 앱을 제작하는 과정은 매우 직관적이고 간단합니다. 드래그 앤 드롭 방식으로 필요한 기능을 선택하고 데이터를 연동해 앱을 구성할 수 있죠. 이렇게 사용자 친화적인 인터페이스 덕분에 기술적인 지식 없이도 원하는 기능을 마음껏 커스터마이징하여 자신만의 앱을 손쉽게 제작할 수 있습니다.

💬 앱시트로 무엇을 만들 수 있나요?

앱시트로 만들 수 있는 자동화 사례들은 다음과 같습니다. 학생과 보호자 연락처를 손쉽게 관리하거나 반복적인 연락 문구를 자동으로 전송하는 기능을 통해 시간을 절약하고 업무의 부담을 줄일 수 있죠. 또한 모바일에서 출결을 관리하고, 결석 신고서를 자동 생성하는 기능을 통해 교사의 행정 업무를 크게 간소화할 수 있습니다.

사례 01 개인 연락처와 업무 연락처 분리하기

앱시트로 모바일 출석부를 만들어 학생, 보호자 연락처를 교사 개인 스마트폰에 저장하지 않고도 학급 연락처만 따로 관리할 수 있습니다. 모바일 출석부에서 클릭 한 번으로 학생과 보호자에게 전화를 걸거나 문자를 보낼 수 있는 것이죠. 연락처 관리의 번거로움을 덜고, 필요한 순간에 즉시 연락을 취할 수 있어 긴급 상황에서도 빠르고 효율적으로 대응할 수 있습니다.

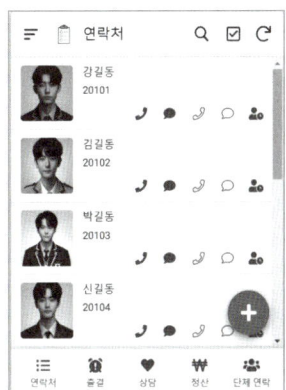

사례 02 반복적인 연락 문구 자동화하기

연락 문구를 미리 지정하여 클릭만으로 보호자와 소통할 수 있습니다. 학생의 등교 상황을 묻는 문구 등은 한 번 작성하는 데 오래 걸리지 않지만 반복되면 많은 시간이 쌓일 겁니다. 자동화하면 일관된 내용을 신속하게 전달할 수 있어 시간과 노력을 절약할 수 있으며, 반복 연락 업무의 부담을 줄일 수 있습니다.

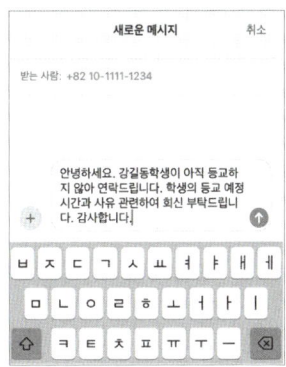

사례 03 모바일에서 출결 관리하기

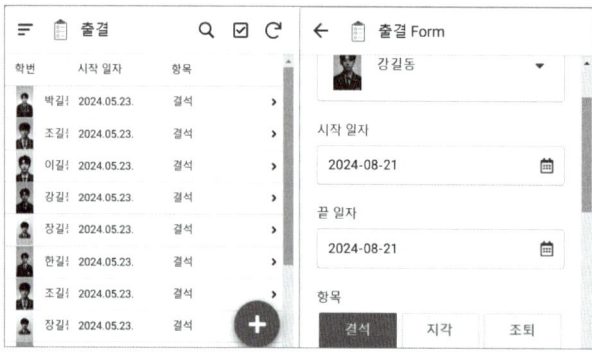

학생 출결 데이터를 모바일에서 저장하고 관리할 수 있습니다. 언제 어디서나 빠르고 간편하게 출결 상황을 기록할 수 있으며, 실시간으로 업데이트된 데이터를 활용하여 즉각 대응할 수 있습니다.

사례 04 결석 신고서 문서 자동 생성하기

출결 탭에서 저장한 데이터를 바탕으로 학생의 결석 신고서 PDF를 데이터가 입력된 상태로 자동 생성할 수 있습니다. 이를 통해 담임 교사의 행정 업무 부담을 줄이고 문서 오류를 최소화할 수 있습니다.

사례 05 **수시 관찰 내용 현장에서 적기**

수시 관찰한 내용을 교육 현장에서 스마트폰으로 바로 기록할 수 있습니다. 이를 통해 교사는 실시간으로 학생의 행동과 학습 태도 변화를 파악하고 생활 기록부 작성의 근거로 삼을 수 있습니다.

사례 06 **1년 상담 내용 누가 기록하기**

1년 상담 내용을 한 곳에 누가 기록할 수 있습니다. 이를 통해 연속성 있는 상담을 할 수 있고 학생의 성장 과정을 체계적으로 파악할 수 있습니다. 또한 학생의 강점과 약점을 정확히 이해하여 맞춤형으로 지도할 수 있으며, 문제가 발생하면 빠르게 대처할 수 있습니다. 이러한 기록은 학부모와 소통할 때도 효과적입니다.

우리 책에서는 이러한 자동화 사례 중 연락처와 상담 그리고 출결 관리를 직접 실습해볼 겁니다. 완성된 결과물이 궁금하다면 다음 링크에서 먼저 확인해보세요.

- **완성된 앱 링크** : bit.ly/3QftkCl

앱을 따라 만들면서 앱시트의 핵심 개념과 기능을 익히고 나면 여러분만의 아이디어를 담은 앱을 자유롭게 만들 수 있을 겁니다.

Chapter 02

앱시트로 첫 번째 출석부 앱 만들기

> 첫 번째 업무 자동화 시작해봅시다!

활용도구 구글 앱시트   구글 스프레드시트

이제 직접 실습하면서 앱시트를 활용해보겠습니다. 가장 기본이 되는 출석부 앱을 만들어보면서 앱시트의 메뉴를 둘러보고 앱 제작의 전반적인 과정을 경험해봅시다. 단계가 꽤 길지만 차근차근 따라하면 많이 어렵진 않을 겁니다.

바로 실습 01 출석부 데이터 구성하고 앱시트로 첫 번째 앱 만들어보기

실습을 시작하기 전에 필요한 기본 사항을 살펴보겠습니다. 먼저, 구글 계정으로 구글 드라이브 Google Drive에 접속하는 방법을 안내하고, 그 다음으로 실습에 사용할 작업 폴더와 스프레드시트 파일을 만드는 과정을 설명할 겁니다. 함께 차근차근 따라가면서 필요한 준비를 완료해봅시다.

구글 드라이브에 작업 폴더와 스프레드시트 파일 만들기

01 크롬 브라우저에서 구글에 접속한 후 구글 계정으로 로그인합니다.

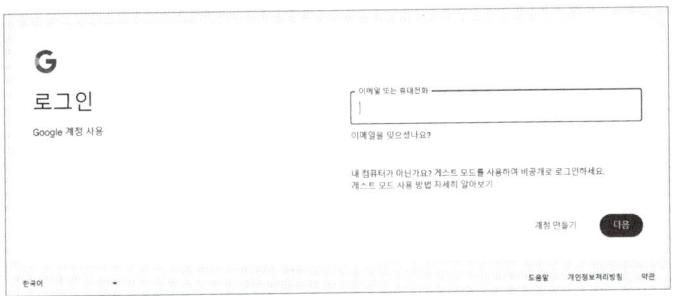

02 화면 오른쪽 위에 있는 ⋮⋮⋮ 을 클릭한 후 **[드라이브]**를 클릭해 구글 드라이브에 접속합니다.

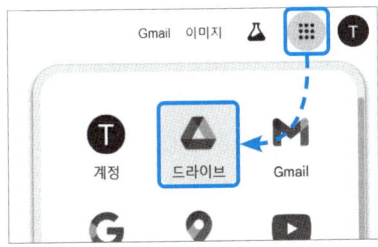

03 드라이브 화면에서 우클릭하여 새 폴더를 만듭니다. 폴더 이름은 '(학년-반)학급관리앱'으로 합니다. 학년과 반은 담당 학급에 맞게 수정합니다.

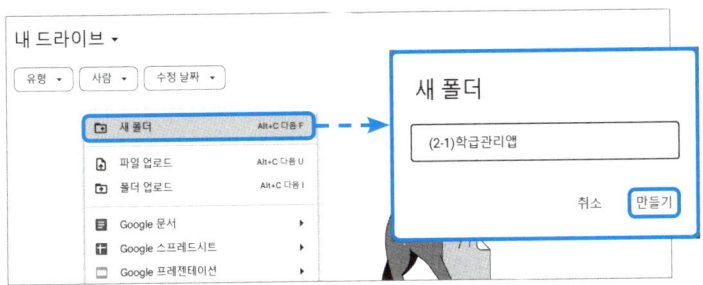

04 '(2-1)학급관리앱' 폴더에서 우클릭하여 빈 스프레드시트 파일을 생성합니다. 스프레드시트의 파일 이름은 폴더 이름과 같게 '(학년-반)학급관리앱'으로 짓습니다. 이는 모바일 앱의 이름이 됩니다.

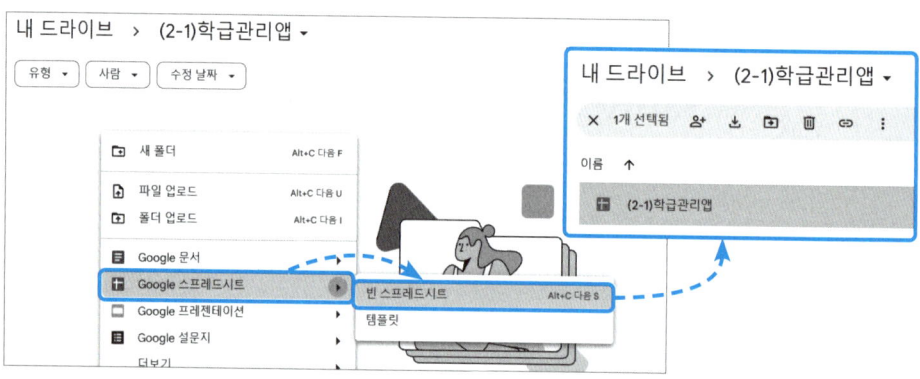

선생님의 비법 노트

앱시트 활용을 위한 스프레드시트 기본 용어 4가지

앱시트에서 스프레드시트를 효과적으로 활용하려면 기본 용어를 이해하는 것이 중요합니다. 스프레드시트의 구조와 구성 요소를 알면 앱시트에서 데이터를 더욱 쉽게 관리하고 연동할 수 있습니다.

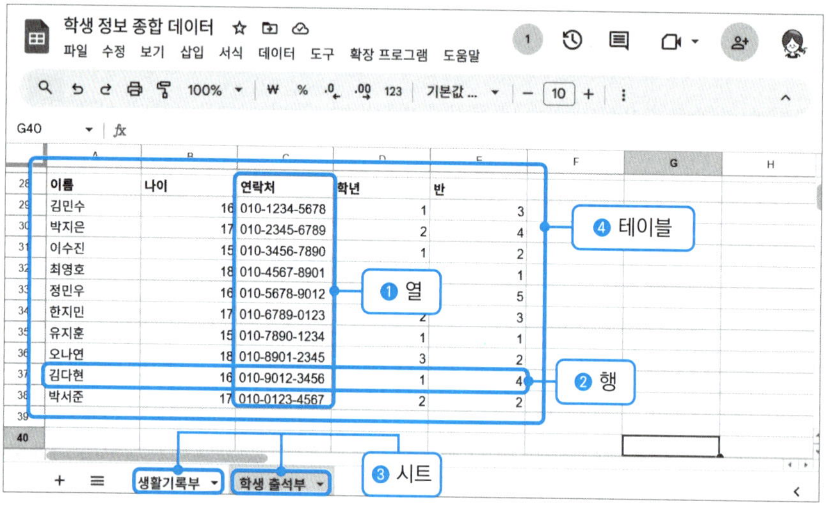

- ❶ 열(Column) : 세로로 나열한 데이터의 모임을 의미합니다. 각 열은 특정 데이터의 속성입니다. 예를 들어 '이름' 열에는 모든 학생의 이름을, '학번' 열에는 학생들의 학번을 입력합니다.
- ❷ 행(Row) : 가로로 나열된 데이터의 모임을 의미합니다. 한 행은 하나의 개별 데이터입니다. 예를 들어 한 행은 한 학생의 이름, 나이, 연락처 등 모든 정보를 포함합니다.
- ❸ 시트(Sheet) : 구글 스프레드시트 안 하나의 작업 공간을 의미합니다. 앱시트에서 데이터를 담는 기본 단위입니다. 일반적으로 하나의 시트가 하나의 탭의 데이터를 구성합니다.
- ❹ 테이블(Table) : 시트나 특정 범위가 앱시트에서 테이블로 인식됩니다. 테이블은 데이터의 집합을 의미하며, 앱시트에서 각 테이블을 개별적으로 관리합니다. 예를 들어 '출석부' 테이블과 '출결' 테이블을 별도로 설정할 수 있습니다.

출석부 시트에 출석부 데이터 구성하기

앱시트에서 정보를 효과적으로 관리하기 위해서는 우선 스프레드시트에 개별 시트를 만들고 필요한 데이터를 입력해야 합니다. 학급 관리 앱 스프레드시트에 출석부 시트를 만들고 열을 먼저 구성해봅시다. 학생들의 학번, 이름, 본인번호, 보호자번호와 같은 기본 정보를 담은 열을 구성하고 하나의 열에는 같은 유형의 데이터만 담습니다.

01 시트의 이름을 출석부로 수정합니다. 이 이름은 시트의 데이터에 접근할 때 사용하는 테이블의 이름이 됩니다.

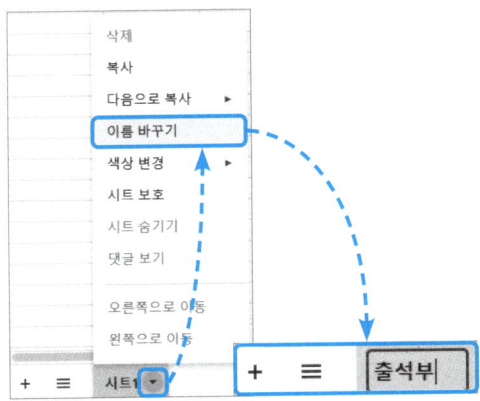

02 출석부 시트에서 사용할 열 이름을 다음과 같이 입력합니다. 처음 정한 열 이름은 다른 이름으로 수정하지 않는 것이 좋습니다. 또한 열 이름은 보통 띄어쓰기를 하지 않습니다.

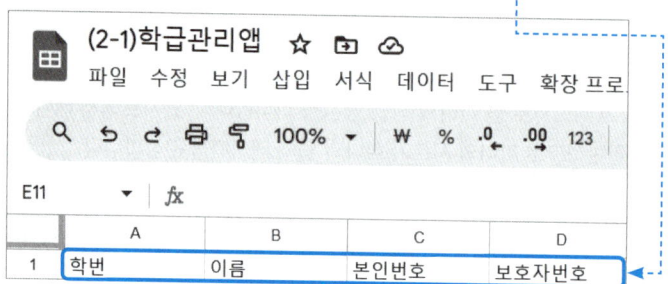

03 출석부 시트에 학생 데이터를 추가합니다. 실제 학생 데이터가 있다면 해당 데이터로 실습해도 좋습니다. 실습용 데이터가 필요하다면 독자 실습 자료 폴더에서 필요한 파일을 다운받으세요.

- **독자 실습 자료 폴더** : vo.la/azECUb

	A	B	C	D
1	학번	이름	본인번호	보호자번호
2	20101	강길동	010-1111-1111	010-1111-1234
3	20102	김길동	010-2222-2222	010-2222-1234
4	20103	박길동	010-3333-3333	010-3333-1234
5	20104	신길동	010-4444-4444	010-4444-1234
6	20105	이길동	010-5555-5555	010-5555-1234
7	20106	장길동	010-6666-6666	010-6666-1234
8	20107	조길동	010-7777-7777	010-7777-1234
9	20108	최길동	010-8888-8888	010-8888-1234
10	20109	한길동	010-9999-9999	010-9999-1234

앱시트 접속하고 첫 화면 둘러보기

스프레드시트에서 데이터 구성을 마쳤다면 앱시트에서 이 데이터를 보기 좋은 형태로 바꿀 수 있습니다. 즉, 스프레드시트에서는 앱 데이터를 구성하고 앱시트에서는 앱 화면을 구성합니다.

01 스프레드시트 상단 메뉴의 **[확장 프로그램 → AppSheet → 앱 만들기]**를 차례로 클릭합니다. 출석부 시트의 데이터를 바탕으로 앱 화면을 구성하기 위해 앱시트로 이동합니다.

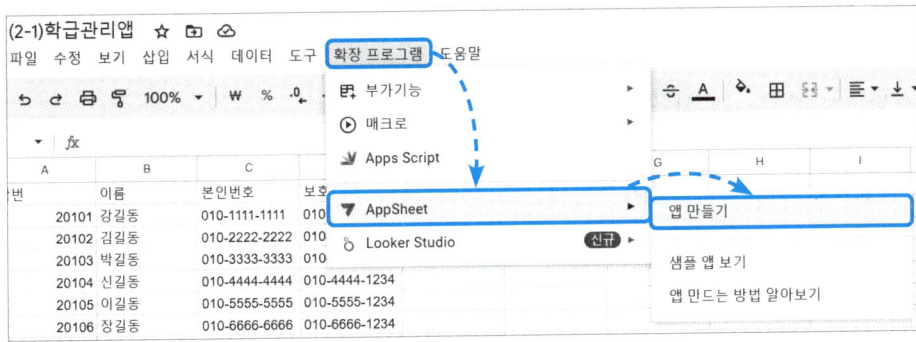

02 앱시트에 접속하기 위해서는 구글 계정 액세스를 허용해야 합니다. 다음과 같이 권한 요청 화면이 뜨면 ❶ 본인의 계정을 선택한 뒤 ❷ '모두 선택'에 체크하고 ❸ **[계속]** 버튼을 눌러주세요.

03 간단한 분야, 활용 목적, 사용자 능력을 체크하고 나면 나타나는 앱시트의 첫 화면은 다음과 같습니다. 지금은 전체적인 구성만 둘러보고 구체적인 메뉴와 기능은 다음 실습에서 확인해 보겠습니다.

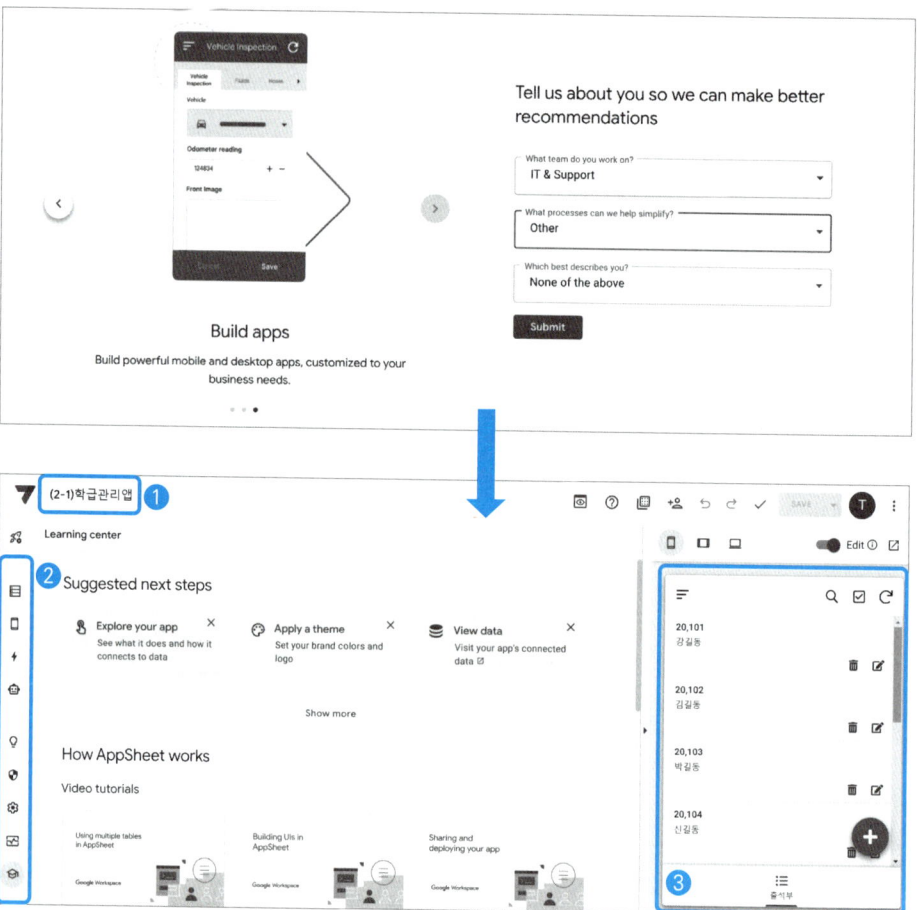

❶ **앱 이름** : 현재 작업 중인 앱의 이름을 표시합니다.

❷ **사이드 바 메뉴** : 앱시트의 주요 기능에 빠르게 접근할 수 있는 도구로 구성되어 있습니다.

❸ **앱 화면 미리보기** : 실제 앱 사용자가 볼 화면입니다. 앱을 개발하면서 이 미리보기 화면을 통해 앱의 동작 방식을 테스트하고 확인할 수 있습니다.

바로 실습 02 | 출석부 앱 데이터 테이블 준비하기

앱을 만들기 위해서는 가장 먼저 데이터 테이블을 활용하기 좋게 만들어야 합니다. 스프레드시트에 입력한 데이터를 사용하기 편하게 준비하는 데이터Data 메뉴를 알아보고 실습 데이터의 타입, 키와 라벨을 지정해봅시다.

앱시트 데이터 메뉴 둘러보기

데이터Data는 앱이 사용할 데이터를 정의하고 관리하는 메뉴입니다. 실습처럼 스프레드시트에서 데이터를 가져올 뿐만 아니라 엑셀, SQL 데이터베이스 등 다양한 소스에서 데이터를 가져와 설정할 수 있습니다. 이 메뉴에서 데이터 구조를 정의하고 데이터의 유효성 검사를 설정할 수도 있습니다. 사이드 바의 [☰ Data] 버튼을 클릭하면 현재 설정한 데이터 테이블의 정보를 볼 수 있습니다.

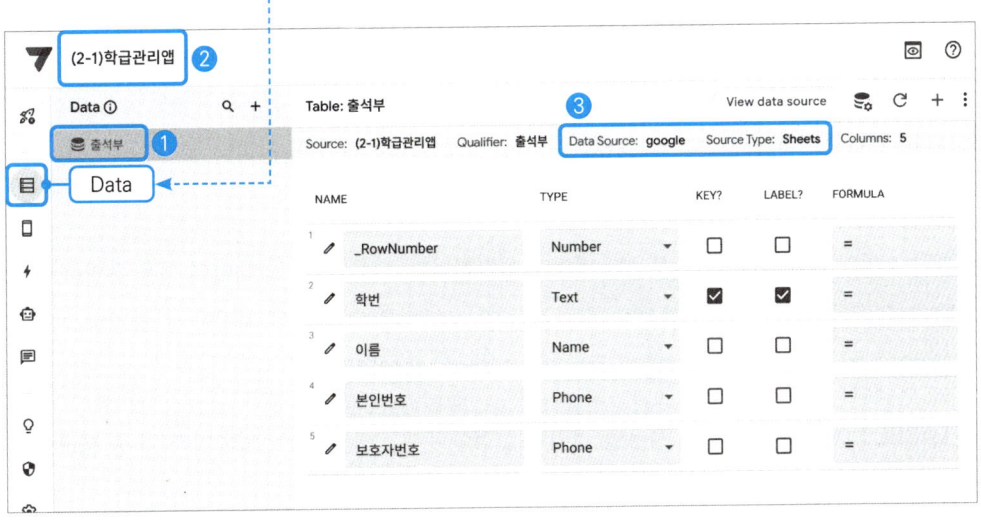

❶ '출석부'라는 테이블이 ❷ '(2-1)학급관리앱'이라는 앱에서 사용되고 있으며, 이 데이터는 ❸ 구글 스프레드시트에서 가지고 옵니다.

우리가 스프레드시트에 입력했던 데이터가 테이블 형태로 구성되어 있습니다. 중요한 설정의 역할만 소개하겠습니다.

Table: 출석부						
Source: (2-1)학급관리앱 Qualifier: 출석부 Data Source: google Source Type: Sheets Columns: 5						
❶ NAME	❷ TYPE	❸ KEY?	❹ LABEL?	❺ FORMULA	SHOW?	EDITABLE?
1 _RowNumber	Number	☐	☐	=	☐	☐
2 학번	Text	☑	☑	=	☑	☑
3 이름	Name	☐	☐	=	☑	☑
4 본인번호	Phone	☐	☐	=	☑	☑
5 보호자번호	Phone	☐	☐	=	☑	☑

❶ **NAME** : 스프레드시트에 입력한 데이터 각 열의 정보를 표시합니다. 우리가 출석부 시트에 작성한 학번, 이름, 본인번호, 보호자번호를 확인할 수 있네요.

❷ **TYPE** : 각 열에 어떤 종류의 데이터를 입력할 수 있는지 데이터 타입을 정의합니다. 초기에 데이터 타입은 자동으로 지정되어 있는데 직접 수정할 수도 있습니다. 열별 데이터 종류를 하나로 정하면 데이터를 잘못 입력하는 오류를 줄일 수 있고 이 타입에 맞는 기능을 자동으로 생성하기도 합니다. 예를 들어 본인번호 열의 종류를 Phone으로 설정하면 전화 걸거나 문자 보내는 버튼이 자동으로 생성됩니다.

❸ **KEY** : 어떤 열을 고유 키로 사용할 것인지 설정합니다. 고유 키는 각 데이터 행을 유일하게 식별할 수 있어야 합니다. 모든 학생이 다른 값을 갖는 학번은 고유 키로 지정할 수 있지만 이름은 동명이인의 가능성이 있기 때문에 고유 키로 지정할 수 없습니다.

❹ **LABEL** : 어떤 열을 라벨로 사용할 것인지 설정합니다. 라벨은 테이블의 여러 열 중 대표하는 열로 사용합니다. 주인공 열이라고 생각하면 됩니다.

❺ **FORMULAR** : 특정 열에 계산식이나 공식을 적용할 수 있습니다. 필요하다면 데이터를 미리 넣어두지 않고 특정 조건에 따라 값을 자동으로 계산하도록 설정할 수 있습니다. 예를 들어 학번을 지정하면 자동으로 학번에 해당하는 학생의 이름이 입력되도록 할 수 있습니다.

데이터 타입 지정하기

출석부의 데이터 타입을 지정할 때 각 열에 들어갈 데이터의 성격에 맞는 타입을 선택하는 것이 중요합니다. 예를 들어 학번은 숫자로 이루어져 있지만 고유 식별 번호이기 때문에 문자^{Text} 타입으로 지정하는 것이 적절합니다. 만약 숫자^{Number} 타입으로 지정하면 학번에 숫자를 세는 쉼표가 표시되어 오히려 가독성이 떨어질 수 있습니다. 이렇게 데이터의 성격에 맞는 타입을 지정해야 정보를 더 정확하고 쉽게 확인할 수 있습니다.

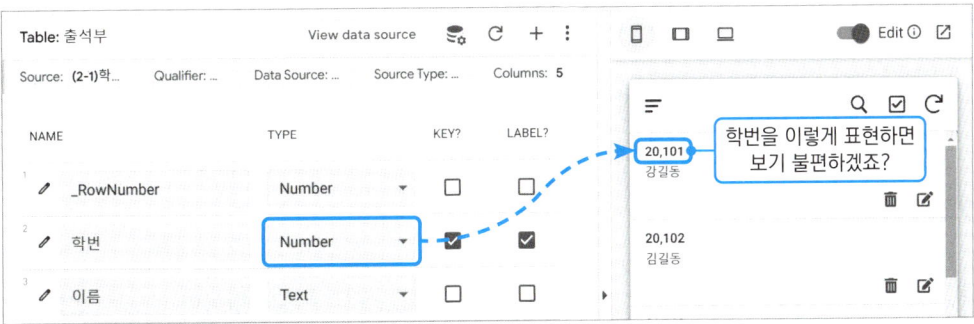

01 이제 ❶ 다음과 같이 항목별 데이터 타입을 지정합니다. 각 타입을 클릭하고 지정하려는 타입을 검색하면 쉽게 찾을 수 있습니다.

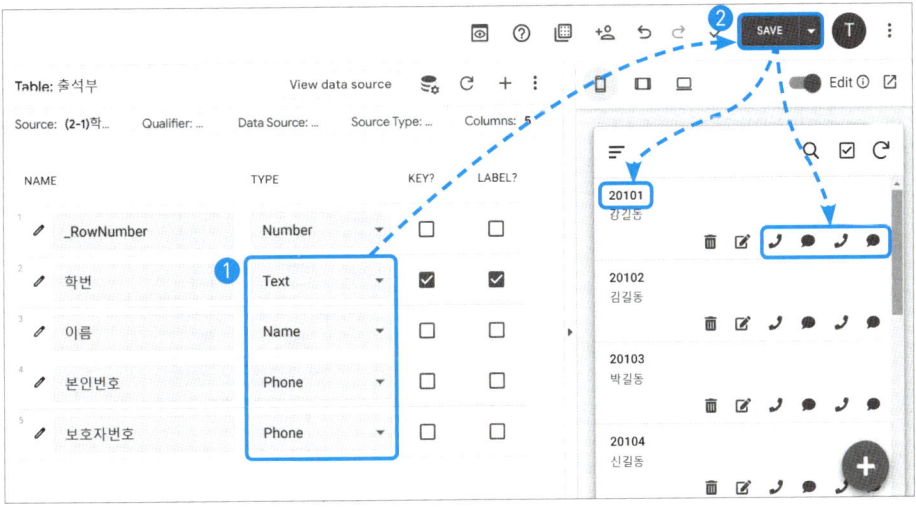

- **학번** : 타입을 Text로 설정합니다.
- **이름** : 타입을 Name으로 설정합니다.
- **본인번호** : 타입을 Phone으로 설정합니다.
- **보호자번호** : 타입을 Phone으로 설정합니다.

설정을 마치고 오른쪽 위 ❷ [SAVE] 버튼을 누르면 미리보기 화면이 업데이트됩니다. 학번에 쉼표가 없어지고 본인번호와 보호자번호의 Phone 타입에 따라 전화 버튼과 문자 버튼이 추가되었습니다.

> **TIP** 두 번호의 버튼과 아이콘이 같아 헷갈리니 추후에 아이콘을 바꾸는 작업을 진행할 겁니다.

키와 라벨 지정하기

키는 각 데이터 항목을 구분할 수 있게 하며, 데이터베이스에서 중복된 항목이 없도록 보장하는 역할을 합니다. **라벨**은 앱 사용자 화면에서 주로 표시되는 열로, 데이터를 더 직관적으로 표시할 수 있게 도와줍니다. 이 실습에서 우리는 모든 학생이 다른 값을 가지면서, 학생을 대표할 수 있는 정보이기도 한 학번을 키와 라벨로 설정하겠습니다.

> **TIP** 항상 키와 라벨이 같을 필요는 없습니다.

01 학번의 KEY와 LABEL 열에 체크합니다.

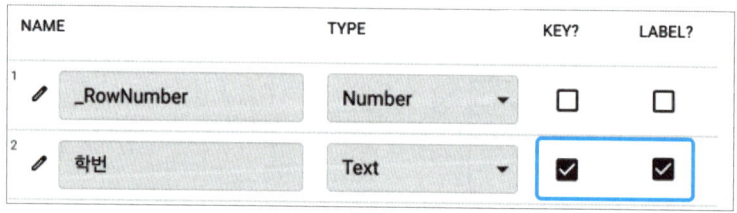

바로 실습 03 출석부 앱 뷰 설정하기

앱시트의 뷰Views 메뉴를 알아보고 출석부 데이터가 앱 화면에서 어떻게 보일지를 설정하겠습니다. 이 과정에서는 각 데이터의 성격에 맞춰 화면 구성을 세밀하게 조정할 수 있습니다. 데이터의 특성에 맞춰 화면을 구성하면 필요한 정보를 빠르게 찾을 수 있습니다.

앱시트 뷰 메뉴 둘러보기

뷰Views는 앱에서 데이터를 시각적으로 표현하고 사용자와 상호작용하는 화면입니다. 뷰를 통해 테이블에 저장된 데이터를 다양한 형태로 표시할 수 있죠. 이는 앱의 사용자 경험을 좌우하는 아주 중요한 요소입니다. 뷰를 올바르게 구성하면 사용자는 데이터를 더 직관적이고 효율적으로 관리할 수 있으며, 필요한 정보에 빠르게 접근할 수 있습니다. 하나의 뷰는 하나의 페이지를 의미하며, 앱 하나에 여러 개의 뷰를 만들어 다양한 페이지를 구성할 수 있습니다. 사이드 바의 [📱 Views] 버튼을 클릭하면 뷰 메뉴를 볼 수 있습니다.

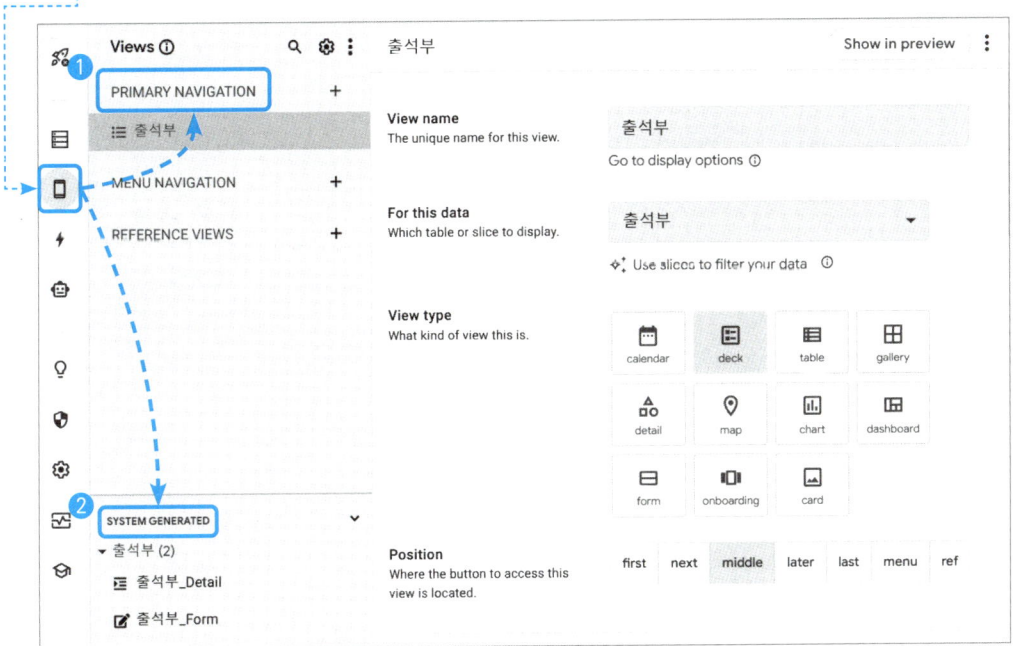

뷰의 종류는 크게 두가지로 나눌 수 있습니다. ❶ **PRIMARY NAVIGATION**은 앱 내에서 바로 이동할 수 있는 주요 화면입니다. 새로운 테이블이 추가될 때 자동으로 생성되지 않으면 사용자가 직접 추가해야 합니다. ❷ **SYSTEM GENERATED**는 앱시트가 자동으로 생성하는 화면입니다. 이 뷰들은 주로 테이블을 추가할 때 자동으로 만들어집니다. 데이터의 세부 정보를 보여주는 상세 뷰^{Detail View}와 데이터를 입력하거나 수정할 수 있는 폼 뷰^{Form View}로 구성됩니다.

01 다음을 따라 기본 정보를 설정합니다.

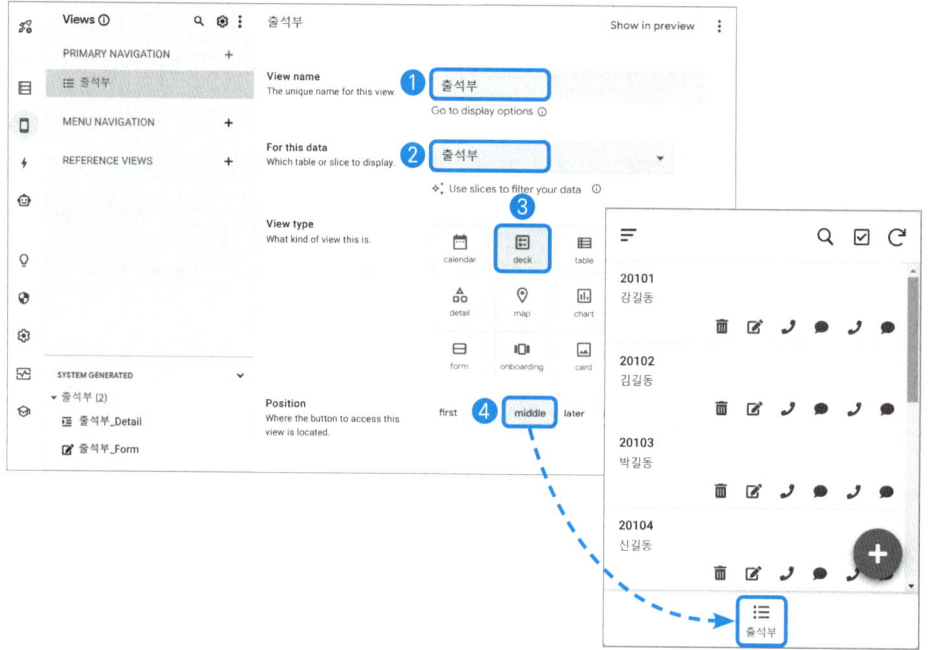

❶ View name은 '출석부'로 합니다. 앱 화면에 표시되는 이름입니다.

❷ For this data는 '출석부'로 합니다. 어떤 데이터 테이블을 기반으로 해당 뷰를 구성할 지 선택한 것입니다.

❸ View type은 **[deck]**으로 합니다. 데이터가 시각적으로 보여지는 기본 구조를 결정합니다.

❹ Positions은 **[middle]**로 합니다. 뷰가 여러 개 생겼을 때 탭의 위치를 결정합니다.

뷰 옵션 설정하기

뷰 옵션^{View Options}에서는 앱에서 데이터를 어떤 방식으로 보여줄지 조정할 수 있는 다양한 설정을 제공합니다. 뷰의 데이터 처리 및 표현 방식을 설정할 수 있죠. 예를 들어 데이터를 원하는 순서대로 정렬할 수 있고, 그룹화를 통해 비슷한 속성을 가진 데이터를 묶을 수도 있습니다. 사진이 포함된 데이터의 경우 사진 모양을 원형이나 사각형 등 원하는 스타일로 바꿀 수 있으며, 주제목과 부제목을 설정해 중요한 정보를 강조하거나 부가 설명을 덧붙일 수도 있습니다.

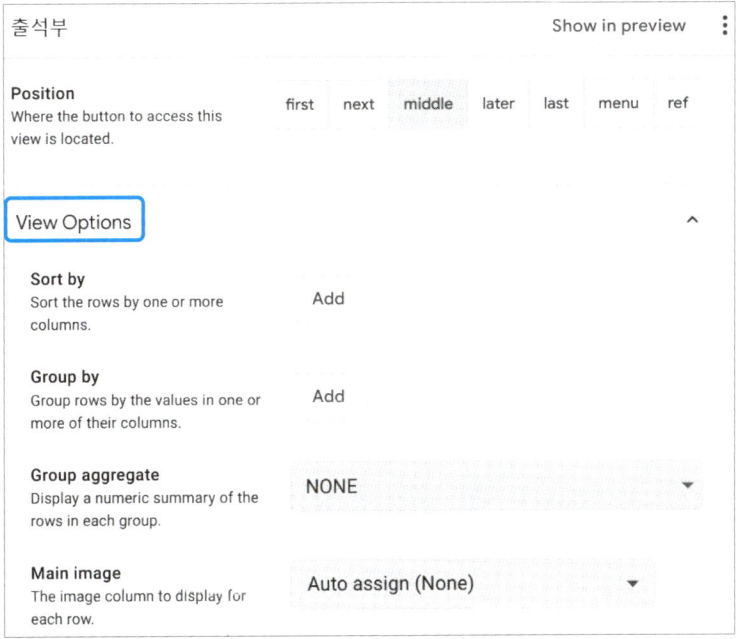

출석부 화면에서는 이런 다양한 옵션 중에서 주제목^{Primary header}, 부제목^{Secondary header}, 그리고 버튼 설정에 집중하겠습니다.

01 주제목에는 학생 이름을 표시하고, 부제목에는 학번 정보를 넣어 한눈에 보기 좋도록 구성해봅시다. 액션 설정을 통해 학생이나 보호자에게 바로 연락이 가능하도록 버튼을 추가할 수도 있습니다.

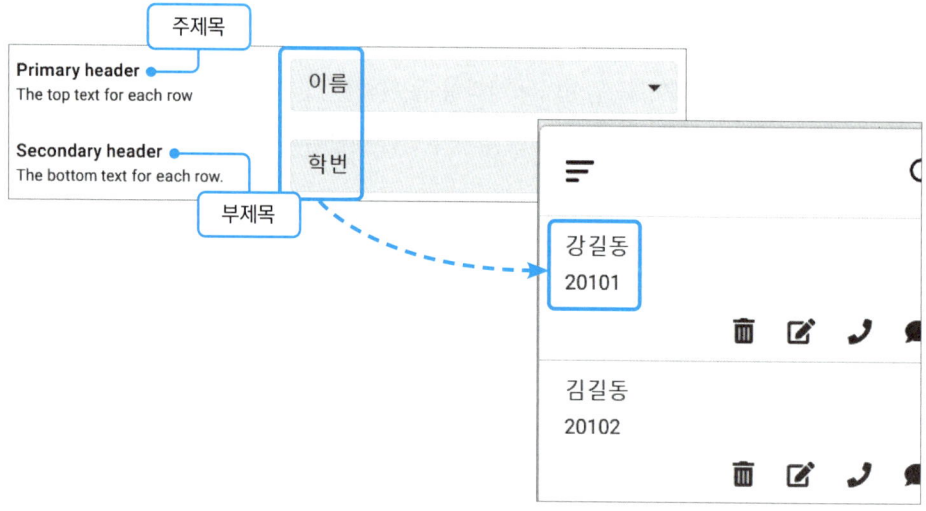

미리보기 화면에서 데이터가 보이는 위치가 달라진 것을 확인할 수 있습니다. 혹시 바뀌지 않는다면 [SAVE] 버튼을 누르거나 단축키 Ctrl + S 를 눌러봅시다.

뷰 액션 설정하기

액션Actions에서는 화면에 보이는 버튼을 결정할 수 있습니다. 필요한 버튼만 보이게 하고, 불필요한 버튼은 깔끔하게 숨겨서 화면을 더욱 단순하고 직관적으로 만들 수 있죠. 학생의 정보는 변경하거나 삭제할 일이 거의 없으므로, 삭제와 수정 버튼을 숨기는 것이 좋습니다. 이렇게 하면 실수로 중요한 정보를 변경하거나 삭제하는 상황도 예방할 수 있겠죠.

> TIP 스크롤을 내려 뷰메뉴 내에서 Actions 항목을 찾으세요. 왼쪽 메뉴바에서 액션으로 이동하는 것이 아닙니다.

01 버튼을 설정하기 위해 우선 ❶ [Automatic] 모드에서 [Manual] 모드로 전환합니다. ❷ 그런 다음, Delete와 Edit 버튼의 체크 박스를 선택한 후 ❸ [Remove]를 클릭합니다. 이제 화면에서 삭제와 수정 버튼이 사라진 것을 확인할 수 있습니다. 하지만 걱정하지 마세요! 필요할 때는 언제든지 다시 버튼을 복구할 수 있습니다.

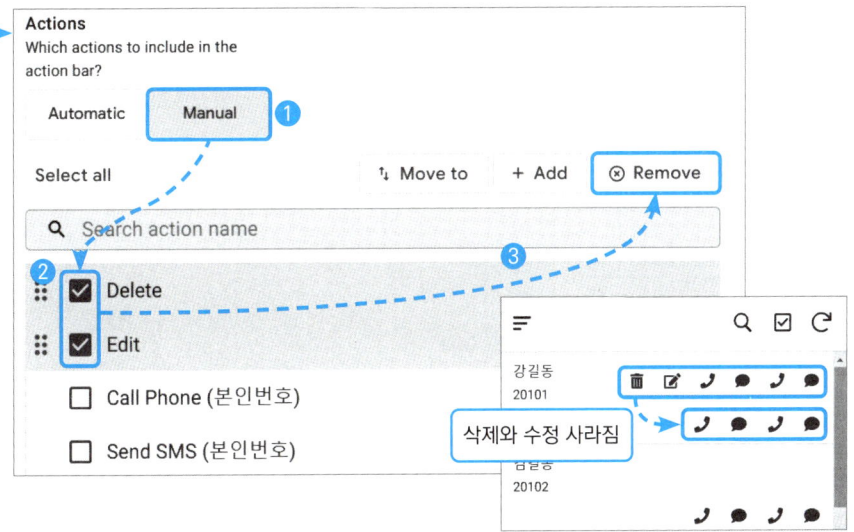

바로 실습 04 출석부 앱 액션 설정하기

우리가 만든 앱에서는 어떤 버튼을 개선하면 좋을까요? 학생에게 연락하는 버튼과 보호자에게 연락하는 버튼이 같은 아이콘을 사용하고 있어서 버튼을 클릭할 때마다 어떤 연락처로 연결되는지 헷갈릴 수 있습니다. 이와 같이 버튼과 동작을 설정하는 액션Actions 메뉴를 알아보고 출석부 앱의 아이콘을 서로 다르게 설정해 더욱 직관적이고 편리하게 사용할 수 있도록 해봅시다.

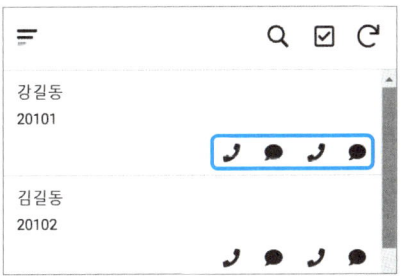

앱시트 액션 메뉴 둘러보기

액션Actions은 앱에서 사용자가 특정 작업을 간편하게 수행할 수 있도록 다양한 동작을 미리 정의하고, 이를 버튼 형태로 제공하는 기능을 설정하는 메뉴입니다. 자주 사용하는 작업을 버튼으로 만들면 클릭 한 번으로 간편하게 처리할 수 있습니다. 예를 들어 출석부 뷰에서 클릭 한 번으로 미리 지정된 문구를 보호자에게 문자로 전달할 수 있습니다. 사이드 바의 [⚡Actions] 버튼을 클릭하면 액션 메뉴를 볼 수 있습니다.

> **TIP** 앞서 뷰 메뉴에서 설정했던 액션과 다른 메뉴입니다. 헷갈리지 않도록 주의하세요.

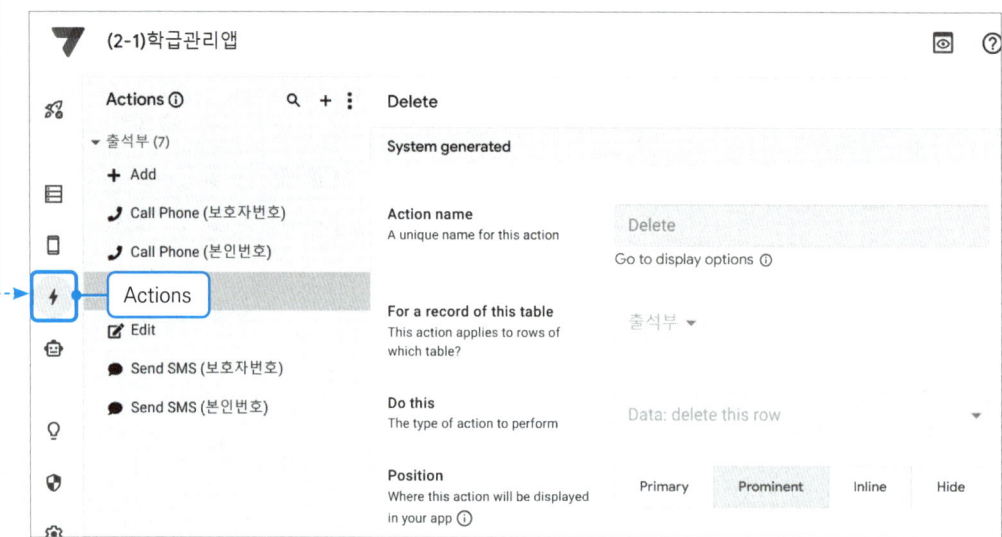

앱시트 액션 메뉴 둘러보기

01 좌측 다양한 액션 중 **[Call Phone (본인번호)]**을 선택합니다. **[Call Phone (본인번호)]** 관련 기능의 세부 사항을 설정할 수 있습니다.

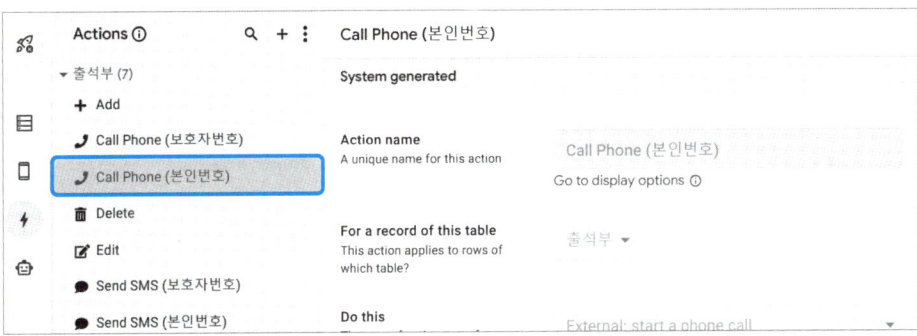

02 Display 카테고리에서 Action icon을 선택할 수 있습니다. 검색창에 phone을 입력하면 전화 관련 아이콘이 많이 나옵니다. 보호자 아이콘과 다르게 색칠이 되지 않은 전화 아이콘을 선택해보겠습니다.

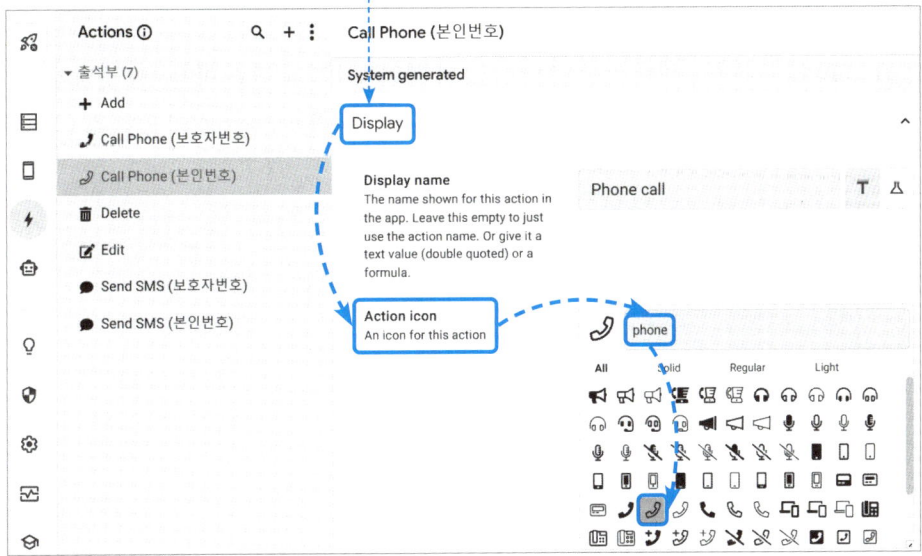

03 같은 과정을 [Send SMS (본인번호)]에서도 진행해보겠습니다. 좌측 액션 중 [Send SMS (본인번호)]를 선택합니다. Display 카테고리에서 Action icon을 누른 뒤 comment 아이콘을 검색합니다. 보호자번호와 다른 아이콘을 선택해줍니다.

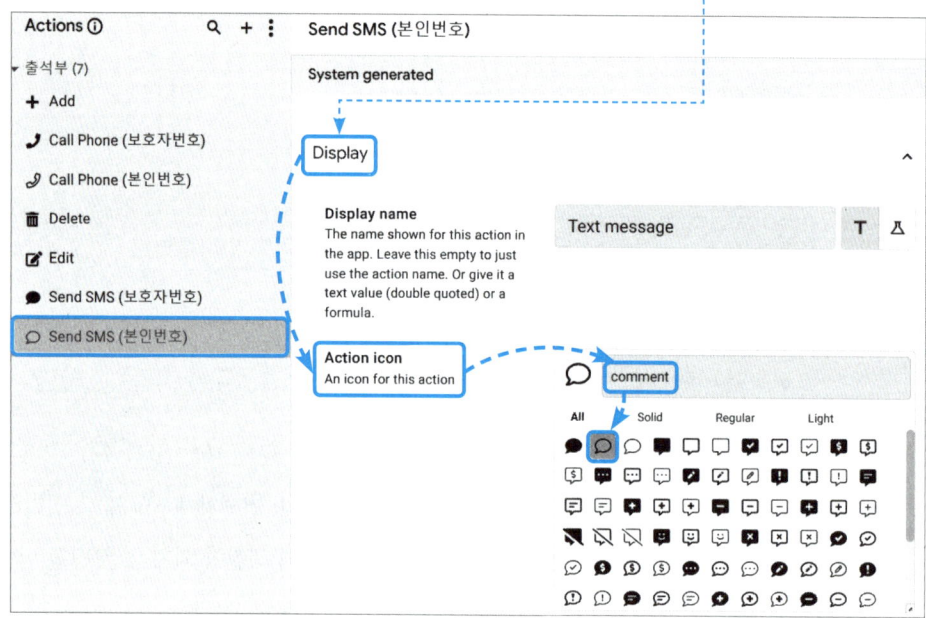

04 [SAVE] 버튼을 클릭해 저장하니 미리보기 화면에서 학생 관련 아이콘이 변경되었네요. 이제 개인 연락처가 아닌 출석부 화면에서 바로 학생과 학부모에게 연락을 할 수 있습니다.

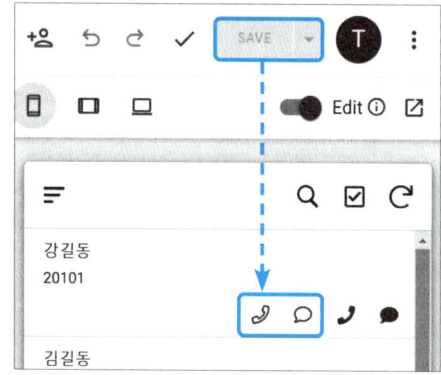

바로 실습 05 모바일에서 학급 관리 앱 실행하기

앱을 만들었으니 활용해봐야죠! 앱시트로 만든 앱을 스마트폰에서 확인하고, 쉽게 실행할 수 있는 팁도 함께 소개하겠습니다.

01 스마트폰의 앱 스토어에서 AppSheet를 검색하여 앱시트 앱을 다운로드합니다.

> **TIP** 안드로이드 환경이라면 구글 플레이 스토어(Google Play Store)를, iOS 환경이라면 앱 스토어(App Store)를 이용하세요.

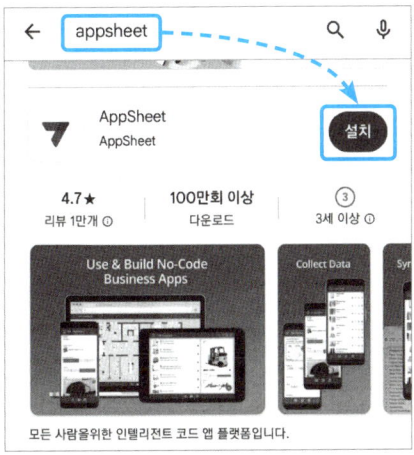

02 다운로드가 완료되면 앱시트 앱을 실행하고 실습에서 사용한 구글 계정으로 로그인합니다.

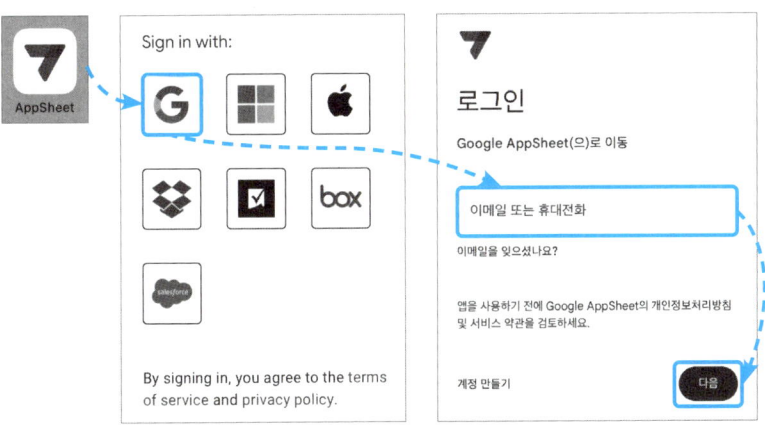

03 화면 좌측 상단의 [≡ 메뉴] 버튼을 눌러 [Owned by me]로 이동하면 만든 앱을 확인할 수 있습니다. 여기서 제작 중인 (2-1)학급관리앱을 선택합니다.

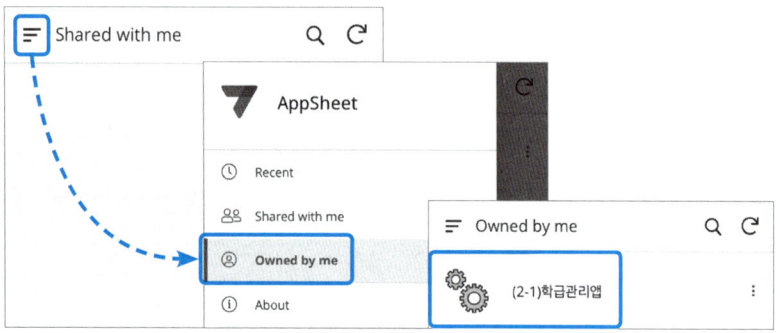

04 드디어 생애 첫 앱을 만나볼 시간입니다! 스마트폰 화면에서 미리보기와 동일하게 데이터가 잘 구성되어 있는지 확인해봅니다. 연락 버튼이 제대로 작동하는지 테스트하려면 스프레드시트 데이터에서 학생 번호 중 하나를 연락할 수 있는 번호로 바꿔 눌러보세요.

05 스마트폰 홈 화면에 (2-1) 학급관리 앱으로 바로 이동할 수 있는 바로가기 버튼을 만들어 보겠습니다. 앱 화면의 좌측 상단에 있는 메뉴 버튼을 눌러 [Add Shortcut]으로 이동하세요. 여기서 안내에 따라 홈 화면에 추가할 준비를 합니다. 브라우저에 표시된 안내 사항을 확인하고, 해당 버튼을 클릭해 다음 단계로 넘어갑니다.

06 [홈 화면에 추가] 버튼을 선택합니다. 마지막으로 [추가]를 눌러주면, 스마트폰의 홈 화면에 (2-1) 학급관리 앱 아이콘이 생성된 것을 확인할 수 있습니다. 이 아이콘을 누르면 홈 화면에서 바로 접속할 수 있어 더욱 간편하게 앱을 사용할 수 있습니다.

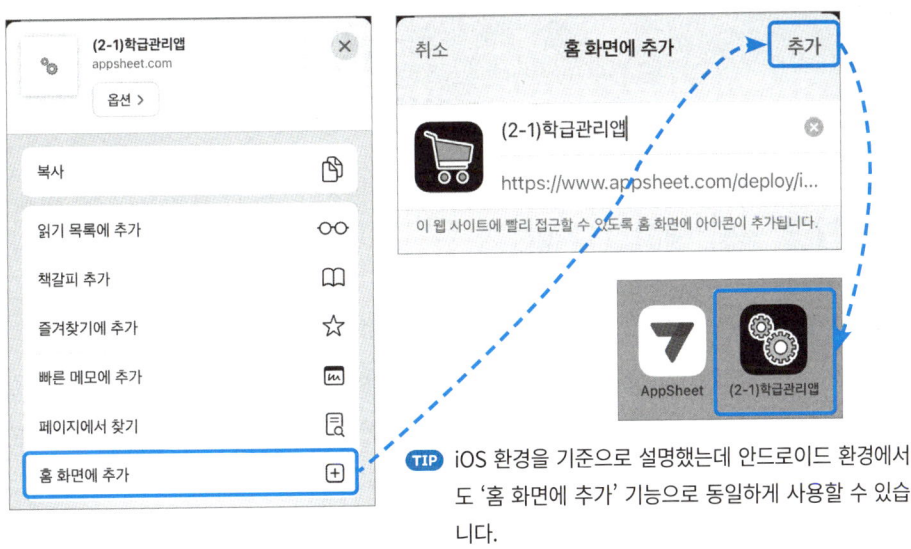

TIP iOS 환경을 기준으로 설명했는데 안드로이드 환경에서도 '홈 화면에 추가' 기능으로 동일하게 사용할 수 있습니다.

(Chapter 03)

1년 상담 및 관찰 내용 기록 남기기

앞 챕터에서 배운 앱시트 메뉴들을
잘 떠올리며 실습을 따라해보세요.

활용도구 구글 앱시트   구글 스프레드시트

담임 선생님 한 명이 적게는 20명에서 많게는 30명 이상의 학생을 책임집니다. 모든 학생의 상담, 관찰 기록을 기억하기 위해 여기저기 기록하지만 나중에 평가 문구를 작성할 때 흩어진 정보를 찾기 어려울 때가 있었을 겁니다. 이번에는 앞서 만든 출석부에 상담 뷰를 추가해서 어디서든 학생 관찰 내용을 기록할 수 있도록 해보겠습니다. 상담 내용을 한 페이지에 누적해서 볼 수 있어 데이터 기반의 신뢰할 수 있는 상담을 학생 및 학부모와 진행할 수도 있죠. 학기 말에는 정리한 내용을 한눈에 보면서 평가 문구를 작성할 수 있습니다.

바로 실습 06 ▸ 상담 데이터 구성하기

상담 기록을 체계적으로 관리하려면 어떤 데이터를 구성해야 할까요? 학생의 학번, 이름, 희망 진로와 같은 기본 정보가 필요하고, 각 학생을 수시로 관찰한 내용과 상담 결과를 기록할 수 있는 칸이 있어야 합니다. 이러한 구성을 통해 학생의 상황을 한눈에 파악하고, 시간의 흐름에 따른 변화를 체계적으로 추적할 수 있습니다.

상담 시트에 상담 데이터 구성하기

가장 먼저 구글 스프레드시트에 새로운 시트를 만들어 상담 뷰의 기반이 되는 데이터를 구성해보겠습니다.

01 (2-1)학급관리앱 스프레드시트에 상담 시트를 추가합니다. 좌측 하단 ⊕을 눌러 시트 이름을 상담으로 수정합니다.

02 상담 시트에서 사용할 열 이름인 학번, 이름, 희망 진로, MBTI, 수시 관찰, 1차 상담, 2차 상담을 입력합니다. 학번, 이름, 희망 진로, MBTI 열에는 시트 생성할 때 데이터를 기록하고 수시 관찰, 1차 상담, 2차 상담은 학기 중 수시로 데이터를 기록할 겁니다.

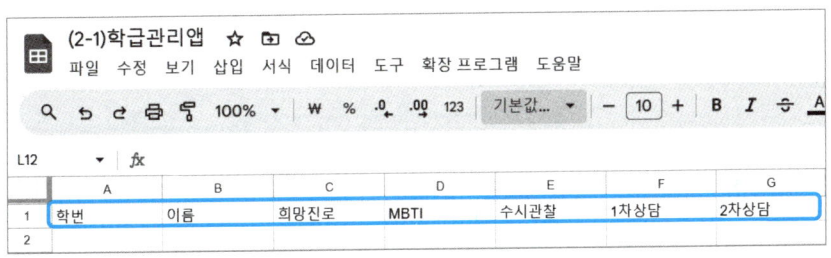

03 출석부 시트의 학생 명단을 복사하여 Ctrl + C 상담 시트에 붙여넣기 Ctrl + V 합니다. 희망 진로와 MBTI 정보는 사전에 기초 조사 응답을 바탕으로 채워넣습니다. 기초 조사 응답 자료가 없으면 독자 실습 자료 폴더에서 필요한 파일을 다운로드하세요.

- **독자 실습 자료 폴더 :** vo.la/azECUb

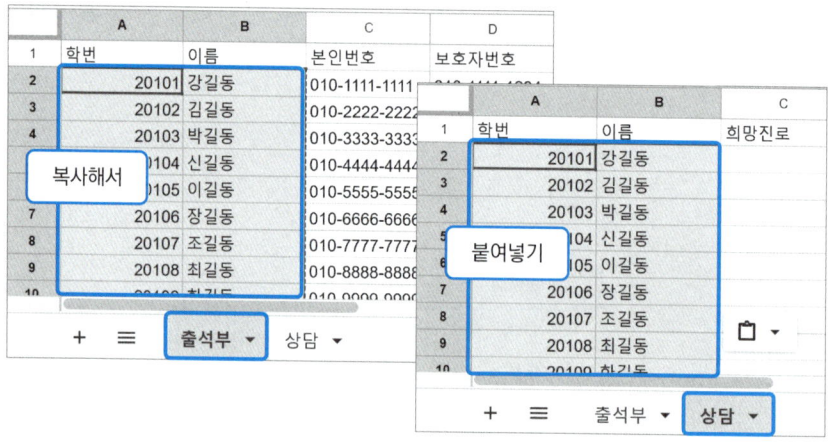

상담 데이터 타입 지정하기

상담 시트를 새로운 테이블로 가져와 데이터 타입을 지정해보겠습니다.

01 [**확장 프로그램 → AppSheet → 앱 만들기**]를 선택합니다. 상담 시트의 데이터를 바탕으로 앱 화면을 구성하기 위해 AppSheet로 이동합니다.

02 먼저 새로운 시트의 데이터를 불러와야 합니다. **[Data]** 메뉴에서 **[+ Add new Data]** 버튼을 누르면 새 데이터를 추가할 수 있는 창이 뜹니다. **[Add Table "상담"]** 버튼을 눌러 방금 만든 상담 시트의 데이터 정보를 불러옵니다.

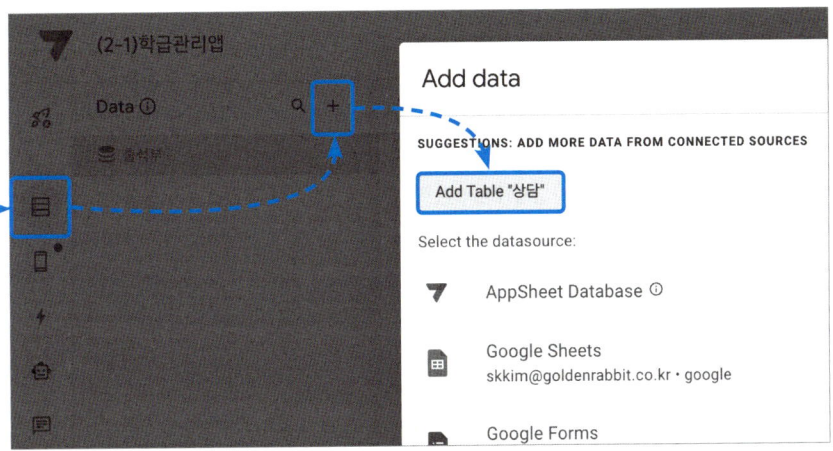

03 각 열의 데이터 성격에 맞는 데이터 타입을 설정합니다. 설정을 마친 후 잊지 말고 **[SAVE]** 버튼을 눌러 변경 사항을 저장합니다.

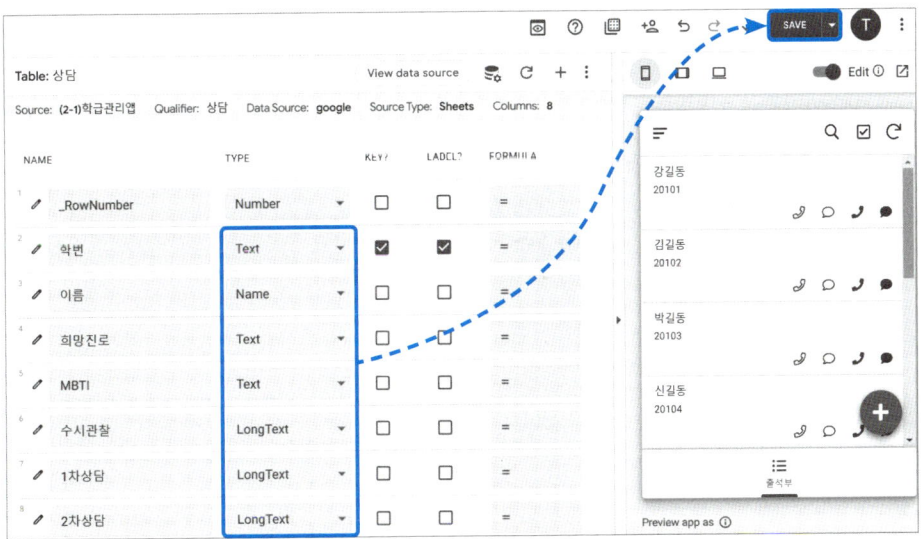

- **학번** : 타입을 Text로 설정합니다.
- **이름** : 타입을 Name으로 설정합니다.
- **희망 진로** : 타입을 Text로 설정합니다.
- **MBTI** : 타입을 Text로 설정합니다.
- **수시 관찰** : 타입을 LongText로 합니다. Text 타입과 달리, LongText는 여러 줄에 걸쳐 길게 작성할 수 있어 관찰 내용을 상세하게 기록하기에 적합합니다.
- **1차 상담, 2차 상담** : 타입을 LongText로 합니다.

바로 실습 07 ▸ 상담 뷰 설정하기

이제 상담 뷰의 화면을 구성해봅시다. 학생들의 목록 화면과 개별 학생들의 세부 화면을 구성해야 합니다.

상담 시트에 상담 데이터

01 뷰 메뉴로 이동합니다. 새로운 뷰를 생성하기 위해 [+]을 누릅니다. 그리고 [Create a new view] 버튼을 선택합니다.

> TIP 자동으로 새 데이터에 따른 뷰가 만들어졌을 수 있습니다.

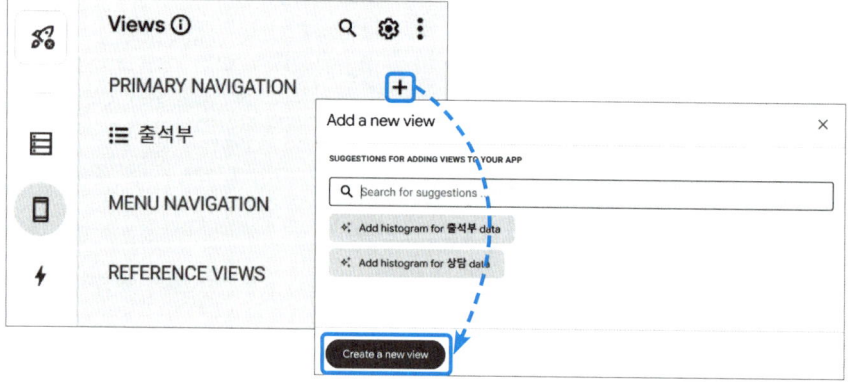

02 다음을 따라 기본 정보를 설정합니다.

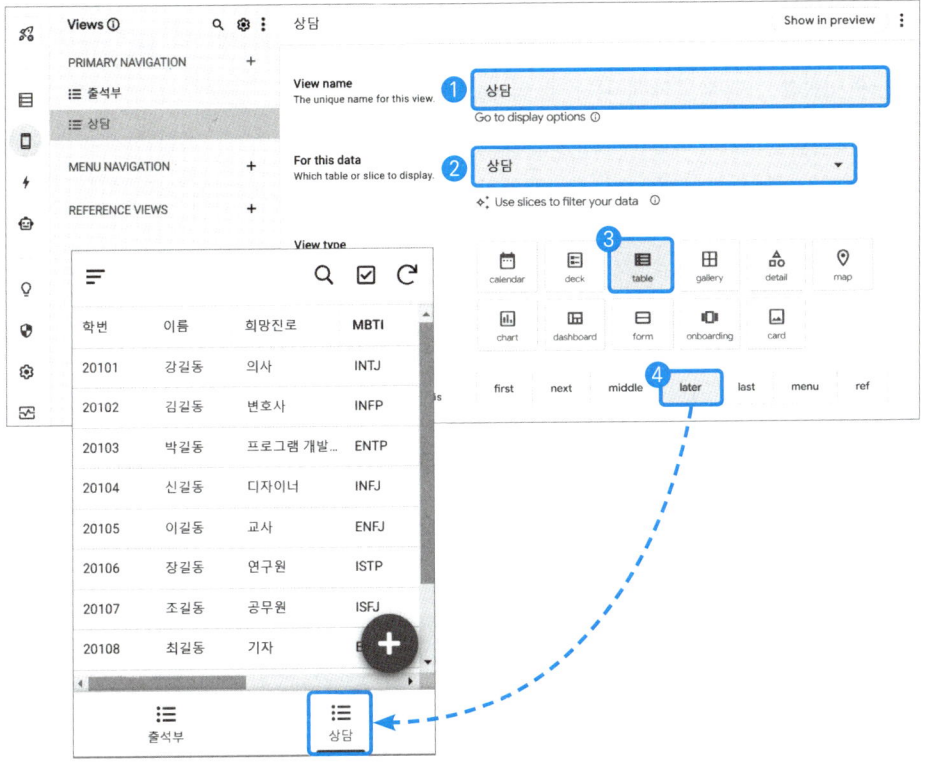

❶ View name은 '상담'으로 합니다. 앱 화면에 표시되는 이름입니다.

❷ For this data는 '상담'으로 합니다. 어떤 네이터 데이블을 기반으로 해당 뷰를 구성할지 선택한 것입니다.

❸ View type은 **[table]**로 합니다. 데이터의 시각적인 기본 구조를 결정합니다.

❹ Positions는 **[later]**로 합니다. 출석부 탭 뒤에 상담 탭을 배치할 수 있습니다.

상담 뷰 디스플레이 설정하기

디스플레이^{Display}는 뷰의 시각적인 표현과 표시 조건을 설정하는 메뉴입니다. ❶ Icon에서 뷰에 적용할 아이콘을 선택해 앱에서 각 뷰를 쉽게 구분할 수 있습니다. 기본적으로 뷰 이름이 표시되지만, 원하면 ❷ Display name에서 텍스트나 수식을 사용해 동적으로 이름을 설정할 수 있습니다. ❸ Show if 기능을 활용해 특정 조건에 따라 뷰의 가시성을 제어할 수 있습니다.

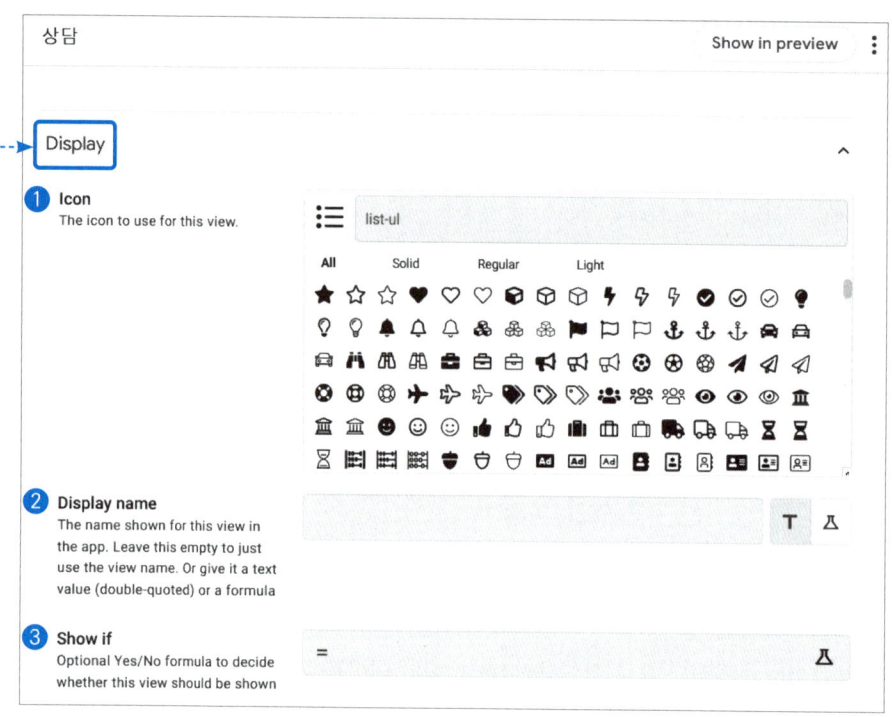

상담 화면에서는 세 가지 설정 중 Icon을 수정해보겠습니다.

01 하트 모양 아이콘을 선택합니다. 미리보기 화면에서 새로 설정한 아이콘이 표시되는지 확인합니다. 만약 아이콘이 변경되지 않았다면 **[SAVE]** 버튼을 클릭하거나 `Ctrl` + `S` 단축키를 사용해 변경 사항을 저장합니다.

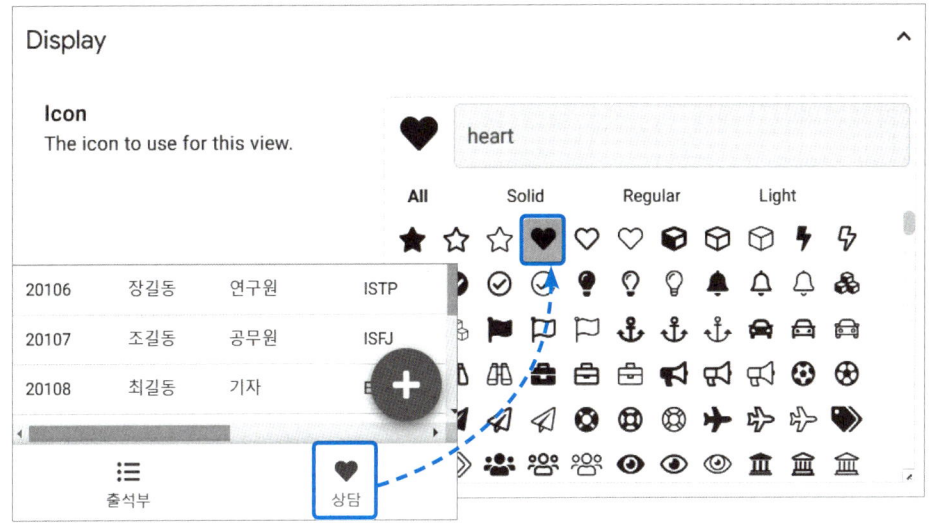

상담 상세 뷰 설정하기

상담 탭을 눌렀을 때 보이는 첫 화면은 모든 학생들의 명렬표입니다. 이 화면은 단순히 전체 데이터를 보여줄 뿐, 개별 학생의 구체적인 정보를 확인하거나 새로운 데이터를 기록하기에는 한계가 있죠.

상담 탭의 화면

그래서 상담 탭에서 진짜 중요한 화면은 바로 학생 한 명의 데이터를 선택했을 때 표시되는 상세 뷰입니다. 상세 뷰에서는 선택한 학생의 기본 정보와 함께 수시 관찰 내용이나 상담 결과를 기록하고 관리할 수 있습니다. 예를 들어 학생의 희망 진로, 지난 상담에서 나눈 이야기, 학기 중 변화 지점 등 중요한 내용을 바로 확인할 수 있죠. 이렇게 상세 뷰를 제대로 구성하면, 학생과의 상담을 더 체계적으로 진행할 수 있습니다.

하지만 아직은 상세 뷰가 기본 상태라 관찰 내용이나 상담 결과를 입력할 수 있는 칸이 없습니다. 상세 뷰에 다양한 옵션 값을 설정하고 편리한 기능을 추가해보겠습니다.

01 화면 왼쪽 아래 또는 미리보기 왼쪽 아래의 **[상담_Detail]**을 눌러 상담의 상세 뷰를 편집할 수 있는 화면으로 이동합니다. 여기서 설정값을 바꾸면 상세 뷰에 반영됩니다.

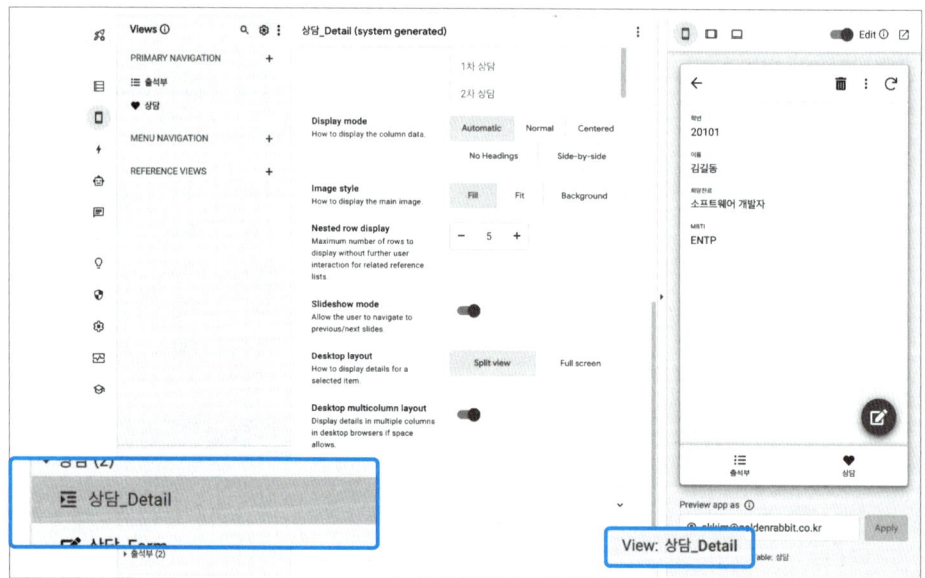

02 Quick edit columns의 **[Add]** 버튼을 눌러 수시 관찰 열을 추가합니다. 1차 상담과 2차 상담 컬럼도 같은 방법으로 추가합니다.

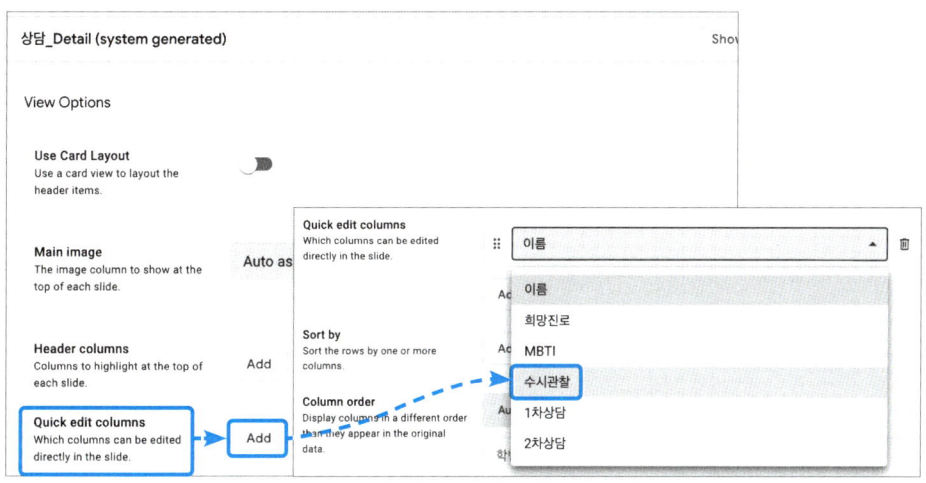

추가된 열들은 Quick Edit 기능을 통해 앱 화면에서 바로 데이터를 기록하고 수정할 수 있도록 활성화됩니다.

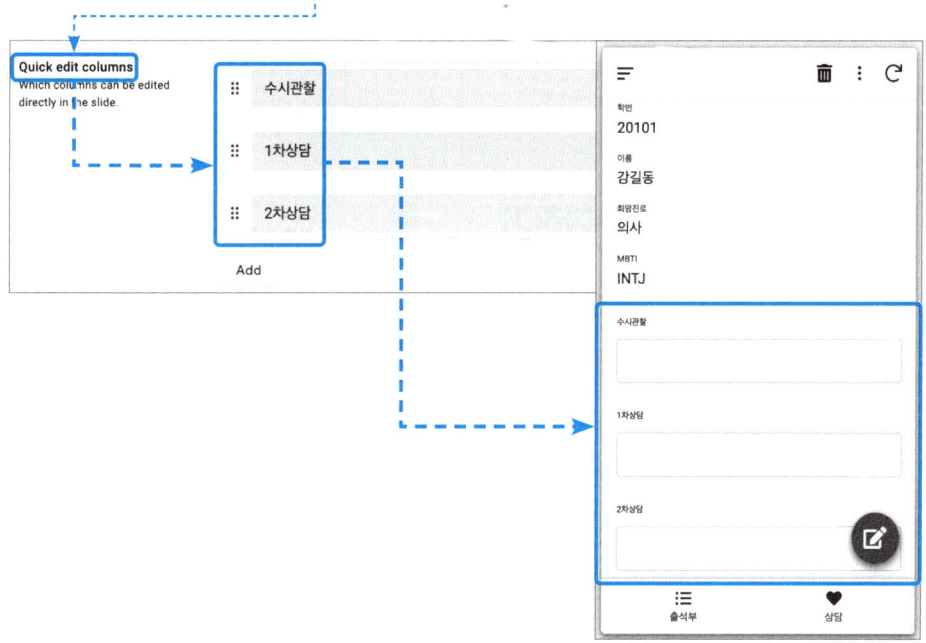

03 [SAVE] 버튼을 눌러 변경 사항을 적용합니다. 미리 보기 화면에 편집할 수 있는 칸을 확인합니다. 추가한 열들이 앱 화면에서 편집할 수 있는 상태로 표시됩니다. 이 칸에서 데이터를 직접 입력하거나 수정할 수 있고 실시간으로 데이터를 관리할 수 있습니다. 모바일 앱에서 입력하거나 수정한 데이터는 즉시 스프레드시트와 동기화됩니다.

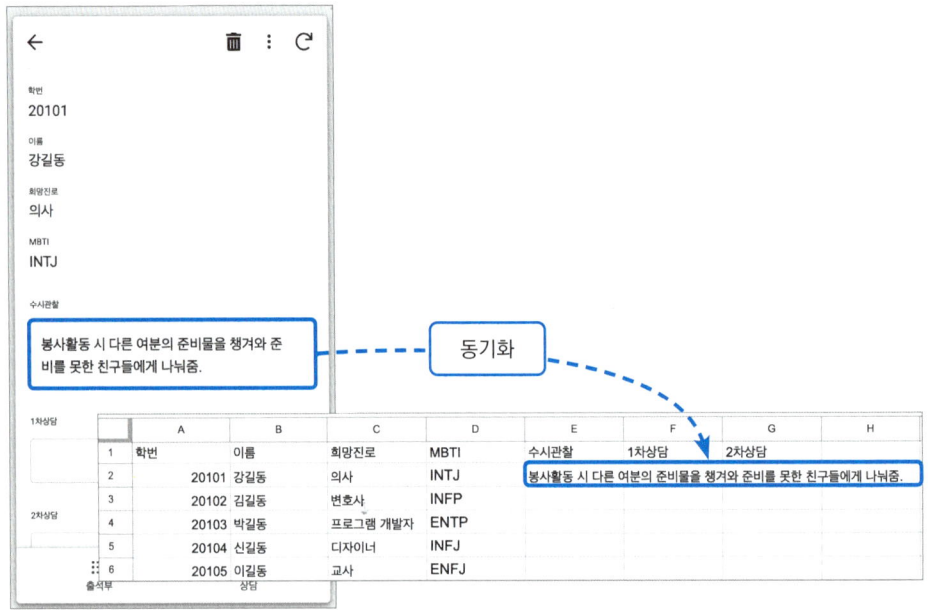

바로 실습 08 상담 액션 추가하기

출석부 탭을 구성할 때 기본적으로 제공하는 전화 걸기와 문자 보내기 액션 설정 기억나나요? 한 단계 더 나아가 필요한 기능을 설계하고 맞춤형 액션을 추가할 수 있습니다. 빠르고 효율적인 기록을 위해 새로운 수시 관찰 데이터를 추가할 때 오늘 날짜를 자동으로 입력해주는 액션을 만들어 보겠습니다. 이 기능은 특히 현장에서 실시간으로 기록할 때 매우 유용하게 쓸 수 있습니다.

상담 상세 뷰

01 [⚡ Actions] 메뉴로 이동합니다.

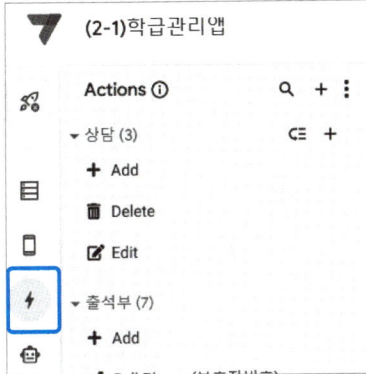

02 상담의 액션을 추가하기 위해 상담 행의 [+ Add Action] 버튼을 클릭한 뒤 [Create a new action for 상담]을 선택합니다.

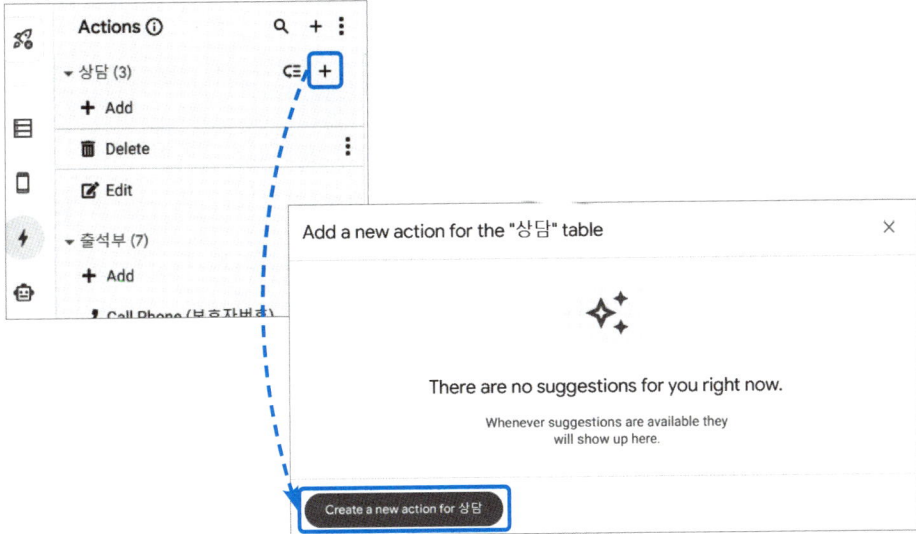

03 새로 추가된 액션의 기본적인 설정값을 지정합니다.

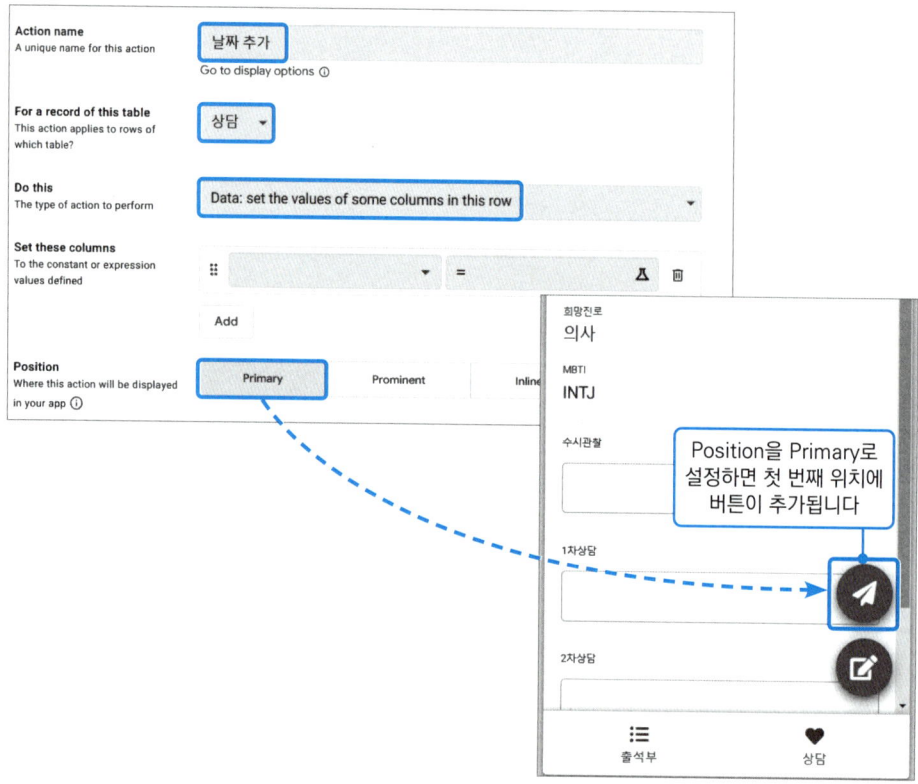

- **Action name** : 액션의 이름을 '날짜 추가'로 설정합니다. 액션 이름은 고유해야 하므로 다른 액션 이름과 중복되지 않도록 주의해주세요. 이름은 나중에 액션을 식별하거나 관리할 때도 중요하니 작업의 목적이 명확히 드러나도록 설정하는 것이 좋습니다.

- **For a record of this table** : 상담 테이블의 데이터에 적용되는 액션이기 때문에 상담 테이블을 선택합니다.

- **Do this** : 해당 액션이 수행할 작업 유형을 지정하는 단계입니다. '날짜 추가' 액션은 수시 관찰 열의 특정 행에 오늘 날짜를 자동으로 입력하는 작업이므로 'Data: set the values of some columns in this row'를 선택합니다.

- **Position : [Primary]**로 설정하여 액션의 버튼을 적절한 위치에 배치합니다.

04 Set these columns에서는 액션을 통해 변경할 열과 설정할 값을 지정합니다. 수시 관찰 열에 오늘 날짜를 자동으로 입력하도록 설정할 것입니다. 수시 관찰 열을 선택하세요.

수시 관찰 열에 자동으로 입력될 값을 설정합니다. 오늘 날짜는 고정된 값이 아니라, 액션을 실행하는 시점의 날짜를 입력해야 하며, 기존 내용이 있다면 이를 유지하면서 새로운 관찰 날짜를 추가로 입력하는 방식으로 동작해야 합니다. 오른쪽 수식 입력 칸을 클릭하여 다음 수식을 입력하고 **[Save]** 버튼을 누르세요.

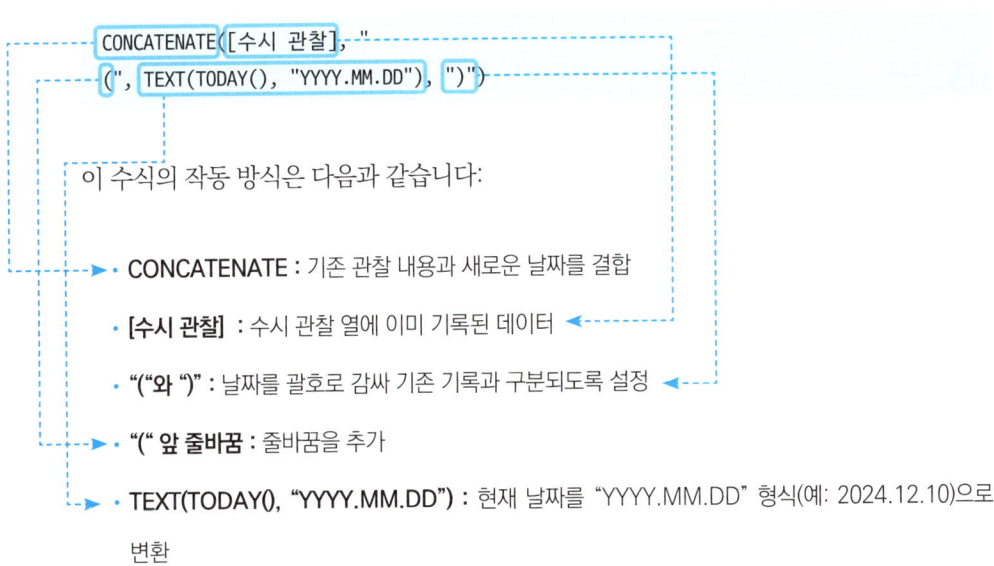

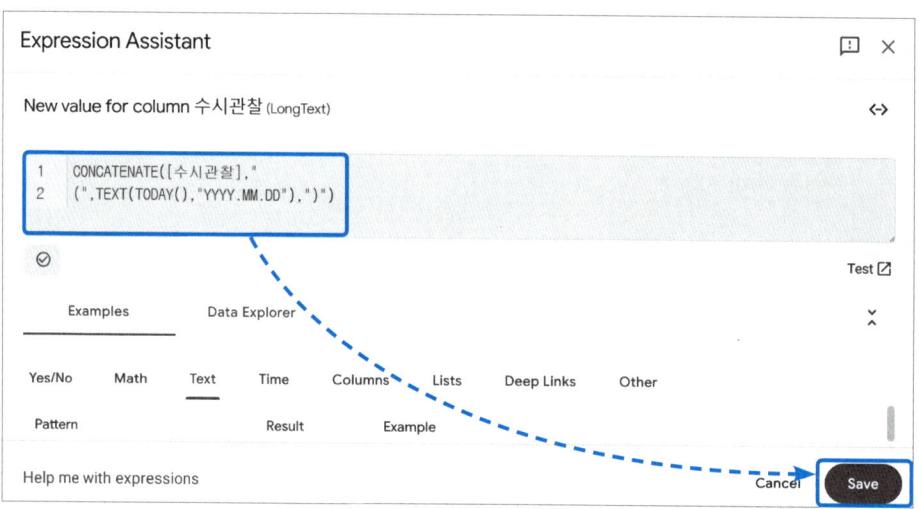

05 날짜 추가 버튼을 눌러 설정한 액션이 제대로 작동하는지 확인해봅시다. 버튼을 클릭하면 수시 관찰 열에 기존 기록은 그대로 유지되면서, 새로운 줄에 오늘 날짜가 자동으로 추가됩니다.

06 Display 설정에서 적절한 액션 아이콘으로 변경하고 최종 저장합니다.

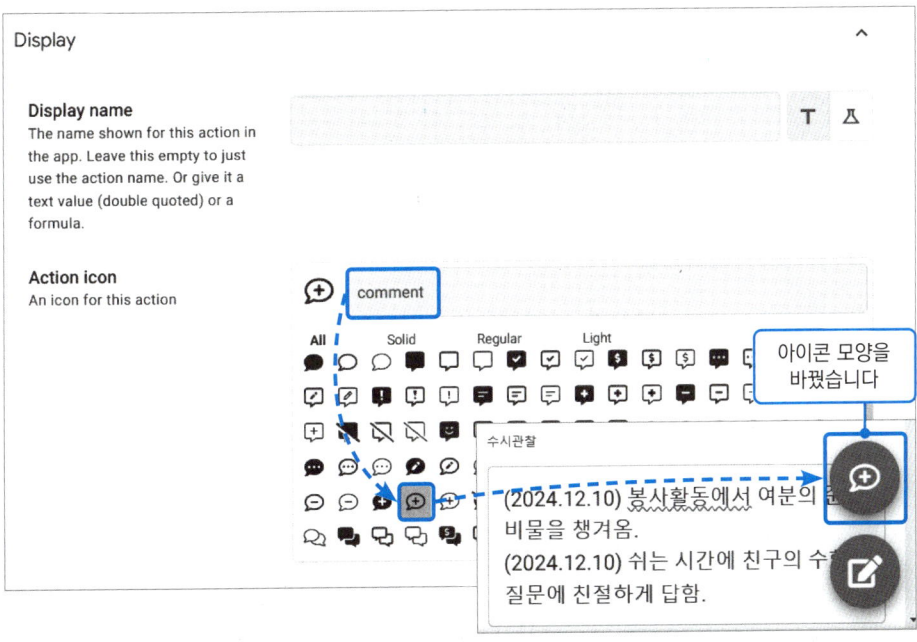

Chapter 04

출결 기록하고 신고서 자동 생성하기

오토메이션 과정은 조금 어렵지만 가장 강력한
기능입니다. 차근차근 이해해보세요.

활용도구 구글 앱시트   구글 스프레드시트   PDF

출결 관리는 담임 교사가 매일 해야 하는 업무 중 하나입니다. 바쁜 아침에 보호자를 통해 알게 된 학생의 출결 상황을 급히 휴대폰 메모나 근처 종이에 적다 보면 정보가 흩어지고 누락되기 쉽습니다. 이번에 만들 출결 관리 앱에서는 모든 데이터를 한곳에 모아 체계적으로 관리할 수 있습니다. 출결 상태를 기록하는 데 그치지 않고, 이 데이터를 활용해 결석 신고서까지 자동으로 만들 수 있다면 업무의 효율성이 크게 향상되겠죠. 출결 데이터를 저장하고 관리할 테이블을 구성하고, 자동화된 신고서 생성 기능까지 구현해봅시다.

바로 실습 09 출결 데이터 구성하기

결석 신고서를 자동으로 생성하려면 어떤 항목들이 필요할까요? 학생의 기본 정보부터 출결 상황까지 체계적으로 관리할 수 있는 데이터 구조가 중요합니다. 이번 실습에서는 ID, 학번, 이름, 일자, 항목(결석, 지각, 조퇴), 세부(질병, 인정, 미인정, 기타), 사유로 구성된 출결 데이터 테이블을 만들어보겠습니다. 이를 통해 복잡한 출결 관리를 간단하고 명확하게 처리할 수 있으며, 결석 신고서도 자동으로 생성할 수 있게 됩니다.

출결 시트에 상담 데이터 구성하기

가장 먼저 출결 뷰의 기반이 되는 데이터를 구글 스프레드시트에 새로운 시트를 만들어 구성해보겠습니다.

01 (2-1)학급관리앱 스프레드시트에 출결 시트를 추가합니다. 좌측 하단 ⊕을 눌러 시트 이름을 출결로 수정합니다.

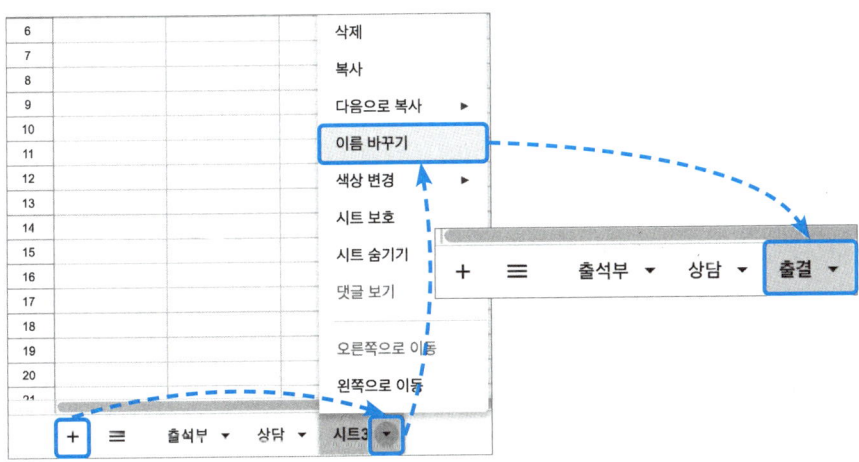

02 출결 시트에서 사용할 열 이름인 ID, 학번, 이름, 시작일자, 끝일자, 항목, 세부, 사유, 파일생성을 입력합니다.

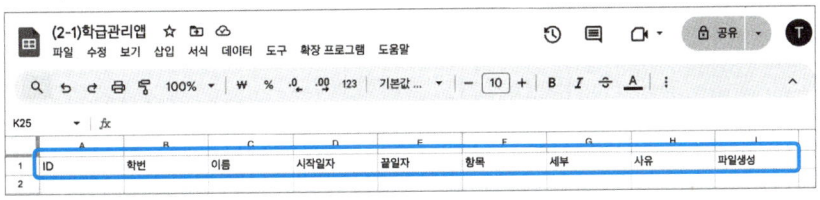

출결 시트에는 왜 ID열이 필요할까요? 한 학생이 여러 날에 걸쳐 결석, 지각, 조퇴 등의 기록을 가질 수 있기 때문에 학번만으로는 출결 데이터를 고유하게 구분할 수 없습니다. 예를 들어 같은 학번을 가진 학생의 12월 10일과 11일 기록을 구분하기 어렵죠. 이 문제를 해결하기 위해 ID 열이 필요합니다. ID는 새로운 행이 추가될 때 자동으로 값이 생성됩니다. **ID는 각 데이터 행을 고유하게 식별하도록 만들어지며, 데이터 중복이나 혼란을 방지합니다.**

출결 데이터 타입 지정하기

출결 시트는 스프레드시트에서 데이터를 직접 추가하지 않습니다. 결석, 지각, 조퇴와 같은 출결 상황은 모바일에서 실시간으로 추가하는 것이 일반적입니다. 따라서 스프레드시트에서는 출결 데이터 관리를 위한 시트만 구성하면 됩니다. 이제 준비한 출결 시트를 앱시트에서 새로운 테이블로 가져와 각 데이터 타입을 지정하고 앱과 연결해보겠습니다.

01 [**확장 프로그램 → AppSheet → 앱 만들기**]를 클릭해 AppSheet로 이동합니다.

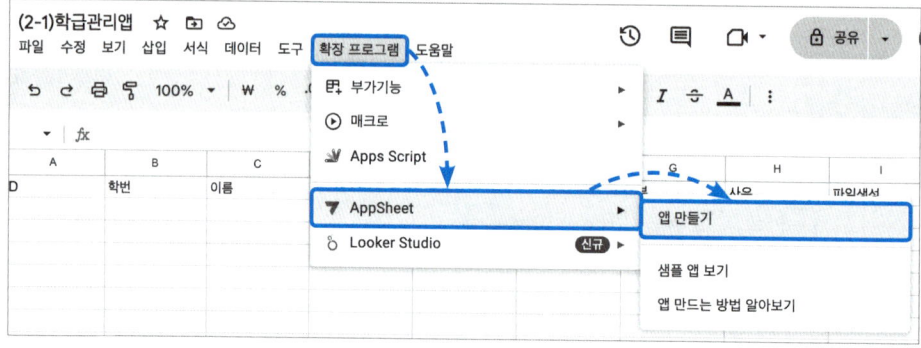

02 추가 버튼을 눌러 출결 데이터 테이블을 추가합니다.

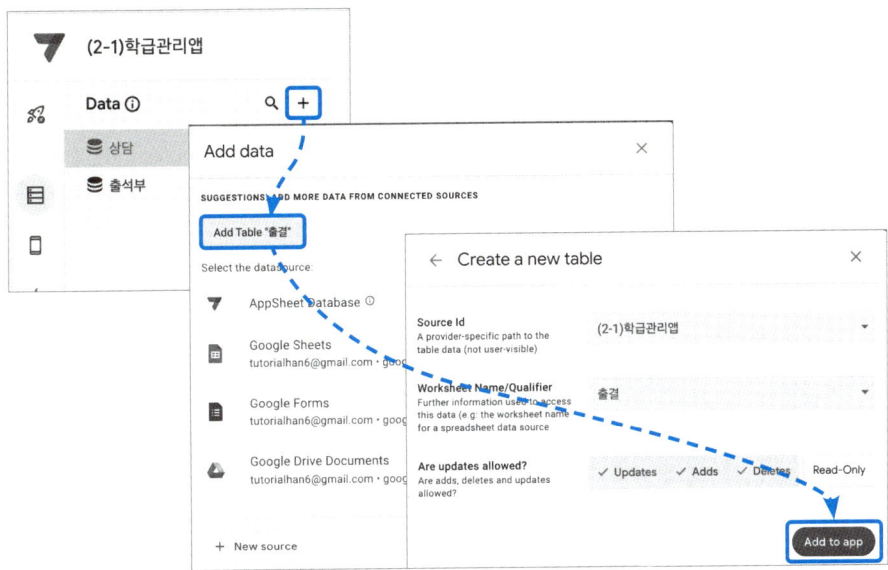

03 각 열의 데이터 성격에 맞는 데이터 타입을 설정합니다. 설정을 마친 후에는 잊지 말고 저장 버튼을 눌러 변경 사항을 저장합니다. 먼저 ID를 다음과 같이 설정합니다.

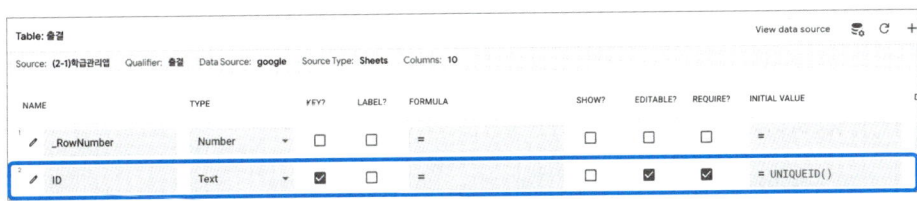

- **타입** : Text로 설정합니다. ID는 고유한 텍스트 값으로 구성되므로 Text 타입이 적합합니다.
- **KEY** : ID열을 Key로 설정해 출결 데이터를 고유하게 식별할 수 있도록 만듭니다.
- **SHOW** : 해제합니다. ID는 시스템에서 관리하는 값이기 때문에 사용자가 앱 화면에서 볼 필요 없습니다.

> **TIP** SHOW를 해제하면 경우에 따라 경고 메시지가 표시될 수 있습니다. 이 경고는 ID 열의 SEARCH 항목을 클릭하여 비활성화한 후 SHOW를 해제하면 사라집니다.

- **INITIAL VALUE :** 'UNIQUEID( )'를 입력합니다. UNIQUEID( ) 함수는 앱시트가 자동으로 중복되지 않는 고유 ID 값을 생성하도록 합니다. 새로운 행이 추가되면 시스템이 임의의 고유 값을 생성해 데이터를 충돌 없이 관리할 수 있습니다.

04 학번을 다음과 같이 설정합니다.

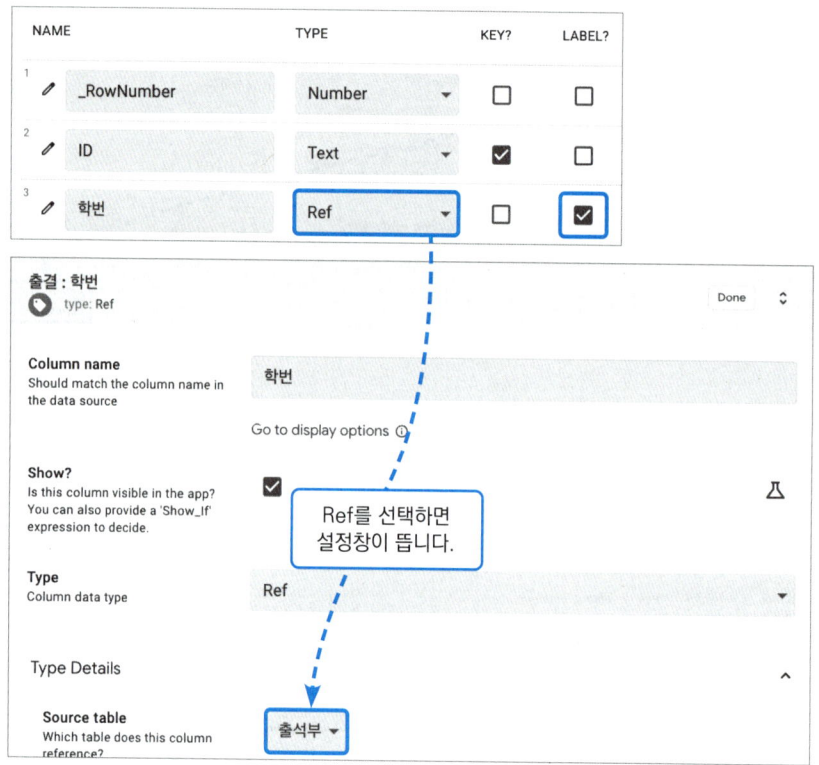

- **타입 :** Ref로 설정합니다. 출결의 학번은 학생 정보를 참조하는 데 사용합니다.
- **Source table :** Ref 타입을 지정하면 열리는 설정 창에서 **[출석부]** 테이블을 선택하면 입력된 학번을 기반으로 학생의 이름 등 다른 관련 정보를 가져올 수 있습니다. 이를 통해 데이터를 체계적으로 관리하고, 입력 과정에서 오류를 줄일 수 있습니다.

- **Label** : 활성화 상태로 설정합니다. 학번은 학생 정보를 식별하는 주요 값이므로 앱에서 해당 데이터를 주요 정보로 표시할 수 있습니다.

05 이름은 다음과 같이 설정합니다.

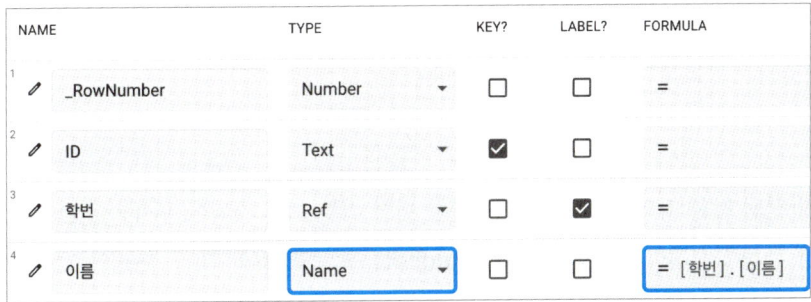

- **타입** : Name으로 설정합니다.
- **FORMULA** : '[학번].[이름]'을 입력합니다. 이 수식은 학번 열과 연결된 출석부 테이블에서 해당 학번에 해당하는 학생의 이름을 자동으로 가져옵니다.

06 시작일자, 끝일자를 다음과 같이 설정합니다.

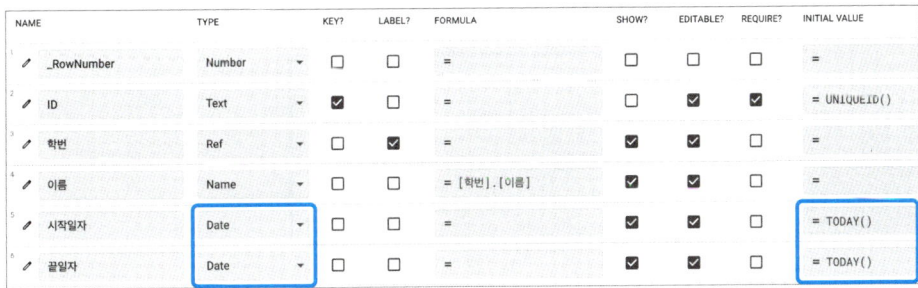

- **타입** : Date로 설정합니다.
- **INITIAL VALUE** : 'TODAY( )' 로 지정합니다. 이 설정을 통해 새로운 출결 데이터가 추가되면 오늘 날짜가 입력됩니다.

07 항목과 세부는 타입을 Enum으로 설정하여 사용자 선택 값의 목록을 정의합니다.

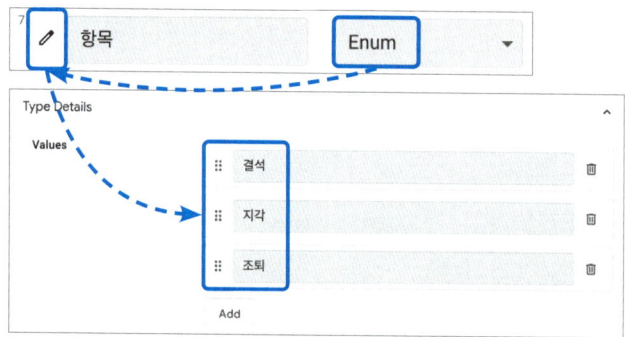

사용자 선택 값을 정의하기 위해 항목 열의 편집 버튼 🖉을 클릭한 후 Type Details에서 가능한 값들을 설정합니다. Values의 **[Add]** 버튼을 눌러 결석, 지각, 조퇴와 같은 선택 가능한 항목을 추가합니다.

세부의 타입 역시 Enum으로 설정하고 다음과 같이 사용자 선택값을 수정합니다.

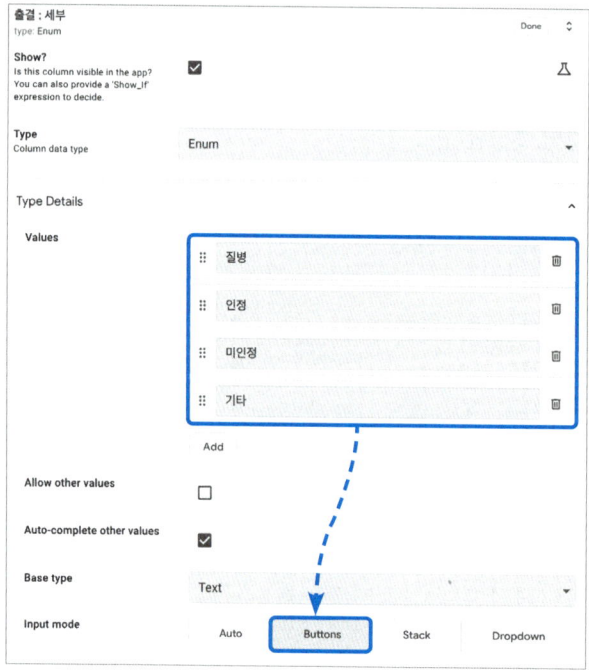

Values의 **[Add]** 버튼을 눌러 질병, 인정, 미인정, 기타 항목을 입력합니다. Input mode는 **[Buttons]**로 설정합니다. Buttons 모드를 사용하면 버튼 형태로 값을 선택할 수 있어 스마트폰에서 빠르고 직관적으로 선택할 수 있습니다.

08 사유의 타입은 Text로, 파일생성의 타입은 Yes/No로 합니다.

사용자는 Yes 또는 No 중 하나를 선택할 수 있으며, 이를 통해 문서 생성 여부를 간편히 관리할 수 있습니다. Yes를 선택하면 자동으로 결석 신고서가 생성되도록 설정할 수 있습니다.

바로 실습 10 출결 뷰 설정하기

이제 출결 뷰의 화면을 구성해봅시다. 학생들의 목록 화면과 개별 학생들의 세부 화면을 구성해야 합니다.

출결 뷰 생성하고 기본 설정하기

01 뷰 메뉴로 이동합니다. 새로운 뷰를 생성하기 위해 **[+ 플러스 버튼]**을 누릅니다. 그리고 **[Create a new view]** 버튼을 선택합니다.

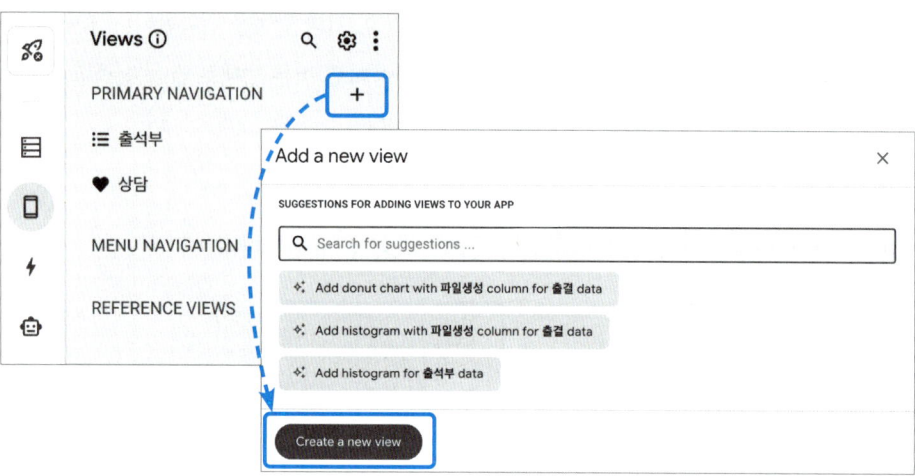

02 다음을 따라 기본 정보를 설정합니다.

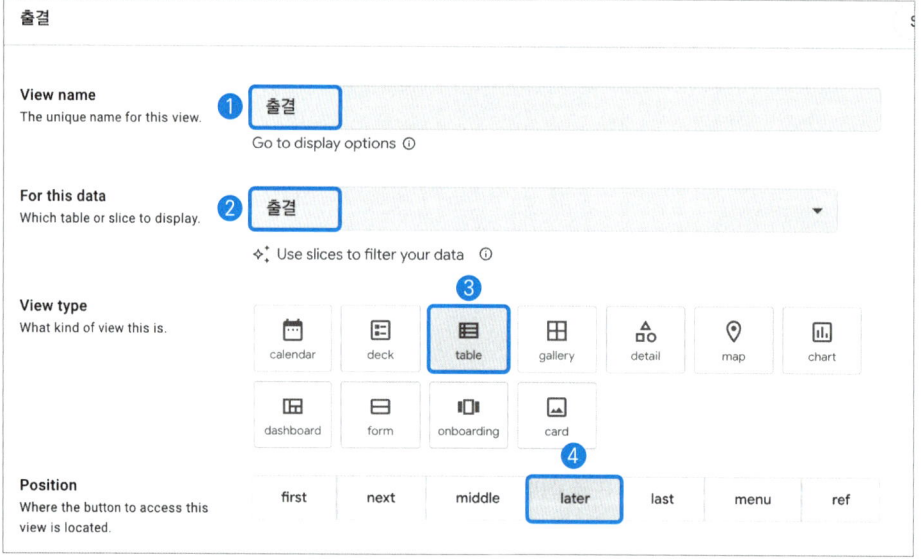

❶ View name은 출결로, ❷ For this data는 출결로, ❸ View type은 [table]로, ❹ Positions은 [later]로 설정합니다.

03 새로 생성된 출결 뷰에서 임의로 하나의 데이터를 ❶ 추가해 보겠습니다. 학번을 입력하기 위해 ❷ 입력칸을 클릭하면 이름으로 학생을 선택할 수 있습니다.

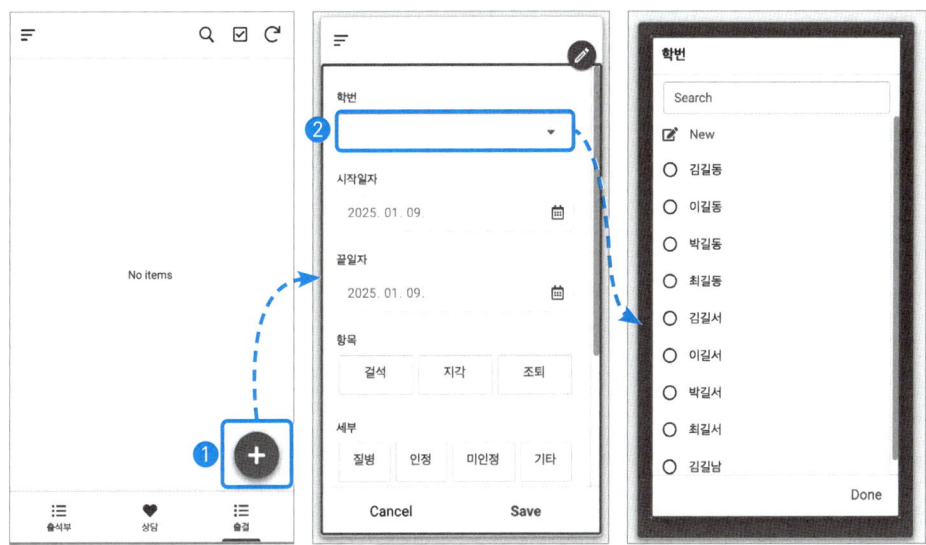

우리가 앞서 출결 테이블을 출석부 테이블과 연결했고, 출석부 테이블의 라벨 값을 이름으로 설정했기 때문입니다. 학생의 이름으로 출결을 관리하는 것이 훨씬 직관적이고 편리하겠죠?

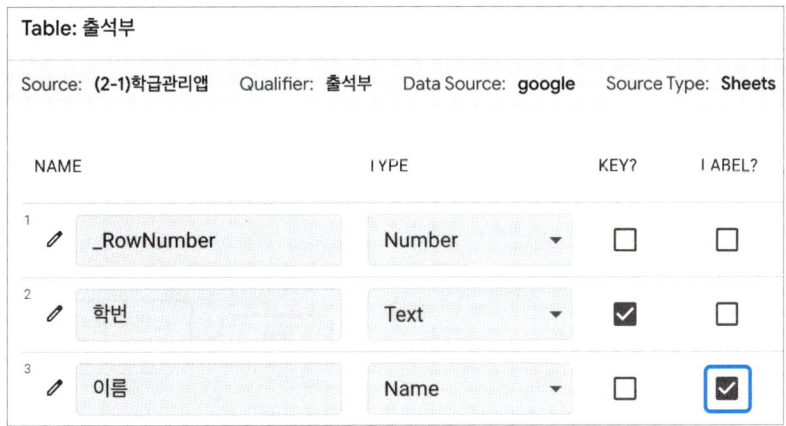

> **TIP** 학생의 이름이 보이지 않는다면 출석부 데이터의 LABEL? 값을 체크했는지 확인하세요. 학번과 이름의 LABEL? 값을 모두 체크하면 두 정보 모두 화면에 나타납니다.

출결 뷰 옵션 설정하기

01 출결의 첫 화면은 사용자에게 꼭 필요한 정보만 간결하게 제공해야 합니다. 이를 위해 Column order 설정을 ❶ [Manual]로 변경한 후 ❷ 첫 화면에 표시할 필요 없는 열을 선택하고 ❸ [Remove] 버튼을 눌러 제거합니다.

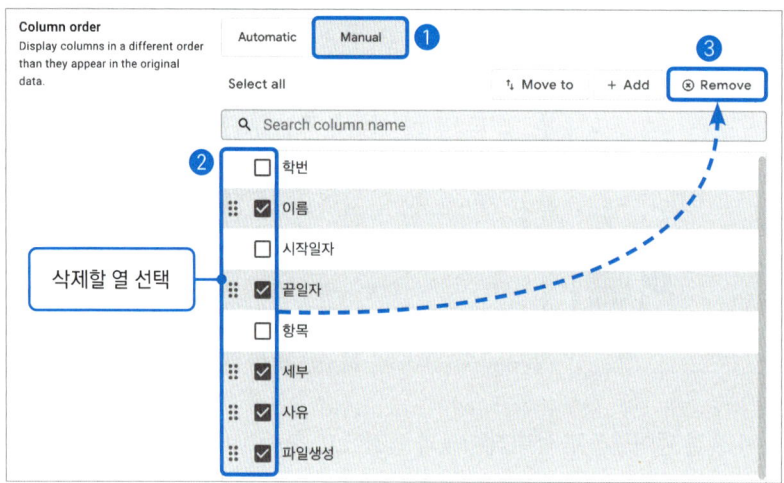

실습에서는 이름, 끝일자, 세부, 사유, 파일 생성을 삭제했습니다.

02 출결 화면에서 각 열의 중요도에 따라 표시되는 순서를 조정할 수 있습니다. 항목의 왼쪽 ⋮⋮ 버튼을 잡고 드래그 앤 드롭 방식으로 한 단계 위로 올려보겠습니다.

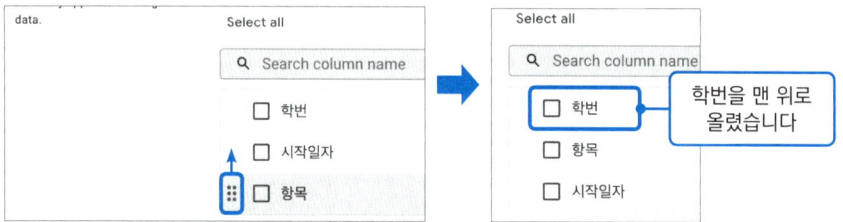

실습에서는 학번, 항목, 시작일자 순으로 배열했습니다.

03 Column width를 [Narrow]로 설정합니다. Narrow 옵션을 선택하면 열이 화면에서 더 간결하게 표시됩니다.

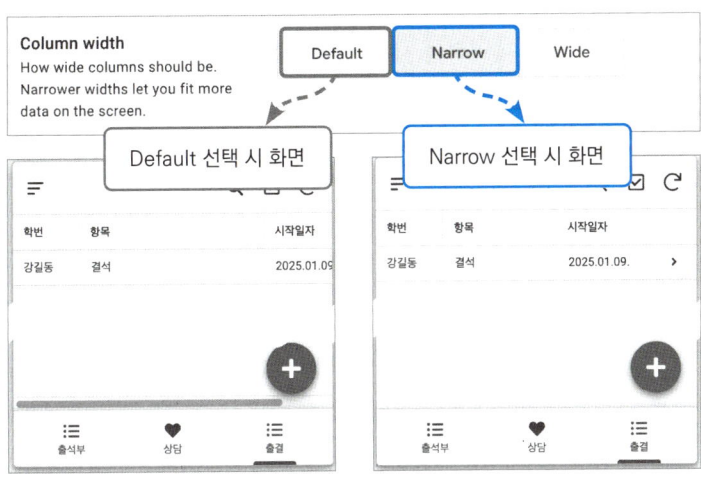

출결 뷰 디스플레이 설정하기

01 Display 메뉴에서 출결 뷰 아이콘을 시계 모양으로 선택합니다. 미리보기 화면에서 새로 설정한 아이콘이 잘 표시되는지 확인합니다. 만약 아이콘이 변경되지 않았다면 [SAVE] 버튼을 클릭하거나 Ctrl + S 단축키를 사용해 변경 사항을 저장합니다.

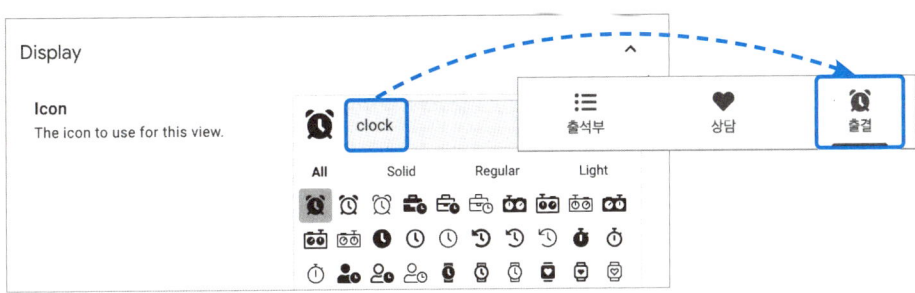

이렇게 출결 상황을 기록하는 탭도 완성했습니다.

바로 실습 11   오토메이션으로 결석 신고서 PDF 자동 생성하기

PDF를 자동으로 생성하는 것은 마법 같은 일이 아닙니다. 사람이 문서 양식에 하나하나 데이터를 채워넣듯, 컴퓨터도 정해진 규칙에 따라 데이터를 채우는 것뿐입니다. 차이가 있다면 컴퓨터는 실수 없이 한 번에 작업을 끝낸다는 점이죠. 이번에는 우리가 준비한 데이터와 문서 템플릿을 연결해 클릭 한 번으로 결석 신고서를 PDF로 자동 생성해보겠습니다.

앱시트 오토메이션 메뉴 둘러보기

오토메이션Automation**은 앱에서 특정 작업을 자동으로 수행하도록 설정하는 강력한 도구입니다.** 반복 작업을 자동화하면 서류 작성 업무에서 시간을 절약하는 동시에 데이터 누락이나 오류를 방지할 수 있죠. 예를 들어 결석 데이터가 입력되면 자동으로 결석 신고서 PDF를 생성하고 학부모에게 이메일로 전송하는 작업을 설정할 수 있습니다.

오토메이션 메뉴는 자동화의 핵심 기능인 Bots, Events, Processes, Tasks로 구성되어 있습니다.

- **Bots** : 특정 조건에서 자동화를 시작하는 역할을 합니다.
- **Events** : 데이터를 기반으로 트리거를 설정합니다.
- **Processes** : 자동화의 전체 흐름을 설계하고 단계를 정의합니다.
- **Tasks** : PDF 생성, 알림 전송 등 구체적인 작업을 실행합니다.

> **TIP** 트리거란 자동화 프로그램에서 특정 조건이나 이벤트가 발생했을 때 작업을 시작하게 만드는 신호나 동작을 뜻합니다.

이 기능들을 잘 활용하면 중요한 데이터를 체계적으로 관리하고 단순 반복 작업에서 해방될 수 있습니다. 사이드 바의 [⚙ Automation] 버튼을 클릭하면 오토메이션 메뉴를 볼 수 있습니다.

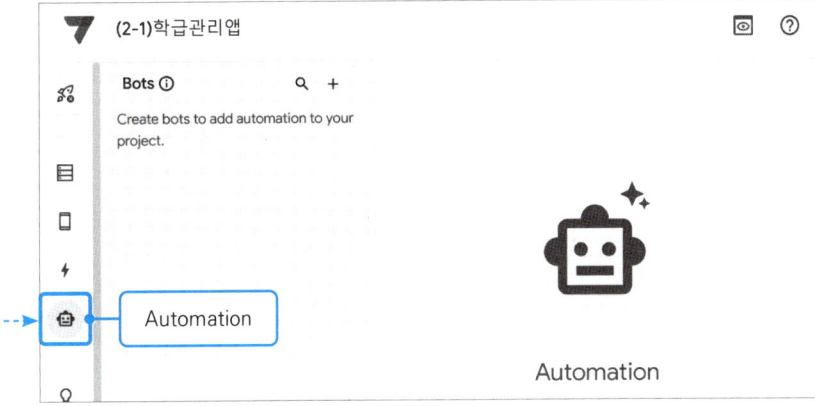

결석 신고서 봇 생성하기

봇[Bot]**은 자동화를 시작하는 가장 중요한 요소로 조건이 발생했을 때 특정 작업을 실행하도록 설정합니다.** 이번 단계에서는 결석 데이터를 입력하면 결석 신고서를 자동으로 생성하는 봇을 만들어 보겠습니다.

01 봇을 생성해보겠습니다. 오토메이션 메뉴의 오른쪽 바에서 ❶ [+ Create a new Bot] 버튼을 누르면 생기는 창에서 다시 ❷ [Create a new Bot] 버튼을 선택합니다.

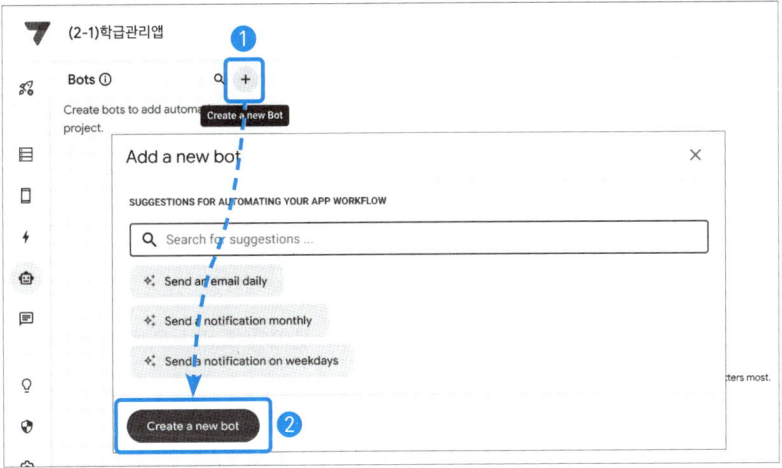

Chapter 04 출결 기록하고 신고서 자동 생성하기   75

02 새로 생성된 봇 이름을 수정해보겠습니다. 봇 이름 오른쪽 [⋮ more → Rename] 버튼을 눌러 봇의 이름을 '결석 신고서 생성'으로 수정합니다.

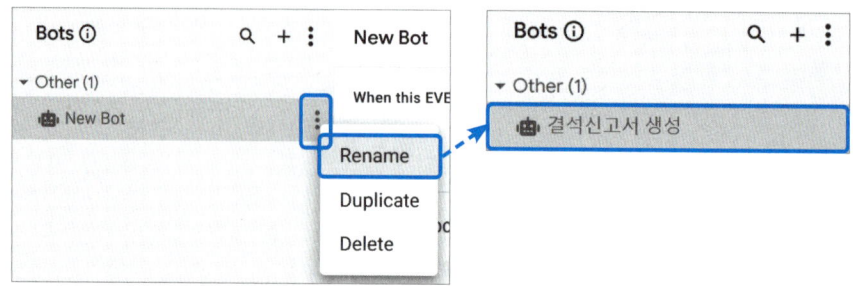

> **TIP** 이 단계에서 저장 버튼을 눌렀을 때 나오는 'Bot has no defined process', 'Bot has no defined event' 등의 오류 메시지는 무시해도 됩니다. 봇의 실행 조건과 작업을 정의하지 않아 발생하는 오류로 이후 실습을 따라 두 항목을 설정한 후 저장하면 해결됩니다.

봇 작동 원리 파악하기

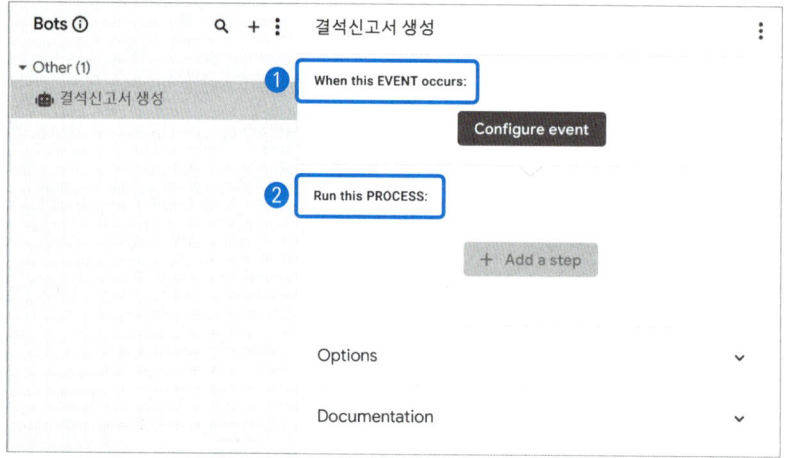

봇의 작동 원리를 이해하면 원하는 작업을 명확히 정의하고, 봇에게 효과적으로 일을 시킬 수 있습니다. 봇을 생성한 다음에는 언제, 어떤 조건에서, 어떤 작업을 해야 하는지를 명확히 설정해야 합니다. 봇의 작동 원리는 다음과 같습니다.

- ❶ Event가 발생하면 봇이 작동을 시작합니다.
- ❷ 봇은 Process에 정의된 작업 흐름을 실행합니다.

쉽게 말해 봇은 미리 정의한 조건에 따라 특정 작업을 자동으로 수행합니다. 여기서 조건은 ❶ Event(이벤트), 수행할 작업은 ❷ Process(프로세스)를 의미합니다. 봇이 올바르게 작동하려면 이 두 가지를 명확히 설정해야 합니다. 예를 들어 이벤트는 '출결 테이블에 새로운 데이터 추가'로 정의할 수 있고, 프로세스는 '결석 신고서 생성 후 PDF로 저장'으로 설정할 수 있습니다.

이제 이러한 원리를 바탕으로 결석 신고서 PDF를 자동으로 생성하는 봇을 설계해보겠습니다.

결석 신고서 봇 이벤트 설계하기

결석 신고서를 자동으로 생성하는 봇을 설계하려면 이벤트를 명확히 설정해야 합니다. 다음 단계를 따라 결석 신고서 봇의 이벤트를 만들어보겠습니다. 생성하는 과정이 다소 복잡할 수 있습니다. 하지만 한 번 만들어놓으면 반복되는 업무를 손쉽게 처리할 수 있어 더 많은 시간을 절약할 수 있을 것입니다.

01 이벤트를 생성합니다. 결석 신고서 생성 봇에서 ❶ [Configure Event] 버튼을 클릭합니다. ❷ 이벤트 이름을 '출결 데이터 추가'로 설정하고 [Enter]를 누르면 ❸ '출결 데이터 추가'라는 새로운 이벤트가 만들어졌습니다.

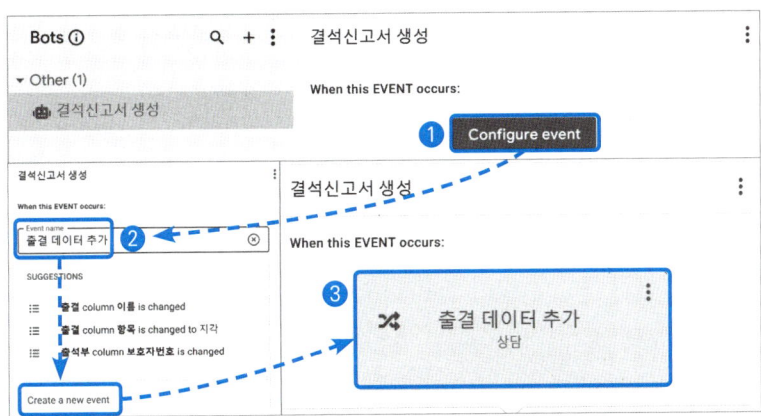

02 오른쪽 Settings 영역에서 '출결 데이터 추가' 이벤트의 조건을 설정합니다.

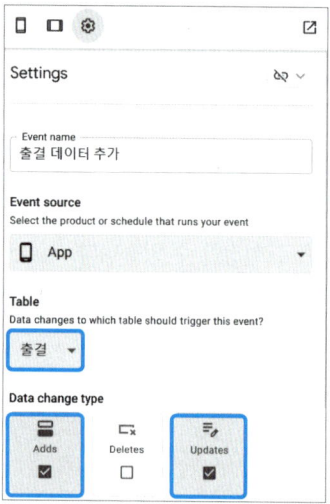

- **Table** : 출결 테이블을 선택합니다. 출결 테이블에서 이벤트가 발생했을 때 봇이 작동합니다.
- **Data change type** : Adds와 Updates를 선택합니다. Adds는 새로운 데이터가 추가되었을 때, Updates는 기존 데이터가 수정되었을 때 봇이 작동합니다. 이 두 가지를 모두 선택하면 새로운 데이터 입력뿐만 아니라, 기존 데이터를 변경했을 때도 자동으로 작업이 실행됩니다.

03 이벤트의 조건 중 Condition을 설정합니다. Condition에서는 사용자 지정 조건을 추가할 수 있습니다. 다음 조건을 입력하여 파일 생성 열이 TRUE이고, 항목이 "결석"일 때만 봇이 작동하도록 설정합니다.

```
AND([파일생성] = TRUE, [항목] = "결석")
```

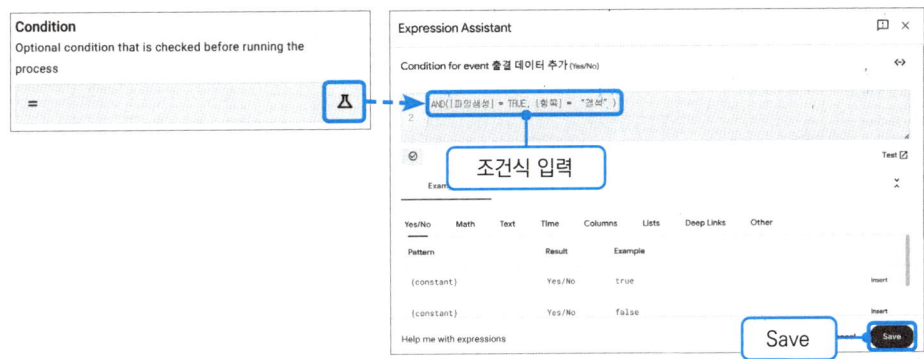

04 설정을 완료하고 **[Save]** 버튼을 눌러 이벤트 조건을 저장합니다. 출결 데이터를 추가하거나 수정할 때마다 봇이 작동하도록 이벤트 조건을 정의했습니다. 이제 이 이벤트를 기반으로 프로세스를 연결해봅시다.

결석 신고서 봇 프로세스 설계하기

프로세스는 이벤트 발생 시 실행할 작업의 흐름을 정의합니다. 이 실습에서는 PDF 생성 및 저장이 되겠죠?

01 이벤트가 발생했을 때 봇이 실행할 작업을 추가합니다. 결석 신고서 생성 봇에서 **[Add a step]** 버튼을 클릭합니다. 스텝 이름을 '결석 신고서 PDF 생성'으로 설정합니다.

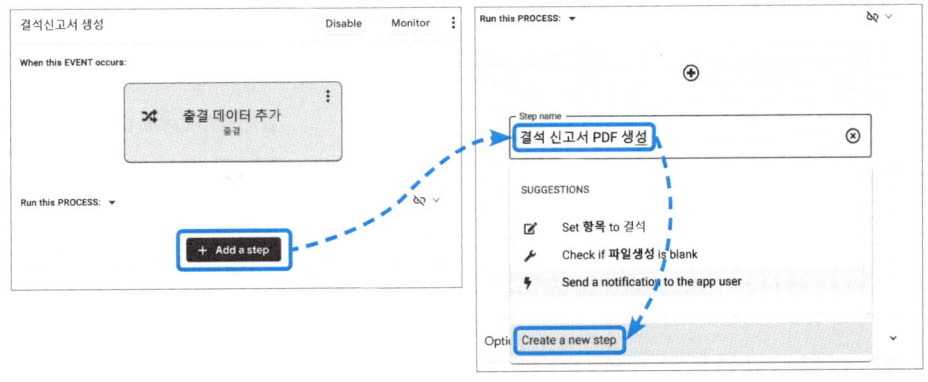

Chapter 04 출결 기록하고 신고서 자동 생성하기 79

02 '결석 신고서 PDF 생성' 프로세스를 클릭한 후 오른쪽 Settings 영역에서 세부 설정을 수정합니다.

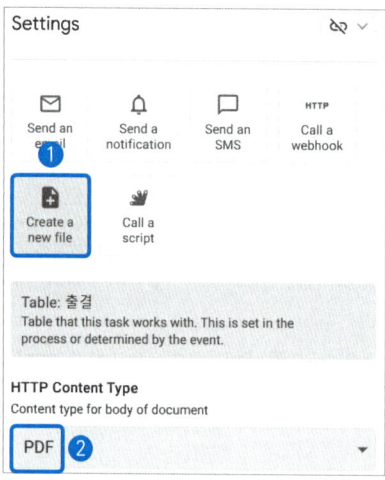

❶ 작업 유형을 [Create a new file]로 선택합니다. ❷ 파일 형식은 PDF로 지정합니다. 이 설정은 이벤트 발생 시 출결 데이터를 기반으로 PDF 파일을 생성하도록 합니다.

03 출결 데이터를 기반으로 템플릿 문서를 생성해보겠습니다. 오른쪽 Settings 영역에서 ❶ Template의 [Create] 버튼을 눌러 템플릿을 임시로 생성합니다. ❷ View 버튼을 눌러 생성된 구글 문서 템플릿을 확인합니다.

문서에 보이는 〈〈〉〉는 앱시트 데이터와 연결된 자리 표시자Placeholder를 의미합니다. 자리 표시자는 템플릿 문서에서 특정 데이터를 표시할 위치를 지정하며, 앱에서 데이터를 기반으로 문서를 생성할 때 자동으로 해당하는 값이 채워집니다. 예를 들어 〈〈[이름]〉〉은 '이름'이라는 글자가 그대로 적히는 것이 아니라 출결 데이터의 이름 값을 가져와 표시합니다. 또한 수식을 활용해 데이터를 필요한 형식으로 가공하여 대입할 수도 있습니다. 예를 들어 날짜 데이터를 〈〈TEXT([날짜], "YYYY년 M월 D일")〉〉처럼 가공해 특정 형식으로 출력할 수 있습니다.

> **TIP** 임시 템플릿은 실습용으로 활용하겠습니다. 실제 작업에서는 학교에서 사용하는 공식 결석 신고서 양식을 불러와 연결하면 됩니다. 그 방법은 바로 다음 실습에서 배웁니다.

04 문서 생성 테스트를 위해 ❶ **[모바일 미리보기]** 화면으로 이동해 ❷ 출결 데이터를 추가하겠습니다. 다른 데이터 값은 임의로 넣어도 되지만 ❸ 파일 생성 세부 조건으로 설정한 항목은 '결석'을 선택하고 파일생성은 Y를 선택하고 **[Save]**를 눌러 저장합니다.

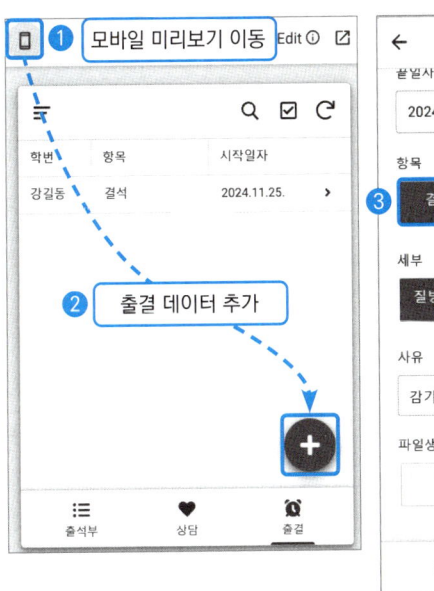

05 템플릿 문서가 올바르게 생성되는지 확인합니다. 생성된 문서의 저장 경로는 다음과 같습니다.

- [구글 드라이브 〉 내 드라이브 〉 appsheet 〉 data 〉 2-1학급관리앱... 〉 Files]

최종 폴더에 4단계에서 추가한 데이터를 포함하는 PDF 파일이 생성된 것을 확인할 수 있습니다. PDF 파일에는 이름, 학번, 항목, 세부 등의 출결 데이터가 템플릿에 맞게 올바르게 반영되어 있어야 합니다.

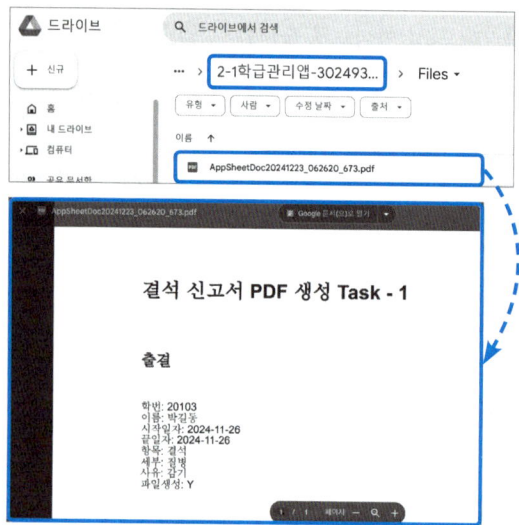

학교 결석 신고서 템플릿 연동하기

학교에서 사용하는 공식 결석 신고서 양식을 템플릿으로 앱시트에 연결하면 자동으로 데이터를 기반 문서를 생성할 수 있습니다. 정해진 양식의 결석 신고서가 자동으로 생성되는 거죠. 마지막으로 구글 드라이브에 실제로 사용하는 템플릿을 업로드하고 이를 앱시트 프로세스에 연결하는 방법을 단계별로 배워보겠습니다.

01 2-1학급관리앱 시트가 있는 드라이브 폴더에 새 구글 문서를 생성합니다.

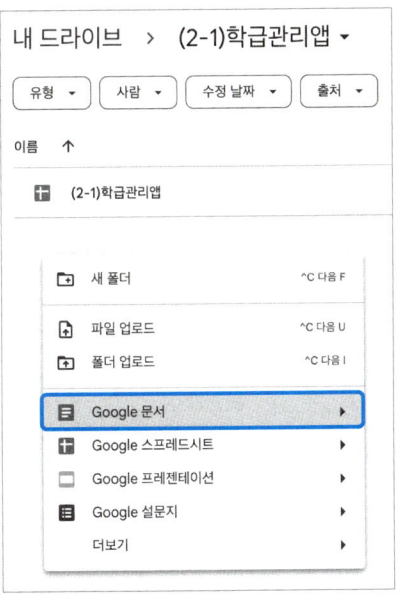

02 학교에서 사용하는 결석 신고서 양식을 기반으로 구글 문서 파일을 작성합니다.

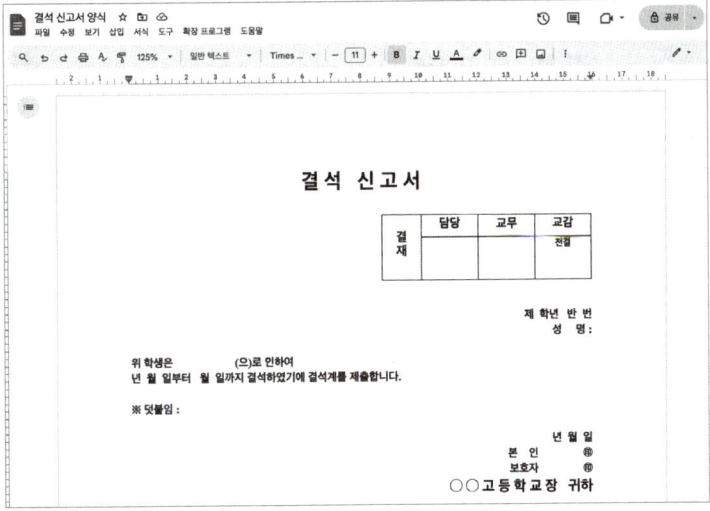

선생님의 비법 노트

인쇄 불가 문자 표시를 활성화해보세요

구글 문서 상단 메뉴 중 [보기 → 인쇄 불가 문자 표시]를 활성화한 상태에서 작업하면 자리 표시자의 위치를 확인할 수 있어 템플릿을 더 쉽게 작성할 수 있습니다. 평소 문서 작업을 할 때에도 이 기능을 활용하면 보이지 않는 공백이나 줄 바꿈, 탭 등의 요소를 시각적으로 확인할 수 있어 유용한 기능입니다.

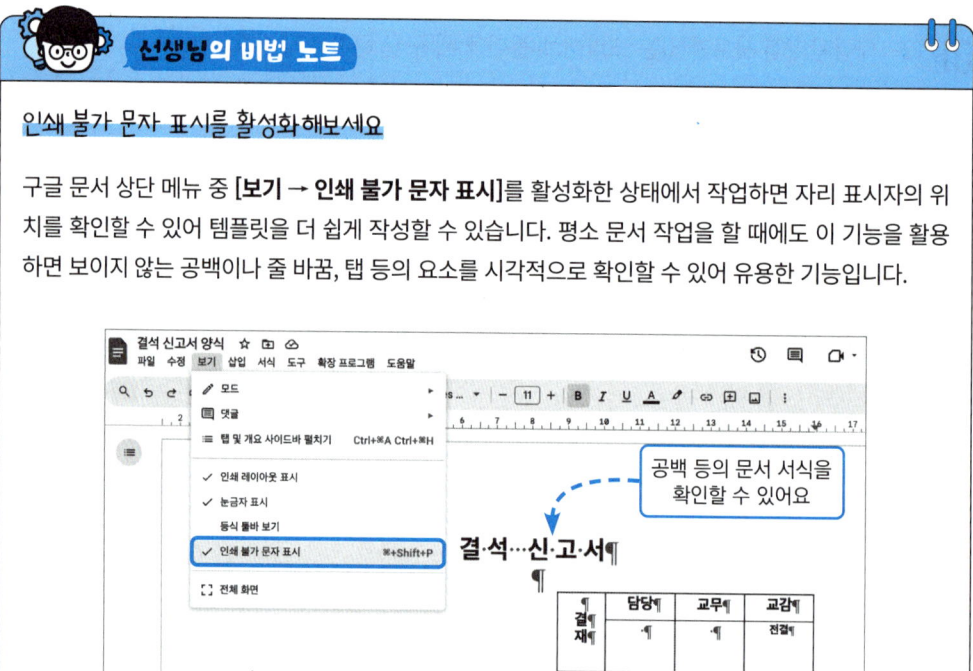

03 학년, 반, 번호, 이름, 사유 등의 필요한 데이터 항목을 자리 표시자(《 》)로 설정합니다. 가공할 데이터가 있으면 필요한 식을 추가합니다. 다음 실습 예시를 참고해보세요.

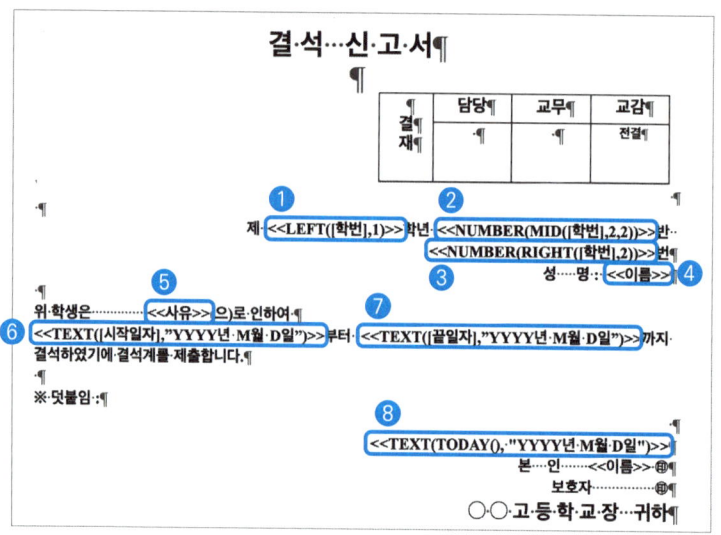

❶ **학년**은 학번의 왼쪽에서 1번째 문자를 추출합니다. 학번이 30101이라면 3을 추출해 '제 3학년'으로 표시합니다.

<<LEFT([학번],1)>>

❷ **반**은 학번의 2번째, 3번째 문자를 가져와 숫자로 변환합니다. 학번이 30101이라면 01을 추출하고 숫자 '1반'으로 표시합니다.

<<NUMBER(MID([학번],2,2))>>

❸ **번호**는 학번의 오른쪽에서 두 자리를 가져와 숫자로 변환합니다. 학번이 30101이라면 01을 추출하고 숫자로 변환해 '1번'으로 표시합니다.

<<NUMBER(RIGHT([학번],2))>>

❹ **이름**은 데이터의 '이름' 열에서 그대로 가져옵니다.

<<[이름]>>

❺ **사유**는 데이터의 '사유' 열에서 그대로 가져옵니다.

<<[사유]>>

❻ **날짜**는 시작일자를 'YYYY년 M월 D일' 형식으로 변환하여 표시합니다. 시작일지가 2024-12-10이라면 '2024년 12월 10일'로 표시합니다.

<<TEXT([시작일자],"YYYY년 M월 D일")>>

04 완성된 결석 신고서 양식을 앱시트와 연결합니다. 결석 신고서 PDF 생성 프로세스 Template 설정에서 📄버튼을 클릭해 템플릿을 선택할 수 있습니다.

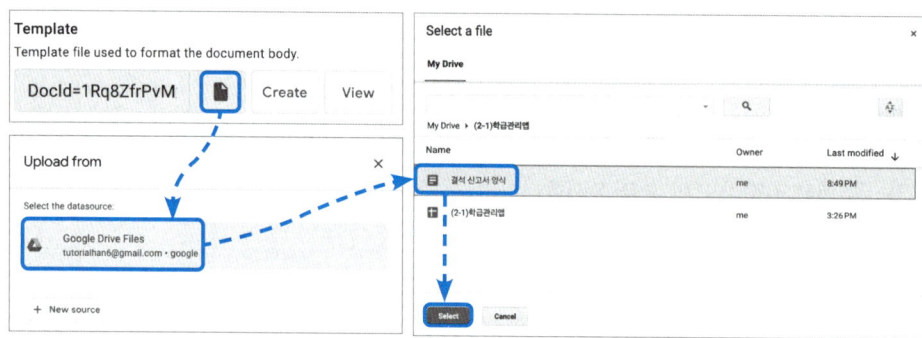

05 설정을 완료했다면 새로운 출결 데이터를 추가하고 결석 신고서가 제대로 생성되었는지 확인해봅시다.

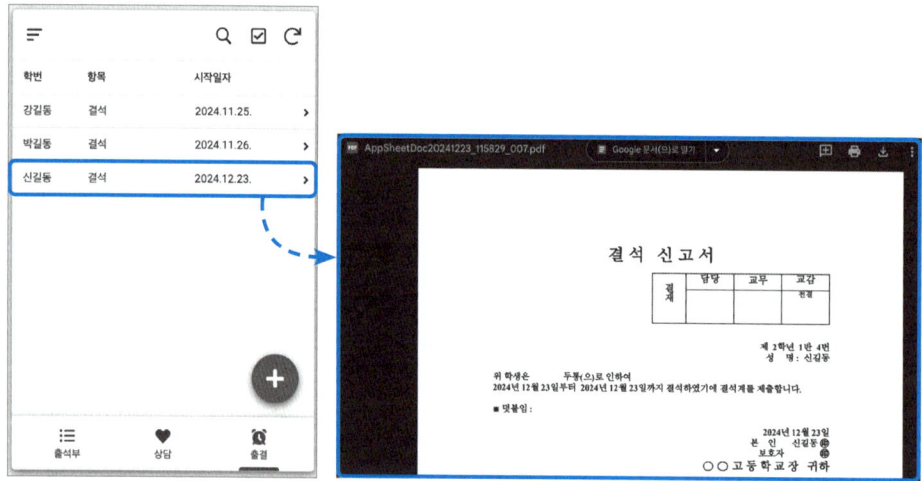

결석 신고서에 방금 추가한 데이터가 정확히 반영되어 있는지, 이름, 학번, 결석 사유 등 입력한 값이 제대로 기재되었는지 꼼꼼히 확인하세요. 만약 데이터가 일치하지 않거나 누락된 정보가 있다면, 템플릿 설정과 데이터 입력 과정을 다시 점검해야 합니다.

바로 실습 12 결석 신고서 PDF 완성도 높이기

결석 신고서를 PDF로 자동 생성하는 기능은 매우 편리하지만 완성도 높은 결과물을 만들기 위해선 템플릿과 설정을 세심히 다듬는 과정이 필요합니다. 마지막으로 생성된 PDF를 확인하고 템플릿을 수정하는 방법, 생성된 PDF 파일의 이름을 가독성 있게 바꾸는 방법을 배워보겠습니다. 이런 세부 작업을 통해 결석 신고서를 더욱 완성도 높은 문서로 만들어봅시다.

PDF 템플릿 확인 및 수정하기

학교에서 자주 사용하는 한글 파일을 구글 문서로 변환할 때 글씨가 깨지거나 서식이 달라지는 문제가 종종 발생합니다. 앱시트가 문서를 HTML로 변환한 뒤 PDF로 생성하는 과정에서 글자가 더 깨지거나 레이아웃이 어긋나는 경우도 있습니다. 그럴 때는 PDF를 생성한 후에 텍스트가 올바르게 표시되는지 확인하고 결석 신고서 양식 구글 문서를 PDF 기준으로 수정하세요.

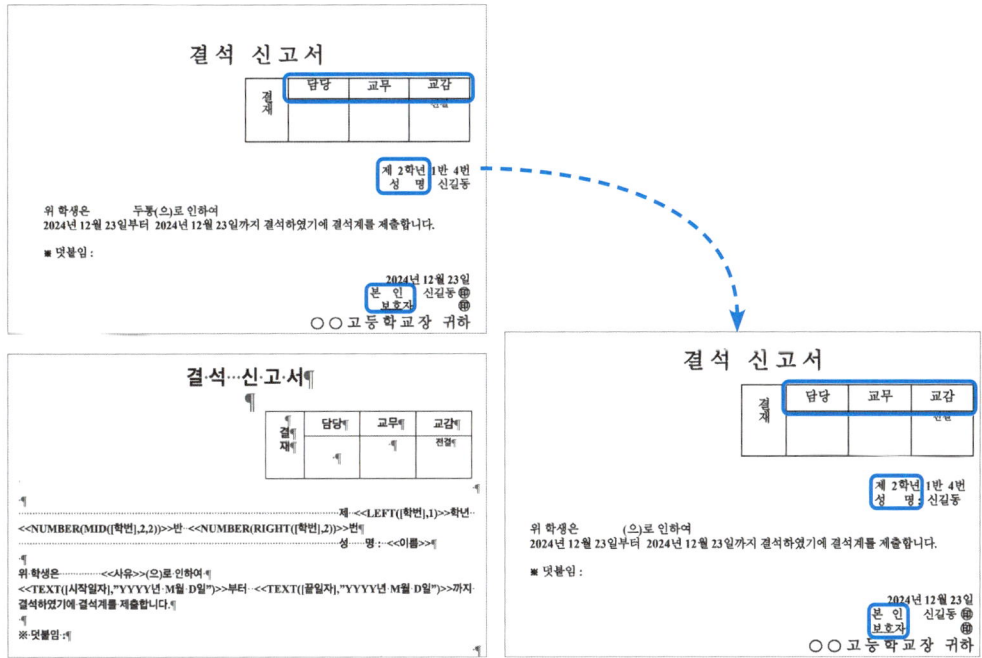

PDF 파일 이름 가독성 높이기

템플릿에서 생성된 PDF 파일을 명확하게 식별할 수 있도록 생성 시점의 파일 이름을 설정할 수 있습니다. 결석 신고서 PDF 생성 프로세스 설정에서 File Name Prefix를 수정하면 됩니다.

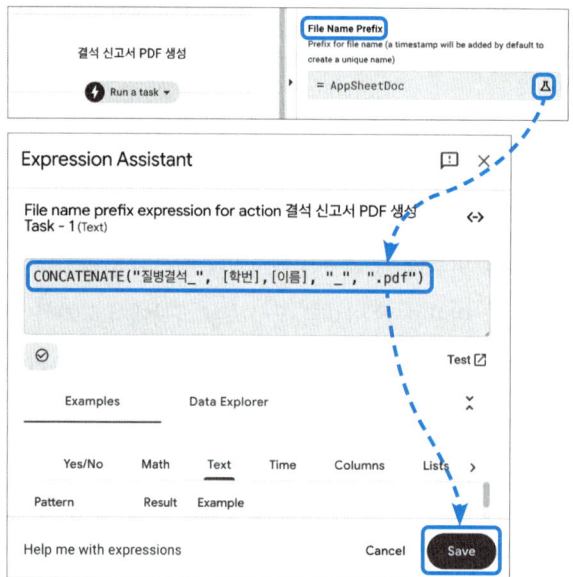

파일 이름은 다음과 같은 수식을 사용해 구성합니다:

```
CONCATENATE("질병결석_", [학번],[이름], "_", ".pdf")
```

그러면 이렇게 PDF 파일이 생성될 때 특정한 양식의 제목이 자동으로 지정됩니다.

이게 되네?

PART 02

구글 사이트로 만드는 온라인 교무실

'많은 사람들이 정보를 공유하고 네트워크로 연결되어 일하는 모습을 그려줘. 장소는 학교 교무실이야.'라고 프롬프트를 입력하여 생성한 이미지입니다.

여기서 공부할 내용

구글 사이트는 누구나 쉽게 웹 페이지를 만들 수 있는 툴입니다. 구글 사이트를 사용하면 학년별, 부서별 정보를 체계적으로 정리한 온라인 교무실을 만들 수 있습니다. 제작한 온라인 교무실 사이트를 다른 선생님들과 공유하고, 적절한 권한을 부여해 협업을 원활하게 만드는 과정을 알아봅시다. 불필요한 업무 절차를 줄이는 만큼 핵심 업무에 집중할 수 있는 시간이 늘어날 것입니다.

Chapter 05

구글 사이트로 온라인 교무실 시작하기

여러분의 첫 번째 구글 사이트를 만들어보세요.

활용도구 구글 사이트

구글 사이트를 활용해서 우리 학교의 업무와 풍경을 온라인으로 옮겨봅시다. 온라인 교무실은 우리 학교의 다양한 업무를 체계적으로 정리하고, 반복되는 업무를 파악하며 이 중 핵심 문제를 온라인상에 제시하는 도구입니다. 이를 통해 학교에서 이루어지는 일을 서로 공유하며 필수 업무는 더 효율적으로 수행하고, 불필요한 절차는 과감히 줄여보세요. 업무를 체계적으로 관리할 수 있는 온라인 교무실, 함께 만들어봅시다.

💬 클릭 몇 번으로 완성하는 나만의 웹 사이트, 구글 사이트 살펴보기

앞서 우리는 구글 앱시트를 활용해 업무에 유용하게 쓸 수 있는 앱을 만들었습니다. 이번에는 구글 사이트를 활용해 온라인 교무실을 제작할 겁니다. 앱시트와 구글 사이트 모두 코딩 없이 서비스를 만들 수 있는 구글의 도구지만 활용 목적은 다릅니다. 지금까지 살펴본 앱시트는 데이터 처리와 업무 자동화에 특화된 도구입니다. 반면 구글 사이트는 학교나 조직에서 다양한 자료를 한곳에 모으고, 콘텐츠 공유와 협업을 중심으로 웹 사이트를 제작하는 데 강점이 있습니다.

앱시트	구글 사이트
	코드 없이 쉽게 사용할 수 있고 구글 워크스페이스와 연동하기 편함
애플리케이션 개발에 특화	웹 사이트 개발에 특화
업무 자동화, 데이터 관리, 비즈니스용 앱 개발 목적	개인과 팀의 문서 및 정보 공유 목적

구글 사이트 Google Site 는 누구나 손쉽게 웹 사이트를 만들 수 있는 도구로, 다양한 파일 형식을 하나의 플랫폼에서 손쉽게 다룰 수 있습니다. 이를 통해 문서, 스프레드시트, 설문조사, 이미지 등 여러 형태의 정보를 하나의 사이트에서 관리하고, 필요할 때 쉽게 접근할 수 있죠. 특히 학교나 기관에서 다양한 업무를 통합하여 관리할 때 사용하기 좋습니다. 구글 사이트로 온라인 교무실을 구현하기 전에 구글 사이트의 장점을 알아보며 조금 더 친해져봅시다.

사례 01 사용자 인터페이스가 직관적이에요

구글 사이트의 가장 큰 장점은 바로 쉽고 간편하다는 점입니다. 웹 개발에 대한 전문 지식이 없어도 누구나 쉽게 사이트를 만들고 관리할 수 있습니다. 과거에는 웹 사이트를 만들기 위해 나모 웹 에디터 같은 소프트웨어나 HTML, CSS 등의 코딩 언어를 배워야 했습니다. 그러나 구글 사이트는 버튼을 클릭하여 손쉽게 원하는 요소를 연결하거나, 문서를 직접 삽입할 수 있습니다. 구글에서 제공하는 다양한 템플릿을 활용하여 빠르게 사이트를 구성할 수도 있죠.

사례 02 실시간 공동 작업을 지원해요

실시간 공동 작업 기능을 통해 여러 사용자가 동시에 하나의 사이트를 편집하고 관리할 수 있습니다. 또한 구글 사이트는 자동으로 변경 사항을 저장하고, 이전 버전으로 쉽게 되돌릴 수 있는 기능도 제공하므로 작업 과정에서 실수를 최소화할 수 있습니다. 이 특징 덕분에 교사 개인의 업무 부담은 줄고, 담당자가 바뀌더라도 온라인 교무실을 원활하게 운영할 수 있습니다.

사례 03 **다양한 도구와 연계할 수 있어요**

구글 사이트는 드라이브, 캘린더, 폼, 슬라이드 등 다양한 구글 도구뿐만 아니라, 한글 문서가 업로드된 클라우드 문서나 에듀테크 도구 등 다양한 형식을 링크로 연결하여 학교의 다양한 업무를 하나의 플랫폼에서 통합 관리하는 기능을 제공합니다. 공유 드라이브는 단순히 폴더로 정리되어 자료를 일일이 열어봐야 하지만 구글 사이트는 연결된 문서나 폴더에 설명을 추가할 수 있어 내용을 열어보지 않고도 중요한 정보를 빠르게 파악할 수 있습니다. 이를 통해 업무 흐름을 더욱 직관적이고 효율적으로 관리할 수 있습니다.

사례 04 **권한을 단계별로 나누어 보안을 강화할 수 있어요**

사이트의 접근 권한을 별도로 설정하여 보안을 강화할 수 있습니다. 교직원 구글 아이디를 구글 그룹으로 묶고 해당 구글 그룹에게만 편집 권한을 공유하여 사이트 접속을 제한할 수도 있습니다. 그러면 사이트의 링크가 외부로 유출되더라도 허용된 유저가 아니면 접속할 수 없습니다. 더불어 구글 계정 2단계 인증, 구글 사이트에 연결된 문서의 접근 권한 세부 설정 등 다양한 설정을 통해 권한을 계층화할 수 있습니다. 예를 들어 특정 문서는 '부장 교사'에게만 편집 권한을, '교사'에게는 보기 권한을, 외부인에게는 '제한됨' 권한을 설정할 수 있죠.

바로 실습 13 구글 사이트로 온라인 교무실 메인 페이지 제작하기

이제 구글 사이트를 직접 사용해보며 어떤 기능을 활용할 수 있는지 알아보겠습니다. 다음은 구글 사이트로 만들고 학교에서 사용하고 있는 온라인 교무실의 첫 화면입니다. 기본적인 기능부터 익히면서 구글 사이트의 여러 가지 기능과 특징을 알아봅시다. 학습을 시작하기 전에 다음 링크에서 샘플 사이트를 먼저 보고 감을 잡아도 좋습니다.

- **온라인 교무실 샘플 사이트 링크** : bit.ly/42ZZOlm

구글 사이트 접속하기

01 구글(google.com)에 접속하여 오른쪽 위 ⋮⋮⋮ 를 클릭한 후 **[사이트 도구]**에 접속합니다.

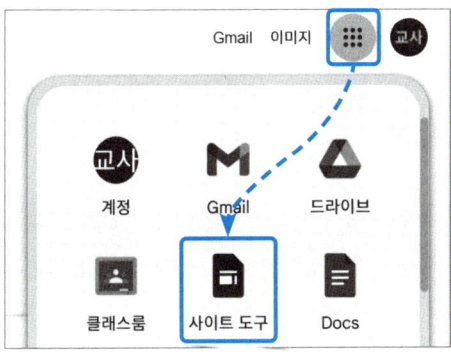

TIP [사이트 도구] 메뉴가 보이지 않으면 '구글 사이트'를 검색해서 들어가세요.

02 사이트 도구 메인 페이지에서 **[빈 사이트]**를 클릭하면 새로운 구글 사이트 편집기가 만들어집니다.

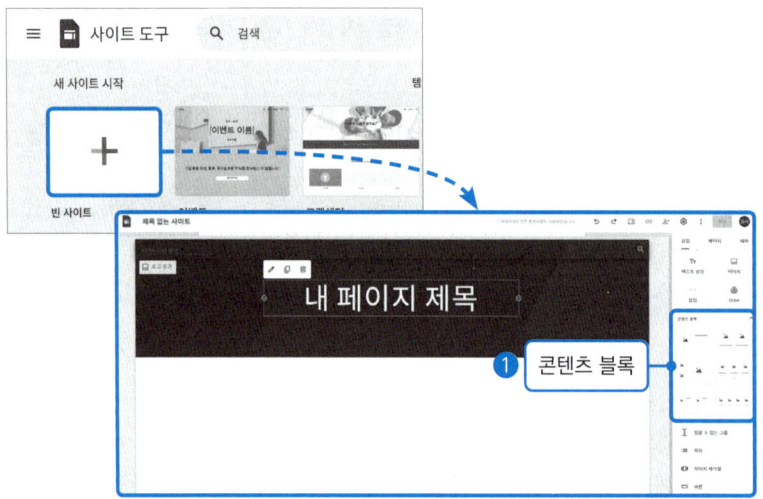

현재는 기본 틀만 있지만, 문서나 드라이브 링크를 추가해 자료를 공유하거나, 공지 사항 섹션을 만들어 중요한 정보를 전달하고, 이미지와 동영상을 삽입해 다양한 자료를 전달하는 사이트를 구성할 수 있습니다.

❶ 오른쪽 사이드 바의 **[콘텐츠 블록]**을 활용하면 레이아웃을 변경하거나 필요한 요소를 쉽게 추가할 수 있습니다. 더불어 모든 작업은 실시간으로 드라이브에 자동 저장되니 걱정 없이 수정하고 꾸밀 수 있습니다. 이제 필요한 요소를 하나씩 채워가면서 온라인 교무실을 완성해봅시다.

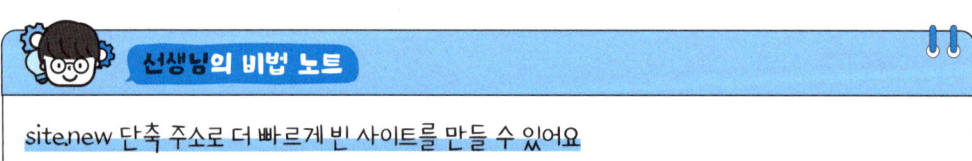

site.new 단축 주소로 더 빠르게 빈 사이트를 만들 수 있어요

위 방법을 거치지 않고 클릭 한 번으로 새로운 사이트 편집 페이지를 만들 수 있는 또 다른 방법이 있습니다. 새로운 구글 사이트를 생성할 때 주소창에 바로 'site.new'를 기입하면 새로운 사이트가 열립니다. 마찬가지로 'docs.new', 'sheet.new'와 같이 문서 유형 뒤에 '.new'를 붙이면 새로운 구글 문서를 빠르게 생성할 수 있습니다.

버튼으로 각종 바로가기 생성하기

구글 사이트는 자주 사용하는 문서, 링크, 도구 등을 한곳에 정리해 효율적으로 관리할 수 있도록 도와줍니다. 이때 가장 유용하게 사용할 수 있는 기능 중 하나가 바로 '버튼'입니다. 버튼은 일종의 '바로가기' 역할을 합니다. 문서나 사이트, 자주 사용하는 도구로 빠르게 접근할 수 있도록 연결해줍니다. 교사가 자주 사용하는 패들렛이나 구글 드라이브 폴더를 버튼으로 만들어두면 업무 속도가 훨씬 빨라지겠죠? 학교에서 자주 사용하는 '패들렛' 사이트를 바로가기 버튼으로 연결해 봅시다.

01 오른쪽 패널에서 버튼 옵션을 클릭한 후, ❶ '이름'란에 원하는 내용을 입력하고 ❷ '링크'란에 패들렛 웹 주소를 기입합니다. **[삽입]** 버튼을 클릭하면 버튼이 생성됩니다.

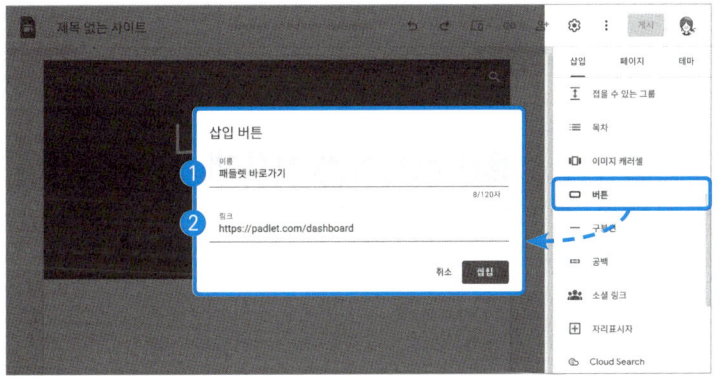

02 방금 만든 버튼을 클릭하면 크기와 모양을 필요에 따라 조절할 수 있습니다. 버튼으로 구글 문서, 스프레드시트, 프레젠테이션, 외부 웹 사이트 링크뿐만 아니라, 구글 사이트 내의 다른 페이지도 연결할 수 있습니다.

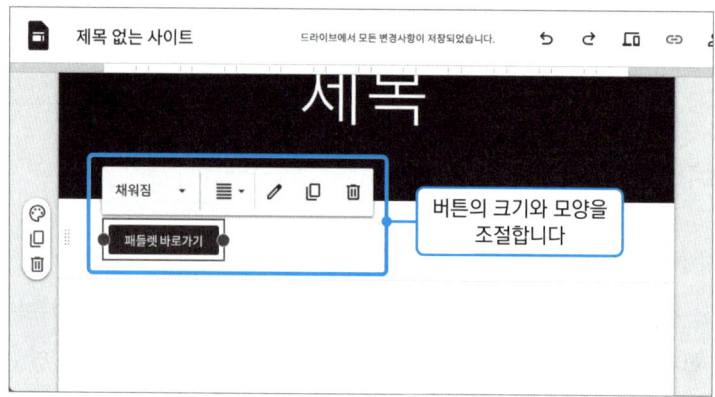

03 구글 사이트에서는 기존에 탑재된 버튼 기능뿐만 아니라 외부의 이미지를 삽입하고 이를 특정 링크와 연결할 수도 있습니다. 이를 통해 보다 직관적인 사이트를 구축할 수 있습니다. 오른쪽 패널에서 **[이미지 → 업로드]**를 클릭해서 이미지를 선택하면 페이지에 삽입합니다.

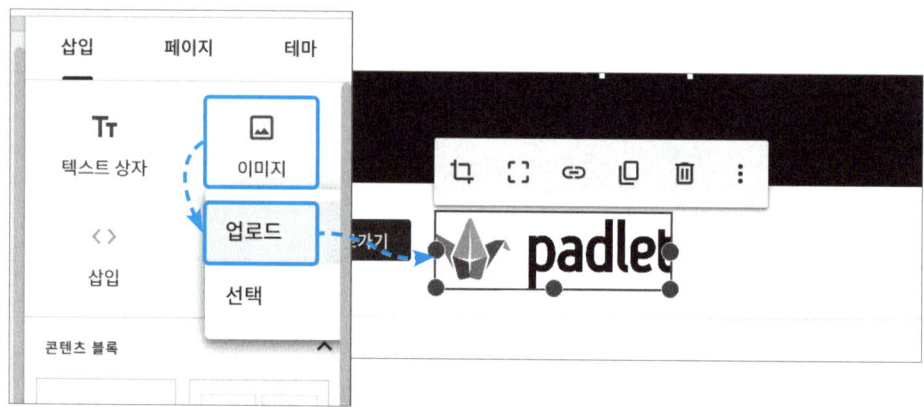

이처럼 이미지를 삽입하면 버튼보다 직관적으로 링크를 보여줄 수 있습니다.

04 이미지에 원하는 링크를 연결하려면 이미지를 클릭한 후 도구상자의 🔗 버튼을 누른 후 링크를 입력하면 됩니다.

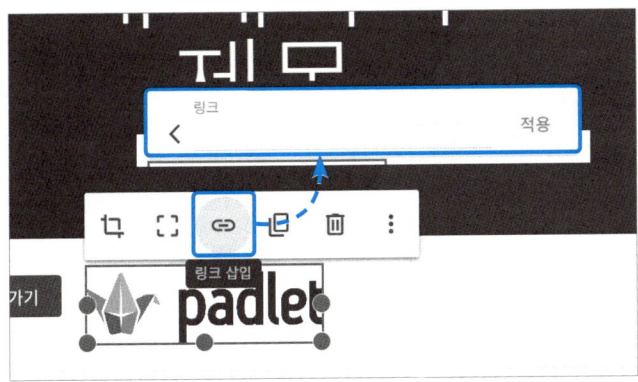

이렇게 버튼과 이미지 기능을 적절히 사용하면 다음과 같이 학교의 각종 업무를 직관적으로 한 번에 모아 볼 수 있습니다.

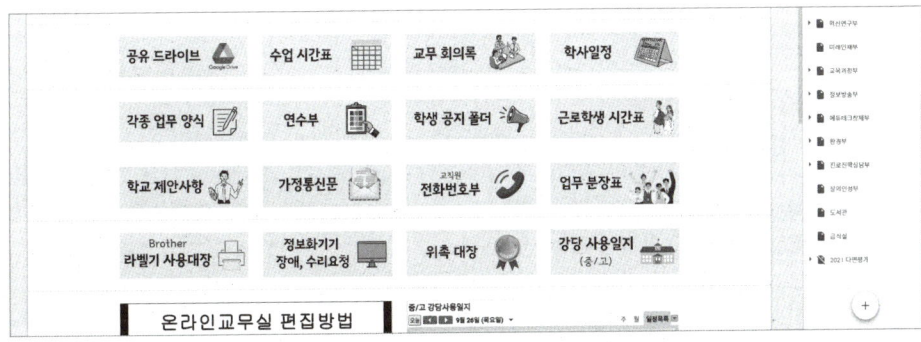

Chapter 06

온라인 교무실 세부 기능 추가하기

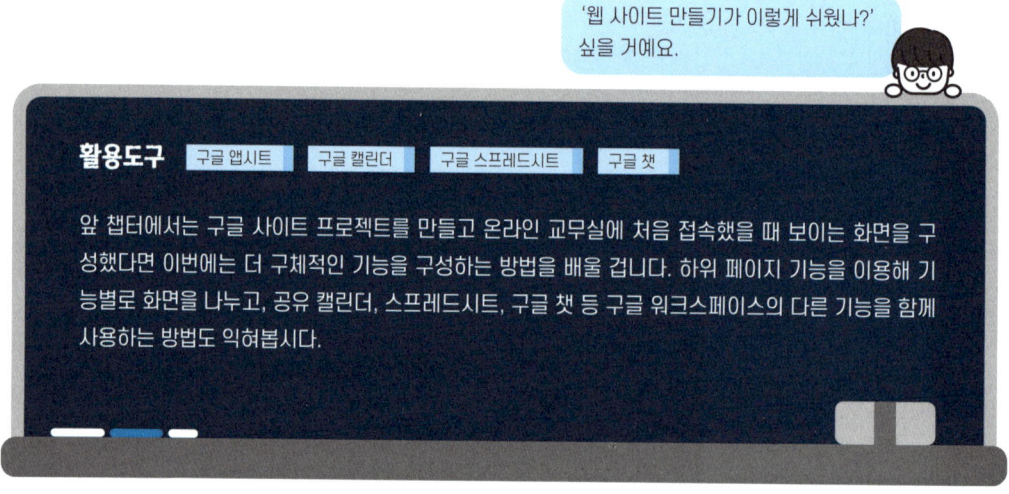

바로 실습 14 부서별 온라인 교무실 페이지 제작하기

구글 사이트에서는 '하위 페이지' 기능을 통해 내용을 체계적으로 구성할 수 있습니다. 예를 들어 홈에는 학교 공통 공지 사항을 배치하고, 하위 페이지에는 학년별 자료실, 부서별 정보, 또는 프로젝트 페이지를 제작해 정보를 깔끔하게 정리할 수 있습니다. 이렇게 구성하면 사용자가 필요한 정보를 빠르게 찾아볼 수 있을 뿐 아니라, 페이지 간 연결을 통해 정보를 더 유기적으로 관리할 수 있습니다.

01 **[페이지]** 탭에서 하위 페이지를 추가하려는 상위 페이지를 선택합니다. 상위 페이지 이름 옆에 있는 더보기 : 버튼을 클릭한 다음, 메뉴에서 **[하위 페이지 추가]**를 선택합니다. 적절한 하위 페이지 이름을 입력한 후 **[완료]**를 누릅니다.

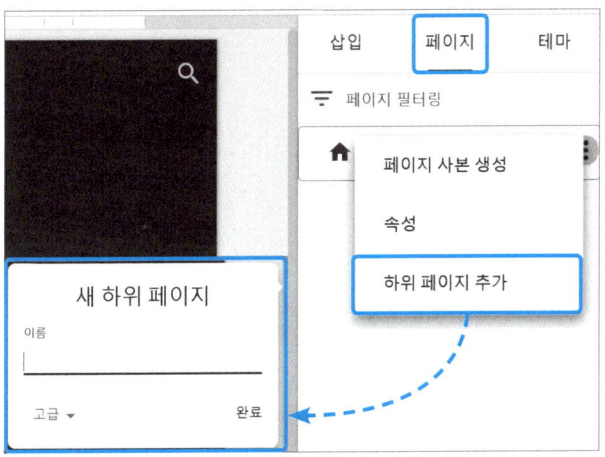

02 이렇게 생성한 페이지를 다른 페이지와 연결할 수 있습니다. 구글 사이트 편집 화면에서 오른쪽 상단의 **[페이지]** 탭을 선택한 다음 원하는 페이지를 클릭하여 편집 화면으로 이동합니다. 텍스트 상자나 버튼을 추가한 후, 원하는 텍스트 또는 버튼에 **[링크]** 기능을 사용해 다른 페이지를 연결합니다. 예를 들어 메인 페이지에 하위 페이지로 이동할 수 있는 링크를 추가하거나, 하위 페이지에서 관련된 다른 하위 페이지로 연결을 설정할 수 있습니다.

03 하위 페이지가 많아지면 사이트가 복잡해지고 탐색하기 어려워집니다. 이를 해결하기 위해 **[메뉴]** 기능으로 관련된 하위 페이지를 하나의 상위 페이지로 묶을 수 있습니다. **[페이지]** 탭의 우측 하단 **[+] → 새로운 메뉴 섹션]**을 클릭하고 제작한 하위 페이지를 아래로 묶어 정리하면 구조가 단순해집니다. 그러면 상단 메뉴나 사이드 바에서 상위 페이지를 클릭했을 때 하위 페이지 목록이 펼쳐지고 필요한 정보를 더 쉽게 찾을 수 있습니다.

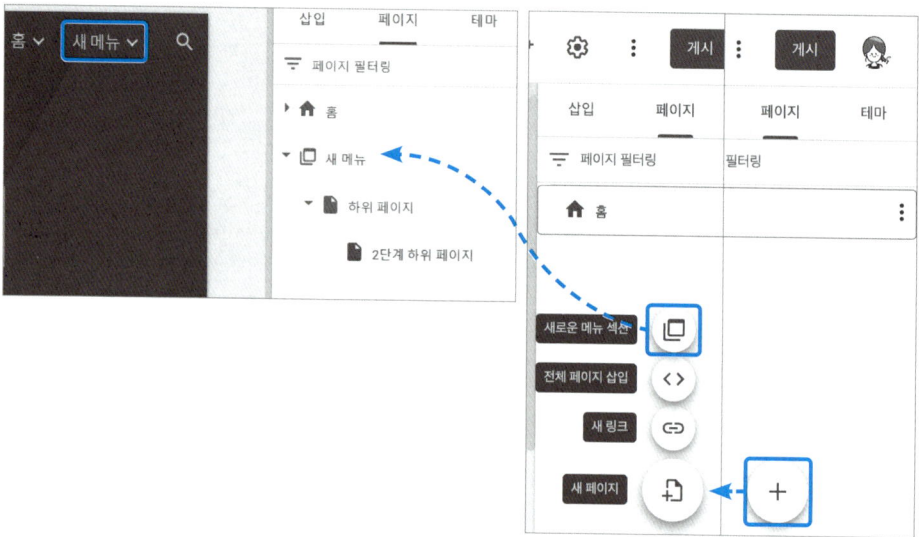

바로 실습 15 구글 사이트에 공유 캘린더 삽입하기

구글 사이트에 다양한 자료를 직접 삽입하면 다른 링크로 이동하지 않고도 사이트에서 바로 콘텐츠를 확인할 수 있습니다. 이번에는 구글 캘린더를 활용해 학교의 학사 일정과 반복되는 행사를 효율적으로 관리하는 방법을 소개합니다.

학교 교무실의 풍경을 상상해봅시다. 한쪽 벽면에 걸려 있는 커다란 칠판에는 매월 학사 일정이 기록되어 있습니다. 이 풍경을 온라인으로 전환하고, 학사 일정을 모두가 함께 기록해서 실시간으로 확인하면 어떨까요? 구글 캘린더의 공유 캘린더를 활용하면 학교 구성원이 함께 일정을 편집하고 게시할 수 있어 협업이 수월해집니다. 구글 사이트에 구글 캘린더를 삽입하는 구체적인 방법을 단계별로 알아보겠습니다.

01 구글 사이트 오른쪽 사이드 바의 ❶ [삽입] 탭에서 스크롤을 내려 ❷ [Calendar]를 선택합니다. ❸ 삽입할 캘린더를 선택하고 [삽입] 버튼을 클릭합니다.

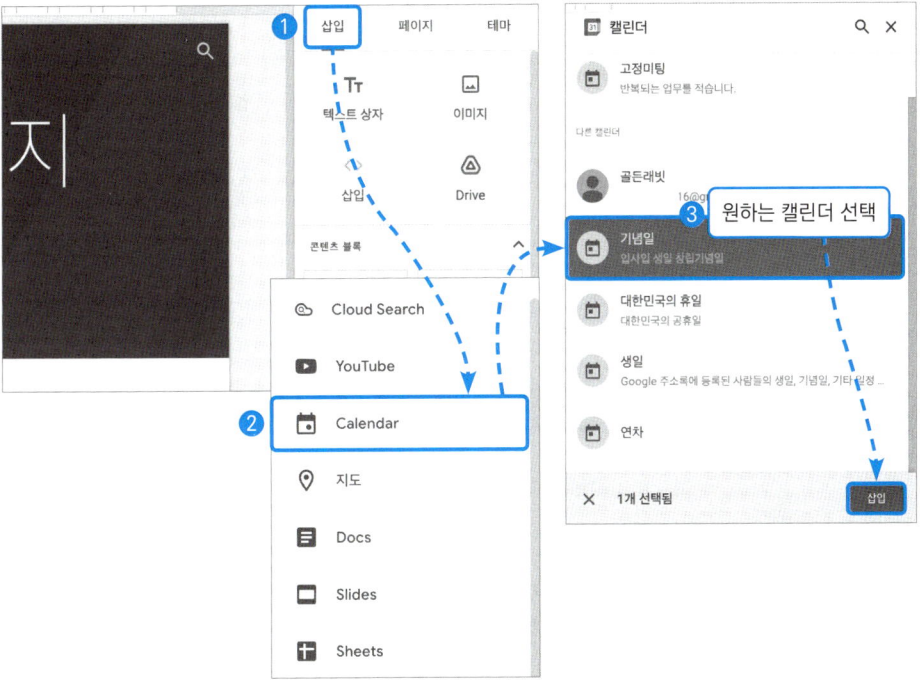

이후 삽입한 캘린더를 원하는 위치로 드래그하거나 크기를 조정해 배치합니다.

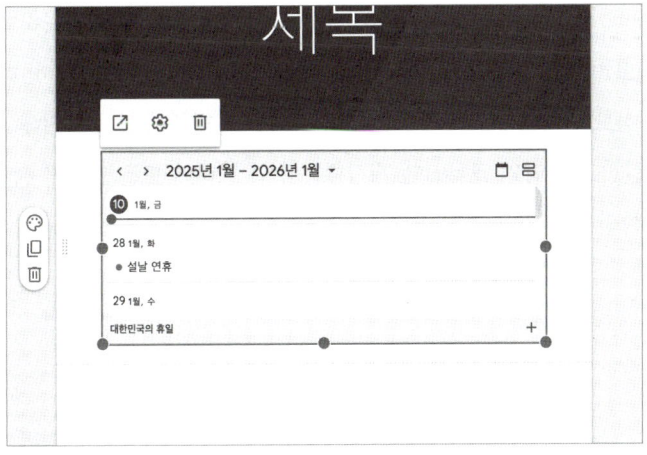

02 캘린더 위 메뉴 중 ✿톱니바퀴 버튼을 클릭하여 캘린더의 보기 모드를 설정합니다. 월별 보기, 주별 보기, 일정 보기 중 선택할 수 있으며 이 중 리스트 형식으로 일정을 표시하는 **[일정 목록 → 완료]** 버튼을 클릭합니다.

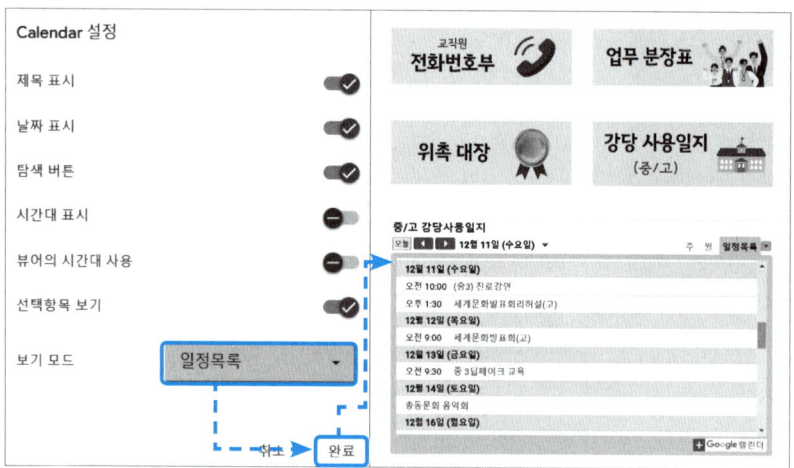

바로 실습 16 구글 사이트에 시트 삽입하기

학교 교무실에는 커다란 학생 현황표도 걸려 있습니다. 이 현황표는 학년, 반, 남녀 인원수, 담임 교사 정보 등 다양한 데이터를 포함합니다. 업무에서는 이 정보를 참고하거나 보고하는 일이 빈번합니다. 예를 들어 현재 전교생 인원수나 학급 수를 집계하고 이를 보고하는 것은 일상적인 업무 중 하나죠. 문제는 이런 현황표가 보통 가장 큰 본 교무실에만 설치되어 있다는 점입니다. 다른 교무실에 근무하는 교사는 이 정보를 확인하기 번거롭습니다. 이러한 문제를 해결하기 위해 스프레드시트로 학생 현황표를 전환하고 온라인 교무실에 게시해봅니다. 그러면 모든 교사가 실시간으로 필요한 정보를 간편하게 확인할 수 있을 겁니다.

01 구글 사이트 오른쪽 사이드 바 ❶ **[삽입]** 탭에서 스크롤을 내려 ❷ **[Sheets]**를 선택합니다. ❸ 삽입할 스프레드시트를 선택하고 **[삽입]** 버튼을 클릭합니다. ❹ 🔍 버튼을 누르면 드라이브의 스프레드시트를 검색해서 삽입할 수 있습니다.

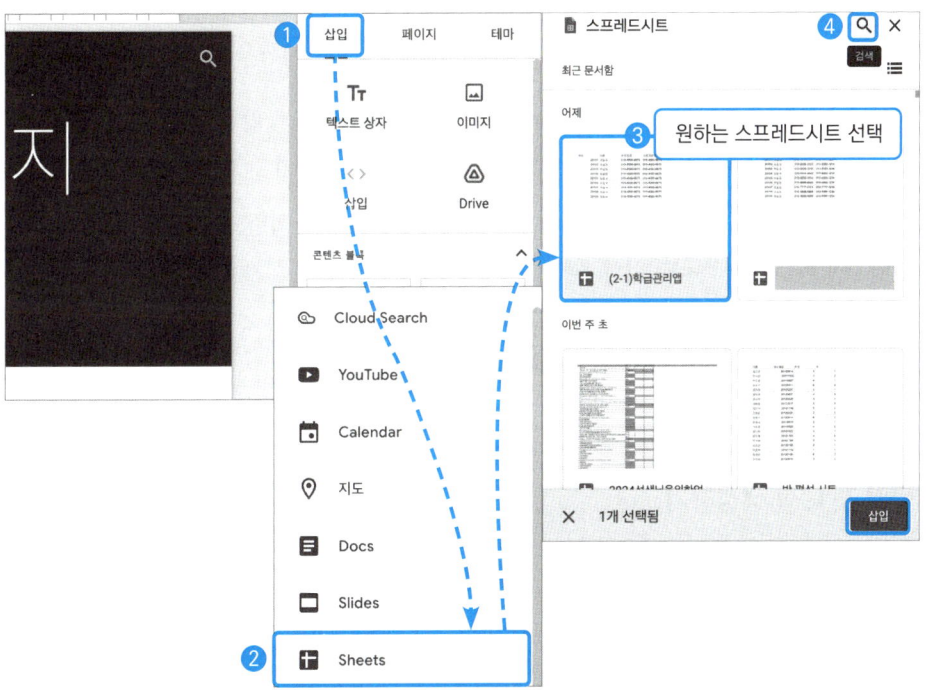

TIP 이때 스프레드시트를 공개할 사용자의 권한을 알맞게 선택하세요.

02 이후 삽입한 스프레드시트를 원하는 위치로 드래그하거나 크기를 조정해 배치합니다.

	1학년			2학년			3학년		
반	남	여	합	남	여	합	남	여	합
1반	13	14	27	14	11	25	12	12	24
2반	13	12	25	12	11	23	13	12	25
3반	14	12	26	13	11	24	13	12	25
4반	14	13	27	9	15	24	10	15	25
5반	12	14	26	9	15	24	15	10	25
6반	12	14	26	11	14	25	15	8	23
			157			145			147

바로 실습 17 전 교사, 전교생 하나의 메신저로 소통하기

학교 업무 자동화의 핵심은 이처럼 '비본질을 제거하는 데' 있습니다. 예를 들어 일정을 확인하거나 전교생 인원수를 파악하기 위해 굳이 교무실로 찾아가야 하는 일은 비본질적인 업무입니다. 온라인으로 확인한다고 해서 업무의 본질이 달라지는 것은 아니니까요.

이번에는 구글 도구를 활용해 이러한 비본질을 제거하는 또 다른 방법을 소개합니다. 담임 교사의 주요 업무 중 상당 부분은 각종 공지를 전달하는 일입니다. 공지 내용은 하나인데 이를 18학급의 담임 교사 18명이 각각 학생들에게 전달한다면 얼마나 비효율적일까요? 심지어 학교에서는 매일 매일 다양한 공지가 쏟아집니다. '에어팟이 분실되었다', '오늘 시간표가 변경되었다' 같은 사소하고 간단한 내용도 포함하죠. 이를 해결하기 위해 온라인 교무실과 같은 사이트를 학생용으로 제작하고, 각종 반복되는 공지 사항을 게시하는 공간으로 활용할 수 있습니다.

구글 챗 대화 생성하기

이와 더불어 전 교사와 전교생이 메신저를 운영하면 어떨까요? 구글 아이디만 있으면 별도의 휴대폰 번호 노출 없이 무료로 구글의 메신저인 구글 챗을 사용할 수 있습니다. 그러면 학교의 전체 공지를 학생에게 직접 전달할 수 있는 환경이 마련됩니다. 전교사와 전교생이 함께 모인 공간을 개설하고 이를 구글 사이트에 고정하면 어떨까요?

01 구글 챗(chat.google.com)에 접속합니다.

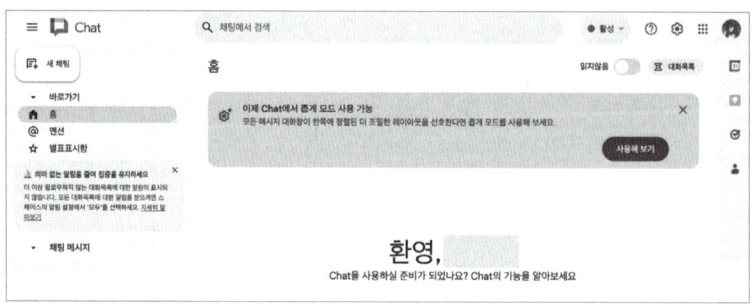

02 개인 채팅을 만들고 싶다면 ❶ 왼쪽의 **[새 채팅]**을 클릭하고 ❷ 원하는 대상의 이메일을 기입한 후 선택하세요. ❸ **[채팅 시작]**을 클릭하면 대화를 시작합니다.

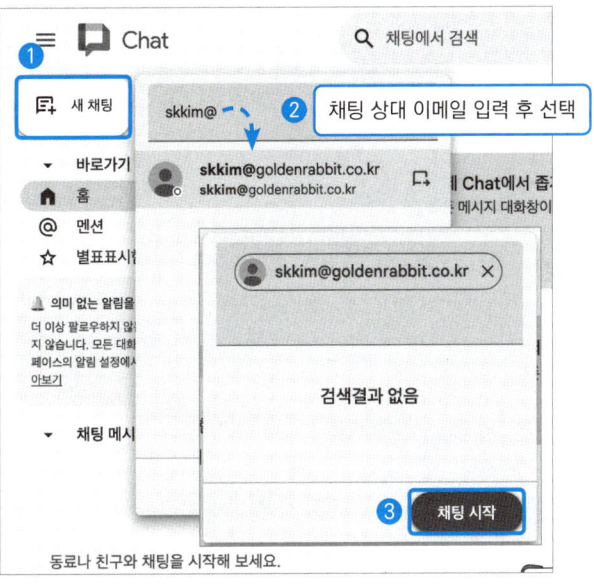

03 단체 채팅을 만들고 싶다면 **[새 채팅 → 스페이스 만들기]**를 클릭해 새로운 스페이스를 개설하고 이름을 설정합니다.

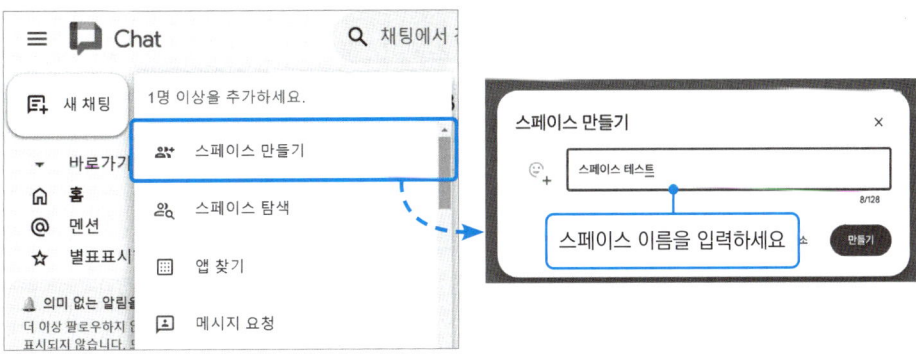

04 [멤버 추가]를 클릭하고 교사와 학생의 이메일을 입력하여 초대합니다.

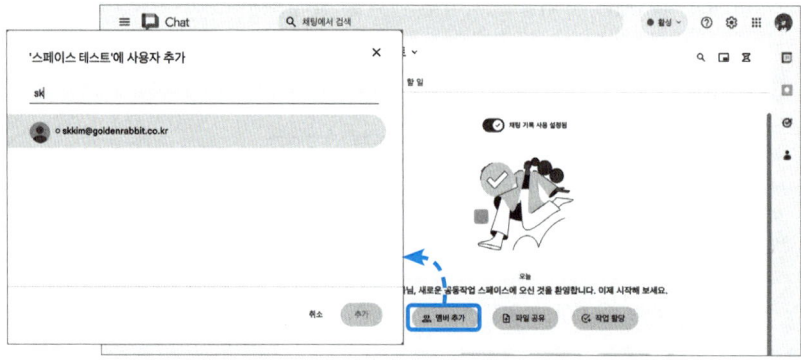

구글 챗 권한 설정하기

그러나 전 교사와 전교생이 모여 있는 메신저 공간에서 모든 사용자가 자유롭게 발언한다면 공지가 눈에 띄지 않거나 불필요한 대화가 오갈 위험이 있습니다. 스페이스의 발언 권한 설정 기능을 활용하면 교사와 같은 특정 사용자만 발언할 수 있도록 제한할 수 있습니다. 이렇게 스페이스를 운영하면 학생들과의 소통을 효과적으로 관리하면서도 주요 정보를 명확히 전달할 수 있습니다. 다음은 전교사와 전교생이 모여 있는 채팅방에서 발언 권한을 '교사'에게만 주는 방법입니다.

01 [새 채팅 → 스페이스 만들기]를 클릭하여 스페이스를 만들고 이때 '공지사항'으로 해당 스페이스를 설정합니다.

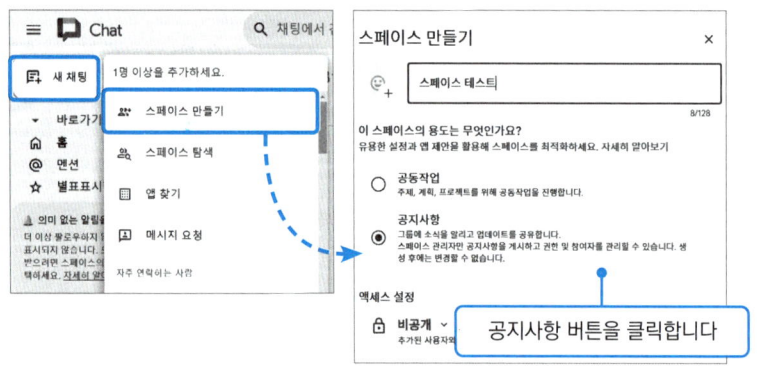

02 ❶ [**스페이스 이름 → 구성원 관리**]를 클릭하여 구성원 목록으로 들어갑니다. ❷ 목록 중 교사 계정의 [**⋮ → 스페이스 관리자로 지정**]을 클릭해 스페이스 관리자로 설정합니다.

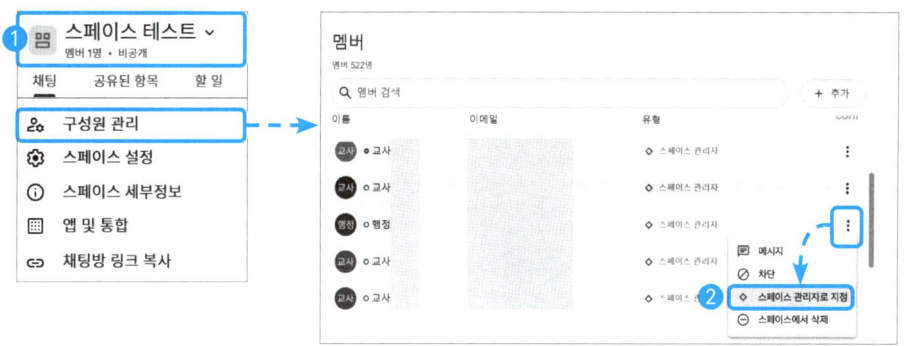

03 ❶ [**스페이스 설정**]을 클릭하여 권한 페이지에 들어갑니다. 이 중 [**메시지에 답장**] 권한을 ❷ [**스페이스 관리자만**]으로 설정합니다.

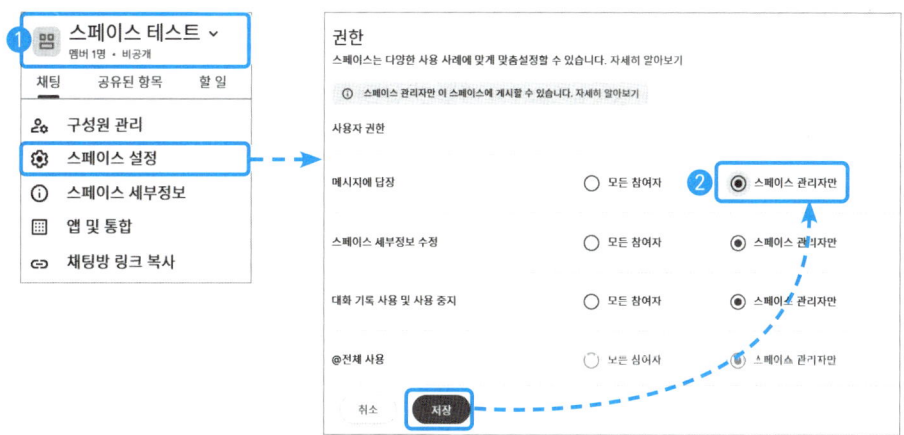

Chapter 06 온라인 교무실 세부 기능 추가하기 107

이렇게 스페이스의 발언 권한을 조정해 공지 전달용 채널로 활용할 수 있습니다. 채팅창에 스페이스 관리자만 사용할 수 있다는 메시지가 보이네요.

학교 업무 자동화를 고민할 때, 중요한 것은 기존의 방식을 당연하게 여기지 않고, 새로운 시각으로 업무를 바라보는 것입니다. 예를 들어 공지 사항을 매번 담임 교사가 직접 전달해야 할까요? 학교 교무실에 걸려 있는 현황표가 꼭 물리적인 형태여야만 할까요? **이처럼 당연하게 여겼던 업무 방식에 의문을 제기하고, 효율적인 대안을 모색하는 태도가 학교 업무 자동화의 핵심입니다.**

더불어 온라인 업무 전환은 학교에서 활용하는 데이터의 축적으로도 이어집니다. 학교에서 회의록, 평가 기록, 행사 자료 같은 문서들을 구글 사이트에 꾸준히 누적하면 어떨까요? 처음에는 단순한 기록처럼 보일지 몰라도, 이런 데이터가 모이면 학교 운영의 중요한 참고 자료가 되고, 필요할 때마다 찾아볼 수 있는 지식 저장소가 됩니다. 온라인 교무실은 이를 쉽고, 간편하게, 그리고 알아보기 쉽게 담는 장이 될 수 있습니다.

 **선생님의 비법 노트**

사이트의 파비콘 설정하기

이제 온라인 교무실을 사용할 준비가 되었습니다. 기능에 더해 사이트에 우리 학교의 정체성을 부여해봅시다. 사이트를 열면 브라우저 탭에 작은 로고가 표시되는데 이 작은 로고의 이름은 바로 '파비콘'입니다.

우리가 만든 사이트에 파비콘을 추가하려면 구글 사이트 편집기에서 오른쪽 상단 ❶ 버튼을 클릭하여 설정으로 들어갑니다. ❷ [브랜드 이미지]를 클릭하고 '파비콘' 메뉴의 ❸ [업로드]를 클릭하여 컴퓨터의 파일을 첨부합니다. ❹ [선택]을 누르면 구글 드라이브에서 파일을 가져올 수 있습니다. .jpg, .png, .gif 파일 중 원하는 파일을 선택합니다.

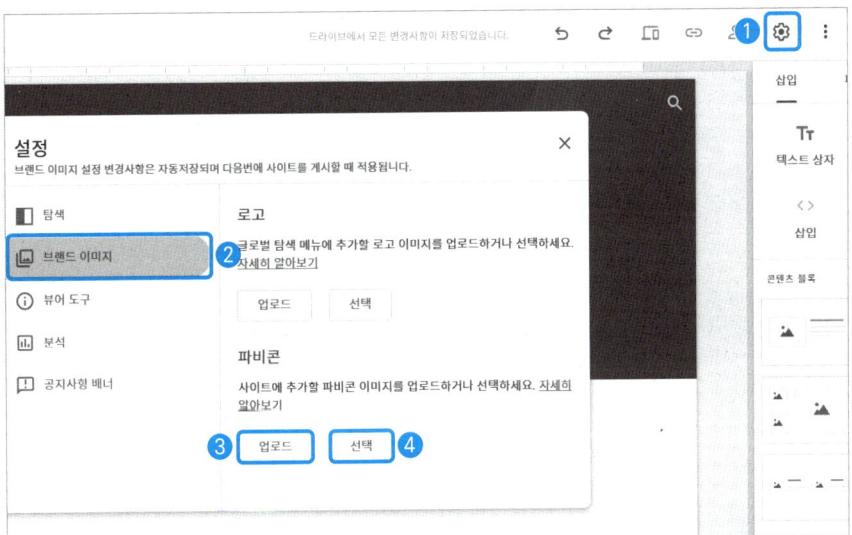

파비콘이 제대로 표시되려면 사이트가 게시되어 있어야 합니다. 파비콘 설정을 완료했다면 오른쪽 위 [게시]를 클릭하여 사이트를 게시하고 변경 사항이 적용되었는지 확인하세요.

Chapter 07

온라인 교무실 게시하고 관리하기

구글 사이트 게시 후 여러분의 필요에 맞게 권한을 지정하세요.

활용도구 　구글 사이트

구글 사이트로 협업을 위한 온라인 교무실을 만들었으니 다른 선생님들도 다같이 사용할 수 있도록 공개해야겠죠? 이 과정을 보통 '사이트를 배포한다'고 하는데 구글 사이트에서는 '게시'라고 표현합니다. 제작한 사이트를 공개하여 다른 사람들이 접속하거나 활용할 수 있도록 하는 과정입니다. 특히 구글 사이트는 권한 관리 기능이 뛰어나기 때문에 게시 후 누구에게 어떤 수준의 접근 권한을 부여할지도 세밀하게 설정할 수 있습니다. 게시 과정을 통해 온라인 교무실을 실제 협업 도구로 만들어봅시다.

바로 실습 18　온라인 교무실 사이트 게시하기

구글 사이트는 기본적으로 초안 상태에서는 소유자와 초대받은 편집자만 접근할 수 있지만, 게시된 이후에는 설정한 공유 권한에 따라 다양한 사용자들이 사이트를 열람하거나 편집할 수 있습니다. 온라인 교무실 구축을 완료했다면 다음 과정을 따라 다른 선생님이 접근할 수 있는 상태로 공개하세요.

01 우측 상단 ❶ [게시] 버튼을 누르면 게시할 사이트의 주소를 지정할 수 있는 창이 뜹니다. ❷ 사이트의 주소를 원하는 대로 설정하고 [게시] 버튼을 누릅니다.

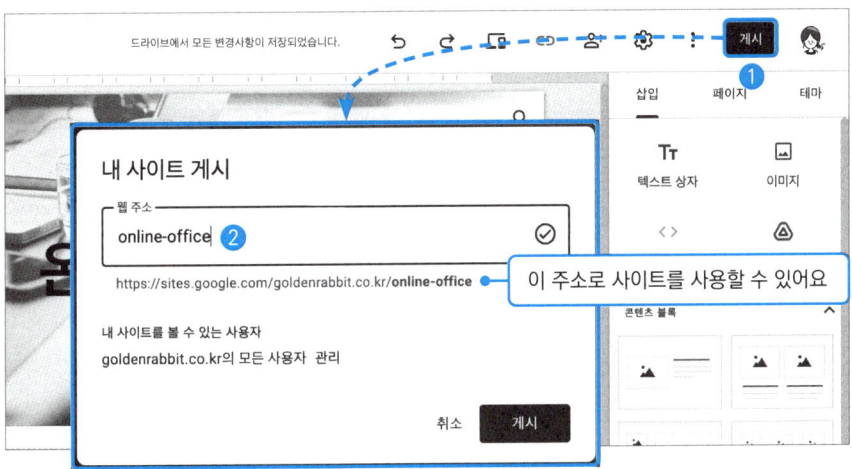

02 사이트가 배포되면 화면 하단에 게시 완료 안내가 뜹니다. [보기]를 클릭하면 게시한 사이트로 바로 이동할 수 있습니다. 앞서 입력한 주소를 입력해 접근할 수도 있습니다.

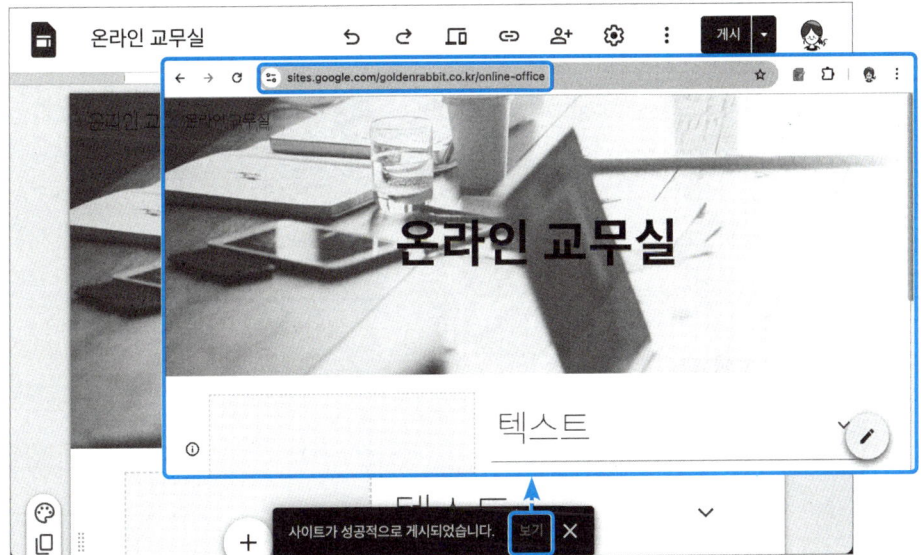

03 사이트 설정을 수정하고 난 다음에도 똑같이 [게시] 버튼을 누르면 수정된 사항을 공개한 홈페이지에 반영할 수 있습니다. 이때는 게시 과정에서 다음과 같이 변경된 부분을 확인하는 과정이 추가됩니다. 이 페이지에서 다시 [게시]를 누르면 수정한 내용을 반영할 수 있습니다.

04 사이트 게시를 취소할 수도 있습니다. 사이트 수정 화면에서 [게시] 버튼의 우측 화살표를 눌러 [게시 취소] 버튼을 클릭하면 사이트 배포를 취소합니다.

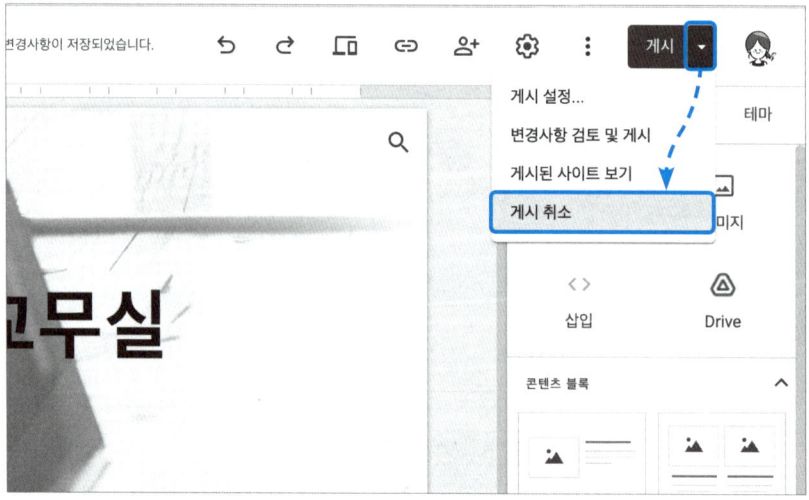

바로 실습 19 온라인 교무실 권한 관리하기

민감한 정보를 다루는 학교 업무 특성상 온라인 교무실의 권한 관리는 무엇보다 중요합니다. 누가 무엇을 볼 수 있고, 수정할 수 있는지 명확히 설정해야 합니다. 구글 사이트의 권한은 다음 세 가지로 구분합니다.

- **소유자** : 사이트의 최고 관리자로 모든 권한을 가집니다.
- **편집자** : 콘텐츠를 추가하거나 수정할 수 있는 권한을 가진 사용자입니다.
- **뷰어** : 콘텐츠를 열람할 수 있는 읽기 전용 사용자입니다.

사이트 접속/편집 권한 관리하기

사이트 게시 후 방문자 범위를 제한하거나 특정 사용자에게만 접근을 허용할 수 있습니다.

01 사이트 게시를 완료한 후 버튼을 눌러 사이트 접근 권한을 관리할 수 있습니다.

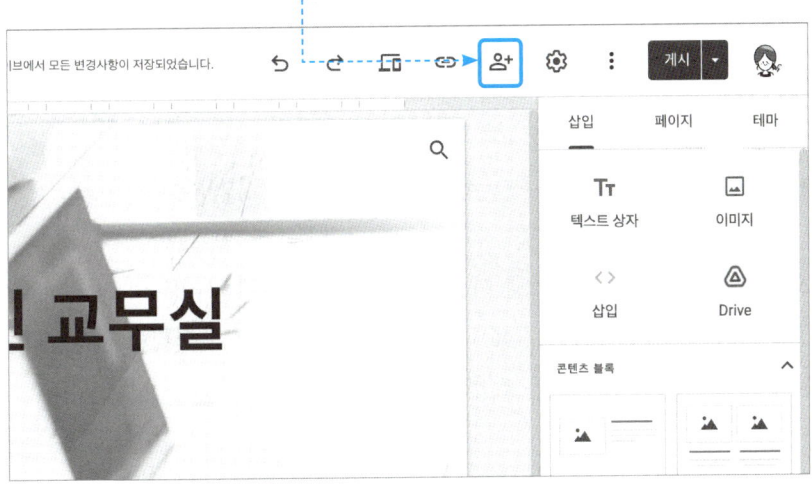

02 사이트의 접근 권한은 ❶ 사이트 편집 문서에 접근할 수 있는 '초안' 권한과 ❷ 게시된 사이트를 열람할 수 있는 권한인 '게시된 사이트' 권한으로 나눌 수 있습니다.

기본적으로 초안 권한은 '제한됨' 상태로 만들어져서 생성자만 사이트를 수정할 수 있지만 사용자를 초대할 때 '편집자'로 권한을 설정하면 초대받은 사용자도 초안에 접근해 사이트를 편집할 수 있습니다. 권한의 상태는 제한됨, 특정 도메인 계정을 가진 사용자에게 제한 공개, 전체 공개 3가지입니다.

- **제한됨** : 사이트의 소유자만 접속할 수 있도록 권한이 제한됩니다.
- **특정 도메인 허용** : 학교 구글 워크스페이스를 구축했다면 해당 도메인 계정을 사용하는 교직원에게만 사이트 편집, 접속 권한을 줄 수 있습니다.
- **공개** : 해당 주소를 통해 접속한 모든 사용자에게 사이트 접근을 허용합니다.

특히 조직에서 구글 워크스페이스를 사용한다면 온라인 교무실 사이트의 권한을 계층적으로 설정할 수 있습니다. '제한됨', 'OO학교 도메인 사용자', '공개'와 같이 권한을 세분화하여 사용자 그룹별로 접근을 권한을 조정해보세요.

사이트 안에 게시된 구글 문서 권한 관리하기

구글 사이트의 권한 관리는 사이트 자체의 접근 권한과 내부에 연결된 구글 문서의 개별 권한으로 나뉩니다. 이를 통해 사이트가 실수로 외부에 유출되더라도 연결된 자료의 열람을 제한할 수 있습니다. 구글 사이트에 삽입한 문서나 드라이브 파일의 권한은 기본적으로 파일의 원래 공유 설정을 따릅니다. 하지만 특정 사용자나 그룹에 세밀한 권한을 부여해야 할 때 문서나 드라이브 파일 자체에서 특정 사용자에게만 접근을 허용하거나, 권한을 보기, 댓글 작성, 편집 등으로 조정하여 보안을 강화할 수 있습니다.

01 구글 문서 권한 관리 방법입니다. 오른쪽 메뉴의 **[삽입 → Drive]** 원하는 구글 문서, 혹은 드라이브 폴더를 선택하고 원하는 공유 권한을 설정합니다.

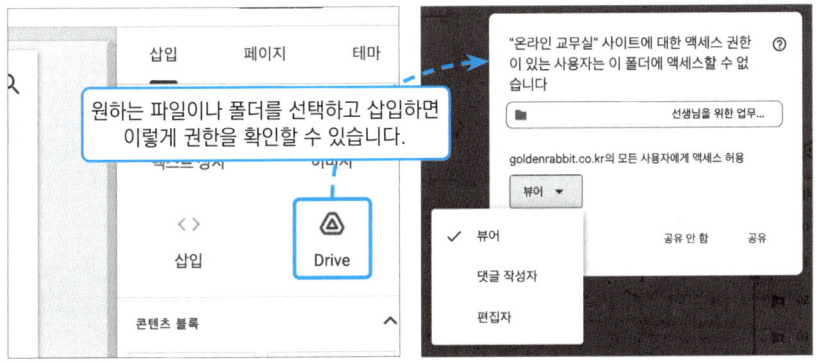

구글 워크스페이스를 활용하면 권한 관리를 더 명확하게 할 수 있어요

학교의 구글 워크스페이스를 구축하면 일반 구글 계정에서 제공하지 않는 조직 기반의 계층화된 권한 관리를 할 수 있습니다. 교사, 학생, 관리자 등 학교 다양한 사용자 그룹별 접근 권한을 설정하고 데이터 보안을 강화할 수 있습니다. 다음은 구글 워크스페이스를 구축한 학교의 공유 권한 모습입니다. 일반 구글 계정과는 달리 '00학교의 모든 사용자에게 액세스 허용'이라는 옵션이 있습니다.

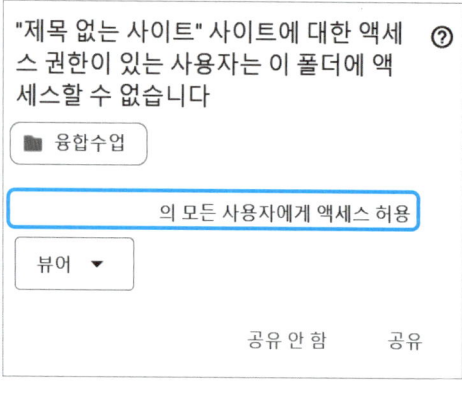

이제 온라인 교무실 제작을 마쳤습니다. 이처럼 구글 사이트는 매우 간단하게 사용할 수 있지만, 핵심은 학교 업무에서 '무엇을, 어떻게' 온라인으로 전환할지 고민하는 데 있습니다. 아주 사소한 작업이나 너무나 당연해 보이는 과정이라도 반복되거나 불필요한 단계가 없는지 찾아보는 것이 중요합니다.

유네스코 국제미래교육위원회 보고서 Reimagining our futures together는 교육 혁신을 위한 세 가지 질문을 제시합니다.

- 우리가 계속해야 할 것은 무엇인가?
- 중단해야 할 것은 무엇인가?
- 창의적으로 만들어내야 할 것은 무엇인가?

이 원칙을 학교 업무 자동화에도 적용해볼 수 있습니다. 불필요한 종이 문서 작업이나 비효율적인 절차는 '중단해야 하는 것'에 해당합니다. 공지 사항 전달 자동화, 데이터 축적 시스템, 온라인 교무실 같은 새로운 도구는 '창의적으로 만들어내야 할 것'으로 볼 수 있습니다. 이 책을 읽으며 한 번 생각해보세요. 우리가 계속해야 할 과업은 무엇일까요? 중단해야 할 것은 무엇일까요? 그리고 창의적으로 만들 수 있는 것은 무엇일까요? 책의 남은 내용을 학습하며 이 질문에 대한 답을 찾아 나가기를 바랍니다.

파이썬 코드로 만드는 업무 자동화

학습 내용

PART 03 코드로 만드는 한글 자동화

PART 04 코드로 만드는 업무포털 자동화

PART 05 스트림릿으로 교실에서 바로 쓰는 앱 만들기

학습 목표

- 파이썬 개발 환경을 구축한 후 업무에 필요한 자동화 코드를 만들 수 있습니다.
- 한컴오피스 한글 문서 수정에 필요한 자동화를 구현할 수 있습니다.
- 포춘 쿠키 이벤트, 신청 현황 대시보드 등 교실에서 사용할 수 있는 프로그램을 만들 수 있습니다.
- 업무포털에서 자주 사용하는 기능을 자동화할 수 있습니다.

PART 03
코드로 만드는 한글 자동화

💬 ... '한글 문서와 파이썬 프로그래밍이 서로 연결되어 효율적인 자동화를 하는 모습을 그려줘.'라고 프롬프트를 입력하여 생성한 그림입니다.

여기서 공부할 내용

파이썬은 개발자만 다룰 수 있는 복잡한 도구로 여겨지지만, 사실 누구나 손쉽게 일상과 업무의 효율성을 높이는 데 활용할 수 있습니다. 파이썬을 활용한 자동화의 기본부터 실질적인 응용 방법까지 차근차근 알아봅시다. 이번 파트에서는 학교에서 많이 사용하는 한글 문서 작업을 자동화하는 방법을 배워보겠습니다. 차근차근 따라 하다보면 문서를 효율적으로 편집하고, 시험지 작성이나 가정통신문 제작과 같은 실무 작업에 직접 활용할 수 있는 코드가 완성되어 있을 겁니다.

Chapter 08

파이썬 업무 자동화 준비하기

> 프로그래밍, 코드라는 말에 겁먹지 말고 한 번 시작해보세요!

활용도구 파이썬 비주얼 스튜디오 코드 커서 AI

파이썬(Python)은 데이터 분석, 웹 개발, 인공지능 등 다양한 분야에서 사용하는 프로그래밍 언어입니다. 개발자만 사용할 수 있는 복잡한 언어같지만 사실 파이썬은 컴퓨터를 사용하는 모든 사람의 생산성을 극대화할 수 있는 강력한 도구입니다. 앞서 우리는 코드 없이 사용할 수 있는 도구들을 살펴보았는데, 코드를 직접 작성하면 훨씬 다양한 작업을 할 수 있습니다. 특히 생성형 AI 덕분에 코드 작성이 훨씬 쉬워졌죠. 앞으로 파이썬으로 업무 환경을 개선하는 다양한 방법을 알아볼 겁니다. 그 전에 파이썬을 사용하기 위한 준비를 먼저 해봅시다.

바로 실습 20 파이썬 설치하기

파이썬을 설치해봅시다. 파이썬은 대부분의 운영 체제에서 무료로 제공하며, 설치 과정도 간단합니다. 파이썬 공식 웹사이트를 통해 설치 파일을 다운로드하고 기본 설정을 완료해보겠습니다.

01 검색창에 파이썬을 검색하거나 다음 링크를 이용해 파이썬 공식 웹사이트에 접속합니다. **[Downloads]** 버튼에 마우스를 가져가면 현재 사용하는 운영 체제에 맞는 최신 버전의 파이썬 파일을 다운로드할 수 있습니다.

- **파이썬 공식 링크** : python.org

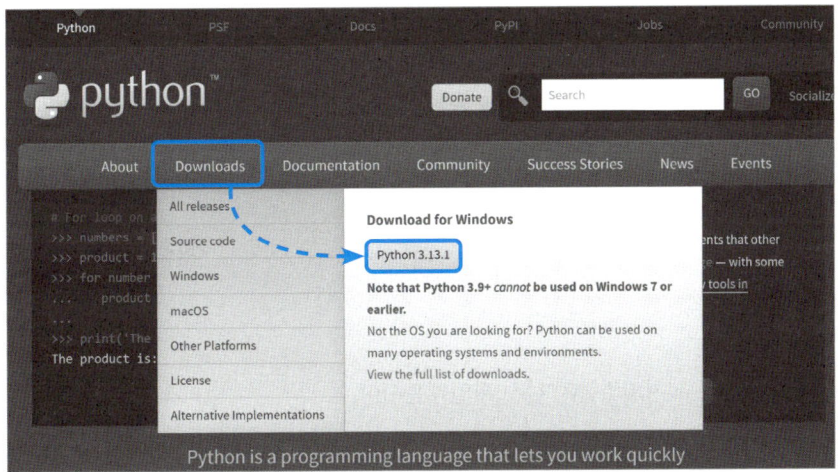

02 다운로드한 설치 파일을 실행합니다. 다음과 같이 ❶ 두 항목을 체크하고 ❷ **[Install Now]** 버튼을 눌러 설치를 진행합니다.

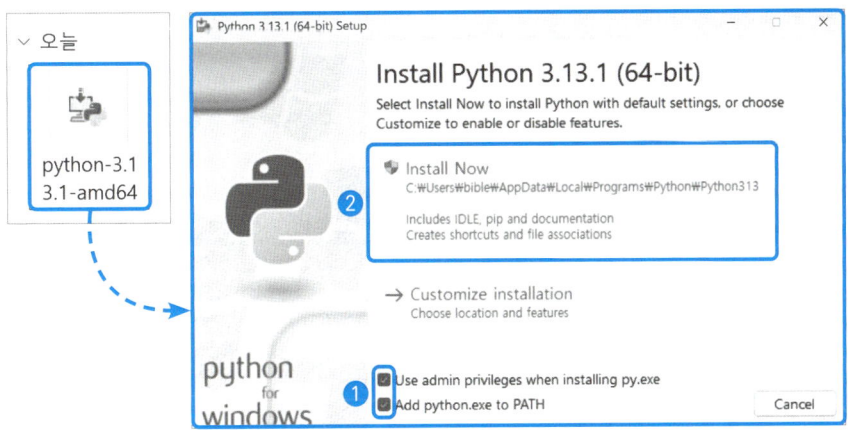

다음과 같은 화면이 뜨면 설치가 완료된 것입니다.

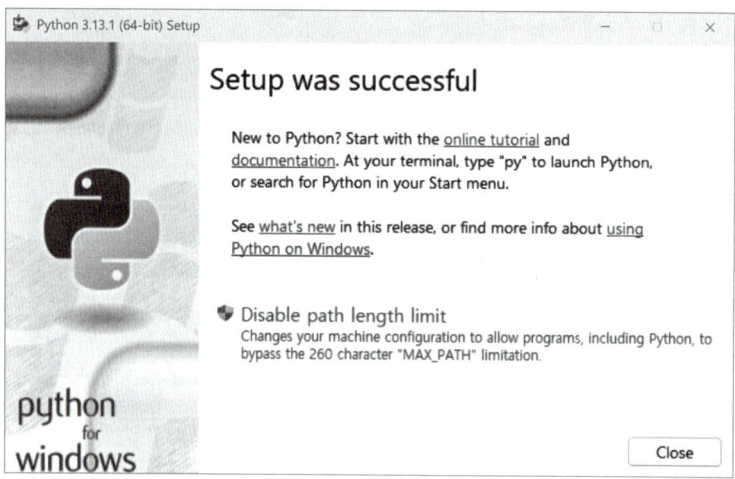

03 파이썬이 제대로 설치되었는지 다시 확인해봅시다.

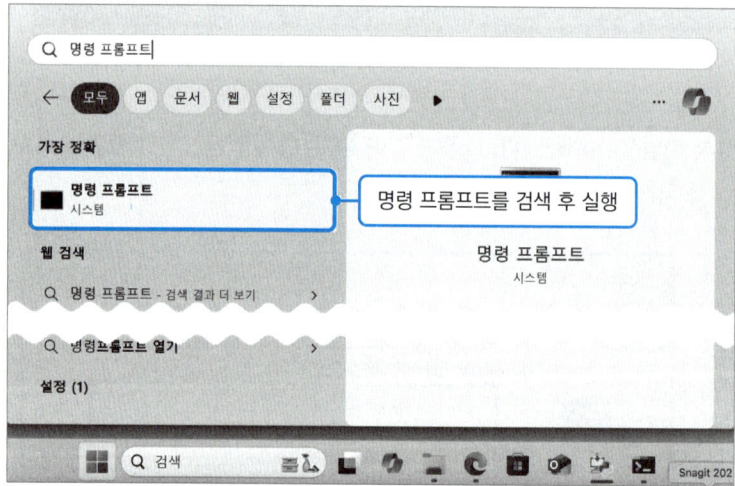

명령 프롬프트 창이 뜨면 다음과 같이 'python --version' 명령어를 입력하고 Enter 를 누릅니다. 파이썬의 버전이 뜨면 설치가 정상적으로 진행된 것입니다.

바로 실습 21 ▸ 비주얼 스튜디오 코드 개발 환경 준비하기

문서를 작성할 때 윈도우 기본 메모장부터 MS워드까지 다양한 편집기를 사용하는 것처럼 코드를 작성할 때도 효율적인 환경을 만들어주는 편집기가 필요합니다. 주피터 노트북, 파이참 등 파이썬을 실행하는 환경은 다양한데 이 책은 프로그래밍 초보자도 쉽게 사용할 수 있는 비주얼 스튜디오 코드 Visual Studio Code, VS Code 를 기준으로 설명하겠습니다.

비주얼 스튜디오 코드 설치하기

01 비주얼 스튜디오 코드 공식 웹사이트에 접속해 **[Download]** 버튼을 눌러 자신의 운영 체제에 맞는 설치 파일을 다운로드합니다.

- 비주얼 스튜디오 코드 링크 : code.visualstudio.com

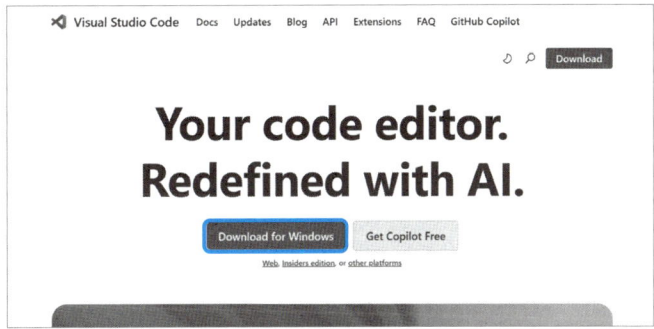

02 다운로드한 파일을 실행해 설치 과정을 따라 진행하세요. 특별한 설정이 필요하지 않으니 기본 설정으로 설치하면 됩니다.

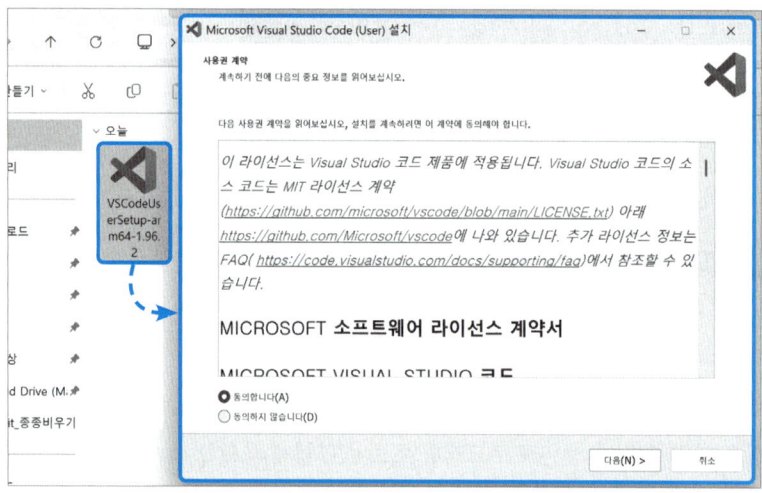

03 설치가 끝나면 비주얼 스튜디오 코드를 실행하고 ❶ 화면 왼쪽의 [🧩 확장 프로그램Extensions] 아이콘을 클릭합니다. ❷ 검색창에 'Python'을 입력하고 항목 중 Microsoft에서 제공하는 'Python' 확장 프로그램의 ❸ [Install] 버튼을 눌러 설치하세요. 이 확장 프로그램은 파이썬 코드를 작성하고 실행하는 데 필요한 기능을 추가해줍니다.

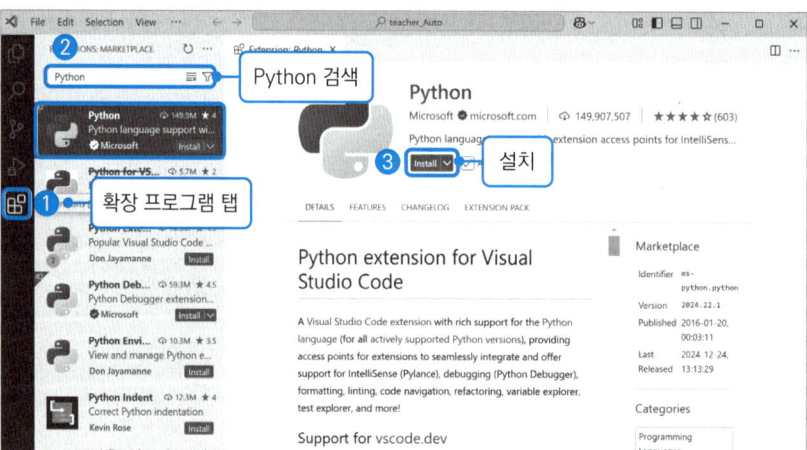

04 이제 컴퓨터에 설치된 파이썬과 비주얼 스튜디오 코드를 연결하겠습니다. ❶ Ctrl + Shift + P 를 눌러 명령 팔레트를 열고 ❷ 'Python: Select Interpreter' 명령어를 검색해 클릭한 뒤 ❸ 설치한 파이썬 버전을 선택합니다.

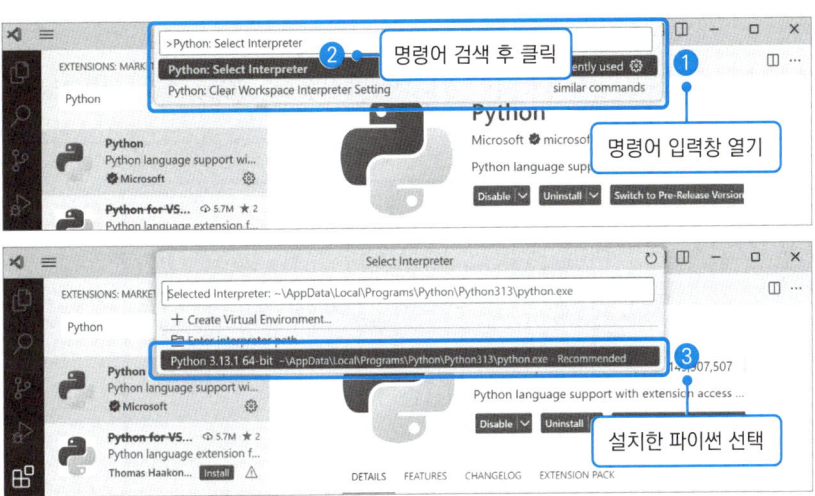

TIP 인터프리터(Interpreter)란 파이썬 코드를 실행하는 프로그램으로 간단히 말하면 방금 우리는 비주얼 스튜디오 코드에서 파이썬 파일을 실행하면 컴퓨터에 설치한 'Python 3.13.1' 프로그램을 사용하라고 지정한 것입니다.

첫 번째 파일 만들고 파이썬 실행하기

이제 간단한 파이썬 파일을 만들고 실행해봅시다. 처음에는 이 과정들이 복잡하게 느껴지겠지만 이 책의 실습을 따라 반복하면 금방 익숙해질 겁니다.

01 비주얼 스튜디오 코드를 실행하고 화면 왼쪽 메뉴에서 **[File → Open Folder]**를 클릭합니다.

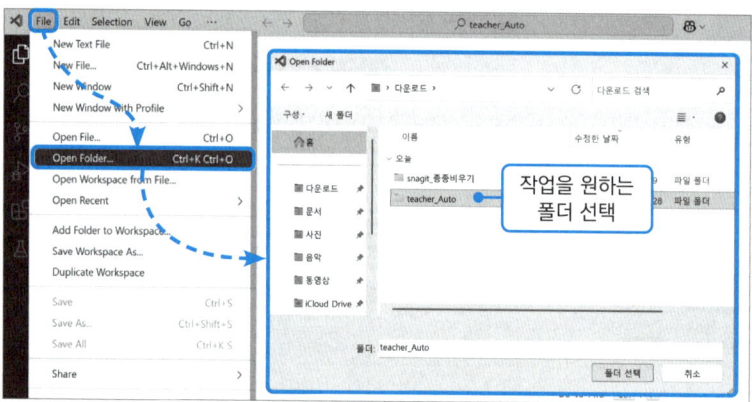

02 그러면 ❶ 앞서 선택한 폴더가 작업 폴더로 지정되고, 이 폴더에 파일을 만들고 저장할 수 있습니다. ❷ 버튼을 눌러 첫 번째 파이썬 파일을 만들어보세요. 이때 파일 이름 뒤에 .py라는 확장자를 붙여야 합니다.

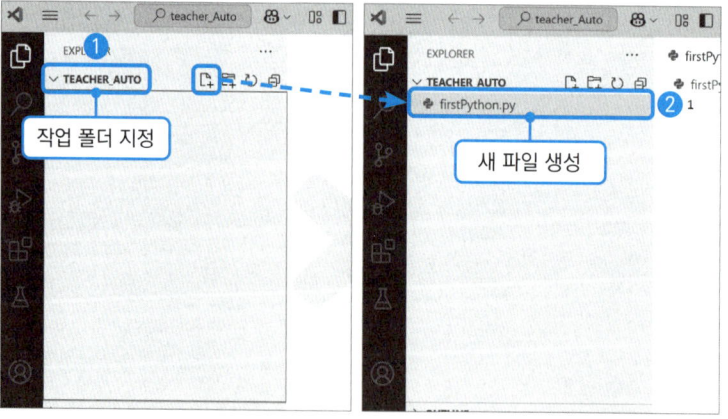

03 파이썬을 실행해보겠습니다. 많은 사람들이 파이썬을 처음 배울 때 입력하는 출력 코드를 작성해봅시다. 방금 만든 파일에 ❶ 다음과 같이 print('Hello world')라고 입력한 후 오른쪽 위 ❷ ▷ 버튼을 눌러 실행합니다.

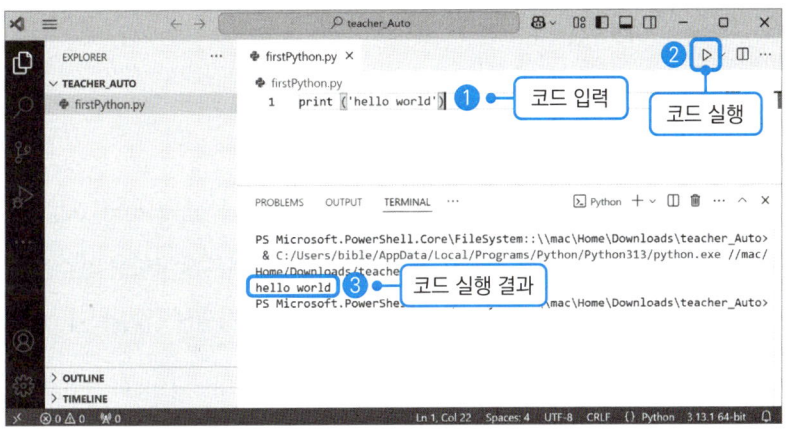

'Hello World라는 문장을 출력해줘.'를 파이썬 언어로 작성한 코드입니다. ❸ 화면을 보니 아래 터미널terminal에 결과가 출력되었네요!

앞으로 파이썬 자동화를 설명할 때 이렇게 프로젝트와 파일을 만드는 과정은 따로 설명하지 않고 파일에 들어갈 코드를 바로 설명하겠습니다. 여러분의 학습 폴더를 만들어놓고 실습을 따라하며 개별 파일에 차근차근 코드를 정리해두면 나중에 찾아 사용하기 좋을 겁니다.

> **TIP** 이 책은 파이썬 기본 개념과 문법을 알고 학습하면 훨씬 효과적입니다. 만약 파이썬 처음 접한다면 bit.ly/4hzXk7Q 링크에서 기초 문법을 익힌 후 학습하길 권합니다.

with AI 커서 AI 활용하기

앞에서 소개한 비주얼 스튜디오 코드처럼 개발을 도와주는 도구를 IDE^{Integrated Development Environment}라고 합니다. 커서^{Cursor.ai}는 비주얼 스튜디오 코드를 기반으로 하는 IDE로 AI를 활용해 코딩을 쉽게 할 수 있게 도와줍니다. GPT-4o와 그 패밀리 모델, sonnet-3.5를 비롯해 클로드 패밀리 모델을 사용할 수 있으며, 추가로 원하는 모델이 있다면 API 키를 입력하여 사용할 수 있습니다.

프롬프트를 통해 코드를 작성할 수 있을 뿐만 아니라, 환경 설정, 코드 작동에 필요한 모듈과 라이브러리 등을 설치하는 방법도 안내하기 때문에 코딩을 잘 모르더라도 질문을 반복하여 원하는 코드를 만들어낼 수 있습니다. 다만 이렇게 생성한 코드가 정확한지, 문제없는지 등은 사용자가 직접 확인하는 것이 좋습니다. 커서의 기본 사용법을 소개합니다.

커서 설치하기

먼저 커서를 설치해보겠습니다. 커서는 무료로도 사용할 수 있습니다. 다만 일정 사용 이후에는 속도가 느려지는 형태로 서비스되며 유료 사용자는 피크 타임에도 빠르게 응답받을 수 있는 기능 premium requests을 월 500회, OpenAI의 고급 AI 모델인 o1을 10회 사용할 수 있습니다.

01 공식 웹사이트에 접속해주세요. 홈페이지에서 **[Download for Free]**를 눌러 설치 파일을 다운로드합니다.

- 커서 링크 : cursor.com

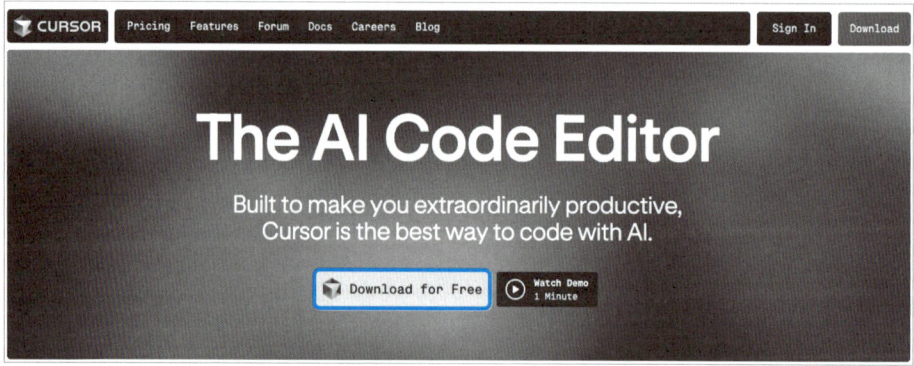

02 설치 파일을 다운받은 폴더로 이동해 설치를 진행합니다. 설치 마법사 창이 뜨면 화면의 지시에 따라 설치하고 완료되면 커서를 실행합니다.

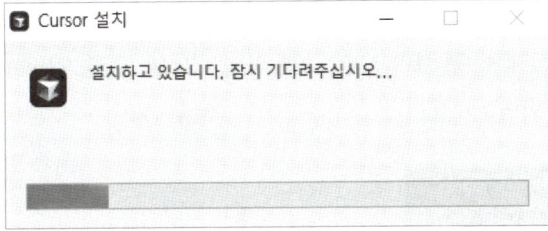

03 커서 설치를 완료하면 다음 단계를 따라서 초기 설정을 완료하세요.

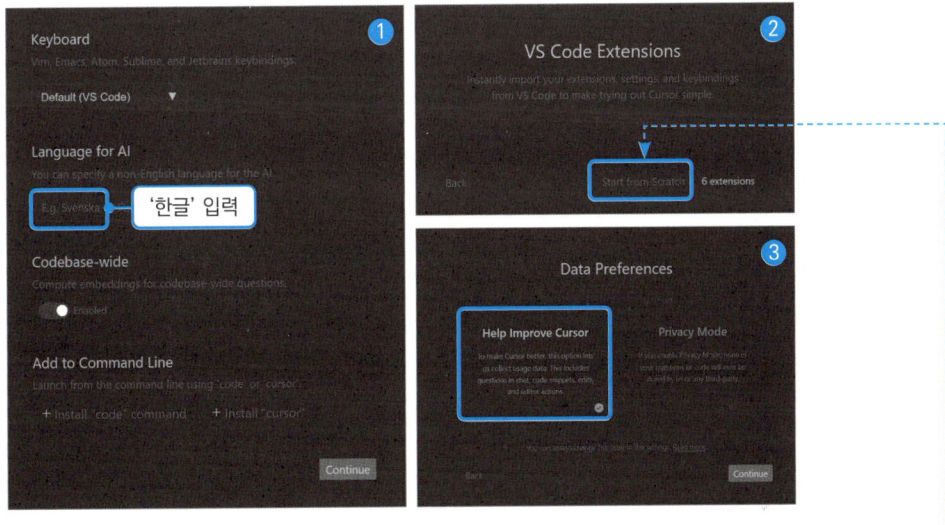

❶ 커서를 사용할 기본 설정을 합니다. 주로 활용할 언어를 정하는 Language for AI에는 '한글'을 입력해주세요.

❷ 기존에 비주얼 스튜디오 코드를 사용하고 있었다면 미리 설치한 확장 프로그램을 가져올 수 있습니다. 이 책은 별다른 설정 없이 시작할 것이므로 [Start from Scratch]를 선택하세요.

❸ 우리는 AI의 도움을 받아 코드를 작성할 예정이기 때문에 [Help Improve Cursor]을 누르면 됩니다. 만약 외부로 유출되면 안되는 코드가 있다면 [Privacy Mode]를 선택하세요. 마지막으로 [Continue]를 클릭합니다.

04 초기 설정이 끝나면 계정을 생성하거나 로그인합니다. 계정이 있다면 **[Log In]** 버튼을, 계정이 없다면 **[Sign Up]** 버튼을 누르세요. 웹 브라우저로 이동하여 이메일, 구글, 깃허브 계정 등을 이용해 로그인하거나 회원 가입하세요.

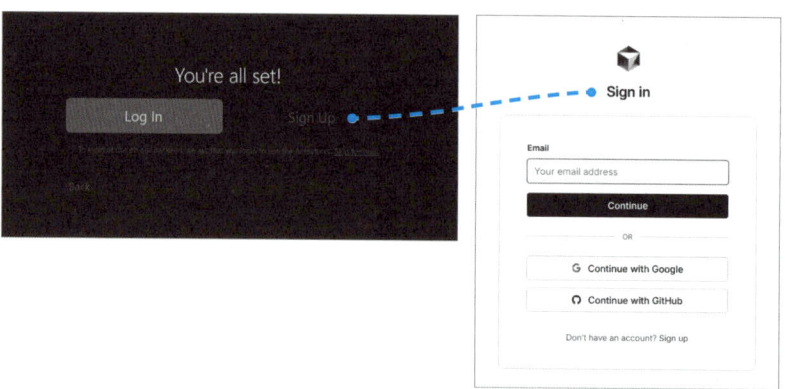

로그인을 하면 설정Settings에서 나의 계정과 사용량을 볼 수 있습니다. 무료 사용자는 GPT-4o-mini를, 유료 사용자는 Claude-3.5-sonnet 모델을 주로 사용합니다. 이제 커서를 사용할 준비가 되었습니다!

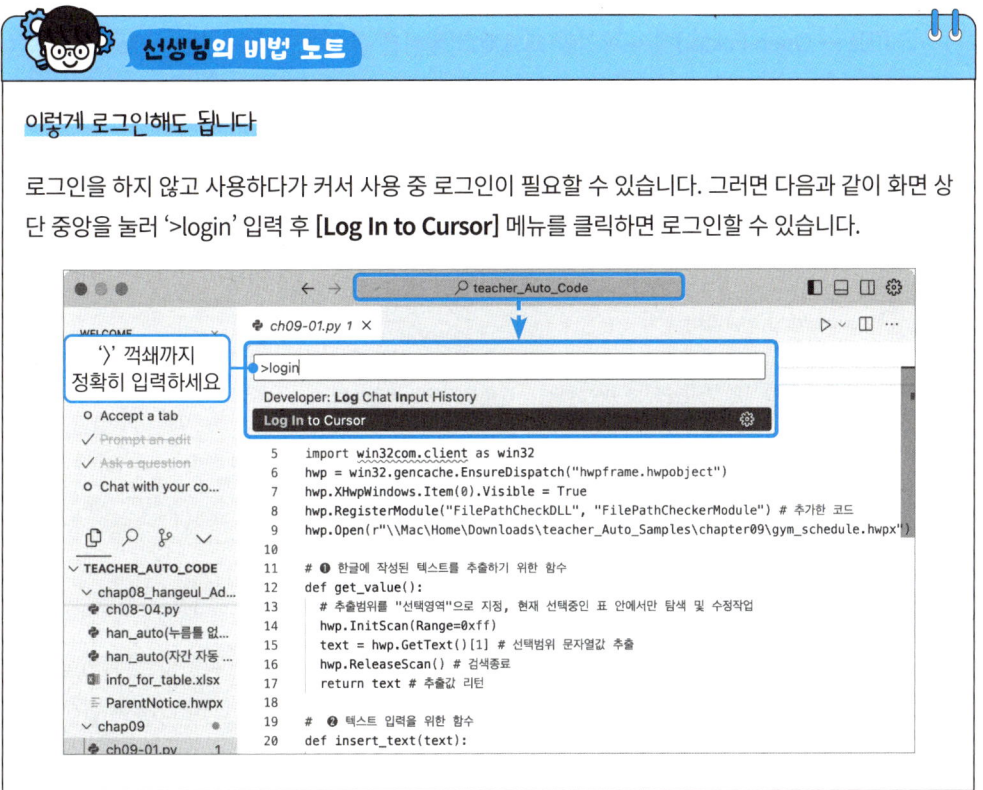

커서의 꽃, AI 지원 기능 사용해보기

설치를 완료했다면 새 프로젝트를 만들고 커서에서 제공하는 AI 기능인 탭 `Tab`, 빠른 수정 `Ctrl` + `K`, 챗 `Ctrl` + `L` 를 사용해봅시다. 각 기능과 병기한 단축키를 활용하면 더 빠르게 사용할 수 있습니다.

TIP macOS 환경에서는 `Ctrl` 대신 `Cmd` 를 이용하여 단축키를 호출하면 됩니다.

01 ❶ [File → Open Folder]에서 작업할 프로젝트 폴더를 선택하고 ❷ [🗋 New File] 버튼을 클릭하여 새 파일을 만듭니다. ❸ 폴더 이름과 파일 이름은 영어로 작성하는 것이 좋습니다. cursorTest.py라는 파일을 만들어봅시다.

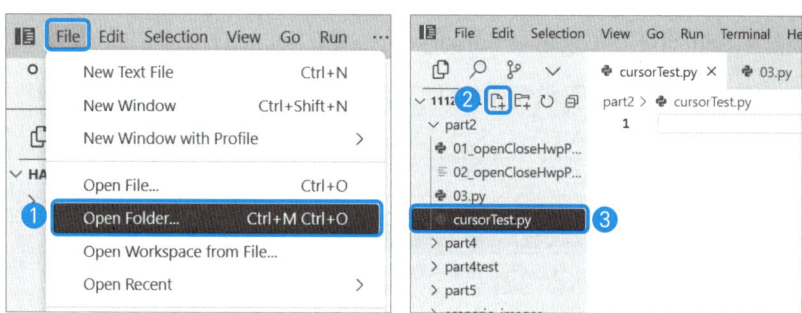

02 첫 번째 기능, 탭 Tab 기능은 빈 파일에 다음과 같이 주석을 작성하고 탭을 누르면 해당하는 코드를 자동으로 생성합니다. [New file…]을 눌러 main.py라는 파일을 만들어줍시다. 빈 화면에 #을 붙인 주석으로 'gui 제작'이라고 입력하고 Tab 을 누르면 다음과 같이 코드를 제안해줍니다. 한 번 더 Tab 을 누르면 제안한 코드가 반영됩니다.

> TIP 코드를 작성할 때 작동에 영향을 주지 않고 설명을 위해 작성하는 내용을 주석이라고 합니다. 프로그램 언어마다 형태가 다른데 파이썬에서는 코드 앞에 #을 붙이고 사용합니다.

```
#gui 제작          ← 주석만 작성하면?
import tkinter as tk
root = tk.Tk()
root.title("My GUI")   ← 자동으로 코드가 생성됨!
root.geometry("300x200")
root.mainloop()
```

코드를 실행하면 다음과 같이 gui 창이 뜨네요.

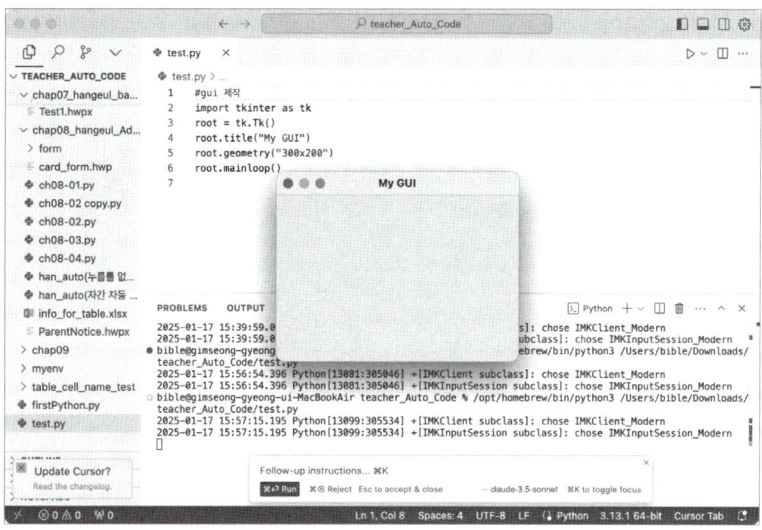

03 빠른 수정 `Ctrl` + `K` 기능은 코드 편집기에서 ❶ 원하는 요청을 작성하면 ❷ 기존의 코드에 어울리는 코드나, 요청에 해당하는 코드를 작성해주는 기능입니다. 코드 수정이 바로 보이기 때문에 어느 부분을 수정했는지 코드 작성 결과를 확인하고 적용할 수 있습니다. ❸ 적용을 원한다면 `Ctrl` + `Enter` 를 누르고, 적용을 원하지 않는다면 `Ctrl` + `N` 을 눌러 취소할 수 있습니다.

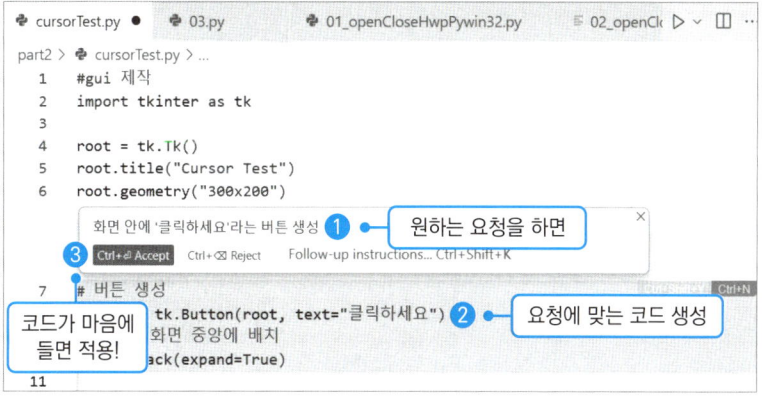

[Follow-up instruction]에 추가 명령을 입력하여 코드를 재작성할 수도 있습니다.

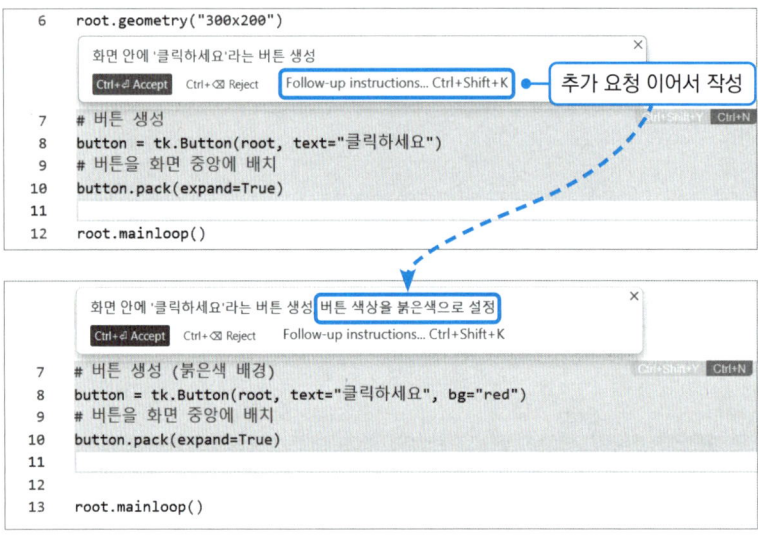

04 챗 `Ctrl` + `L` 기능은 전체 코드를 기반으로 해결하고 싶은 것을 물어보거나, 추가 도움이 필요할 때 주로 사용합니다. 만들고 싶은 도구를 물어보고 필요한 사항을 안내받는 용도로 사용하기에 편리합니다.

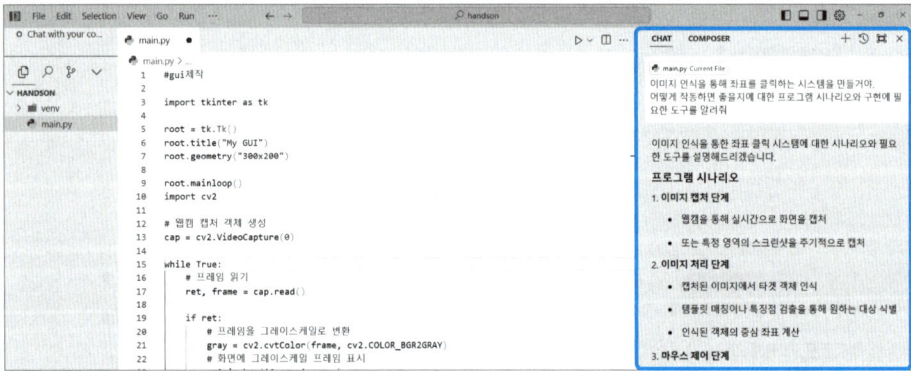

Chapter 09

파이썬 한글 자동화 기본 익히기

> 파이썬 기본 문법을 알고 보면 좋지만, 모른 채 일단 따라 작성해봐도 좋습니다.

활용도구 `파이썬` `한컴오피스 한글`

한글 자동화란 반복적이고 시간 소모적인 한글 문서 작업을 효율적으로 처리하는 방법을 말합니다. 한글 자동화를 통해 단순한 작업을 빠르게 처리하여 업무 효율성을 높이면 학급 관리, 수업 준비 등 다른 업무에 더 집중할 수 있습니다. 파이썬을 이용해 한글 문서를 효과적으로 쓰는 방법을 알아봅시다.

💬 파이썬 한글 자동화 시작하기

파이썬 한글 자동화가 왜 필요한가요?

한글에서 바로 제공하는 자동화 기능인 '메일 머지'는 이미 학교에서 자주 사용하고 있습니다. 수상자 목록을 엑셀에 저장해두고 상장 서식을 만들어서 메일 머지 기능으로 상장을 출력하거나, 학생들 책상의 이름표를 만드는 등 활용하는 선생님들도 많습니다.

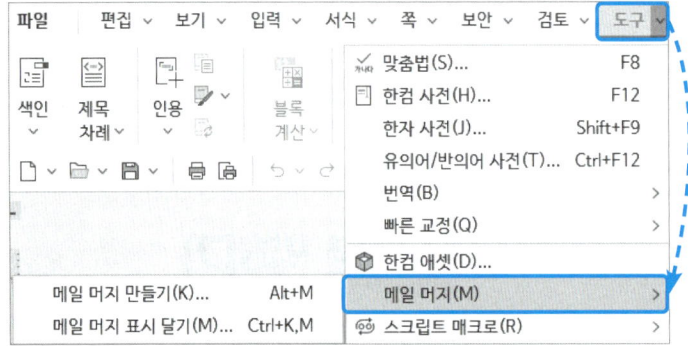

그러나 메일 머지는 같은 서식을 여러 번 사용할 때 유용하고, 그 외의 상황에서는 활용도가 제한적입니다. 파이썬을 사용하면 필요에 맞는 다양한 한글 자동화 기능을 만들 수 있어서 더 강력한 자동화 업무를 구축할 수 있습니다.

파이썬 한글 자동화의 기본, pywin32, pyhwpx 라이브러리

파이썬을 이용한 한글 자동화의 기본은 pywin32와 pyhwpx 라이브러리입니다.

- **pywin32** : 윈도우 API를 파이썬에서 사용할 수 있게 하는 라이브러리입니다. 이를 통해 한글 프로그램을 제어할 수 있습니다.
- **pyhwpx** : 한글 문서 파일(.hwp)을 직접 다룰 수 있게 하는 라이브러리입니다.

pyhwpx는 pywin32를 기반으로 만들어진 라이브러리로 pywin32보다 한글 자동화에 필요한 기능을 메서드로 제공할 뿐만 아니라 더 간편하게 사용할 수 있습니다. 하지만 pyhwpx는 현재 개발 중인 라이브러리여서 더 안정적인 pywin32도 같이 학습하는 것이 좋습니다. pywin32는 한글에 직접 접근하기 때문에 필요에 따라 코드를 커스터마이징할 수도 있습니다.

> **TIP** 엄밀히 따지면 pywin32는 파이썬 라이브러리, pyhwpx는 파이썬 모듈이지만 이 책의 목적상 혼란을 방지하기 위해 모듈과 라이브러리 모두 더 큰 범위의 개념인 라이브러리로 통일해서 표현하겠습니다.

파이썬에 익숙하다면 두 라이브러리를 모두 보고, 그렇지 않다면 pyhwpx를 중심으로 보는 것을 추천합니다. 두 라이브러리를 활용하여 한글의 기본적인 기능을 구현하고 익숙해지면 이를 활용한 현장 사례와 코드를 배워볼 겁니다.

> **TIP** 한글 자동화는 윈도우 환경의 로컬 파이썬에서만 작동합니다. macOS 또는 코랩과 같은 웹 환경에서는 작동하지 않을 수 있습니다.

바로 실습 22) 한글 기본 기능 자동화하기

이번 챕터에서는 한글을 실행, 저장, 종료하는 자동화의 가장 기본 기능을 익힐 겁니다. 소개하는 pywin32, pyhwpx 코드 중 필요에 따라서 사용하면 됩니다. 배포를 위해서는 pywin32까지 익히는 것이 좋지만 개인적으로 사용할 예정이라면 pyhwpx만 봐도 좋습니다.

한글 실행, 종료하기

01 먼저 pywin32, pyhwpx 두 라이브러리를 설치하겠습니다. 비주얼 스튜디오 코드 위의 🗔 버튼을 누르거나 단축키 `Ctrl` + `` ` ``를 눌러 터미널을 열고 다음 명령어를 실행하세요.

```
pip install pywin32 pyhwpx
```

02 한글을 실행하는 코드를 pywin32로 작성하겠습니다. 새 파일을 만들고 다음 코드를 입력하세요.

바로 자동화 코드 `baro22_pywin32.py`

> #으로 시작하는 주석은 따라쓰지 않아도 됩니다

```python
# 윈도우 운영 체제에서 COM(Component Object Model) 개체를 조작하기 위한 라이브러리
import win32com.client as win32
```

```python
# 한컴오피스 한글(HWP)을 다루기 위한 객체 생성
hwp = win32.gencache.EnsureDispatch("hwpframe.hwpobject")
# 한글 프로그램 창을 화면에 표시하도록 설정 (True: 표시, False: 숨김)
hwp.XHwpWindows.Item(0).Visible = True
```

실행하면 다음과 같이 한글이 열립니다.

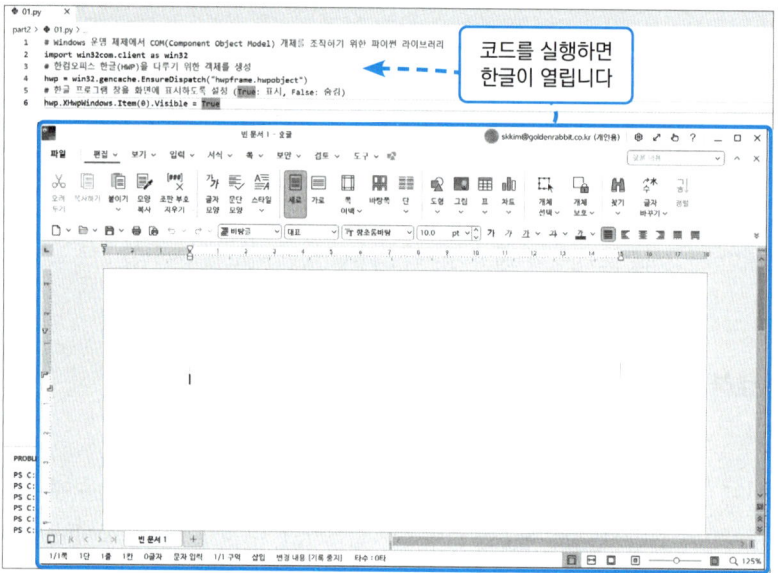

03 이제 한글을 종료하는 코드를 이어서 작성해봅시다. 여전히 pywin32 라이브러리를 사용하고 있습니다.

```python
hwp.Quit() # 한글 종료
```

다시 파이썬 코드를 실행해보면 앞 코드에 의해 한글이 켜졌다가 빠르게 꺼질 겁니다.

04 같은 기능을 pyhwpx 라이브러리로 구현하면 다음과 같습니다. 코드가 조금 더 짧아졌죠?

> **바로 자동화 코드** baro22_pyhwpx.py
> ```
> from pyhwpx import Hwp
> hwpx = Hwp()  # 메인 인스턴스 생성
> hwpx = Hwp(new=True, visible=True)  # 새 문서 열기
> hwpx.Quit()  # 한글 자체를 종료
> ```

문서 불러오기, 닫기, 저장하기

이제 원하는 문서를 불러오고, 수정 사항을 저장하고, 닫아보겠습니다. pywin32 라이브러리를 사용하여 한글 파일을 불러올 때는 반드시 절대 경로를 이용해야 합니다. 반면 pyhwpx 라이브러리는 현재 폴더를 기준으로 상대 경로를 이용하여 파일을 불러올 수 있습니다.

> **TIP** 절대 경로는 파일의 최상위 위치부터 해당 파일까지의 전체 경로를 의미합니다.
>
> **TIP** 상대 경로는 현재 파일의 위치를 기준으로 연결하려는 파일의 상대적인 경로를 의미합니다.

01 한글을 실행하고 보이게 만드는 코드를 작성합니다.

> **바로 자동화 코드** baro22_pywin32.py
> ```
> import win32com.client as win32
> hwp = win32.gencache.EnsureDispatch("hwpframe.hwpobject")
> hwp.XHwpWindows.Item(0).Visible = True
> ```

한글을 실행하고 보이게 만드는 이 기본 코드는 앞으로 생략하겠습니다. 실행이 되지 않는다면 이 코드가 있는지 꼭 확인해주세요.

02 문서를 불러오는 코드는 다음과 같습니다.

> **바로 자동화 코드** baro22_pywin32.py
>
> ```
> # 문서 불러오기 : hwp.Open(파일경로)
> hwp.Open("C:\\Users\\zzolab\\han_auto\\chapter1_1.hwp")
> ```
> ← 여러분이 열고 싶은 파일의 경로를 입력하세요

절대 경로를 쓸 때 \가 2개씩 필요해서 입력하기 복잡하다면 다음과 같이 경로 앞에 'r'을 입력하고 \를 1개만 입력해도 됩니다.

> **바로 자동화 코드** baro22_pywin32.py
>
> ```
> hwp.Open(r"C:\Users\zzolab\han_auto\chapter1_1.hwp")
> ```

선생님의 비법 노트

파일의 절대 경로를 쉽게 가져올 수 있어요

파일의 절대 경로를 복사하면 쉽게 코드를 작성할 수 있습니다. 첫 번째 방법은 ❶ 경로를 복사하려는 파일을 선택하고 파일 탐색기 상단에 있는 [경로 복사]를 클릭하세요. ❷ 두 번째 방법은 [Shift] 키를 누른 후 파일을 우클릭하여 [경로로 복사]를 클릭하세요. 여러분의 윈도우 버전에 따라 화면이 조금씩 다를 수 있습니다.

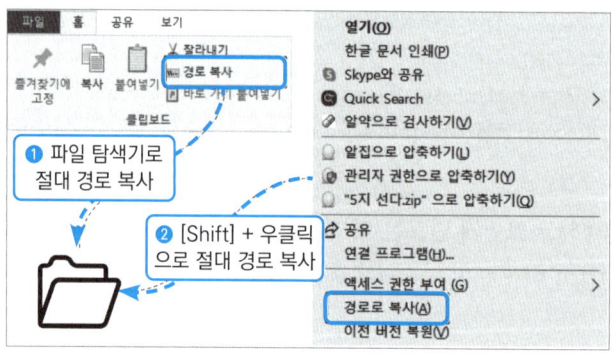

03 한글 작업을 마치면 한글 창을 닫아야겠죠? 한글 자체를 종료하는 방법도 있지만 현재 열려 있는 문서만 종료하는 방법이 있습니다.

> 🔧 **바로 자동화 코드** baro22_pywin32.py
>
> ```
> # 문서 닫기
> hwp.Clear()
> ```

Clear( ) 함수는 앞서 배운 Quit( ) 함수와 달리 한글 자체를 종료하지는 않기 때문에 실행 후 새로운 빈 문서가 열려있을 겁니다. 문서를 닫을 때 선택지는 다음과 같습니다.

```
Clear(option = 0)  # 닫을지 물어보는 창을 띄움
Clear(option = 1)  # 내용을 버리고 닫음
Clear(option = 2)  # 문서가 변경되면 저장하고 닫음
Clear(option = 3)  # 무조건 저장하고 닫음
```

04 기본 설정은 '닫을지 물어보는 창을 띄운다'입니다. 따라서 별도로 설정을 지정하지 않는다면 저장하고 닫아야겠죠? 저장하는 함수는 다음과 같습니다.

> 🔧 **바로 자동화 코드** baro22_pywin32.py
>
> ```
> # 저장하기
> hwp.Save()
> hwp.Clear()
> ```

Save( ) 함수는 기존 파일에 저장하므로 새로운 이름으로 저장하고 싶다면 Save( ) 함수 대신 다음 명령어를 사용해야 합니다.

> 🔧 **바로 자동화 코드** baro22_pywin32.py
>
> ```
> # 다른 이름으로 저장하기(동일 경로로)
> hwp.SaveAs(hwp.Path.replace(".hwp", "1.hwp"))
> ```

05 pyhwpx를 이용하는 방법은 다음과 같습니다.

> **바로 자동화 코드** baro22_pyhwpx.py
>
> ```python
> # ❶ 한글을 실행하고 보이게 만드는 기본 코드
> from pyhwpx import Hwp
> hwpx = Hwp()
> # ❷ 파일 열기
> hwpx.open("chapter1_1.hwp")
> # ❸ 저장하기
> hwpx.save()
> # 다른 이름으로 저장하기
> hwpx.save_as(hwpx.Path.replace(".hwp", "1.hwp"))
> # 파일 닫기
> hwpx.Clear() # option 선택지는 pywin32와 같음
> ```

❶ pywin32와 마찬가지로 이 기본코드는 앞으로 생략하겠습니다. 실행이 되지 않으면 이 코드가 있는지 꼭 확인해주세요.

❷ pyhwpx는 현재 폴더를 기준으로 상대 경로로 파일을 열 수 있습니다.

❸ pyhwpx에서 파일을 닫고 저장하는 함수는 pywin32와 같습니다. 단, 대소문자에 주의해주세요.

 선생님의 비법 노트

상대 경로를 사용할 때 유의하세요

절대 경로가 항상 같은 위치를 정확히 가리키는 주소라면 상대 경로는 현재 위치를 기준으로 어디로 가야하는지 알려주는 길 안내라고 생각하면 쉽습니다. 컴퓨터에서 상대 경로는 현재 작업 중인 폴더를 기준으로 파일 위치를 나타냅니다.

```
hwpx.open("chapter1_1.hwp")
```

이 코드를 실행하면 현재 작업 폴더에 chapter1_1.hwp 파일이 있다고 가정하고 찾기 때문에 파이썬을 실행하는 작업 폴더에 찾으려는 한글 문서 파일이 같이 있어야 합니다.

현재 작업을 실행하는 폴더가 어디인지 확인하는 것도 중요합니다. 비주얼 스튜디오 코드를 사용한다면 ① 왼쪽 Explorer 탭이나 ② 터미널에서 현재 실행중인 폴더를 알 수 있습니다.

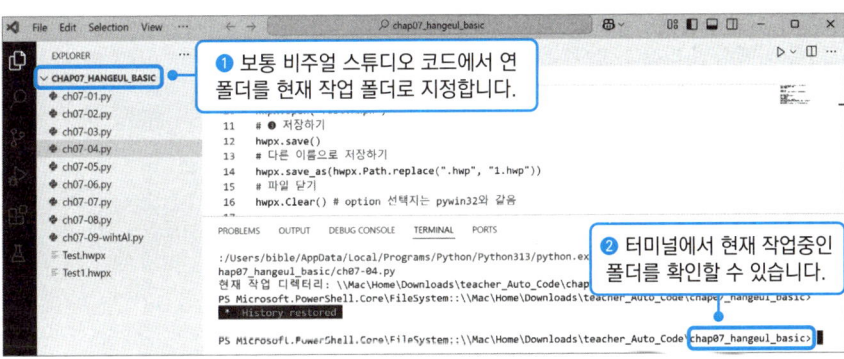

필요에 따라 현재 폴더 기준 상위 폴더의 파일, 하위 폴더의 파일 등 더 복잡한 경로를 설정할 수도 있습니다. 궁금하다면 상대 경로 표기법을 더 공부해보세요.

바로 실습 23 파이썬 코드로 한글에 내용 입력하기

한글을 조작하는 방법은 다 익혔으니 이제 내용을 넣어야겠죠? 한글에 원하는 내용을 입력하는 다양한 방법을 알아봅시다.

한글에 내용 입력하기

01 pywin32 라이브러리로 한글에서 작동하는 변수와 매개 변수를 생성해서 직접 내용을 입력하는 코드입니다.

> 바로 자동화 코드 | baro23_pywin32.py

```python
import win32com.client as win32
hwp = win32.gencache.EnsureDispatch("hwpframe.hwpobject")  # 한글 기본 코드
hwp.XHwpWindows.Item(0).Visible = True
action = hwp.CreateAction("InsertText") # 액션 변수 생성
para_set = action.CreateSet() # 매개 변수 세트 변수 생성(비어있는 값)
action.GetDefault(para_set) # 매개 변수 세트 초기화
para_set.SetItem("Text", "입력할 문자열") # 매개 변수 세트 중 원하는 값 수정
action.Execute(para_set) # 매개 변수 세트 넣고 액션 실행
```

코드를 실행하면 다음과 같이 문서에 글자가 입력됩니다.

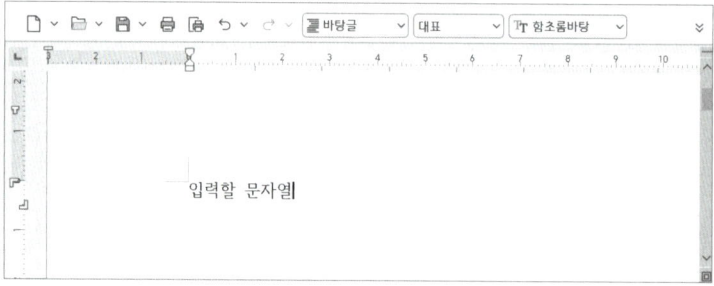

02 pyhwpx에서는 다음과 같이 문자를 입력하는 insert_text( ) 함수가 있습니다.

> 바로 자동화 코드 | baro23_pyhwpx.py

```python
from pyhwpx import Hwp      # 한글 기본 코드
hwpx = Hwp()
hwpx.insert_text('입력할 문자열')
```

앞서 pyhwpx가 pywin32를 기반으로 더 간편하게 사용할 수 있도록 만들어진 라이브러리라고 했죠? 이렇게 pywin32로 구현하려면 복잡한 과정을 pyhwpx에서는 함수 하나로 쉽게 구현할 수 있습니다.

누름틀로 원하는 위치에 글자 입력하기

한글의 '누름틀' 기능은 문서의 특정 영역을 지정하여 이름과 설명을 표시할 수 있는 기능입니다. **누름틀과 파이썬 코드를 함께 사용하면 원하는 위치에 원하는 내용을 넣을 수 있습니다.**

01 한글 파일에서 [입력 → 개체 → 필드 입력 → 누름틀]을 클릭하여 누름틀 설정에 들어갑니다.

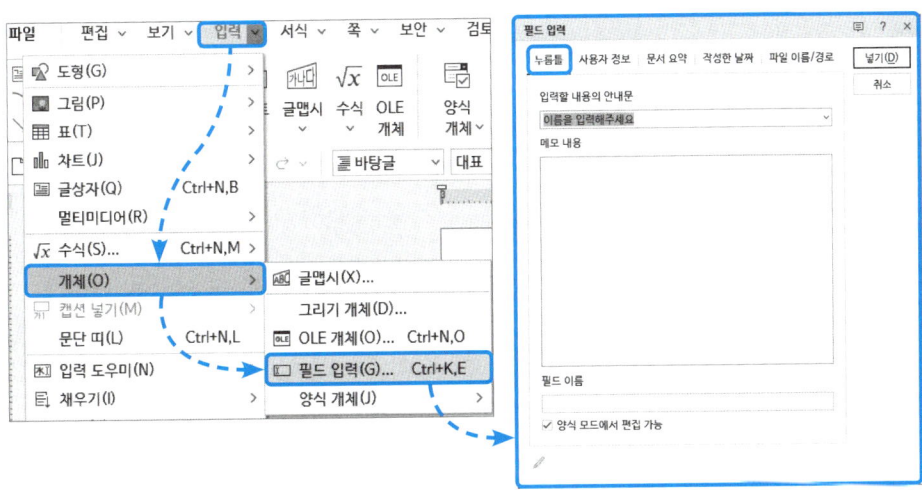

02 누름틀을 구성하는 정보 중 ❶ 입력할 내용의 안내문에 '이름을 입력하세요'라고 입력하고 ❷ 필드 이름으로 '이름'을 입력한 후 **[넣기]** 버튼을 클릭하여 문서에 누름틀을 삽입하세요.

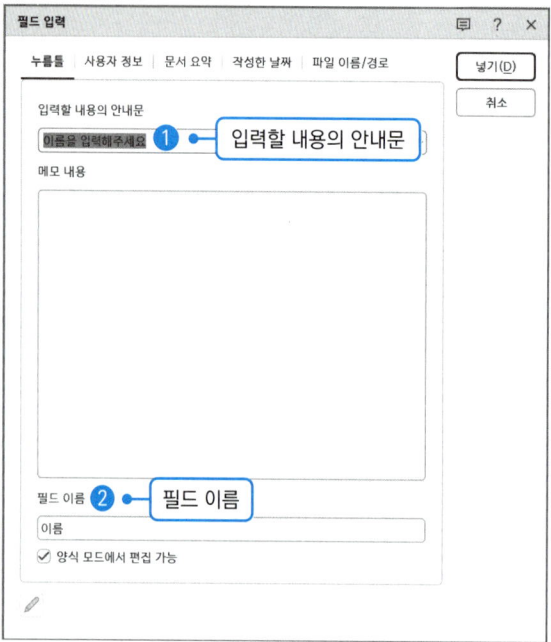

그러면 '입력할 내용의 안내문'에 입력한 내용이 빨간색 기울인 글자로 나타납니다.

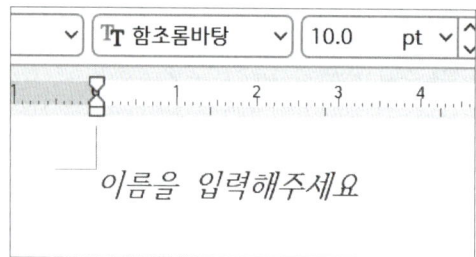

이렇게 누름틀을 만든 파일을 저장하고 해당 파일의 경로를 복사해주세요. 실습에서는 'nureumteul.hwpx'로 저장하겠습니다.

03 한글 자동화를 위해 활용할 정보는 필드 이름입니다. 필드 이름을 입력하면 엑셀의 셀 위치처럼 영역을 찾아서 작업할 수 있습니다. 필드 이름을 입력했다면 다음 코드로 지정한 누름틀에 텍스트를 삽입할 수 있습니다.

바로 자동화 코드　baro23_pywin32.py

```
...한글 기본 코드...
hwp.Open(r"C:\Users\zzolab\han_auto\nureumteul.hwpx")  # 저장한 한글 파일 열기
hwp.PutFieldText('이름', '홍길동')
```

open( ) 함수에 02단계에서 저장한 한글 파일의 절대 경로를 입력해서 파일을 불러옵니다. PutFieldText( ) 함수를 사용하면 지정한 필드에 원하는 내용을 입력할 수 있습니다.

pyhwpx에서도 pywin32와 유사한 함수를 put_field_text( )를 제공합니다. 대소문자에 주의해주세요.

바로 자동화 코드　baro23_pyhwp.py

```
...한글 기본 코드...
hwpx.open("nureumteul.hwpx")
hwpx.put_field_text('이름', '홍길동')
```

실행해보니 안내문이 입력한 이름으로 바뀌었네요.

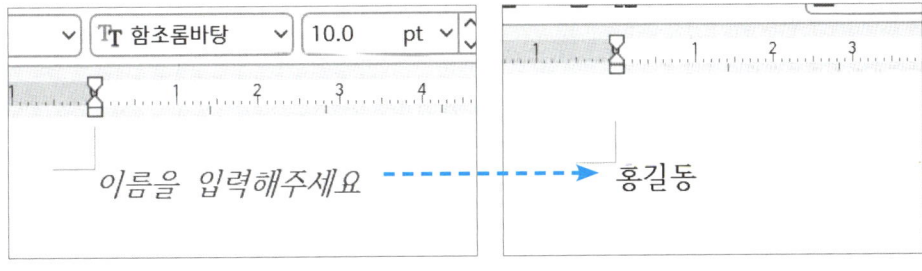

매크로로 내용 입력하기

한글의 스크립트 매크로는 사용자가 수행하는 작업을 특정 단축키에 기록해서 같은 작업을 빠르게 실행하는 기능입니다. 매크로를 활용하면 pywin32로 파이썬에 접근하여 글자를 입력하는 코드를 만들 수 있습니다.

01 한글의 [**도구 → 스크립트 매크로 → 매크로 정의**]를 누르면 다음과 같이 스크립트 매크로 정의 창이 뜹니다.

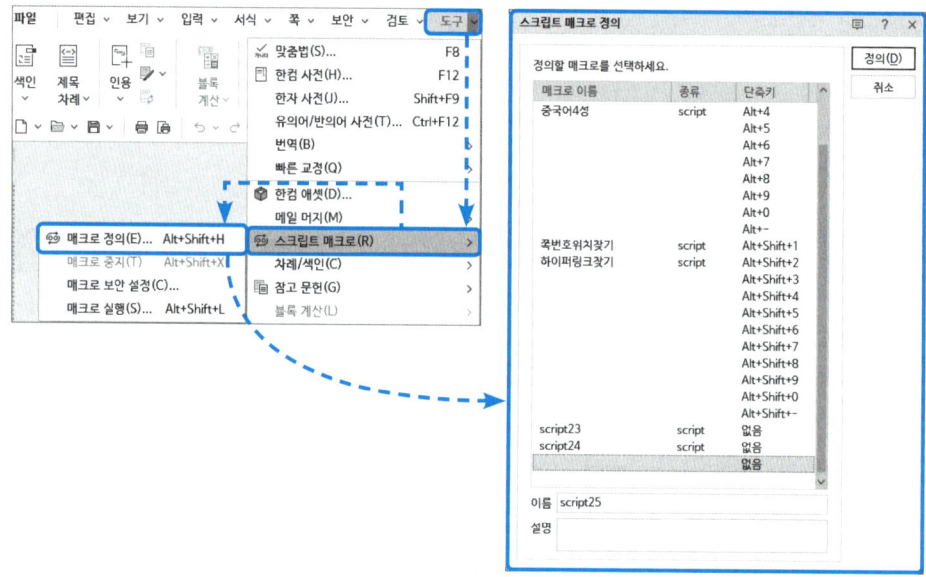

02 스크롤을 맨 아래로 내리면 보이는 이름이 지정되지 않은 칸에 새 매크로를 만들 수 있습니다. 해당 칸을 클릭한 후 **[정의]** 버튼을 누르세요.

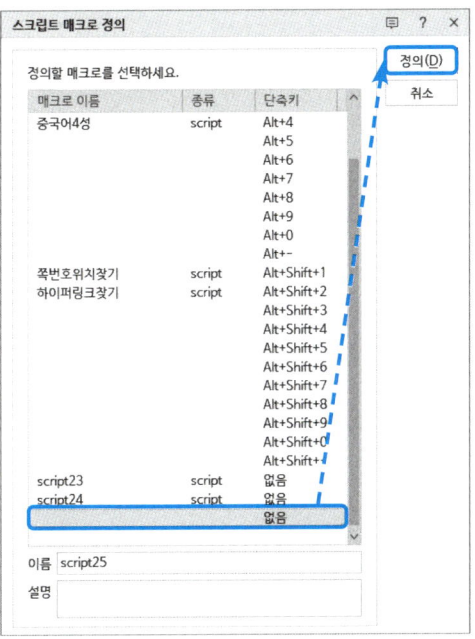

03 정의 창이 꺼지고 ❶ 마우스 커서 옆에 다음 그림과 같이 매크로 기록 중을 의미하는 아이콘이 생깁니다. 이제부터 여러분이 수행하는 모든 작업이 매크로에 기록됩니다. ❷ '글자 입력'이라는 텍스트를 입력하세요.

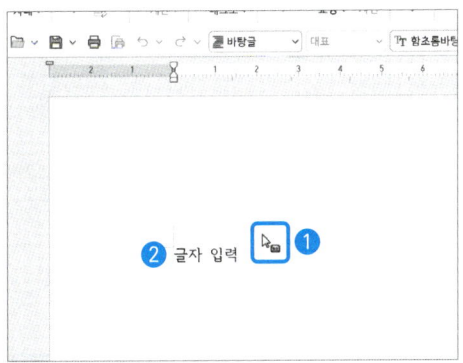

04 기록하고 싶은 동작을 마친 후 **[도구 → 스크립트 매크로 → 매크로 중지]**를 눌러 매크로 기록을 중단합니다.

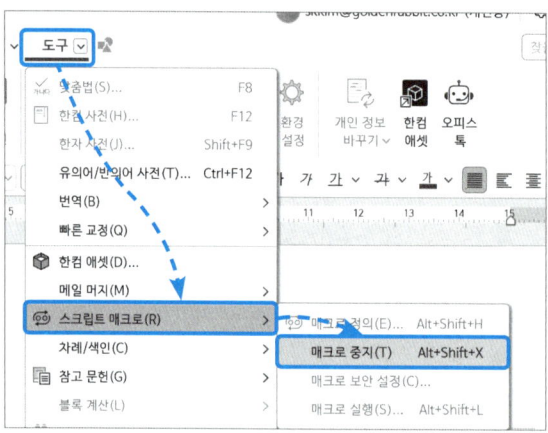

05 이제 우리가 만든 매크로의 코드를 확인해봅시다. **[도구 → 스크립트 매크로 → 매크로 실행]**을 클릭하면 다음과 같이 ❶ 매크로 실행 창이 뜹니다. 스크롤을 가장 아래로 내려 방금 만든 매크로를 선택한 후 **[코드 편집]** 버튼을 누르면 화면 오른쪽에 ❷ 스크립트 창이 생깁니다.

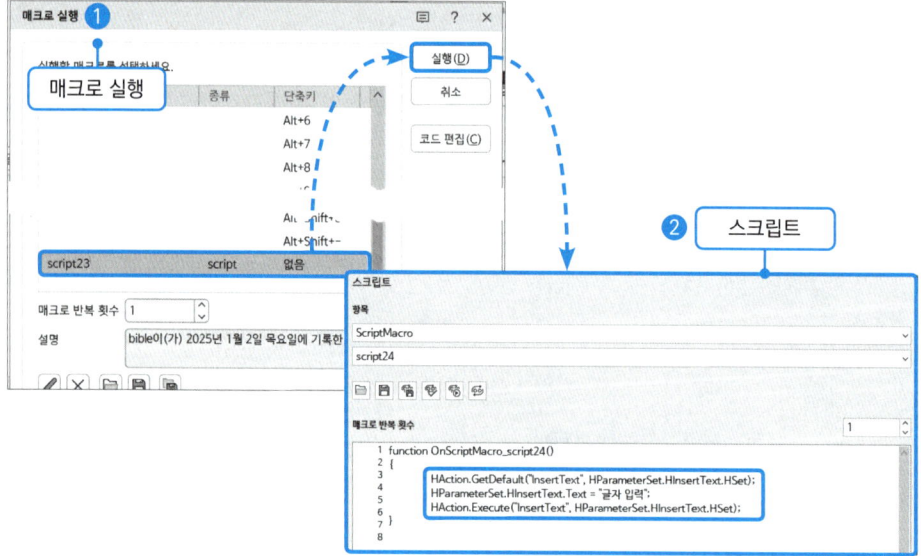

여기에 있는 매크로 코드와 pywin32를 이용하여 코드를 만들 수 있습니다. { } 안의 코드를 복사하세요.

06 비주얼 스튜디오 코드 등 코드 편집기에서 새 파일을 만들고 앞서 복사한 코드를 붙여넣은 후 다음과 같이 수정하세요.

TIP 다른 색으로 표시한 부분을 눈여겨보세요!

바로 자동화 코드 baro23_pywin32.py
```python
import win32com.client as win32
hwp = win32.gencache.EnsureDispatch("hwpframe.hwpobject")  # ❶ hwp 객체 정의
hwp.XHwpWindows.Item(0).Visible = True
# ❷ hwp 객체로 한컴오피스의 메서드와 속성 호출
hwp.HAction.GetDefault("InsertText", hwp.HParameterSet.HInsertText.HSet)  # ❸ 세미콜론 삭제
hwp.HParameterSet.HInsertText.Text = "글자 입력"
hwp.HAction.Execute("InsertText", hwp.HParameterSet.HInsertText.HSet)
```

코드를 간단히 설명하기 위해 한컴오피스를 실행하는 기본 코드를 생략하지 않았습니다. 한글 매크로의 스크립트 코드를 파이썬 코드로 옮겨올 때 변경한 점은 다음과 같습니다.

❶ 우리가 조작하려는 한글 문서를 의미하는 hwp 객체를 만듭니다. 일종의 환경 설정과 같습니다.

❷ 매크로 스크립트 코드를 우리가 특정한 한글 문서에 적용하기 위해 앞서 설정한 hwp를 메서드와 속성 호출 시 함께 명시합니다.

❸ 매크로 스크립트 코드는 자바스크립트라는 프로그래밍 언어의 문법을 따르기 때문에 줄 끝에 세미콜론(;)을 붙이지만 파이썬 문법에서는 사용하지 않습니다. 따라서 삭제합니다.

이제 이 코드를 실행하면 글자가 입력된 새 한글 문서가 자동으로 만들어집니다.

with AI 매크로 스크립트 코드를 파이썬 코드로 바꿔봅시다

한글 매크로를 이용하면 키보드 입력뿐만 아니라 메뉴를 클릭하는 과정도 기록할 수 있습니다. 여러 문서에서 특정 단어를 교체하거나, 일정한 서식을 반복 적용하기 등 다양한 기능에 활용할 수 있죠. 앞서 '매크로로 내용 입력하기'를 학습하면서 매크로 코드를 파이썬 코드로 활용하려면 일부를 수정해야 한다는 걸 알았습니다. 이 과정에서 AI의 도움을 받아봅시다.

01 내용을 입력하고 입력한 내용을 전부 선택하여 가운데 정렬을 하는 매크로를 기록했습니다. 매크로 스크립트 코드는 다음과 같습니다.

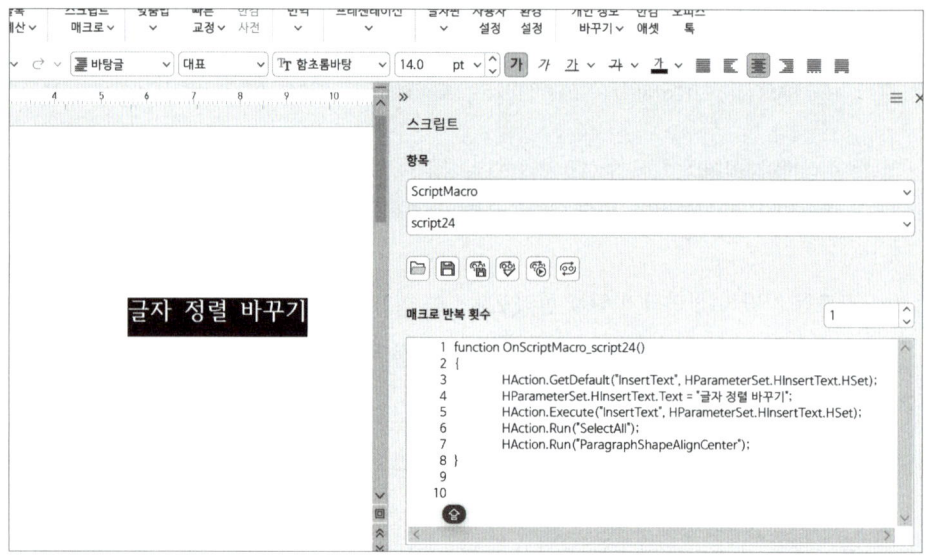

02 이제 커서 AI를 이용해서 이 스크립트 코드를 파이썬 코드로 변경해보겠습니다. 커서에서 파일을 만들고 한글 실행 기본 코드를 입력한 후 그 아래 매크로 스크립트 { } 안의 코드를 그대로 복사 붙여넣기합니다.

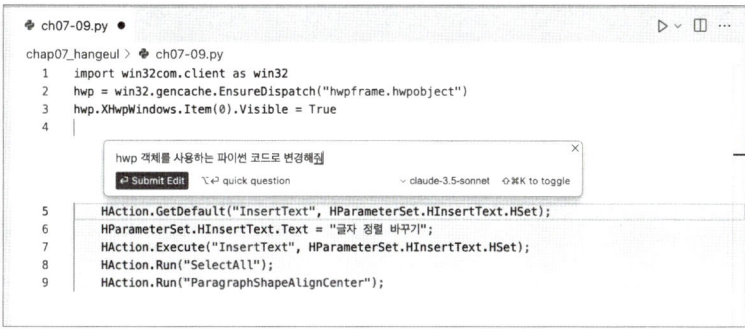

03 붙여넣기한 부분을 드래그한 후 빠른 수정 `Ctrl` + `K` 기능을 사용해서 다음과 같이 요청했습니다.

> hwp 객체를 사용하는 파이썬 코드로 변경해줘.

04 [Submit Edit] 버튼을 누르면 다음과 같이 커서가 코드를 제안합니다. [Accept] 버튼을 클릭해 수용합니다.

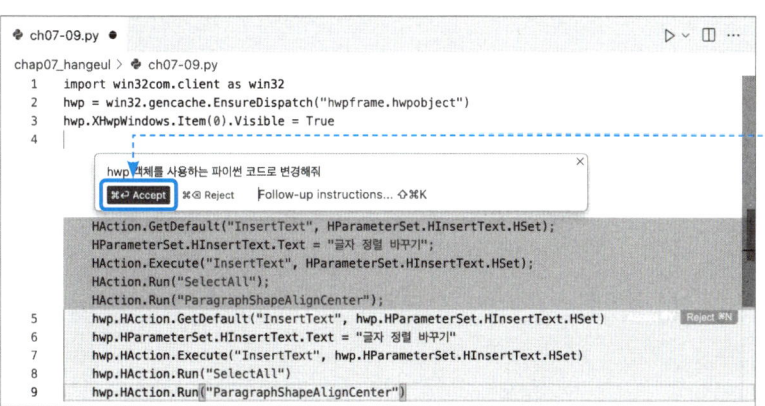

Chapter 09 파이썬 한글 자동화 기본 익히기 153

05 코드를 실행해보니 새 문서에 방금 기록했던 중앙 정렬 기능이 잘 실행되네요. 여러분이 한글 문서를 사용하면서 자주 반복하는 기능들을 이렇게 매크로와 파이썬을 활용해서 자동화해보세요.

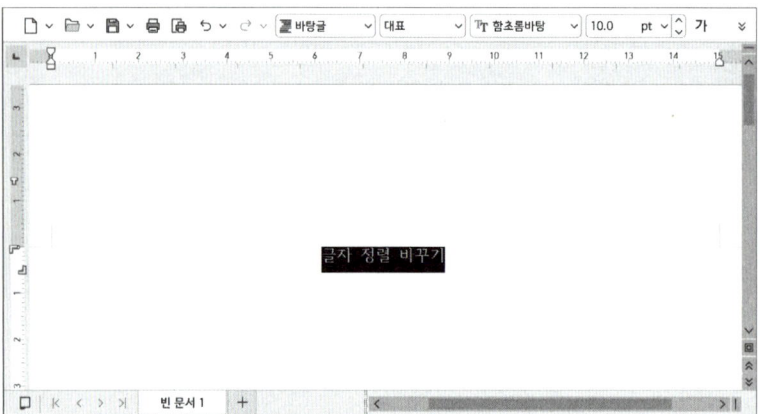

Chapter 10

파이썬 한글 자동화로 문서 관리하기

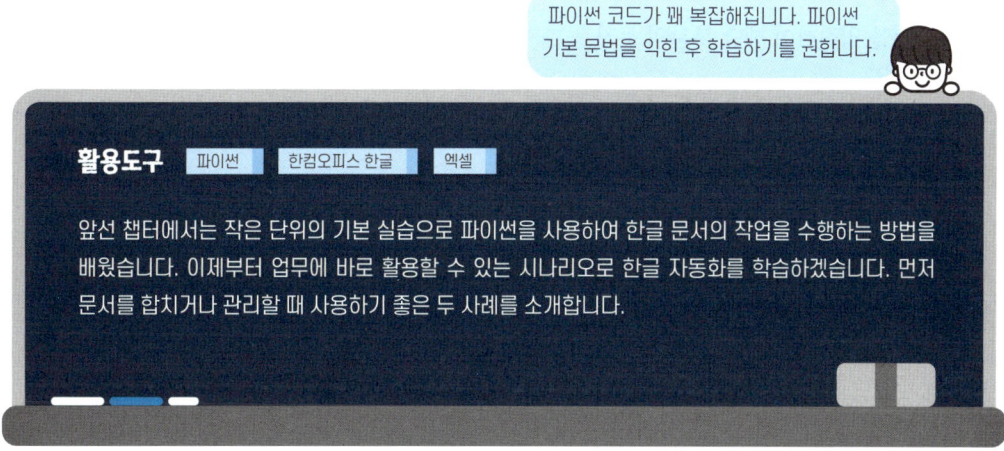

바로 실습 24 한글 파일 엑셀로 한 번에 취합하기

학교 프로그램 운영을 위해 강사 카드를 메신저로 받았다고 생각해봅시다. 비상 연락망을 만들기 위해서 한글 문서를 하나씩 열어 필요한 정보를 복사하고 붙여넣는 작업이 기다리고 있죠. 이 작업을 위해 여러분은 한참을 투자해야 합니다. 한 번의 실수로 정보가 뒤섞이면 처음부터 다시 해야 할지도 모릅니다. 하지만 파이썬으로 자동화하면 이 문제를 해결할 수 있습니다.

누름틀로 문서 내용 가져오기

바로 앞 챕터에서 배운 누름틀을 기억할 겁니다. 누름틀은 한글에서 좌표를 기억하는 도구입니다. 누름틀이 정해지면 글자를 그 위치에 입력할 수 있다고 배웠죠. 이번에는 반대로 특정 필드명을 찾아서 필드의 내용을 가져오는 방식을 활용해보겠습니다.

우리가 사용할 함수의 기본형은 다음과 같습니다. 이 실습은 pywin32 라이브러리의 함수를 사용하여 진행하겠습니다.

```
hwp.Open(r"파일의 절대 경로") # ❶
hwp.GetFieldText('누름틀 이름(필드명)') # ❷
```

❶ 먼저 Open( ) 함수로 내용을 가져올 파일을 열고 ❷ GetFieldText( ) 함수에 누름틀의 이름, 즉 필드명을 입력하여 해당 부분의 문자를 가져옵니다.

pyhwpx에서는 다음과 같이 두 종류의 함수를 제공합니다. get_field_text( ) 함수와 GetFieldText( ) 함수 둘 중 아무거나 사용하면 됩니다.

```
hwpx.Open(r"파일의 상대 경로") # 내용을 가져올 파일을 열고
hwpx.get_field_text('누름틀 이름(필드명)') # 필드명으로 내용을 가져오는 함수 (1)
hwpx.GetFieldText('누름틀 이름(필드명)') # 필드명으로 내용을 가져오는 함수 (2)
```

이제 특정 구조가 있는 한글 문서에서 추출한 데이터를 엑셀로 가져와 체계적으로 정리하는 실습을 해보겠습니다.

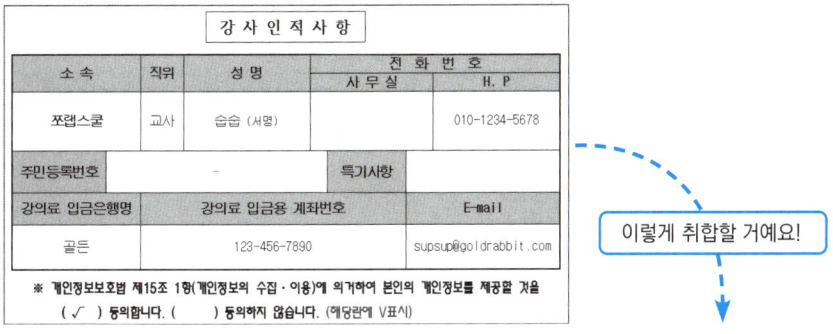

이렇게 취합할 거예요!

독자 실습 자료 폴더에서 예제 실습에 필요한 파일을 다운로드한 후 진행하세요.

- **독자 실습 자료 폴더** : vo.la/azECUb

강사 카드의 표의 정보에는 필드명을 정해놓은 누름틀이 있습니다. 강사 카드의 학교명, 성명, 연락처, 은행명, 계좌번호, 이메일을 취합해서 '강사 카드 연락처 데이터 수합'이라는 하나의 엑셀 파일을 만들어 보겠습니다.

01 한글 문서 파일을 열고 누름틀의 필드명을 모두 가져오는 코드를 작성합니다.

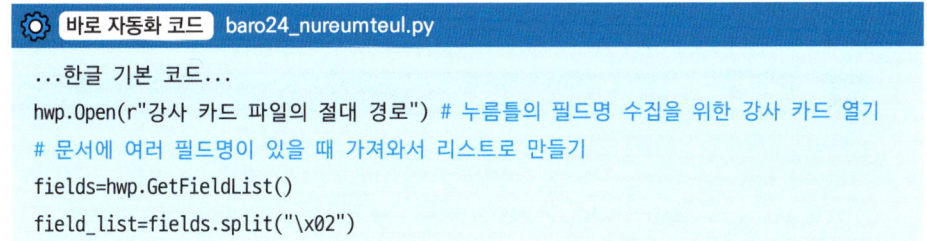

```
...한글 기본 코드...
hwp.Open(r"강사 카드 파일의 절대 경로") # 누름틀의 필드명 수집을 위한 강사 카드 열기
# 문서에 여러 필드명이 있을 때 가져와서 리스트로 만들기
fields=hwp.GetFieldList()
field_list=fields.split("\x02")
```

"강사 카드 파일의 절대 경로"에는 실습 파일 중 '강사카드(숩숩).hwp'의 경로를 입력합니다.

02 이제 정리할 엑셀 파일을 열고 데이터를 입력할 1번 시트를 정하는 코드를 작성합니다.

```
바로 자동화 코드  baro24_nureumteu.py
excel = win32.gencache.EnsureDispatch("Excel.Application") # ❶ 엑셀(Excel) 객체 생성
excel.Visible = True # ❷ 실행 파일이 보이도록 설정
wb = excel.Workbooks.Open(r"엑셀 파일의 절대 경로") # ❸ 엑셀 문서 불러와서 wb 변수에 저장
ws = wb.Worksheets(1) # ❹ 첫 번째 워크 시트를 가져와 ws 변수에 저장
```

한글 문서를 실행하는 기본 코드와 비슷합니다. ❶ 엑셀을 다루기 위한 excel 객체를 생성하고 ❷ 실행 파일이 보이도록 설정합니다.

❸ 불러온 엑셀 문서를 wb라는 변수에 저장합니다. 이때 "엑셀 파일의 절대 경로"에는 실습 파일의 강사정보수합.xlsx 파일 경로를 입력합니다. 실습용 엑셀 파일의 첫 번째 시트에는 다음과 같이 열 제목이 입력되어 있습니다. ❹ 이 문서의 첫 번째 워크 시트를 ws 변수에 저장합니다.

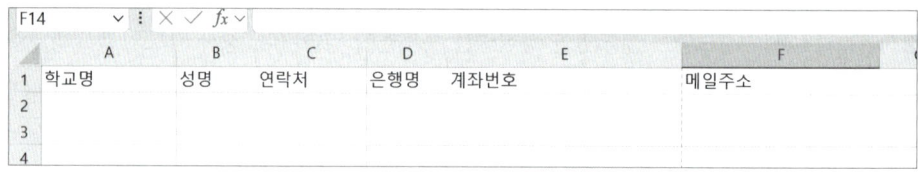

03 이제 강사 카드를 모아놓은 폴더에서 파일을 하나씩 불러와 내용을 엑셀에 입력하는 코드를 작성합니다.

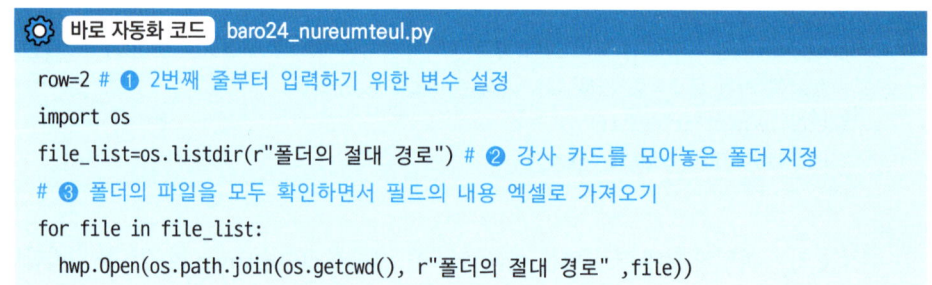

```
col=1
for field in field_list:
    text=hwp.GetFieldText(field)
    ws.Cells(row, col).Value = text
    col=col+1
row=row+1
```

❶ 첫 줄에는 열 제목을 넣었으니까 우리는 2번째 줄부터 입력하도록 변수를 설정합니다.

❷ 강사 카드를 모아놓은 폴더의 절대 경로를 listdir( ) 함수의 인수로 넣어 해당 폴더의 파일들을 모두 리스트 형태로 반환합니다. 실습 파일 info_files 폴더의 절대 경로를 입력하면 되겠죠? 이 때 폴더 안에는 같은 양식의 강사 카드 파일만 있어야 합니다.

이번에는 os라는 새로운 라이브러리의 함수를 사용하는데요, 파이썬의 표준 라이브러리이기 때문에 추가로 설치하지 않고 사용할 수 있습니다. 이 라이브러리는 파일 생성, 수정, 삭제 등 운영 체제의 기능에 접근하도록 도와줍니다. 책의 실습에서는 실수를 줄이기 위해 절대 경로로 설명하지만 경로를 입력할 때 상대 경로를 사용할 수 있으니 여러분이 편한 방식으로 사용하세요.

❸ 우리가 가져올 누름틀의 필드별 텍스트를 엑셀에 옮겨 작성합니다. 이 과정을 파일별로 반복합니다.

코드를 실행하면 다음과 같이 누름틀로 지정한 강사 카드의 모든 정보가 엑셀에 정리됩니다.

	A	B	C	D	E	F
1	학교명	성명	연락처	은행명	계좌번호	메일주소
2	쪼랩스쿨	숩숩	010-1234-5678	골든	123-456-7890	supsup@goldrabbit.com
3	수학스쿨	혁혁	010-5678-1234	래빗	12-34-5678	hyeok@goldrabbit.com

표의 영역 위치를 활용하는 방법

하지만 양식에 누름틀이 항상 있는 것은 아닌데 그러면 취합할 수 없을까요? 아닙니다. 강사 카드가 '표'로 구성되어 있다면 표의 각 영역에는 숨겨진 영역 이름이 있습니다. 이 영역 이름을 알아내서 영역의 내용을 가져오는 방법도 있습니다.

01 표의 영역별 위치, 즉 각 칸의 번호를 알아보는 코드를 작성합니다.

```
바로 자동화 코드  baro24_tablearea.py

... 한글 기본 코드 ...
hwp.Open(r"파일의 절대 경로") # ❶ 표의 영역 이름 수집하기 위한 빈 강사 카드 열기
area = 0
for i in range(20):
    hwp.SetPos(area, 0, 0) # ❷ 한글 문서의 특정 영역으로 커서 이동
    hwp.HAction.GetDefault("InsertText", hwp.HParameterSet.HInsertText.HSet)
    hwp.HParameterSet.HInsertText.Text = "{} area".format(i)
    hwp.HAction.Execute("InsertText", hwp.HParameterSet.HInsertText.HSet)
    area=area+1
```

표의 모든 칸을 확인하면서 해당 칸이 몇 번째 영역인지 {} area라는 형태로 입력하는 코드입니다. ❶ 파일의 절대 경로에는 실습 파일 중 '강사카드_여백.hwpx'의 경로를 입력해주세요. 내용이 들어가지 않고 양식만 있는 빈 파일입니다.

❷ SetPos( ) 함수는 커서의 위치를 이동하는 데 사용합니다. SetPos( ) 함수를 이용해 표의 특정 칸으로 커서를 이동할 수 있으며, 첫 번째 인수인 area가 인덱스 역할을 합니다. 이 값을 1씩 늘리면서 다음 영역으로 넘어가며 area의 번호를 한글 파일에 입력합니다.

파이썬 코드를 실행하면 다음과 같이 표 안에 숫자가 생깁니다. 한글 자체에서 지정한 영역을 이제 확인할 수 있습니다. 필요한 영역인 10, 12, 14, 22, 23, 24에 있는 내용을 가져와서 엑셀에 정리해봅시다.

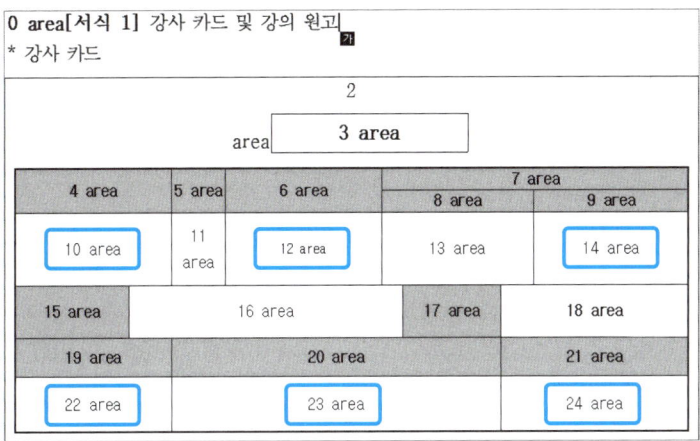

02 엑셀 파일을 열고 데이터를 입력할 1번 시트를 정하는 코드를 작성합니다. 이 코드는 앞서 누름틀을 활용했을 때와 같으니 자세한 설명은 생략하겠습니다.

```
excel = win32.gencache.EnsureDispatch("Excel.Application") # 엑셀(Excel) 객체 생성
excel.Visible = True # 실행 파일이 보이도록 설정
wb = excel.Workbooks.Open(r"엑셀 파일의 절대 경로") # 엑셀 문서 불러와서 변수에 저장
ws = wb.Worksheets(1) # 첫 번째 시트 변수에 저장
```

03 우리가 가져올 강사 카드 파일이 있는 폴더와 각 강사 카드 파일에서 가져올 영역을 설정합니다.

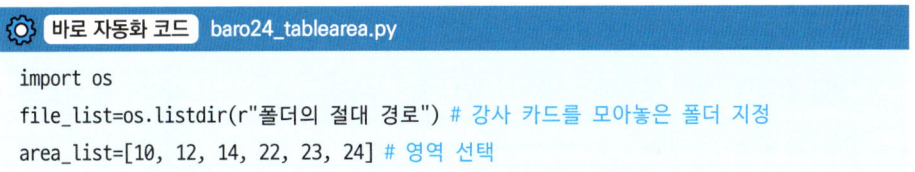

```
import os
file_list=os.listdir(r"폴더의 절대 경로") # 강사 카드를 모아놓은 폴더 지정
area_list=[10, 12, 14, 22, 23, 24] # 영역 선택
```

04 이제 강사 카드를 모아놓은 폴더에서 파일을 하나씩 불러와 내용을 엑셀에 입력하는 코드를 작성합니다.

> **바로 자동화 코드** baro24_tablearea.py

```python
row = 2 # 2번째 줄부터 입력하기 위한 변수 설정
# ❶ 폴더의 파일을 모두 확인하면서 표의 선택 영역 내용 엑셀로 가져오기
for file in file_list:
    hwp.Open(os.path.join(os.getcwd(), r"폴더의 절대 경로" ,file))
    contents = [] # ❶ 내용 담을 빈 리스트
    for i in area_list: # 지정한 영역 리스트 확인
        hwp.SetPos(i, 0, 0)
        hwp.Run("MoveSelWordEnd") # 단어의 끝까지 선택
        hwp.InitScan(Range=0xff) # 선택 범위만 스캔, 선택한 표에서만 탐색 및 수정
        _, text = hwp.GetText()
        contents.append(text)
    ws.Range(ws.Cells(row, 1), ws.Cells(row, 6)).Value = (contents[0], contents[1],
contents[2], contents[3], contents[4], contents[5])
    row=row+1
```

파일마다 우리가 가져올 자료를 담을 content라는 빈 리스트를 만들고 불러올 영역의 자료를 리스트에 추가한 다음, 마지막으로 엑셀에 옮겨 작성합니다. 이 과정을 파일별로 반복합니다. 위 코드를 실행하면 누름틀을 사용했을 때처럼 엑셀에 결과가 기록됩니다.

	A	B	C	D	E	F
1	학교명	성명	연락처	은행명	계좌번호	메일주소
2	쪼랩스쿨	숩숩	010-1234-5678	골든	123-456-7890	supsup@goldrabbit.com
3	수학스쿨	혁혁	010-5678-1234	래빗	12-34-5678	hyeok@goldrabbit.com

두 방법을 모두 배웠지만 아무래도 사용하는 양식을 미리 지정하는 것이 데이터 처리에 더 편할 겁니다. 자주 사용하는 데이터 양식에는 누름틀을 설정하고 다양한 방법으로 자동화 코드를 만들어보세요.

한글 열릴 때 알림창 없애기

실습을 따라하며 한글이 열릴 때마다 다음과 같은 창이 떠서 매번 클릭했나요? 이 과정을 따라하면 이런 사소한 반복 업무도 깔끔하게 처리할 수 있습니다.

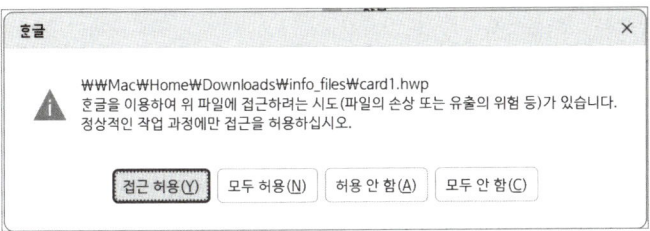

01 독자 실습 자료 폴더 중 Chapter 10 폴더의 FilePathCheckerModule.dll 파일을 다운로드한 후 파일의 경로를 복사합니다. 이때 한글 설치 폴더와 같이 삭제 가능성이 낮은 폴더에 넣어 두는 것을 추천합니다.

02 레지스트리 편집기를 엽니다. 시작 메뉴에서 검색해도 되고 Window + R 을 눌러 'regedit'를 입력한 후 Enter 를 눌러 열 수도 있습니다.

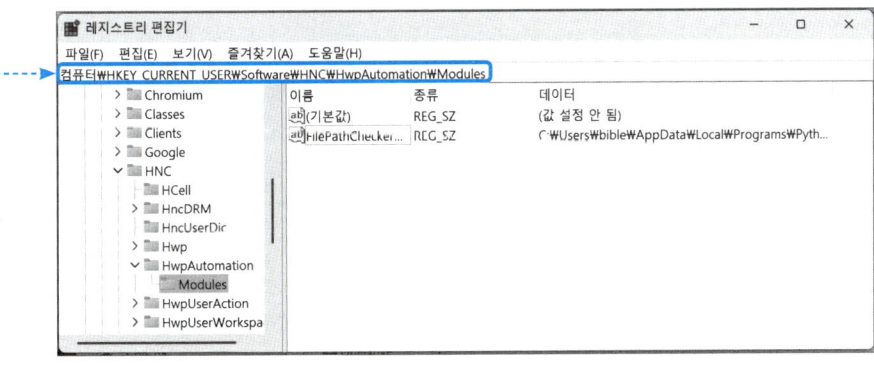

편집기에서 [컴퓨터 → HKEY_CURRENT_USER → Software → HNC → HwpAutomation → Modules]로 이동합니다.

03 오른쪽 창에서 마우스 우클릭을 하고 **[새로 만들기 → 문자열 값]**을 선택합니다.

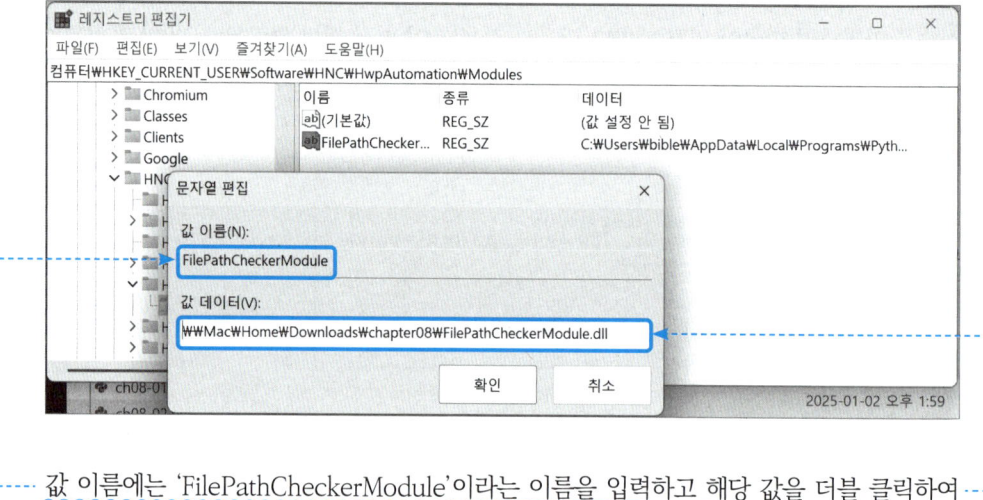

값 이름에는 'FilePathCheckerModule'이라는 이름을 입력하고 해당 값을 더블 클릭하여 파일 경로를 값 데이터에 넣어줍니다. 이때 파일 경로 좌우 끝의 따옴표(")는 모두 삭제해야 합니다.

04 보안 모듈 설치가 모두 끝났습니다. 이제 한글 자동화 기본 코드에 다음과 같이 한 줄을 추가하고 실행해주세요. 접근 허용 안내창이 뜨지 않고 바로 자동화를 실행할 것입니다.

```
import win32com.client as win32
hwp = win32.gencache.EnsureDispatch("hwpframe.hwpobject")
hwp.XHwpWindows.Item(0).Visible = True
hwp.RegisterModule("FilePathCheckDLL", "FilePathCheckerModule")  # 추가한 코드
```

선생님의 비법 노트

보안 모듈을 설치했는데 오류가 발생했어요!

위 방법을 따라했는데 다음과 같은 오류 안내창이 떴다면 윈도우 인증서 업데이트 관련 문제를 해결해야 합니다. 이 방법은 한컴오피스 공식 답변(bit.ly/4jfdKE2)을 따른 것입니다.

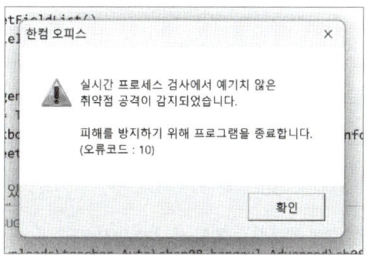

다음 링크에 접속하여 [EXE] 2024_Globalsign_X86 또는 [EXE] 2024_Globalsign_X64 두 파일 중 여러분의 컴퓨터 운영 체제에 맞는 파일을 내려받습니다. 윈도우의 루트 인증서를 수동으로 업데이트하는 파일입니다.

- **루트 인증서 수동 갱신 파일 다운로드 링크** : bit.ly/4fGAV7f

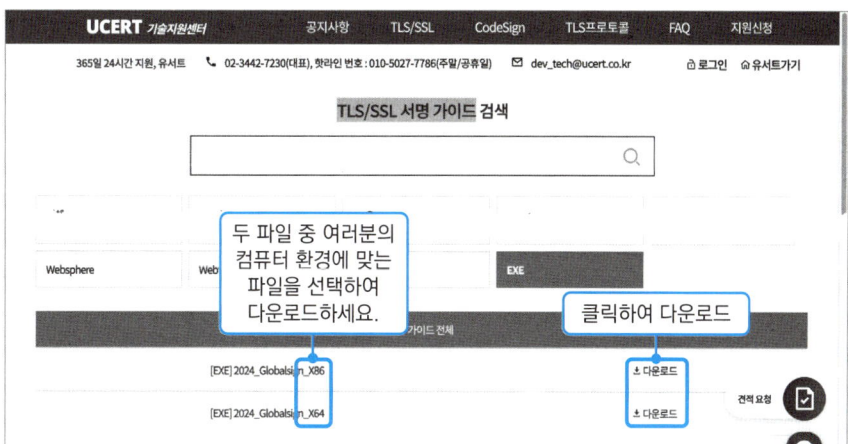

다운로드한 파일의 압축을 풀면 설치 파일이 하나 있습니다. 이 파일을 우클릭하고 **[관리자 권한으로 실행]**을 클릭해서 설치하세요. 설치가 끝나면 컴퓨터를 다시 시작한 후 자동화 코드를 다시 실행해보세요.

이제 오류 창도 뜨지 않고, 접근 안내 창도 뜨지 않은 채 바로 자동화를 실행할 수 있을 겁니다.

바로 실습 25 클릭 한 번으로 개인 정보 가리기

이렇게 취합한 정보를 배포용 문서로 만든다면 개인 정보 관리를 철저히 해야 합니다. 문서에서 개인 정보를 일일이 찾아서 수정하거나, 여러 번 찾아 바꾸기를 해본 경험이 있나요? 이번 챕터에서는 두 가지를 다룰 예정입니다. 찾아 바꾸기를 파이썬으로 반복하여 개인 정보 필터링을 자동화하는 방법, 그리고 셀 필드를 이용하여 누름틀과 같은 효과를 내는 필드를 만들어 개인 정보 필터링을 하는 방법입니다.

찾아 바꾸기를 이용한 개인 정보 필터링

한글에는 찾아 바꾸기라는 기능이 있습니다. **Ctrl** + **Q** + **A**를 누르면 다음과 같은 창이 뜹니다.

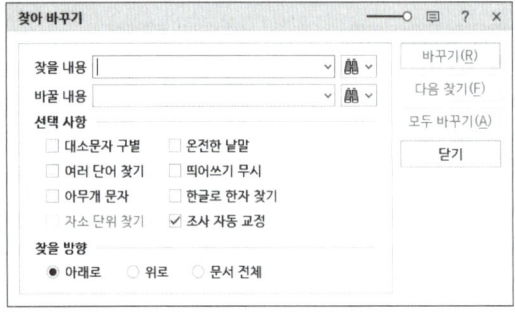

166 PART 03 코드로 만드는 한글 자동화

이 기능은 원하는 문자열을 모두 바꾸는 강력한 기능을 제공하지만 대신에 한 번에 여러 문자열을 바꾸려면 반복하여 찾아 바꾸기 창을 실행해야 합니다. 파이썬의 반복문을 이용하여 찾아 바꾸기를 여러 번 실행하는 코드를 만들어봅시다.

01 먼저 pywin32 라이브러리로 구현한 코드입니다.

```
바로 자동화 코드    baro25_find_pywin32.py
... 한글 기본 코드 ...
hwp.Open(r"파일의 절대 경로")
teacher_list=["강우혁", "숩숩", "석리송"] # ❶ 바꾸려는 단어 리스트
for name in teacher_list:
    # ❷ 모두 바꾸기
    hwp.HAction.GetDefault("AllReplace", hwp.HParameterSet.HFindReplace.HSet)
    option=hwp.HParameterSet.HFindReplace # 옵션 설정
    option.FindString = name # 찾을 내용
    option.ReplaceString = "name[0] + ("0" * (len(name) - 1))" # 바꿀 내용
    option.IgnoreMessage = 1 # 팝업 띄우기 여부(1: 띄우지 않음)
    hwp.HAction.Execute("AllReplace", hwp.HParameterSet.HFindReplace.HSet) # ❸ 실행
```

❶ 바꾸려는 문자들을 리스트 형태로 만듭니다. 없애야 하는 개인 정보를 이곳에 넣으면 되겠죠?

❷ "AllReplace"라는 속성으로 찾아 바꾸기 기본 속성을 가져옵니다. hwp.HParameterSet.HFindReplace 객체를 사용하여 찾을 문자열과 바꿀 문자열을 설정합니다. FindString에는 현재 반복 중인 이름이 들어가고, ReplaceString에는 name[0] + ("0" * (len(name) - 1)) 라는 식을 넣어 김OO, 이OO과 같이 성을 유지한 채 이름만 지울 수 있게 했습니다.

❸ hwp.HAction.Execute( ) 함수로 찾아 바꾸기를 실행합니다.

02 pyhwpx에서는 함수로 더 편리하게 사용할 수 있습니다.

> 바로 자동화 코드 baro25_find_pyhwpx.py
>
> ```
> hwpx.open(r"파일의 절대 경로") # 상대 경로 가능
> teacher_list=["강우혁", "숩숩", "석리송"]
> for name in teacher_list:
>   hwpx.find_replace_all(src = name , dst= "name[0] + ("0" * (len(name) - 1))") # ❶
> ```

❶ pyhwpx 라이브러리에서는 find_replace_all( ) 함수를 사용해서 간단하게 사용할 수 있습니다. 인수 중 src 값으로 찾으려는 기존 단어를, ❷ dst 값으로 바꾸려는 새 단어를 넣으면 됩니다.

셀 필드를 이용한 개인 정보 필터링

앞서 배운 누름틀은 편리하게 쓸 수 있지만 양이 많아지면 매우 힘든 일이 될 수 있습니다. 100줄짜리 표의 모든 열에 누름틀을 적용한다고 생각해보세요. 이를 해결할 수 있는 쉬운 방법이 있습니다. 셀 필드라는 기능인데요, 표의 각 셀에 필드 이름을 정할 수 있습니다.

01 예제 파일 중 '개인 정보 삭제.hwp' 파일을 활용하여 '이름' 열에 있는 이름들을 익명화해보겠습니다. ❶ 필드명을 넣을 셀을 선택한 후 우클릭하고 ❷ **[표/셀 속성]**을 클릭합니다. 창 상단의 ❸ **[셀]**을 선택하면 가장 아래 '필드'를 입력하는 곳이 있습니다. 여기서 '필드 이름'에 내가 원하는 필드 이름을 입력하면 해당 셀에 필드 이름이 지정됩니다. '개인 정보'라고 필드 이름을 정해주세요.

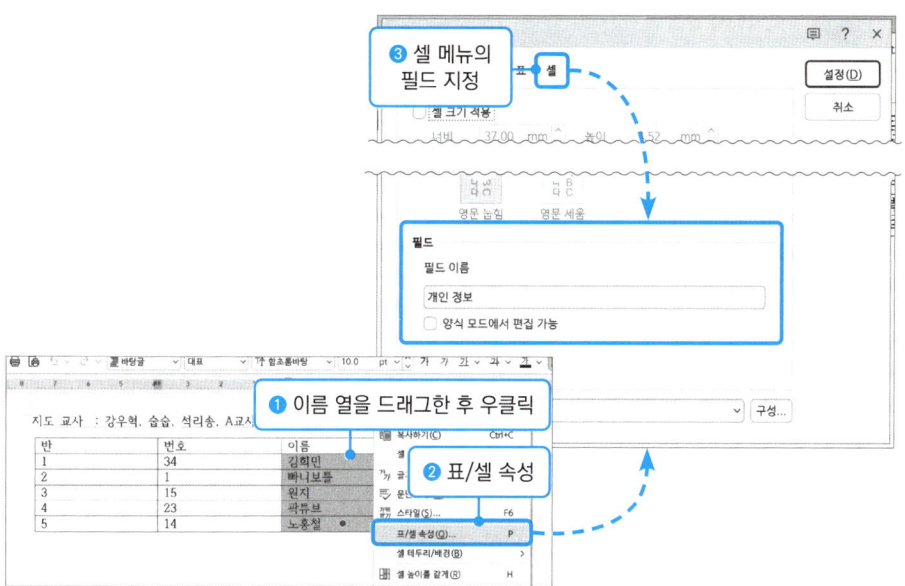

그러면 보기에는 변화가 없지만 선택한 범위에 필드 이름이 지정됩니다. 지정한 이름을 코드로 가져와 활용하려면 '필드 이름{{숫자}}'의 형태를 사용해야 합니다. 다음 예시에서 '빠니보틀'은 개인 정보 필드의 '1'번째 값으로 가져올 수 있으니 '개인 정보{{1}}'입니다. 이때 컴퓨터는 숫자를 0부터 센다는 사실을 꼭 기억하세요.

	이름		증상
	김희민	개인 정보{{0}}	마라톤
	빠니보틀	개인 정보{{1}}	여행
	원지	개인 정보{{2}}	여행
	곽튜브	개인 정보{{3}}	복통
	노홍철	개인 정보{{4}}	두통

02 '개인 정보'라고 필드 이름을 지정한 셀의 모든 사람 이름을 성만 남기고 '○○'으로 바꿔보겠습니다.

바로 자동화 코드 baro25_field_pywin32.py

```
...한글 기본 코드...
hwp.Open(file_path)
hwp.HAction.Execute("AllReplace", hwp.HParameterSet.HFindReplace.HSet)

for i in range(5):
    name = hwp.GetFieldText(f"개인 정보{{{{{i}}}}}")
    hwp.PutFieldText(f"개인 정보{{{{{i}}}}}", name[0] + ("0" * (len(name) - 1)))
```

❶ 중괄호가 많지만 차근차근 생각해봅시다. 우리가 필요한 형식은 개인 정보{{0}}, 개인 정보{{1}} 등입니다. 파이썬 문자열 포맷팅 방식인 f-string 안에서 중괄호{ }를 실제 문자로 표시하려면 두 번 써야 합니다. 따라서 {{는 실제 {를 표시하고, }}는 실제 }를 표시합니다. 가운데 {i}는 f-string의 변수 삽입을 위한 것입니다. 결과적으로 i가 0일 때 '개인 정보{{0}}' 형태가 됩니다.

pyhwpx에서도 pywin32와 유사한 함수를 제공합니다. 대소문자에 주의해주세요.

바로 자동화 코드 baro25_field_pyhwp.py

```
for i in range(5):
    name = hwpx.get_field_text(f"개인 정보{{{{{i}}}}}")
    hwpx.put_field_text(f"개인 정보{{{{{i}}}}}", name[0] + ("0" * (len(name) - 1)))
```

03 코드를 실행하고 결과를 확인해보니 다음과 같이 성만 남기고 이름이 '00'으로 바뀌었습니다.

반	번호	이름	증상
1	34	김00	마라톤
2	1	빠000	여행
3	15	원0	여행
4	23	곽00	복통
5	14	노00	두통

🤖 with AI 코드별 설명이 필요할 때 이렇게 해보세요

자동화하는 기능이 복잡해질수록 코드도 같이 길어집니다. 책에서 제공하는 코드의 중요한 부분이나 함수를 설명하지만 학습하는 독자마다 어렵거나 궁금한 부분이 다를 수 있습니다. 그럴 때는 AI에게 코드별 세세한 설명을 요청해보세요. 커서를 활용하는 방법으로 설명할텐데 다른 대화형 AI를 활용해도 괜찮습니다.

방법 01 빠른 수정 기능으로 주석을 요청하세요

빠른 수정 Ctrl + K 기능을 사용해서 줄별 주석을 요청해보세요. 설명이 필요한 부분을 드래그한 후 Ctrl + K 를 눌러 창이 뜨면 '각 줄별로 코드를 설명하는 주석을 작성해줘'라고 요청하세요. 다음과 같이 코드별 설명이 추가됩니다.

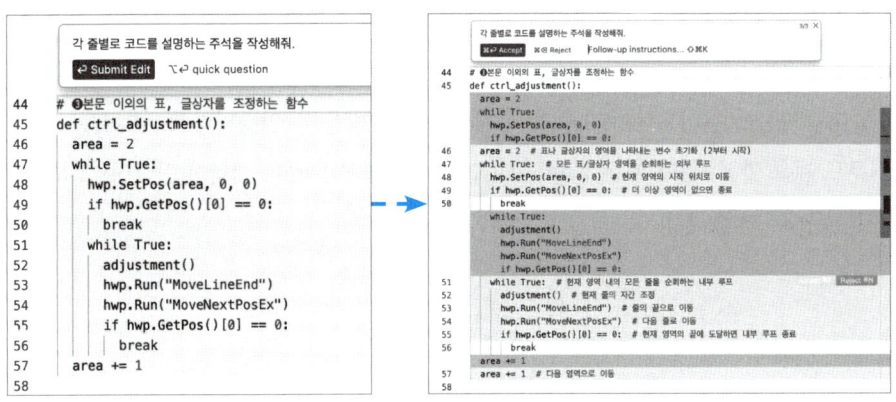

방법 02 챗 기능으로 설명을 요청하세요

이 방법은 더 상세한 설명이 필요할 때 활용할 수 있습니다. 챗 `Ctrl` + `L` 기능을 활용합니다. 설명이 필요한 부분을 드래그한 후 `Ctrl` + `L` 을 누르면 오른쪽에 채팅 창이 뜹니다. ① '여기를 자세히 설명해줘'라고 질문합니다. 이때 ② 내가 요청한 파일과 코드가 잘 반영되었는지 확인하세요.

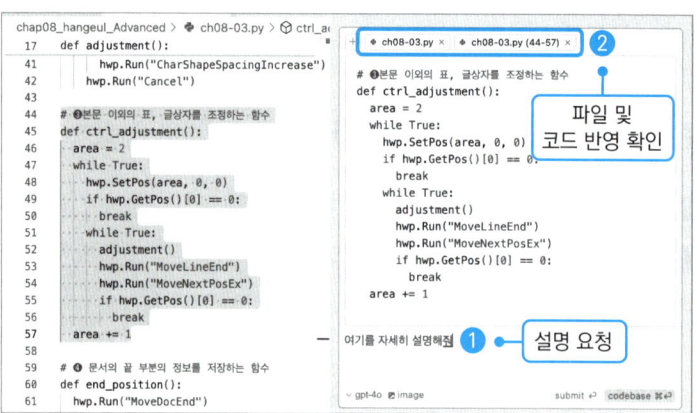

`Enter` 를 누르면 다음과 같이 주석보다 더욱 상세한 설명을 받을 수 있습니다. 챗 기능을 활용하면 꼬리 질문도 계속 할 수 있기 때문에 ① AI의 답변 내용에서 모르는 개념이 있다면 그 부분을 짚어서 다시 질문해도 좋습니다.

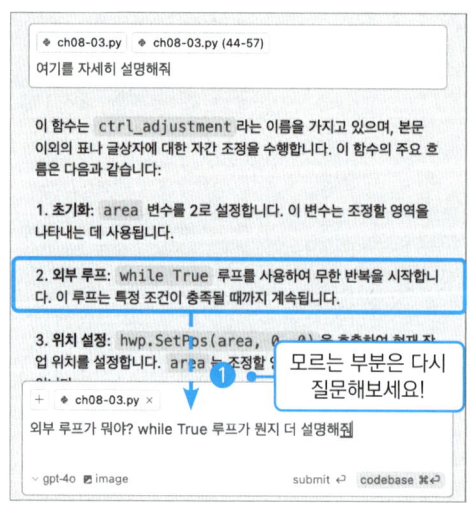

Chapter 11

한글 자동화로 가정통신문 편집하기

파이썬 코드가 꽤 복잡합니다. 모든 코드를 다 이해할 필요는 없지만 파이썬 기본 문법을 익힌 후 학습하기를 권합니다.

활용도구 파이썬   한컴오피스 한글

이번 챕터에서는 가정통신문을 만들 때 유용하게 사용할 수 있는 자동화를 학습합니다. 자간 조정을 자동으로 처리해서 단어 단위로 문장을 마무리할 수 있는 기능과, 날짜 옆에 요일을 자동으로 추가하는 기능을 코드로 작성해봅시다. 이 두 실습은 코드를 구성하는 함수가 많아서 자동화 코드를 구상하는 단계도 소개합니다. 앞으로 여러분의 자동화 코드를 만들 때도 '어떤 기능을 만들기 위해 어떤 단계를 거치면 되겠구나' 생각해보며 아이디어에 참고하기 바랍니다.

바로 실습 26 가정통신문 자간 자동 조정하기

가정통신문과 시험지를 작성할 때는 꽤 많은 것을 고려해야 합니다. 특히 한 글자 한 글자 고심하며 만들고 제출했는데 "선생님, 이 부분 줄 바꿈이 되어 있네요. 수정 좀 해주시겠어요?"라는 말을 들은 적 있나요? 한 줄을 고치니 다른 줄이 따라 움직이고, 결국 한 줄 한 줄 수동으로 조정한 경험이 있다면 이 실습이 아주 유용할 겁니다.

자동화 코드 구상하기

자동화 코드를 만들기 전에 변경할 문서 형태를 파악하고 어떤 방식으로 자동화 코드를 구성할지 생각해봐야 합니다. 현재 수정할 문서는 다음과 같습니다. 실습 파일 중 '가정통신문 문구 예시.hwpx' 파일을 다운받아 진행하세요.

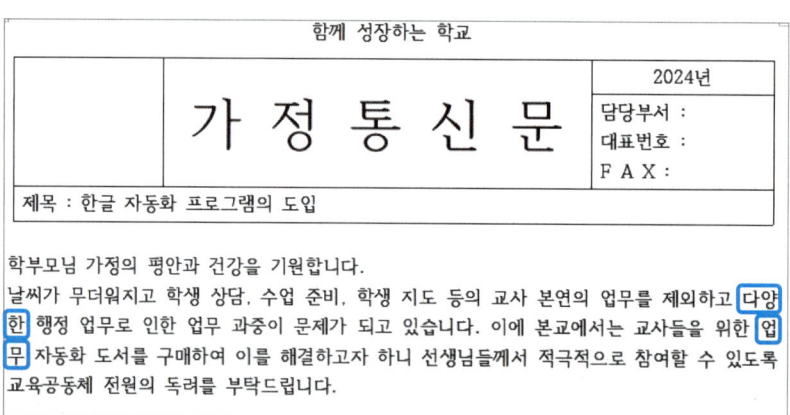

자간 자동 조정을 위해 한 줄 끝에 걸친 단어의 앞이 길면 자간을 줄여서 뒤의 글자를 당기고 뒤가 길면 앞의 자간을 넓혀서 한 줄 아래로 단어를 내리는 방법을 사용할 겁니다. 순서는 다음과 같이 진행하면 되겠네요.

1. 지정한 범위의 단어 길이를 계산하는 함수를 만듭니다.
2. 본문을 한 줄씩 읽으며 매 줄 마지막 단어의 길이를 계산합니다. 이때 자간 자동 조정 규칙에 따라 앞, 뒤 중 어디의 자간을 조정할지 조건을 정합니다.
3. 본문 외 표나 글상자의 내용도 같은 방식으로 확인합니다.
4. 문서의 시작점과 끝점을 지정하고 만든 함수를 적용해 문서 전체를 확인합니다.

자동화 코드 작성하기

pywin32 라이브러리를 사용하는 방법을 알아보겠습니다. 자간 자동 조정을 위해 필요한 함수 4가지를 먼저 정의하고 실행해보겠습니다.

01 단어의 길이를 계산하는 함수 num_letter( )를 정의합니다.

> 🔧 **바로 자동화 코드** baro26_pywin32.py
>
> ```
> …한글 기본 함수 생략…
> def num_letter():
>   hwp.InitScan(Range=0xff)
>   _, text = hwp.GetText()
>   hwp.ReleaseScan()
>   return len(text)
> ```

02 자간을 조정하는 함수 adjustment( )를 정의합니다. **01단계**에서 작성한 num_letter( ) 함수로 단어의 길이를 계산하고 그 결과에 따라 자간 조정 규칙을 적용합니다.

> 🔧 **바로 자동화 코드** baro26_pywin32.py
>
> ```
> def adjustment():
>   while True:
>     hwp.Run("MoveLineEnd") # 현재 위치한 줄의 끝으로 이동
>     hwp.Run("MoveSelWordBegin") # 단어의 시작까지 선택
>     front_length = num_letter()
>     hwp.Run("MoveSelWordEnd")
>     back_length = num_letter()
>     if not (front_length and back_length):  # ❶ 한 줄 문단이면 자간 조정 중지
>       hwp.Run("Cancel")
>       break
>     hwp.Run("MoveWordBegin")
>     hwp.Run("MoveLineEnd")
> ```

```
        hwp.Run("MoveSelLineBegin")
        if front_length >= back_length:  # ❷ 앞과 뒤가 같거나 앞이 길면
            hwp.Run("CharShapeSpacingDecrease")   # 탐색한 줄의 자간 -1%
        else:  # ❸ 뒤가 길면
            hwp.Run("CharShapeSpacingIncrease")   # 탐색한 줄의 자간 +1%
        hwp.Run("Cancel")
```

모든 줄을 순회하면서 끝에 걸친 단어를 탐색합니다. 이때 '순회'란 어떤 리스트나 모음 안에 있는 항목을 하나씩 살펴보는 것을 의미합니다. 여기서는 첫 번째 줄부터 마지막 줄까지 차례차례 확인하는 것을 의미합니다. 앞으로 코드 설명에 자주 나오는 단어이니 꼭 기억해 주세요.

❶ 탐색한 줄이 한 줄에 끝나는 문단이면 자간 조정을 중지하고 아니면 탐색을 계속합니다.

❷ 잘린 단어의 앞과 뒤가 같거나 앞이 더 길면 탐색한 줄의 자간을 줄이고, ❸ 잘린 단어의 뒤가 길면 줄의 자간을 늘립니다.

03 표나 글상자 등 글자가 들어가는 모든 영역의 자간을 조정하는 ctrl_adjustment( ) 함수를 정의합니다.

바로 자동화 코드 baro26_pywin32.py

```python
def ctrl_adjustment():
    area = 2
    while True:
        hwp.SetPos(area, 0, 0)  # ❶
        if hwp.GetPos()[0] == 0:  # ❷
            break
        while True:
            adjustment()
            hwp.Run("MoveLineEnd")
            hwp.Run("MoveNextPosEx")
            if hwp.GetPos()[0] == 0:  # 한 글자 뒤로 이동
```

```
        break
    area += 1
```

❶ SetPos(area, 0, 0)는 한글 문서 내의 특정 영역으로 이동하는 함수입니다. 앞서 바로실습24 **한글 파일 엑셀로 한 번에 취합하기**에서 표의 영역 이름으로 값을 불러올 때 봤었죠? 이 함수를 통해 본문이 아닌 표나 글상자 등의 자간을 조정할 수 있습니다.

❷ 영역 번호(area)가 유효하지 않으면, 즉 영역이 없거나 모든 영역을 다 돌았다면 GetPos( )[0]이 0을 반환하여 반복문을 종료합니다.

04 문서 끝 부분의 정보를 저장하는 end_position( ) 함수를 정의합니다. 이 함수는 자간 조정을 무한히 반복하지 않도록 문서 끝에 도달하면 멈추라는 명령을 내립니다.

⚙️ **바로 자동화 코드** baro26_pywin32.py

```python
def end_position():
    hwp.Run("MoveDocEnd") # ❶ 커서를 문서의 마지막 위치로 이동
    end_pos = hwp.GetPos() # ❷ 종료 위치 저장
    hwp.Run("MoveDocBegin") # ❸ 커서를 문서의 시작 위치로 이동
    return end_pos
```

본문을 탐색하는 while문의 종료 조건으로 '문서 끝에 도착하면 반복 종료'를 구현하기 위해 문서 끝 위치를 미리 추출합니다. ❶ 커서를 문서의 마지막으로 옮긴 후 ❷ 해당 위치를 end_pos 변수에 저장하고 반환합니다.

❸ 다음 작업을 위해 커서를 다시 문서의 시작 위치로 옮깁니다.

05 이제 필요한 함수를 모두 만들었으니 문서를 불러오고 이 함수를 적절히 사용하여 자간 조절 자동화를 실행하는 코드를 작성하겠습니다.

> **바로 자동화 코드** baro26_pywin32.py
> ```
> hwp.Open(r"파일의 절대 경로")
> end = end_position()
> ```

한글 파일을 불러오고 종료 시점을 설정합니다. '파일의 절대 경로'에는 실습 파일 중 '가정통신문 문구 예시.hwpx'의 절대 경로를 입력하세요.

06 종료 시점에 도달할 때까지 본문의 내용을 자동으로 조정하고 마지막으로 각 표의 내용을 자동으로 조정하도록 함수를 실행합니다.

> **바로 자동화 코드** baro26_pywin32.py
> ```
> # 본문 자간 조정
> while hwp.GetPos() != end:
>     adjustment()
>     hwp.Run("MoveLineEnd")
>     hwp.Run("MoveNextPosEx")
> # 표 및 글상자 자간 조정
> ctrl_adjustment()
> ```

코드를 완성한 후 실행하면 다음과 같이 단어가 조정되어 더욱 깔끔한 문서가 만들어집니다.

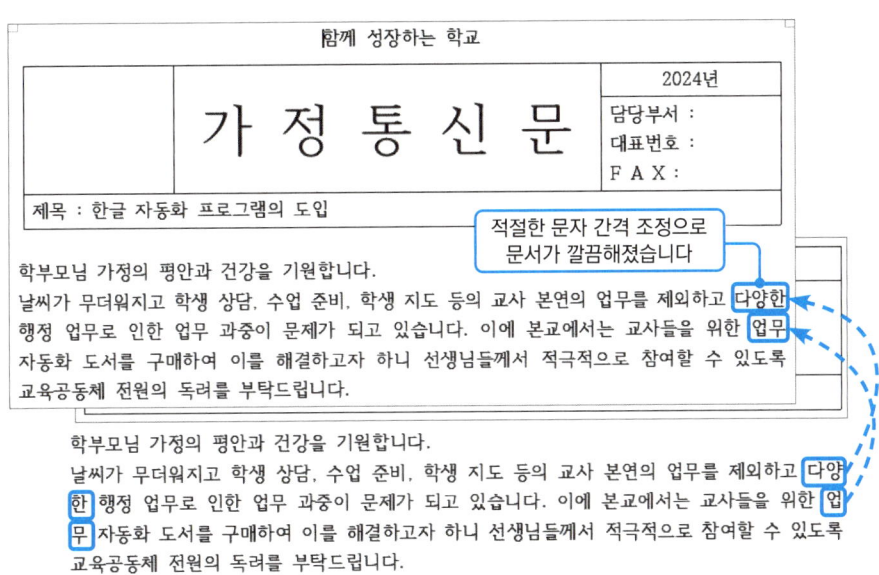

07 pyhwpx 라이브러리에서는 다양한 기능을 묶어서 함수로 제공하므로 더 짧은 코드로 사용할 수 있습니다.

> 🔧 **바로 자동화 코드** baro26_pyhwp.py
>
> ```
> ...한글 기본 코드...
> hwpx.Open(r"파일의 절대 경로") # 상대 경로 가능
> hwpx.auto_spacing(
>     init_spacing=0, # 문서 내 모든 텍스트의 자간을 0으로 초기화(변경 가능)
>     init_ratio=100, # 문서 내 모든 텍스트의 장평을 100으로 초기화(변경 가능)
>     max_spacing=50, # 최대 자간
>     min_spacing=-50, # 최소 자간
>     verbose=True # 자간 조정한 라인별로 로그 출력
> )
> ```

이제 결재 받기 전, 가정통신문을 내보내기 전에 이 코드를 실행하면 깔끔하게 정리한 한글 파일을 만날 수 있을 겁니다.

바로 실습 27 문서의 날짜 옆에 요일 일괄 넣기

체육관 사용일 또는 어떤 행사 날짜를 취합하여 결재를 받으러 갔는데, 날짜 옆에 '요일'이 있으면 좋겠다는 말을 듣습니다. 다시 파일을 열고 날짜마다 요일을 하나씩 세고 직접 입력하고 있으면 '이 단순한 일을 컴퓨터가 할 수는 없을까?' 생각이 듭니다. 저도 그런 경험 때문에 한글 자동화에 입문했죠. 이번 실습에서는 한글 문서에서 날짜를 읽고 datetime 라이브러리를 이용하여 요일을 옆에 추가하는 기능을 파이썬으로 구현해보겠습니다.

자동화 코드 구상하기

현재 수정할 문서는 다음과 같습니다. 실습 파일 중 '체육관 사용 일정.hwpx' 파일을 다운받아 진행하세요.

체육관 사용 일정

날짜	8.12.	8.13.	8.16.	8.19.	8.20.	8.21.	8.22.	8.23.
반	1반	3반	2반	5반	1반	4반	4반	2반

표시한 날짜 옆에 모두 요일을 추가하려고 합니다. 순서는 다음과 같이 진행하면 되겠네요.

1. 표에 진입해서 내용을 추출합니다.
2. 내용이 날짜에 해당하면 요일을 찾아 옆에 입력한 후 다음 셀로 이동합니다.
3. 날짜가 없으면 바로 다음 셀로 이동합니다.
4. 이 작업을 표가 끝날 때까지 반복합니다.

그러면 내용이 날짜인지 컴퓨터는 어떻게 알 수 있을까요? 공문서에서 날짜는 보통 '년.월.일.'과 같이 마지막이 '.'으로 끝나기 때문에 이 점을 기준으로 삼았습니다. 다른 기준이 있다면 조건문의 조건을 변경해주면 되겠죠?

자동화 코드 작성하기

앞서 세운 계획에 맞게 코드를 작성해봅시다. 먼저 3가지 함수를 정의하고 실행해보겠습니다.

01 한글에 작성된 텍스트를 추출하기 위한 get_value( ) 함수를 정의합니다.

> 바로 자동화 코드　baro27.py

```python
import datetime as dt # 날짜와 시간 관련 기능을 사용하기 위한 라이브러리
...한글 기본 코드 생략...
hwp.Open(r"파일의 절대 경로")
def get_value():
    hwp.InitScan(Range=0xff) # ❶ 탐색 시작, 선택한 표 안에서만 탐색 및 수정
    text = hwp.GetText()[1] # ❷ 선택 범위 문자열값 추출
    hwp.ReleaseScan() # ❸ 탐색 종료
    return text # 추출값 반환
```

❶ InitScan( ) 함수로 탐색을 시작해서 ❸ ReleaseScan( ) 함수로 탐색을 종료합니다. InitScan( ) 함수의 Range=0xff는 선택한 영역을 대상으로 탐색한다는 옵션입니다.

❷ GetText( ) 함수는 선택 영역의 내용을 포함한 여러 정보를 가져오는데 이때 우리가 필요한 실제 문자 데이터만 추출해서 text 변수에 저장합니다.

02 글자를 입력하기 위한 insert_text( ) 함수를 정의합니다.

> 바로 자동화 코드　baro27.py

```python
def insert_text(text):
    act = hwp.CreateAction("InsertText") # 문서에 내용 삽입하는 액션 생성
    pset = act.CreateSet()
    pset.SetItem("Text", text) # 문서에 삽입할 내용 설정
    act.Execute(pset)
```

바로 실습 23 파이썬 코드로 한글에 내용 입력하기에서 배웠던 코드를 활용했습니다. pyhwpx 라이브러리에서는 간단히 insert_text( ) 함수를 제공했었죠?

03 날짜에 맞는 요일을 찾기 위한 get_weekday( ) 함수를 정의합니다.

바로 자동화 코드 baro27.py

```python
def get_weekday(text):
    week_list = ["월", "화", "수", "목", "금", "토", "일"]
    month, day = [int(i) for i in text.split(".")[:2]] # ① 문자 분리해서 날짜로 변환
    today = dt.date.today()
    year = today.year
    week_num = dt.date(year, month, day).weekday() # ② 요일 계산
    week_day = week_list[week_num] # ③ 해당 요일의 한글 표현 가져옴
    return f"({week_day})"
```

① 날짜 문자열을 분리하여 월과 일을 추출합니다. '09.09'라는 문자열이 입력되면 ["09", "09"]로 분리합니다.

② 주어진 연도, 월, 일에 맞는 요일을 숫자로 변환합니다. 월요일은 0이고 순서대로 세면 일요일은 6입니다.

③ 해당 숫자에 맞는 요일의 한글 표현을 가져옵니다.

04 이제 앞서 만든 함수들을 활용하여 표에 있는 날짜 텍스트 옆에 요일 텍스트 추가하는 코드를 완성해봅시다. 코드를 실행하기 전에 변경할 표 앞에 커서를 이동시킨 후에 실행해야 합니다.

바로 자동화 코드 baro27.py

```python
hwp.FindCtrl() # 표 선택
hwp.Run("ShapeObjTableSelCell") # ① 선택한 표의 첫 번째 셀로 진입
```

```
# ❷ 셀을 순회하면서 텍스트 검사하고 추출
while True:
    text = get_value() # 셀의 텍스트 추출
    # 셀 안의 텍스트가 "."으로 끝나면
    if text.endswith("."):
        weekday = get_weekday(text) # 요일 파악
        hwp.Run("Cancel") # 셀 선택 취소
        hwp.Run("MoveLineEnd") # 문자열 끝으로 이동
        insert_text(weekday) # ❸ 요일 삽입
        hwp.Run("TableCellBlock") # 다시 셀 선택
    if not hwp.HAction.Run("TableRightCell"): # ❹ 우측으로 이동
        break # 끝에 도달하면 while문 종료
```

❶ Run( ) 메서드는 옵션에 따라 한글에서 제공하는 다양한 명령을 실행합니다. "Shape ObjTableSelCell" 명령은 현재 선택한 표의 첫 번째 셀을 선택하라는 명령입니다. 이후에도 많이 보이네요. 모두 옵션에 따라 명령의 종류가 정해집니다.

❷ 표의 셀을 순회하면서 내용이 날짜인지 아닌지 검사하고 ❸ 날짜 기준에 해당하면 앞서 정의한 insert_text( ) 함수를 사용해 요일을 삽입합니다.

❹ 셀의 내용이 날짜 기준에 해당하지 않으면 옆 셀로 넘어가고 더이상 넘어갈 셀이 없으면 반복문을 종료합니다. HAction.Run( ) 함수는 한글의 고급 액션을 실행할 수 있어 더 세부적인 명령이 필요할 때 사용합니다.

위 코드를 실행하면 다음과 같이 표에 요일이 모두 들어간 것을 확인할 수 있습니다.

체육관 사용 일정

날짜	8.12.(월)	8.13.(화)	8.16.(금)	8.19.(월)	8.20.(화)	8.21.(수)	8.22.(목)	8.23.(금)
반	1반	3반	2반	5반	1반	4반	4반	2반

Chapter 12

한글 자동화로 시험지 편집하기

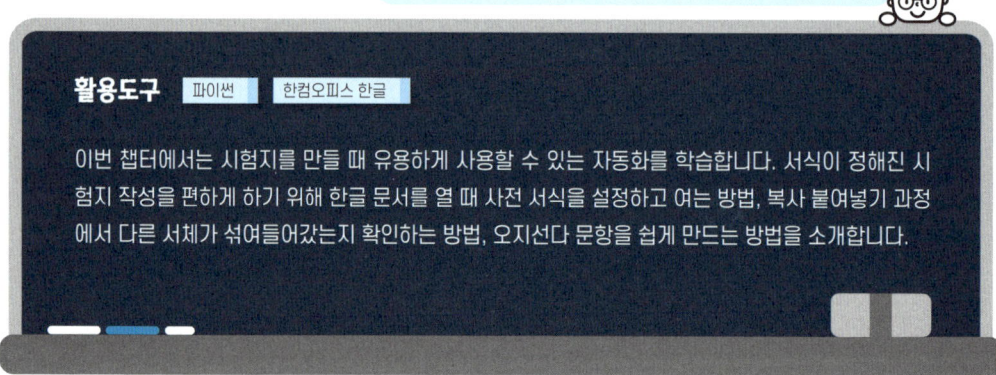

바로 실습 28 여러 서식 동시에 적용하기

시험지에는 일정한 서식이 정해져 있습니다. 하지만 한글 문서를 처음 열면 바탕체, 10 포인트로 기본 서식이 정해져 있죠. 이번에는 주로 사용하는 서식을 한 번에 적용하는 자동화 코드를 소개합니다.

01 서식을 수정하는 set_font( ) 함수를 정의하고 굵기, 글자 크기, 기울임, 밑줄, 가운데 정렬 여부를 변수로 받도록 설정합니다.

> 바로 자동화 코드 baro28_pywin32.py

```python
...한글 기본 코드...
hwp.Open(r"파일의 절대 경로")
def set_font(Bold=False,     # 진하게(True/False)
             Height=10,      # 글자 크기(pt, 0.1 ~ 4096)
             Italic=False,   # 이탤릭(True/False)
             UnderlineType=0, # 밑줄 위치(0:없음, 1:하단, 3:상단)
             Align=False     # 가운데 정렬(True/False)
             ):
  charshape = hwp.XHwpDocuments.Item(0).XHwpCharacterShape
  charshape.Height = Height*100
  charshape.Italic = Italic  # 이탤릭
  charshape.Bold = Bold  # 진하게
  charshape.UnderlineType = UnderlineType
  if Align:
    pset = hwp.HParameterSet.HParaShape
    hwp.HAction.GetDefault("ParagraphShape", pset.HSet)  # 이 라인 실행시 현재값 가져옴
    pset.AlignType = 3  # 매개 변수 세트 변경
    hwp.HAction.Execute("ParagraphShape", pset.HSet)  # 변경 매개 변수 세트 적용
  else:
    pset = hwp.HParameterSet.HParaShape
    hwp.HAction.GetDefault("ParagraphShape", pset.HSet)  # 이 라인 실행시 현재값 가져옴
    pset.AlignType = 0  # 매개 변수 세트 변경
    hwp.HAction.Execute("ParagraphShape", pset.HSet)  # 변경 매개 변수 세트 적용
```

글자 모양을 메서드 형태로 수정할 수 있는 함수입니다. 함수의 매개 변수, 즉 사용할 수 있는 서식을 간단히 보겠습니다.

- **Bold** : 진한 글자를 적용하려면 True, 취소하려면 False 값을 사용합니다.
- **Height** : 글자 크기를 0.1pt부터 4096pt까지 지정할 수 있습니다.
- **Italic** : 기울임을 적용하려면 True, 취소하려면 False 값을 사용합니다.
- **UnderlineType** : 밑줄 위치를 정합니다. 0은 없음, 1은 하단, 3은 상단에 밑줄이 그어집니다.
- **Align** : True 값은 가운데 정렬, False 값은 양쪽 정렬을 적용합니다.

02 다음은 앞서 만든 함수가 실제로 문서에서 동작하도록 연결하는 함수를 만들겠습니다.

> 바로 자동화 코드 baro28_pywin32.py

```python
def wait_for_drag_and_execute():
    print("한글에서 텍스트를 드래그한 후 '실행'을 입력하세요. 프로그램을 종료하려면 '종료'를 입력하세요.")
    while True:
        user_input = input("실행하려면 '실행', 종료하려면 '종료'를 입력하세요: ")
        if user_input.strip().lower() == "실행":
            print("드래그된 텍스트를 처리 중입니다...")
            set_font(Height=16, Bold=1, Align=True)
        elif user_input.strip().lower() == "종료":
            print("프로그램을 종료합니다.")
            break
        else:
            print("잘못된 입력입니다. '실행' 또는 '종료'를 입력해주세요.")
# 실행
wait_for_drag_and_execute()
```

이제 이 코드를 실행하면 다음과 같이 지정한 한글 문서가 열리고, 터미널에 사용자의 입력값을 요청하는 안내 메시지가 출력됩니다.

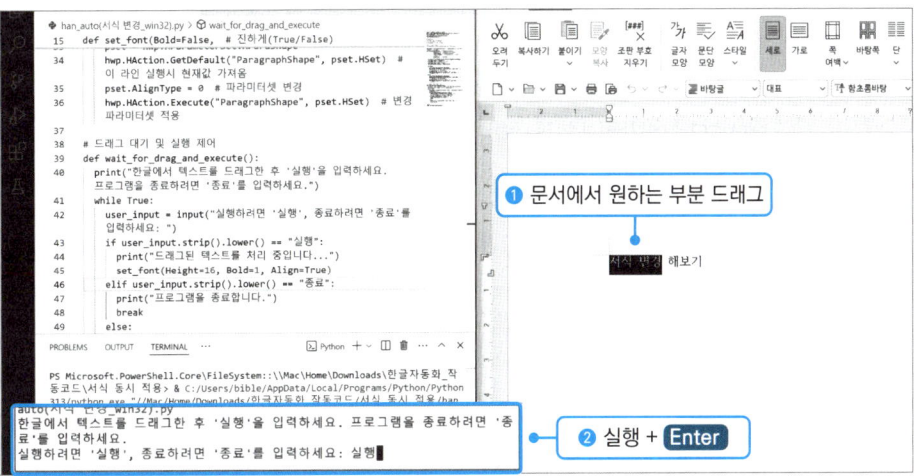

이때 ❶ 문서에서 서식을 적용하고 싶은 부분을 드래그하고 ❷ 터미널에 '실행'을 입력한 후 Enter 를 누르면 드래그한 부분에 지정한 서식이 적용됩니다.

03 pyhwpx에서는 함수로 구현해 편리하게 사용할 수 있고 더 많은 매개 변수를 제공합니다. 단 문단 모양은 별도로 설정해야 합니다.

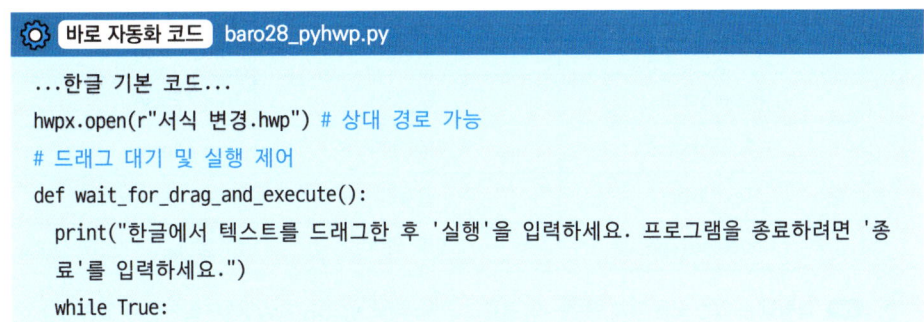

```
            user_input = input("실행하려면 '실행', 종료하려면 '종료'를 입력하세요: ")
            if user_input.strip().lower() == "실행":
                print("드래그된 텍스트를 처리 중입니다...")
                hwpx.set_font(Height=16, Bold=1) # 서체를 설정하는 메서드 (매개 변수는 본문 참조)
                # 문단 모양
                prop = hwpx.ParaShape # 문서 내 캐럿이 위치한 문단모양 매개 변수 세트 복사
                prop.SetItem("AlignType", 3) # 복사된 매개 변수 세트의 정렬값을 "가운데 정렬"로 변경
                hwpx.ParaShape = prop # 변경된 매개 변수 세트 속성을 문서에 적용
            elif user_input.strip().lower() == "종료":
                print("프로그램을 종료합니다.")
                break
            else:
                print("잘못된 입력입니다. '실행' 또는 '종료'를 입력해주세요.")
# 실행
wait_for_drag_and_execute()
```

set_font( ) 함수에서 제공하는 매개 변수는 다음과 같습니다. 서체 기능과 색깔 기능까지 제공합니다.

Bold	진하게	True / False
FaceName	서체	
FontType	1	TTF
Height	글자 크기	0.1 ~ 4096(pt)
Italic	기울임(이탤릭)	True / False
Ratio	장평	50 ~ 200
Spacing	자간	-50 ~ 50
StrikeOutType	취소선	True / False
SuperScript	위 첨자	True / False
SubScript	아래 첨자	True / False
TextColor	글자색	(RGB, 0x0~0xffffff)
UnderlineType	밑줄 위치	(0: 없음, 1: 하단, 3: 상단)

TIP 입력할 수 있는 모든 매개 변수는 이 블로그 게시글(bit.ly/3DFZ8wV)에서 확인할 수 있습니다.

 **선생님의 비법 노트**

TTF와 HTF가 뭐예요?

HFT 라는 확장자를 가진 글꼴 파일은 한컴오피스 한글HWP 워드프로세서 전용 글꼴입니다. HFT 는 'Hangul Font'의 약자로 추측합니다. 한컴오피스 한글을 설치하면 'C:\HNC\Shared\Fonts' 폴더에 HFT 파일이 있습니다. HFT는 한글의 특성에 맞게 설계된 포맷이지만 다른 프로그램에서는 쓸 수 없다는 단점이 있습니다.

TTF(TrueType Font)라는 확장자를 가진 글꼴 파일은 MS윈도우에서 표준으로 사용하는 글꼴 형식입니다. TTF 형식의 글꼴은 어느 프로그램에서나 자유롭게 사용할 수 있습니다. 요즘에는 아래아한글의 HFT 서체들도 TTF 형식으로 변환해서 배포하고 있습니다.

바로 실습 29 다른 서체만 찾아내기

시험 원안지나 가정통신문 작성을 모두 마친 후 출력해서 보니 한 두 글자가 다른 서체로 적혀있는 경험이 있나요? 저는 그런 경험 때문에 결재를 받으러 갈 때 시험 원안지를 눈이 빠져라 읽곤 했습니다. 하지만 글자 서체가 다른 걸 눈으로 찾는 건 정말 어려운 일이죠. 이 그림에서 서체가 다른 글자가 어디 있는지 찾을 수 있을까요?

```
가가가가가가가가가가가가가가가가가가가가가가가가가가가가가가가
가가가가가가가가가가가가가가가가가가가가가가가가가가가가가가가
가가가가가가가가가가가가가가가가가가가가가가가가가가가가가가가
가가가가가가가가가가가가가가가가가가가가가가가가가가가가가가가
기기기기 기기기기기가 가가가가가가가가가가가가가가가가가가가
가가가가가가가가가가가가가가가가가가가가가가가가가가가가가가가
가가가가가가
```

다른 서체를 고치기 위해 Ctrl + A 로 문서의 내용을 모두 선택하고 서체를 바꿀 수도 있습니다. 하지만 한글에서 Ctrl + A 로 선택하면 표 안밖 실행 위치에 따라 둘 중 하나만 선택하므로 매번 모든 영역을 찾아가며 서체를 바꿔야 합니다.

이때 서체가 다른 부분만 다른 색으로 표시하면 영역을 찾아 바꾸기 훨씬 쉽겠죠? 이번 챕터에서는 이 기능을 파이썬으로 실습해보겠습니다. 이 기능은 아직 pyhwpx에서는 함수가 없어

pywin32로만 소개합니다.

01 두 개의 함수를 작성해보겠습니다. 먼저 특정 글씨체의 글자를 찾아 색을 바꿔주는 change_letter_color( ) 함수를 작성합니다.

> 바로 자동화 코드 · baro29.py

```python
...한글 기본 코드...
hwp.Open(r"파일의 절대 경로")
def change_letter_color(face, r, g, b, font_type="TTF"):
    font_type_hangul = hwp.FontType(font_type)  # 글꼴 타입에 따라 TTF 또는 HTF 설정
    # ❶ 전체 문서에 변경 적용
    hwp.HAction.GetDefault("AllReplace", hwp.HParameterSet.HFindReplace.HSet)
    hwp.HParameterSet.HFindReplace.Direction = hwp.FindDir("AllDoc")
    # ❷ 찾을 글꼴 설정
    hwp.HParameterSet.HFindReplace.FindCharShape.FontTypeHangul = font_type_hangul
    hwp.HParameterSet.HFindReplace.FindCharShape.FaceNameHangul = face
    # ❸ 변경할 색상 설정
    hwp.HParameterSet.HFindReplace.ReplaceCharShape.FontTypeHangul = font_type_hangul
    hwp.HParameterSet.HFindReplace.ReplaceCharShape.TextColor = hwp.RGBColor(r, g, b)
    # ❹ 기타 옵션 설정
    hwp.HParameterSet.HFindReplace.ReplaceMode = 1
    hwp.HParameterSet.HFindReplace.IgnoreMessage = 1
    hwp.HParameterSet.HFindReplace.FindType = 1
    # 실행
    hwp.HAction.Execute("AllReplace", hwp.HParameterSet.HFindReplace.HSet)
```

글꼴을 선택한 후 해당 글꼴의 색을 RGB에 맞춰서 변경하는 함수입니다.

❶ "AllReplace"값에 따라 이 함수는 전체 문서에 적용됩니다.

❷ 찾을 글꼴을 설정하고 ❸ 변경할 색상을 RGB 표기법으로 정할 수 있습니다.

> TIP RGB 표기법이란 빨강(Red), 초록(Green), 파랑(Blue) 세 가지 기본 색의 조합으로 다양한 색을 표기하는 방법입니다. 각각의 범위는 보통 0에서 255로, 숫자로 색상을 표현하는 방법 중 하나입니다.

❹ 사용자에게 메시지를 표시하지 않도록 하는 등 함수의 기능을 보완해주는 옵션 설정입니다.

02 문서를 순회하면서 설정한 서체 외의 다른 서체를 찾아 빨간 색으로 바꿔주는 check_letter( ) 함수도 작성해봅시다.

바로 자동화 코드 baro29.py

```python
def check_letter(face):
    hwp.SetPos(0, 0, 0)
    hwp.Run("MoveSelDocBegin")
    hwp.InitScan()
    hwp.Run("MoveSelDocEnd")
    hwp.Run("CharShapeTextColorRed") # 글자 색을 붉게 변환
    change_letter_color(face, 0, 0, 0)
    area = 2
    while True:
        hwp.SetPos(area, 0, 0)
        if hwp.GetPos()[0] == 0:
            break
        while True:
            hwp.Run("MoveSelDocBegin")
            hwp.InitScan()
            hwp.Run("MoveSelDocEnd")
            hwp.Run("CharShapeTextColorRed")
            change_letter_color(face, 0, 0, 0)
            area += 1
            hwp.SetPos(area, 0, 0)
            if hwp.GetPos()[0] == 0:
                break
```

check_letter( ) 함수는 change_letter_color( ) 함수를 호출하여 특정 글꼴의 글자 색상을 변경합니다. check_letter( )는 문서 내에서 특정 글꼴을 가진 글자를 찾고, 그 글자의 색상을 변경하는 작업을 반복적으로 수행합니다. change_letter_color( )는 이 과정에서 실제로 색상을 변경하는 역할을 합니다.

이 코드의 핵심 접근 방식은 원하지 않는 글꼴을 직접 찾는 대신, 모든 텍스트를 빨간색으로 변경한 후 유지하려는 특정 글꼴만 검은색으로 되돌립니다. 따라서 잘못된 글꼴이 무엇인지 알 수 없어도 사용할 수 있습니다.

check_letter( ) 함수를 실행해보면 다음과 같이 바탕체를 제외한 나머지 서체가 붉게 변합니다. 눈에 띄는 부분만 정리하면 되겠네요!

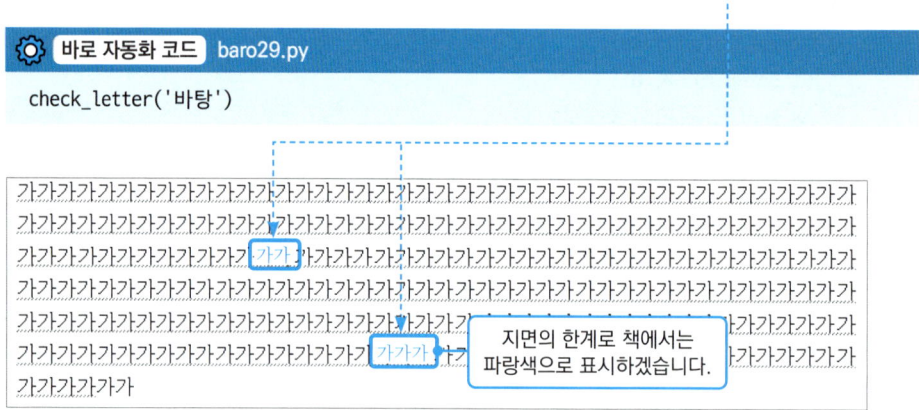

바로 실습 30 오지선다 만들기

이번 챕터에서는 활용하기 좋은 세 함수를 하나로 엮어 오지선다 만들기 자동화를 함께 실습해보려고 합니다. 우리가 만들 함수는 다음과 같습니다.

1. 문자열을 입력하는 함수
2. 선택한 영역의 문자열을 읽고 리스트로 만드는 함수
3. 앞에서 만든 문자열과 번호 리스트를 이용하여 표를 이용한 보기를 만들어주는 함수

앞 두 함수는 쉬운 편이지만 마지막 함수는 조금 복잡해서 알고리즘도 함께 이해해보겠습니다. 차근차근 따라해봅시다.

01 먼저 문자열을 입력하는 insert_text( ) 함수를 정의합니다.

> 바로 자동화 코드   baro30.py

```python
...한글 기본 코드...
def insert_text(text):
    act = hwp.CreateAction("InsertText")
    pset = act.CreateSet()
    pset.SetItem("Text", text)
    act.Execute(pset)
```

02 선택한 영역의 문자열을 읽고 리스트로 만드는 extract_text_from_hwp( ) 함수를 정의합니다.

> 바로 자동화 코드   baro30.py

```python
def extract_text_from_hwp():
    hwp.InitScan(Range=0xff)  # 선택한 영역만 스캔
    text_list = []  # 텍스트 저장 리스트
    while True:
        state, text = hwp.GetText()  # 텍스트 추출
        text_list.append(text)
        if state <= 1:  # 스캔 종료 조건 (state가 1이면 종료)
            break
    hwp.Run('Erase')
    hwp.ReleaseScan()  # 스캔 해제
    cleaned_list = [item.strip() for item in text_list if item.strip()]  # 전처리(여백 제거)
    return cleaned_list
```

03 마지막으로 표 형태의 보기를 만들어주는 create_choice_in_hwp( ) 함수를 생성합니다.

> 바로 자동화 코드   baro30.py

```python
def create_choice_in_hwp(cleaned_list, num_list, num_cols, num_rows, col_widths, row_heights):
```

```python
# ❶ 번호와 보기 교차 저장
alternating_list = [item for pair in zip(num_list, cleaned_list) for item in pair]
# ❷ 표 생성 작업
act = hwp.CreateAction("TableCreate")
pset = act.CreateSet()
act.GetDefault(pset)
pset.SetItem("Cols", num_cols) # 전달받은 열 개수 설정
pset.SetItem("Rows", num_rows) # 전달받은 행 개수 설정
pset.SetItem("WidthType", 2) # 너비 설정
pset.SetItem("HeightType", 1) # 높이 설정
# 열 너비 설정
pset_colarr = pset.CreateItemArray("ColWidth", num_cols)
for i, width in enumerate(col_widths):
    pset_colarr.SetItem(i, hwp.MiliToHwpUnit(width))
# 행 높이 설정
pset_rowarr = pset.CreateItemArray("RowHeight", num_rows)
for i, height in enumerate(row_heights):
    pset_rowarr.SetItem(i, hwp.MiliToHwpUnit(height))
act.Execute(pset) # 표 생성 실행
# ❸ 표 전체 선택 (F5 단축키 두 번 누르기와 같음)
hwp.Run("TableCellBlock")
hwp.Run("TableCellBlockExtend")
hwp.Run("TableCellBlockExtend")
# ❹ 테두리 설정
pset = hwp.HParameterSet.HCellBorderFill
hwp.HAction.GetDefault("CellBorder", pset.HSet)
pset.TypeVert = hwp.HwpLineType("None")
pset.TypeHorz = hwp.HwpLineType("None")
pset.BorderTypeTop = hwp.HwpLineType("None")
pset.BorderTypeBottom = hwp.HwpLineType("None")
pset.BorderTypeRight = hwp.HwpLineType("None")
pset.BorderTypeLeft = hwp.HwpLineType("None")
hwp.HAction.Execute("CellBorder", pset.HSet)
hwp.Run("Cancel")
# ❺ 표 처음으로 돌아가기
```

```
  while hwp.HAction.Run("TableLeftCell"):
    hwp.HAction.Run("TableLeftCell")
# 텍스트 입력
for item in alternating_list:
    insert_text(item)
    hwp.HAction.Run("TableRightCell")
```

보기를 만들어주는 함수는 다음과 같은 매개 변수를 받습니다.

- **cleaned_list** : 02단계에서 반환한 보기 내용
- **num_list** : 보기 번호를 넣은 리스트
- **num_cols, num_rows** : 배열을 위한 표의 열의 개수와 행의 개수
- **col_widths, row_heights** : 행과 열의 높이 정보를 담고 있는 리스트

이제 함수의 실행 방식을 봅시다. ❶ 이 매개 변수를 활용해서 보기 번호와 앞에서 저장한 보기 문자열을 교대로 리스트에 저장합니다. ❷ 그다음 앞에서 받은 매개 변수를 가지고 표를 생성한 후에 ❸ 표를 전체 선택하고 ❹ 테두리를 제거합니다. ❺ 그다음 표의 첫 번째 셀로 이동하고 교대로 만든 리스트에서 하나씩 데이터를 입력하면서 표의 끝까지 이동합니다.

04 이제 실행하는 함수를 만들어봅시다. 실습 파일은 제공한 예제 파일 중 '오지선다.hwpx'를 사용하세요.

> ⚙️ **바로 자동화 코드** `baro30.py`

```
hwp.Open(r"파일의 절대 경로")
# 드래그 대기 및 실행 제어
def wait_for_drag_and_execute():
    print("한글에서 텍스트를 드래그한 후 '실행'을 입력하세요. 프로그램을 종료하려면 '종료'를 입력하세요.")
    while True:
        user_input = input("실행하려면 '실행', 종료하려면 '종료'를 입력하세요: ")
```

```python
        if user_input.strip().lower() == "실행":
            print("드래그된 텍스트를 처리 중입니다...")
            cleaned_list = extract_text_from_hwp()
            num_list = ['①', '②', '③', '④', '⑤']
            create_choice_in_hwp(cleaned_list, num_list, num_cols=2, num_rows=5, col_
            # 문항 번호 열 너비 7, 문항 내용 열 너비150, 모든 행의 높이 10으로 설정
            widths=[7, 150], row_heights=[10, 10, 10, 10, 10])
            print("표 생성 완료! 다시 드래그 후 '실행'을 입력할 수 있습니다.")
        elif user_input.strip().lower() == "종료":
            print("프로그램을 종료합니다.")
            break
        else:
            print("잘못된 입력입니다. '실행' 또는 '종료'를 입력해주세요.")
# 실행
wait_for_drag_and_execute()
```

이제 이 코드를 실행하면 다음과 같이 지정한 한글 문서가 열리고, 터미널에 사용자의 입력값을 요청하는 안내 메시지가 출력됩니다.

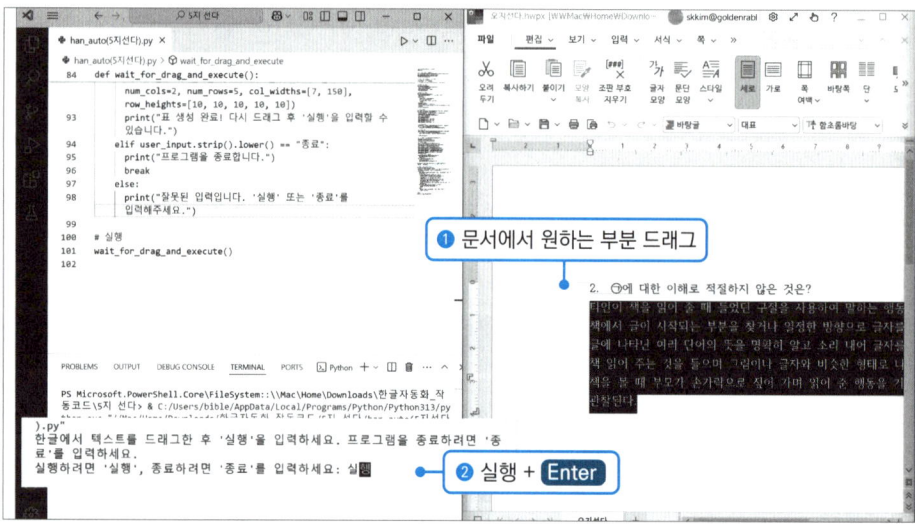

이때 ❶ 문서에서 서식을 적용하고 싶은 부분을 드래그하고 ❷ 터미널에 '실행'을 입력한 후

Enter 를 누르면 드래그한 부분에 지정한 서식이 적용됩니다.

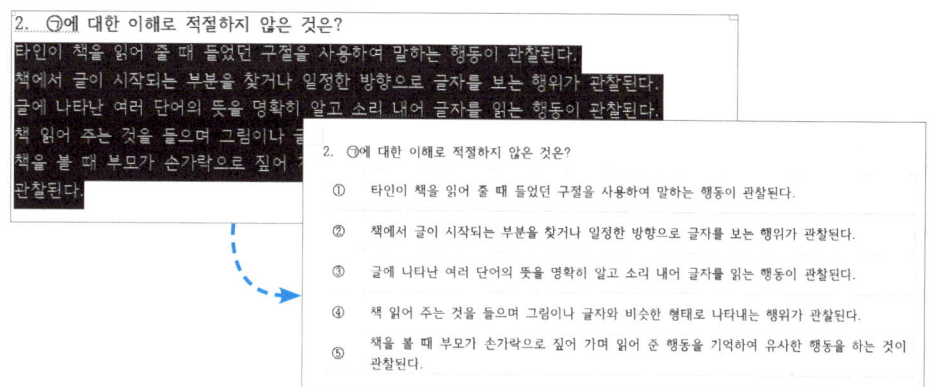

그림처럼 투명한 표로 보기 문항을 만들 수 있습니다.

🤖 with AI 버튼으로 자동화 코드를 수행하고 싶어요

자동화 코드를 몇가지 만들어보니 반복되는 패턴이 하나 보입니다.

1. 수행할 기능과 관련된 함수를 만든다.
2. 해당 기능을 원하는 곳에 적용하도록 조작하는 함수를 만든다.
3. 터미널에서 '실행', '종료'라는 명령어를 입력해서 소작한다.

그런데 명령어 입력 대신 버튼을 클릭하면 더 편하지 않을까요? 이렇게 시각적인 요소로 조작하는 것을 GUI Graphical User Interface 라고 부르는데 바로 다음 파트인 Part 04 코드로 만드는 업무포털 자동화 에서 자세히 배울 겁니다. 그 전에 우리가 배운 한글 자동화 코드를 버튼으로 만들면서 예습 겸 감을 잡고 갑시다.

01 커서 AI를 사용한다면 챗 기능으로 참고할 문서를 지정하고, 챗GPT 등의 생성형 AI를 사용한다면 **오지선다 만들기** 코드 전문을 먼저 복사해서 알려준 후 다음과 같이 질문하세요.

> ...필요한 코드를 복붙하세요!...

다른 모든 기능은 유지하고 사용자 인터페이스 방식만 바꿔줘. 명령어 실행, 종료를 입력하는 방식이 아니라 tkinter 라이브러리를 사용해서 GUI 인터페이스로 실행할 수 있어야 해.

tkinter 라이브러리를 사용하여 GUI 인터페이스를 추가하려면, 기존의 콘솔 입력 부분을 tkinter의 버튼과 텍스트 위젯으로 대체해야 합니다. 아래는 tkinter를 사용하여 GUI를 구현한 코드입니다.

```python
import tkinter as tk
from tkinter import messagebox
...생략...
def run_program():
    cleaned_list = extract_text_from_hwp()
    num_list = ['①', '②', '③', '④', '⑤']
    create_choice_in_hwp(cleaned_list, num_list, num_cols=2, num_rows=5,
    col_widths=[7, 150], row_heights=[10, 10, 10, 10, 10])
    messagebox.showinfo("완료", "표 생성 완료! 다시 드래그 후 실행할 수 있습니다.")

def close_program():
    root.destroy()


root = tk.Tk()
root.title("한글 자동화 프로그램")
```

```
execute_button = tk.Button(root, text="실행", command=run_program)
execute_button.pack(pady=10)

exit_button = tk.Button(root, text="종료", command=close_program)
exit_button.pack(pady=10)

root.mainloop()
```

02 AI가 알려준 대로 코드를 수정하고 실행해보니 지정한 한글 문서가 열리고 창 하나가 뜹니다. 보기 내용을 드래그한 후 **[실행]** 버튼을 누르니 서식 변경이 되네요.

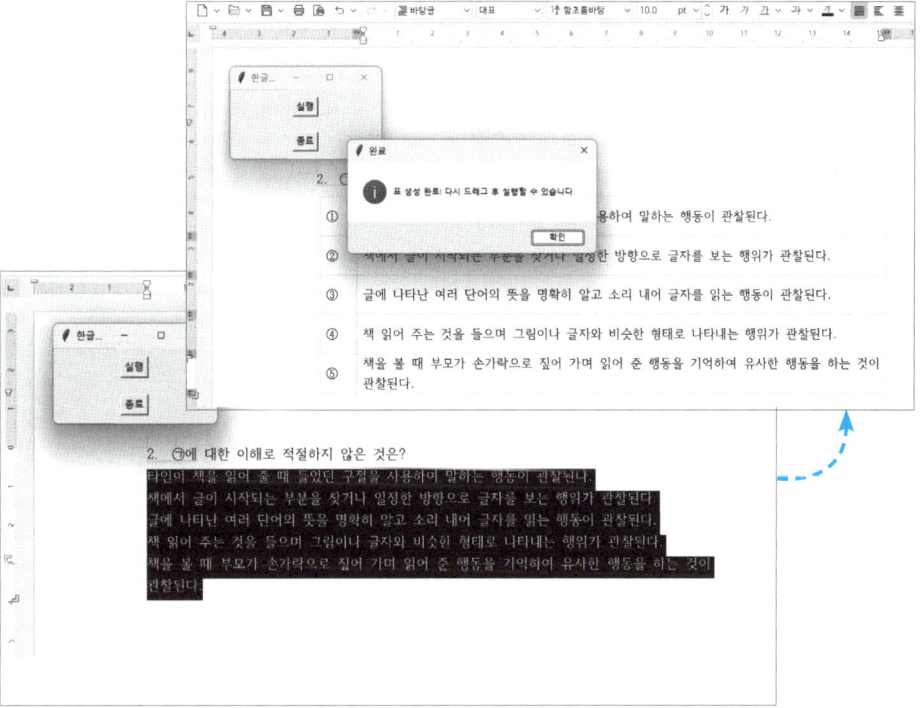

tkinter 라이브러리가 무엇인지, 코드가 어떤 식으로 작동하는지는 다음 파트에서 자세히 설명하

겠습니다. 대신 지금은 파이썬으로 만든 프로그램을 실행하는 여러 가지 방식이 있다는 것을 기억해주세요. 이렇게 여러분의 자동화를 더 편한 방식으로 다듬어갈 수 있습니다.

우리가 함께 배운 한글 자동화 기술은 단순한 업무 효율화를 넘어 교육의 질을 높이는 새로운 도구입니다. 처음에는 어색하고 힘들 수 있습니다. 하지만 여러분의 용기 있는 첫 걸음이 교육 현장을 바꿀 것입니다. 더 많은 선생님이 아이디어를 자동화하고 공유하며 더 편리한 업무 처리를 할 수 있는 내일이 되길 바랍니다!

 선생님의 비법 노트

한글 자동화를 더 공부하고 싶다면!

지금까지 한글 자동화를 함께 실습하느라 고생했습니다. 더 많은 한글 자동화를 배우고 싶다면 다음 블로그를 참고하세요. 저도 이 글들을 보면서 한글 자동화와 pyhwpx 라이브러리를 배웠습니다.

- 일상의 코딩 : employeecoding.tistory.com
- N잡러 IT 강사 ilco : blog.naver.com/pythonrpa

이게 되네?

PART
04

코드로 만드는
업무포털 자동화

'인터넷 창을 오가면서 빠르게 업무를 처리하는 사람을 그려줘'라고 프롬프트를 입력하여 생성한 그림입니다.

여기서 공부할 내용

이번 파트에서는 파이썬으로 업무포털에서 반복하는 작업을 한 번에 처리할 수 있는 자동화 프로그램을 만들어보겠습니다. 다양한 파이썬 라이브러리를 활용하여 세 가지 필수 기능인 업무포털 접속, 메뉴 이동 자동화, 데이터 붙여넣기 자동화를 먼저 만들어보고, 해당 기능을 조금씩 응용한 심화 기능도 소개하겠습니다.

Chapter 13

업무포털 자동화 미리보기

> 우리가 어떤 프로그램을 만들 수 있는지 미리 알아봅시다.

활용도구 파이썬

이제부터 교사 업무의 핵심인 업무포털을 파이썬 코드로 자동화하는 방법을 배울 겁니다. 본격적인 학습에 들어가기 전에 자동화를 구현하면 어떤 일이 일어날지 미리 상상해봅시다. 우리가 업무포털을 사용하며 알게 모르게 반복하고 있던 자잘한 일을 자동화하면 어떻게 될까요?

💬 파이썬으로 만드는 업무포털 자동화

다음은 우리가 만들어볼 프로그램의 모습입니다. 각 버튼을 누르면 브라우저가 나타나 업무포털에 접속하고 자동으로 인증서 로그인까지 완료합니다. 버튼 기능에 따라서 원하는 나이스 메뉴로 바로 이동하거나, 엑셀 파일의 데이터를 복사하여 행동특성및종합의견과 같은 나이스 내부 탭에 붙여넣기도 할 수 있습니다.

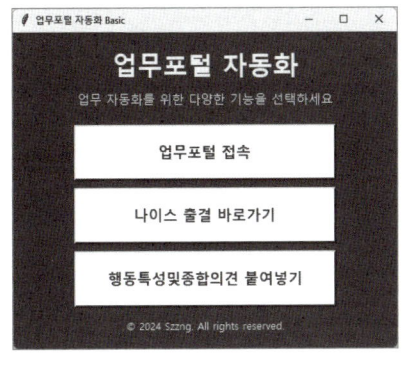 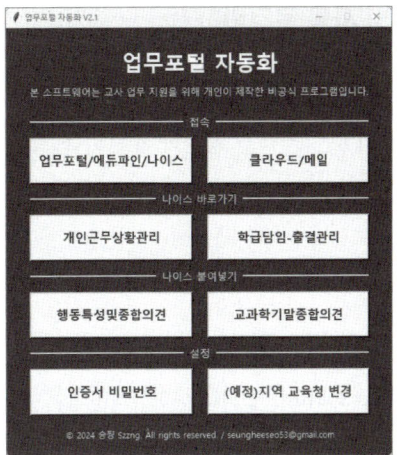

이 모든 기능은 파이썬을 사용하여 구현합니다. 웹 브라우저 자동화를 위한 셀레니움^{Selenium}을 비롯해 엑셀 데이터 처리를 위한 판다스^{Pandas}, 사용자 인터페이스 구현을 위한 tkinter 등 파이썬의 다양한 라이브러리를 활용할 것입니다.

책에서는 앞 이미지의 왼쪽 프로그램처럼 가장 기본적인 3가지 기능만 자세히 설명하고 구현하지만 사용자의 필요에 따라 코드를 조금씩 변형하고 추가하면 더욱 다양한 기능을 만들 수 있습니다. 오른쪽 프로그램은 같은 프로그램의 심화 버전으로, 제가 실제로 교사를 대상으로 배포한 프로그램입니다.

> **TIP** 궁금하다면 vo.la/azECUb에서 프로그램을 다운로드하여 사용해보세요. PART 4. 업무포털 자동화 > 2. 프로그램 > 2. 심화버전(배포용) 폴더를 다운받은 후 '사용 설명서.pdf'대로 사용하면 됩니다.

💬 업무포털 자동화 프로그램 미리 보기

앞으로 만들 3가지 기능의 코드는 추후 다른 기능을 구현할 때 기본이 됩니다. 각 기본 기능을 코드로 구현하기 전에 가볍게 살펴봅시다.

기능 01 **업무포털 자동 로그인하기**

우리는 매일 업무포털에서 업무를 처리합니다. 나이스에 접속하여 학생 출결을 처리하고, K-에듀파인에 접속하여 쌓여있는 공람을 확인하고 문서를 기안하거나 결재합니다. 이 과정을 간단히 나열하면 다음과 같습니다.

1. 인터넷 브라우저로 업무포털 URL에 접근합니다.
2. 로그인 페이지에서 인증서 비밀번호 입력 후 로그인 버튼을 클릭합니다.
3. 업무포털 상단 메뉴의 나이스 탭이나 K-에듀파인 탭을 클릭하여 접속합니다.

시간이 많이 걸리는 과정은 아니지만, 같은 일을 매일 반복하면 꽤 많은 시간이 쌓일 것입니다. 매일 우리를 귀찮게 하는 업무포털 접속을 이제는 버튼 클릭 하나로 끝낼 수 있습니다. 우리 프로그램에서 **[업무포털 접속]** 버튼을 클릭하면 업무포털 브라우저가 나타나고 자동으로 로그인합니다.

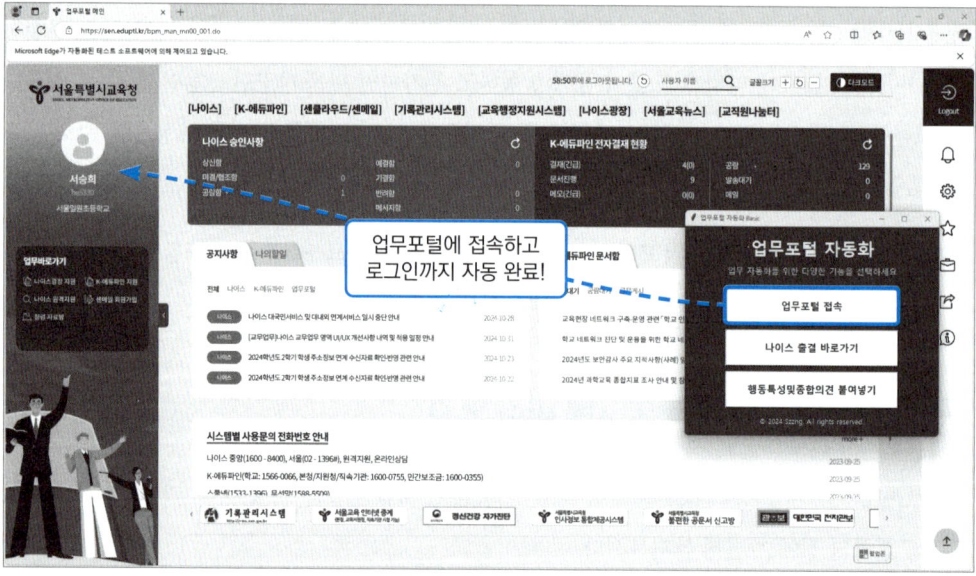

기능 02 **나이스 4단계 메뉴 자동 찾기**

나이스의 메뉴 구조가 무려 4단계라는 사실을 알고 있었나요? 학생들의 출결 관리 메뉴를 클릭하려면 **[학급 담임 → 학적 → 출결 관리 → 출결 관리]** 경로를 찾아가야 합니다. 그 밖에 성적, 급여, 복무 메뉴 등 나이스에서 원하는 메뉴를 찾아 이동할 때마다 헷갈리고 불필요한 시간을 쓰게 됩니다.

하지만 **[나이스 출결 바로가기]** 버튼을 클릭하면 원하는 나이스 메뉴로 바로 이동할 수 있습니다. 실습에서는 담임 선생님의 최다 방문 메뉴인 '출결'로 연결했지만 자주 사용하는 메뉴가 있다면 코드를 아주 약간만 변형하여 버튼을 추가할 수 있습니다.

기능 03 **나이스 자동 복사-붙여넣기**

여러분은 학생의 행동특성및종합의견이나 교과 학기 말 종합 의견을 어디에 입력하나요? 아마 데이터를 쉽게 관리하고 맞춤법 등을 확인하기 위해 엑셀 파일이나 한글 파일에 미리 내용을 입력해놓고, 한 번에 나이스에 복사-붙여넣기를 할 것입니다.

교과 학기 말 종합 의견을 입력하려면 이러한 복사-붙여넣기 작업을 '학생 수 x 과목 수'만큼 해야 합니다. 실수를 하거나 행이 밀리면 훨씬 더 시간이 오래 걸리죠. 이렇게 간단하고 반복적인 일을 코드에게 시켜보세요. 심지어 코드는 실수조차 하지 않습니다. ❶ **[행동특성및종합의견 붙여넣기]** 버튼을 클릭하고 ❷ 내 컴퓨터 속 엑셀 파일을 업로드하면 순식간에 복사-붙여넣기가 완료됩니다.

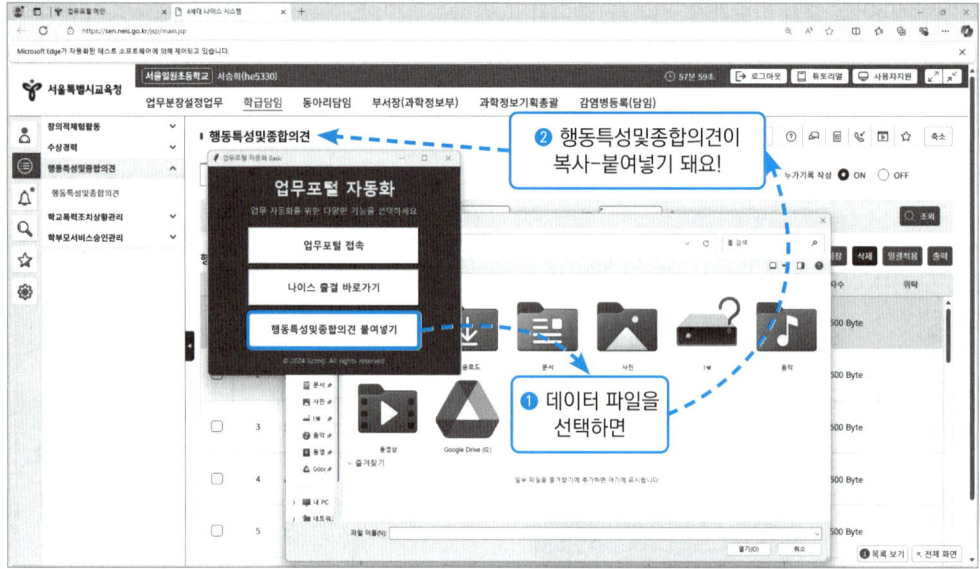

Chapter 14

업무포털 사용자 인터페이스 만들기

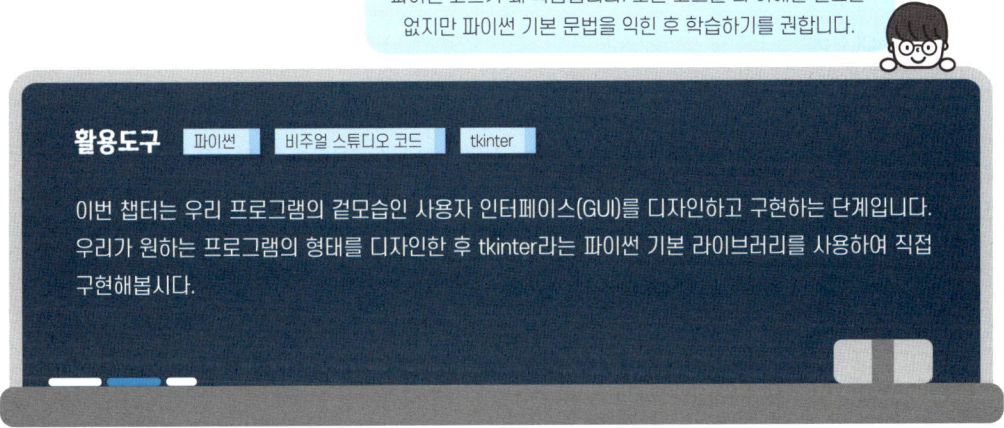

파이썬 코드가 꽤 복잡합니다. 모든 코드를 다 이해할 필요는 없지만 파이썬 기본 문법을 익힌 후 학습하기를 권합니다.

활용도구 파이썬   비주얼 스튜디오 코드   tkinter

이번 챕터는 우리 프로그램의 겉모습인 사용자 인터페이스(GUI)를 디자인하고 구현하는 단계입니다. 우리가 원하는 프로그램의 형태를 디자인한 후 tkinter라는 파이썬 기본 라이브러리를 사용하여 직접 구현해봅시다.

바로 실습 31 인터페이스 디자인 구현하기

GUI$^{Graphical\ User\ Interface}$라고도 부르는 사용자 인터페이스는 사용자가 프로그램을 시각적으로 조작할 수 있도록 돕는 프로그램의 겉모습입니다. 인터페이스는 버튼, 체크 박스, 드롭 다운 메뉴, 텍스트 필드, 아이콘 등의 다양한 시각적 요소를 사용자가 쉽게 이해하고 조작할 수 있도록 도와줍니다. 우리 프로그램의 인터페이스를 디자인해봅시다.

3개 파일 생성하기

01 우리 프로그램의 전체 코드는 총 3개의 파일로 이루어져 있습니다. 코드 편집기에서 빈 파일(.py) 3개를 다음과 같은 이름으로 만들어주세요. 비슷한 기능을 하는 코드끼리 파일로 나누어 더 깔끔하고 관리하기 쉽게 만들었습니다. 각 파일은 다음과 같은 역할을 합니다.

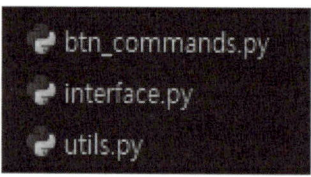

1. **interface.py** : 인터페이스를 구현하는 코드만 모아놓은 파일입니다. 주로 tkinter 라이브러리를 사용하여 화면에 보이는 버튼, 텍스트, 레이아웃 등 시각적인 요소들을 정의합니다. 쉽게 말해 사용자가 볼 수 있는 화면을 구성합니다.

2. **btn_commands.py** : tkinter에서 사용하는 각 버튼에 직접 연결되는 함수, 즉 버튼을 클릭했을 때 실행하는 동작을 정의합니다. 이 함수들은 파일 interface.py에서 command로 사용되며, 사용자가 버튼을 클릭하면 자동으로 실행됩니다.

3. **utils.py** : 파일 btn_commands.py에서 정의한 함수가 작동하는 데 필요한 세부 기능을 정의한 파일입니다. 즉, 함수를 원활하게 실행할 수 있도록 도와주는 보조 함수들이 이곳에 모여 있습니다. 이를 통해 복잡한 기능을 더 작은 단위로 나누어 재사용할 수 있고 코드를 더 명확하게 파악할 수 있습니다.

tkinter로 화면 구성하기

파이썬 기본 라이브러리인 tkinter는 인터페이스를 쉽게 구성할 수 있도록 버튼, 레이블, 입력 창 등의 다양한 위젯을 제공합니다. 버튼을 만들어 클릭을 유도하거나, 텍스트 필드를 만들어 사용자의 키보드 입력을 받을 수도 있습니다. 각각의 위젯은 색상, 배치, 크기 등을 조절하여 원하는 대로 디자인할 수 있습니다. tkinter 라이브러리를 한 번 알아두면 인터페이스가 필요한 모든 프로그램에 적용할 수 있어 유용합니다.

01 먼저 기본 뼈대를 만들어봅시다. 이 코드는 인터페이스와 관련된 코드이기 때문에 파이썬 파일 3개 중에서 interface.py에 작성해주세요.

바로 자동화 코드 `interface.py`

```python
import tkinter as tk

# ❶ 기본 스타일 정의
bgcolor = '#005887'  # 배경 색상: 청록색
font_color = '#F5F5F5'  # 텍스트 색상: 연한 회색
font = lambda size, bold: ('맑은 고딕', size, 'bold') if bold else ('맑은 고딕', size)
# ❷ 화면 설정
window = tk.Tk()
window.title("업무포털 자동화 Basic")  # 제목
window.geometry('500x400')  # 화면 크기
window.configure(bg=bgcolor)  # 배경 색상 설정
# ❸ 제목
title = tk.Label(window, text="업무포털 자동화", font=font(25, True), bg=bgcolor, fg=font_color, wraplength=500)
title.place(relx=0.5, rely=0.1, anchor=tk.CENTER)
# ❹ 설명
subtitle = tk.Label(window, text="업무 자동화를 위한 다양한 기능을 선택하세요", font=font(12, False), bg=bgcolor, fg=font_color)
subtitle.place(relx=0.5, rely=0.21, anchor=tk.CENTER)
# ❺ 바닥글(footer)
footer = tk.Label(window, text="© 2024 Szzng. All rights reserved.", font=font(10, False), bg=bgcolor, fg=font_color)
footer.place(relx=0.5, rely=0.93, anchor=tk.CENTER)
```

❶ 자주 쓰는 데이터를 변수에 저장해놓거나 간단한 람다 함수로 구현한 부분입니다. 여러분이 원하는 색상과 글꼴로 바꿔보세요.

TIP 람다 함수란 이름 없이 간단한 연산이나 표현식을 정의할 수 있는 함수를 의미합니다.

❷ 기본 화면을 만드는 부분입니다.

❸ ~ ❺ 화면의 제목, 설명, 바닥글을 만들고 위치를 정하는 부분입니다.

- **tk.Label** : 화면에 문구를 넣고 싶을 때는 tk.Label 클래스를 사용합니다. wraplength를 지정하면 문장이 길어져 화면 밖으로 나가는 것을 방지할 수 있습니다.
- **place** : 요소의 위치를 정하는 함수입니다. relx는 전체 가로 너비를 1로 보고 가로 어느 위치에 놓을지 정합니다. rely는 전체 세로 너비를 1로 보고 세로 어느 위치에 놓을지 정합니다.

02 이제 핵심이 되는 버튼을 만들어봅시다. 앞서 작성했던 코드에 이어서 작성해주세요.

> 바로 자동화 코드 interface.py

```python
# ❶ 버튼 스타일 지정
btn_styles = {
    'font': font(14, True),
    'width': 30,
    'height': 2,
    'bd': 3,
    'bg': 'white',
    'fg': bgcolor,
    'cursor': 'hand2',
    'relief': 'raised'
}

# ❷ 버튼 옵션 지정
btn_options = [
    {"text": "업무포털 접속", "command": None},
    {"text": "나이스 출결 바로가기", "command": None},
    {"text": "행동특성및종합의견 붙여넣기", "command": None},
]

# ❸ 반복문으로 버튼 생성
for idx, option in enumerate(btn_options):
    button = tk.Button(window, text=option["text"], command=option["command"], **btn_
```

```
    styles)
    button.place(relx=0.5, rely=0.38 + 0.2 * idx, anchor=tk.CENTER)

# ❹ 만든 화면 실행
window.mainloop()
```

버튼을 설정하고 반복문을 이용해 여러 개의 버튼을 쉽게 만들고 위치를 정합니다.

❶ btn_styles 변수 : 딕셔너리 형태로 버튼 스타일을 지정합니다. 모든 버튼의 스타일을 통일하고 한 번에 관리할 수 있습니다.

❷ btn_options 변수 : 리스트 안에 필요한 버튼의 수만큼 딕셔너리 형태로 버튼 옵션을 지정합니다. 버튼을 만들 때는 'text'와 'command' 값이 필요합니다. 'text'는 버튼에 보이는 글자이고, 'command'는 버튼을 클릭했을 때 실행할 함수입니다. 지금은 정의한 함수가 없으니 모두 None으로 넣어놓겠습니다.

❸ for 반복문 : btn_options에서 option을 하나씩 꺼내 button을 만들고, 위치를 조정합니다. enumerate( ) 함수를 쓰면 index도 함께 사용할 수 있는데, 버튼의 rely에 0.13씩 차이를 두기 위해 사용하였습니다.

❹ 화면을 종료할 때까지 화면에 입력되는 키보드나 마우스의 데이터를 계속 관찰하고 처리하는 코드입니다. tkinter 라이브러리로 화면을 만들었다면 마지막에 꼭 넣어야 하는 코드입니다.

실행하고 결과 확인하기

이제 코드 작성은 마쳤습니다. 파일 interface.py 코드를 실행해보세요. 우리 프로그램의 화면이 나타납니다.

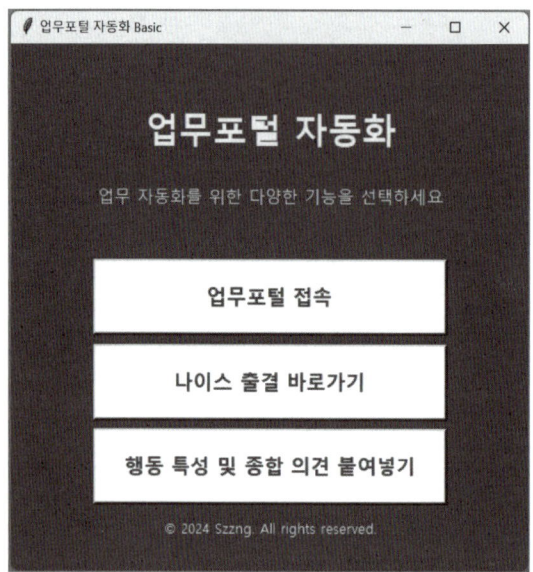

버튼을 클릭해보세요. 아무 일도 일어나지 않죠? 우리가 앞서 구현한 코드에서는 버튼을 클릭하면 어떤 일을 해야 하는지 결정하는 command를 모두 None(없음)으로 설정했기 때문입니다. 지금까지 우리는 프로그램의 껍데기만 구현한 것이랍니다. 다음 챕터부터 None 대신 command에 쓸 함수, 즉 기능을 정의하고 알맞게 연결해봅시다.

with AI 인터페이스를 수정해볼까요?

tkinter 라이브러리를 활용해서 인터페이스 화면을 만들 수 있다는 걸 알았습니다. 라이브러리의 함수와 속성값들을 잘 알아두면 좋지만 당장 구현이 필요한 선생님도 있을테니 AI의 힘을 빌려보죠. 작성한 코드를 보여주면서 버튼의 개수와 색상을 수정해달라고 요청해보겠습니다.

> 이 코드를 기반으로 수정해줘. 내가 원하는 바는 다음과 같아.

…필요한 코드를 복붙하세요!…

- 기존의 버튼에 **[개인 근무 상황 관리]**라는 새 버튼이 추가되면 좋겠어.

- 새로 추가된 버튼은 아무 함수랑 이어지지 않아. "command":None을 유지해줘.

- 하단에 메모용 textarea를 추가해줘.

- 각각의 요소들에 적당한 간격을 띄워줘.

아래는 요청 사항을 반영한 수정된 코드입니다. 새로운 버튼 추가와 요소 간의 간격 조정, 그리고 메모용 텍스트 영역 추가를 포함했습니다.

```python
import tkinter as tk
…생략…
# ❷ 버튼 옵션 지정
btn_options = [
    {"text": "업무포털 접속", "command": None},
    {"text": "나이스 출결 바로가기", "command": None},
    {"text": "행동특성및종합의견 붙여넣기", "command": None},
    {"text": "개인 근무 상황 관리", "command": None},  # 새로운 버튼 추가
]
# ❸ 반복문으로 버튼 생성
for idx, option in enumerate(btn_options):
    button = tk.Button(window, text=option["text"], command=option["command"], **btn_styles)
    button.place(relx=0.5, rely=0.3 + 0.1 * idx, anchor=tk.CENTER)
# ❹ 메모용 텍스트 영역 추가
textarea = tk.Text(window, width=50, height=5, font=font(12, False), wrap='word', bd=3)
textarea.place(relx=0.5, rely=0.75, anchor=tk.CENTER)
# ❺ 만든 화면 실행
window.mainloop()
```

다음은 챗GPT가 만들어준 코드를 실행한 결과입니다. 요청한 대로 잘 만들어줬네요. 색상을 바꾸거나 수정하고 싶은 사항이 있으면 추가 대화를 나눠보세요.

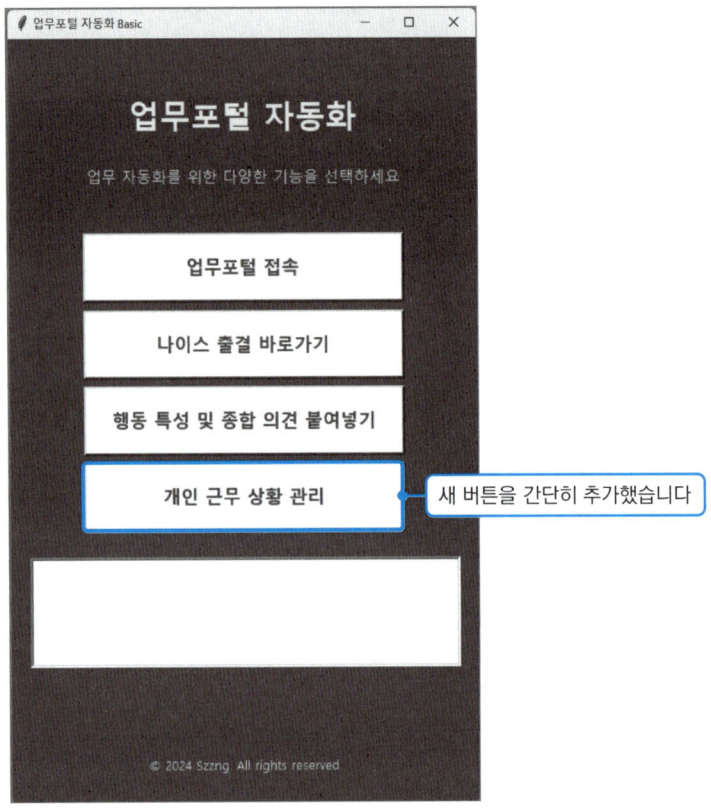

Chapter 15

업무포털 접속 자동화하기

파이썬 코드가 꽤 복잡합니다. 모든 코드를 다 이해할 필요는 없지만 파이썬 기본 문법을 익힌 후 학습하기를 권합니다.

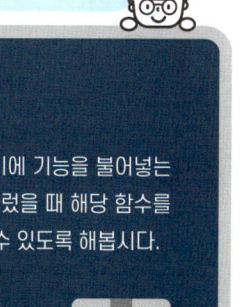

활용도구 파이썬 셀레니움

이번 챕터는 우리 프로그램에서 가장 핵심적인 부분으로, 앞에서 디자인한 껍데기에 기능을 불어넣는 첫 단계입니다. **[업무포털 접속]** 버튼에 command로 함수를 연결하여 버튼을 눌렀을 때 해당 함수를 실행할 겁니다. 이때 사용하는 모든 함수는 직접 정의하여 우리 입맛대로 작동할 수 있도록 해봅시다.

💬 웹 페이지 요소를 다루는 라이브러리, 셀레니움

우리는 웹 사이트에 접속하여 키보드로 텍스트를 입력하거나 원하는 버튼을 클릭합니다. **셀레니움**selenium은 이러한 작업을 코드로 자동화할 수 있도록 도와주는 **파이썬 라이브러리**입니다. 다르게 말하면 웹 페이지 요소를 다루는 라이브러리라고도 할 수 있습니다. **웹 페이지 요소란 우리가 보는 웹 사이트를 구성하는 요소입니다.** 업무포털 사이트의 모든 이미지, 텍스트, 버튼, 검색창 등이 웹 페이지 요소입니다. 실습을 시작하기 앞서 꼭 필요한 개념과 코드를 먼저 알아봅시다.

웹 페이지 요소는 HTML로 이루어져 있어요

크롬 브라우저로 업무포털 사이트에 접속한 후 키보드의 F12 키를 눌러보세요. 다음과 같이 새로운 창이 오른쪽에 생기며 HTML로 이루어진 웹 페이지 구조와 요소를 확인할 수 있습니다. 이 창을 개발자 도구라고 부릅니다.

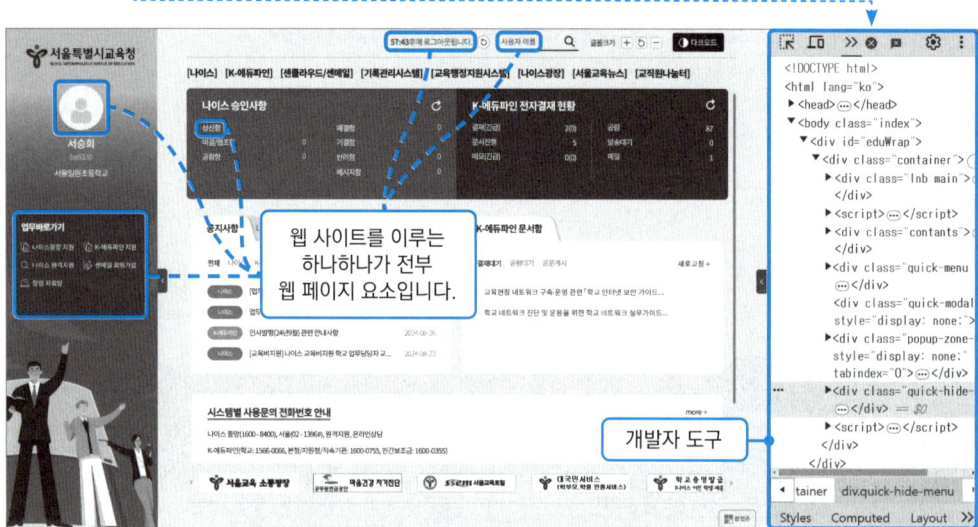

우리 눈에 보이는 모든 웹 페이지 요소는 HTML로 만들어집니다. 각 요소는 태그로 감싸져 있으며, 속성이나 텍스트 같은 정보를 가지고 있습니다. 예를 들어 다음과 같은 HTML 코드에서 버튼 요소가 있다고 합시다.

```
<button class="submit-button">제출</button>
```

여기서 〈button〉은 태그, class="submit-button"은 속성, '제출'은 버튼에 표시되는 텍스트입니다.

CSS 선택자로 버튼 찾기

셀레니움 라이브러리를 이용하면 이 버튼을 자동으로 클릭할 수 있습니다. 셀레니움으로 웹 페이지 요소를 찾는 방법은 다양하지만, 우리가 주로 사용할 방법은 **CSS 선택자**를 활용해 특정 클래스 속성을 가진 태그를 찾는 방식입니다. 앞서 본 버튼처럼 class="submit-button" 속성을 가진 요소를 찾을 때 CSS 선택자를 사용할 수 있습니다. CSS 선택자는 웹 페이지에서 HTML 요소를 스타일링할 때 어떤 요소에 스타일을 적용할지 선택하는 방법입니다. 이제 코드로 확인해봅시다.

```
# submit-button 클래스를 가진 버튼 찾기
element = driver.find_element(By.CSS_SELECTOR, "button.submit-button")
# 버튼 클릭
element.click()
```

이 코드를 실행하면 셀레니움이 submit-button 클래스를 가진 버튼 태그(〈button〉〈/button〉)를 찾아 클릭합니다. find_element( ) 함수로 태그와 클래스가 일치하는 요소를 찾아내어 변수 element에 저장하고, click( ) 함수를 이용해 요소를 클릭합니다.

CSS 선택자로 입력 필드 찾고 텍스트 입력하기

이번에는 검색어를 입력하는 input 태그의 입력 필드가 있다고 할 때, 입력 필드를 찾은 후 텍스트로 검색어를 입력하는 코드를 알아봅시다.

```
<input type="text" class="search-input" placeholder="검색어를 입력하세요">
```

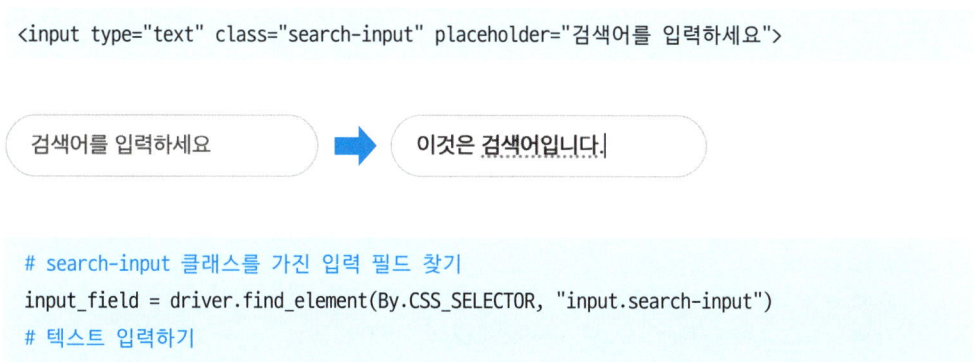

```
# search-input 클래스를 가진 입력 필드 찾기
input_field = driver.find_element(By.CSS_SELECTOR, "input.search-input")
# 텍스트 입력하기
```

```
input_field.send_keys("이것은 검색어입니다.")
```

버튼 요소를 찾았을 때처럼 find_element( ) 함수로 search-input 클래스를 가진 입력 태그를 찾고 send_keys( ) 함수로 텍스트를 입력합니다.

바로 실습 32 인터페이스 디자인 구현하기

이제 꼭 필요한 개념을 알았으니 본격적으로 실습을 시작해보죠. 셀레니움을 사용하기 위해서는 라이브러리를 먼저 설치해야 합니다. 셀레니움을 비롯하여 앞으로 많이 사용할 5가지의 라이브러리를 한 번에 설치해보겠습니다.

01 터미널을 열고 다음 명령어를 실행하세요. 5개의 라이브러리를 한 번에 설치할 수 있습니다.

```
pip install selenium webdriver_manager pandas openpyxl pyinstaller
```

open_eduptl( ) 함수 : 업무포털 페이지 접속하기

우리 프로젝트의 시작이자 핵심 함수인 업무포털 페이지에 접속하는 함수를 만들어봅시다. 브라우저를 자동으로 조작할 수 있게 해주는 도구인 웹 드라이버를 사용하여 지정 URL 주소로 이동하고, 따로 정의한 login( ) 함수를 호출하여 로그인까지 처리합니다.

01 다음 코드를 입력합니다. 버튼과 직접 연결할 함수이기 때문에 앞서 만든 3개의 파일 중 **btn_commands.py**에 작성해주세요.

바로 자동화 코드 btn_commands.py
```python
import time
from selenium import webdriver
from selenium.webdriver.chrome.service import Service
```

```python
from webdriver_manager.microsoft import EdgeChromiumDriverManager
from utils import urls, login  # ❶ urls와 login 미리 준비

# 전역 변수 선언
driver = None

def open_eduptl():
    global driver  # 함수 내에서 전역 변수 driver 사용 선언
    # ❷ 웹 드라이버 확인 및 생성
    if driver is None:
        driver = webdriver.Edge(service=Service(EdgeChromiumDriverManager().install()))
    # ❸ 이미 업무포털 관련 페이지에 접속해 있는지 확인
    if driver.title in ['업무포털 메인', '4세대 나이스 시스템']:
        return  # 이미 접속 중인 경우 그대로 반환
    # ❹ 업무포털 페이지 접속
    driver.get(urls['업무포털 메인'])  # 업무포털 URL로 이동
    driver.maximize_window()  # 창 최대 크기로 설정
    time.sleep(3)  # 페이지 로드 대기
    # ❺ 로그인 페이지로 리다이렉트 여부 확인 및 로그인 처리
    if driver.current_url == urls['업무포털 로그인']:
        login(driver)
```

❶ 이후에 utils.py 파일에 정의할 login() 함수와 URL 정보를 한 번에 관리하는 urls 딕셔너리를 미리 불러옵니다.

❷ 셀레니움을 사용해 웹 드라이버를 시작하는 코드입니다. EdgeChromiumDriverManager() 클래스를 이용해 마이크로소프트 엣지 웹 드라이버를 자동으로 설치하고 webdriver.Edge() 클래스를 사용해 웹 드라이버를 실행합니다. 웹 드라이버를 통해 브라우저를 자동으로 제어하고, 웹 페이지와 상호 작용할 수 있습니다.

❸ 현재 웹 드라이버가 업무포털 페이지에 이미 접속해 있는지 확인합니다. driver.title로 현재 탭 제목을 확인하고, 만약 제목이 '업무포털 메인'이나 '4세대 나이스 시스템'과 같다면 동작을 멈추고 함수를 그대로 반환합니다. 불필요한 페이지 재접속을 방지하고, 중복 작업을 줄이기 위한 코드입니다.

❹ 웹 드라이버를 사용하여 업무포털의 URL로 이동하는 과정입니다. time.sleep(3) 함수를 사용하여 페이지를 완전히 로드할 때까지 3초간 대기합니다.

❺ 업무포털의 URL로 이동했지만 현재 URL이 업무포털 로그인 페이지라면 로그인이 필요하여 로그인 페이지로 리다이렉트했다는 뜻입니다. 이럴 때는 로그인을 위해 따로 정의한 함수 login( )을 호출하여 로그인합니다.

모든 URL 모아놓고 사용하는 urls 딕셔너리 만들기

변수 urls에 우리가 사용하는 모든 URL을 딕셔너리 데이터로 선언하여 관리하면 깔끔합니다. 앞으로 사용할 나이스, 에듀파인 URL 등도 여기에 추가해서 쓰면 됩니다.

01 utils.py 파일에 다음과 같이 입력하세요. 각 URL 정보는 직접 타이핑하지 말고 해당 웹 페이지에 직접 접속하여 주소창에서 가져오세요.

바로 자동화 코드 utils.py

```python
# URL 정보
urls = {
    '업무포털 메인': 'https://sen.eduptl.kr/bpm_man_mn00_001.do',
    '업무포털 로그인': 'https://sen.eduptl.kr/bpm_lgn_lg00_001.do',
    '에듀파인': 'http://klef.sen.go.kr/',
    '나이스': 'https://sen.neis.go.kr/cmc_fcm_lg01_000.do?data=W0FyNH...jBkVT0='
}
```

업무포털 메인, 업무포털 로그인, 에듀파인의 URL은 해당 웹 페이지의 주소창에서 URL을 그대로 복사하여 사용하면 됩니다. 하지만 나이스는 주소창의 URL인 'https://sen.neis.go.kr/jsp/main.jsp'를 사용하면 업무포털에 로그인을 했음에도 불구하고 다시 인증서 로그인 페이지로 리다이렉트됩니다. 업무포털의 로그인 정보를 그대로 가지고 나이스에 한 번에 접속하려면 다음과 같이 업무포털 페이지의 메뉴에서 [나이스] 버튼의 요소를 검사하여 a

태그의 id값을 복사하여 가져와야 합니다.

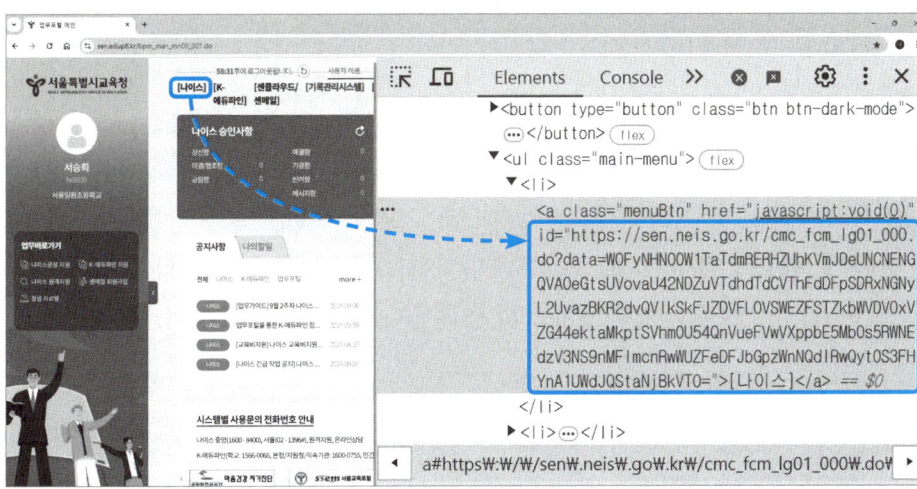

선생님의 비법 노트

원하는 요소를 쉽게 찾는 방법

복잡한 웹페이지에서 원하는 요소의 HTML 태그를 쉽게 찾으려면 [🔍 **요소 검사**] 버튼을 활용해보세요.

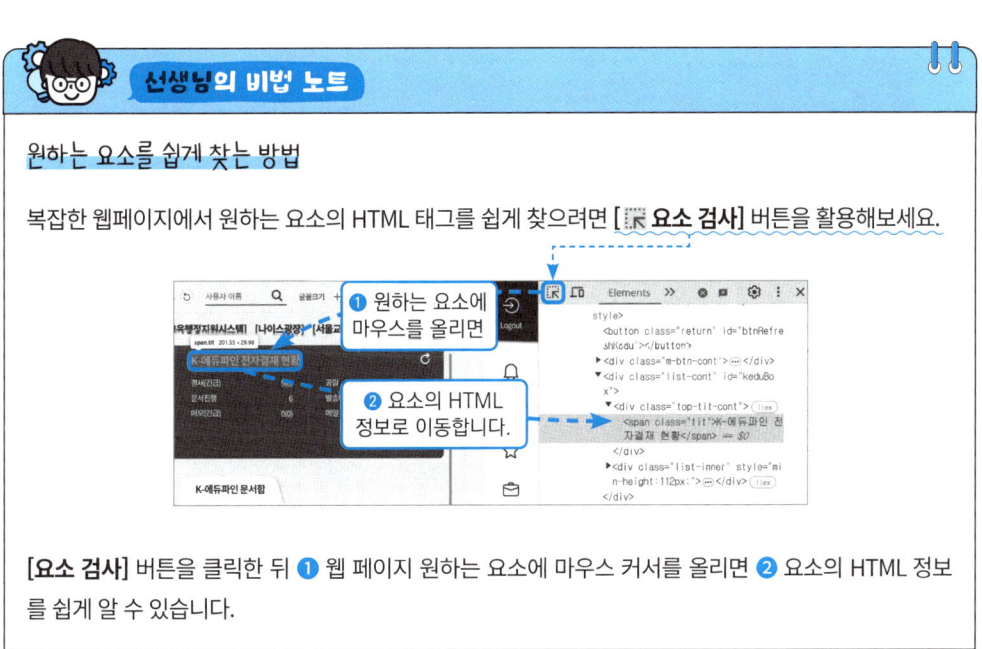

[**요소 검사**] 버튼을 클릭한 뒤 ❶ 웹 페이지 원하는 요소에 마우스 커서를 올리면 ❷ 요소의 HTML 정보를 쉽게 알 수 있습니다.

login( ) 함수 : 업무포털 인증서 로그인하기

업무포털 로그인 페이지에서 자동 로그인을 수행하는 함수를 만들겠습니다. 인증서 로그인을 자동으로 처리합니다.

01 크롬 브라우저로 업무포털 로그인 페이지에 접속한 후 F12 를 눌러 개발자 도구를 열어주세요. ❶ **[요소 검사]** 버튼을 누른 후에 ❷ 마우스로 **[로그인]** 버튼을 클릭해서 ❸ **[로그인]** 버튼의 HTML 코드를 찾으세요. 요소의 CSS 선택자를 확인할 수 있답니다.

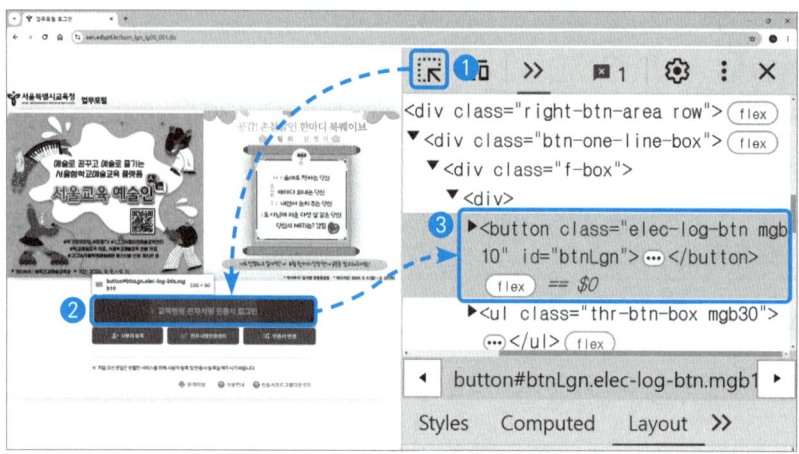

02 그렇게 찾은 로그인 버튼의 html은 다음과 같습니다.

```
<button class="elec-log-btn mgb10" id="btnLgn">
    교육행정 전자서명 인증서 로그인
</button>
```

이 로그인 버튼을 클릭하려면 이렇게 하면 되겠지요. 앞서 배운 'CSS 선택자로 버튼 찾기'를 활용한 코드입니다.

```python
login_button = driver.find_element(By.CSS_SELECTOR, 'button.elec-log-btn')
login_button.click()
```

03 이제 앞 코드를 참고해서 로그인 페이지의 요소들을 차근차근 가져와 자동 로그인하는 함수 login( )을 만들어봅시다. 함수 open_eduptl( )을 돕는 보조 함수이기 때문에, 분리된 파일 중 **utils.py**에 작성해주세요.

바로 자동화 코드 utils.py

```python
import time
from selenium.webdriver.common.by import By

def login(driver):
    # ❶ 로그인 버튼 찾기 및 클릭
    login_button = driver.find_element(By.CSS_SELECTOR, 'button.elec-log-btn')
    login_button.click()
    time.sleep(3)  # 페이지 로드 대기
    # ❷ 비밀번호 입력창 찾기 및 입력
    password_input = driver.find_element(By.CSS_SELECTOR, 'input.kc-pw-box')
    password = get_password_from_file()  # 비밀번호 파일에서 비밀번호 가져오기
    password_input.send_keys(password)  # 비밀번호 입력
    # ❸ 확인 버튼 찾기 및 클릭
    confirm_button = driver.find_element(By.CSS_SELECTOR, 'button.kc-btn-blue')
    confirm_button.click()
    time.sleep(3)  # 페이지 로드 대기
```

❶ 웹 드라이버를 사용하여 **[로그인]** 버튼을 찾습니다. driver.find_element( ) 함수에 By.CSS_SELECTOR와 해당 요소의 CSS 선택자를 전달하여 로그인 버튼을 정확히 찾아내고 click( ) 함수를 호출하여 버튼을 클릭합니다. 이 클릭 이후에도 페이지 로드를 대기하기 위해 추가적으로 time.sleep(3) 함수를 사용하여 3초간 대기합니다.

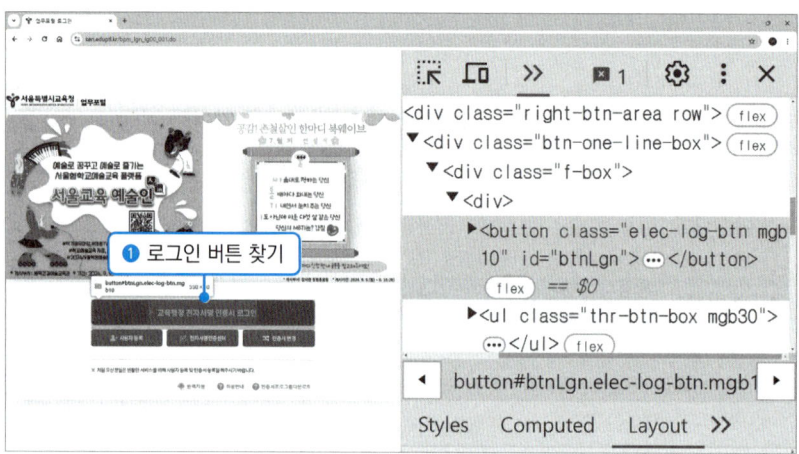

❷ 비밀번호 입력 필드를 찾기 위해 driver.find_element( ) 함수를 다시 사용합니다. 비밀번호 입력 필드 역시 CSS 선택자로 지정하며, 비밀번호는 별도의 파일에서 읽어오는 get_password_from_file( ) 함수를 통해 가져옵니다. 가져온 비밀번호는 send_keys( ) 함수를 사용하여 입력 필드에 전달합니다.

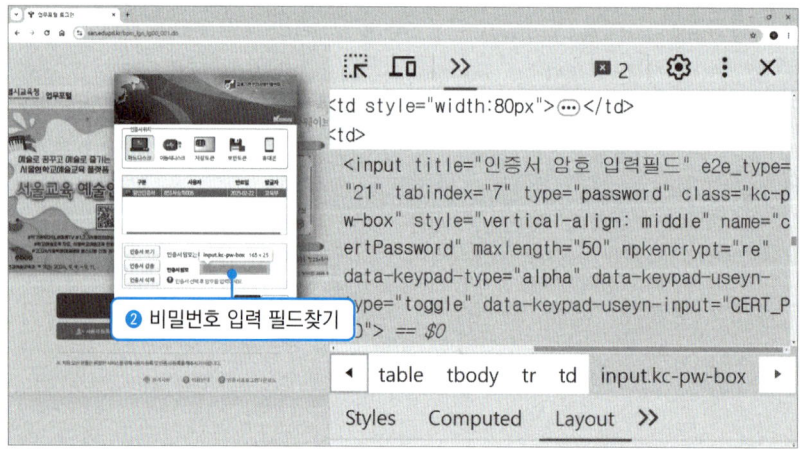

❸ 마지막으로 로그인을 완료하기 위한 **[확인]** 버튼을 찾고 클릭합니다. 이 버튼 역시 driver.find_element( ) 함수와 CSS 선택자를 사용하여 찾아내고, click( ) 함수로 클릭합니다.

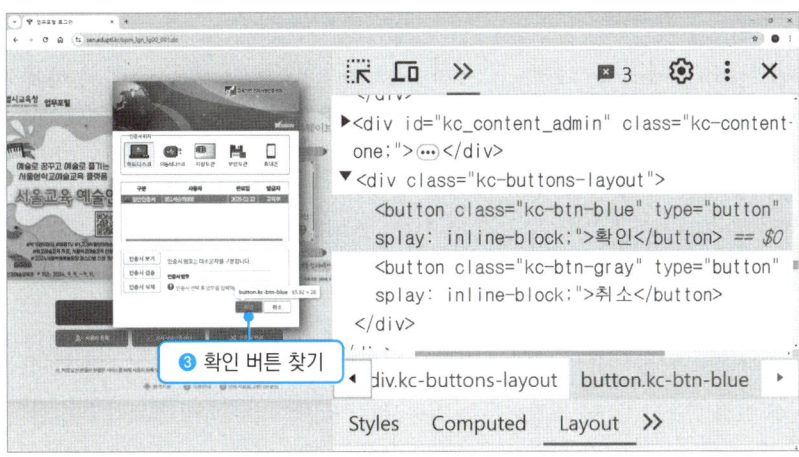

❸ 확인 버튼 찾기

get_password_from_file( ) 함수 : 저장된 비밀번호 가져오기

지정한 파일 경로에서 저장된 비밀번호를 읽어오는 함수를 작성해보겠습니다. 파일이 없으면 사용자에게 경고 메시지를 보여주고 예외를 발생시킵니다. login( ) 함수를 돕는 보조 기능의 함수이기 때문에, 분리한 파일 중 **utils.py**에 작성해주세요.

01 파일에서 비밀번호를 읽어오는 함수 get_password_from_file( )를 입력합니다. login( ) 함수를 정의한 바로 아래쪽에 작성하면 코드의 가독성이 좋겠지요?

```python
def get_password_from_file():
    # ❶ 비밀번호 파일 경로 설정
    password_filepath = 'C:\\GPKI\\password.txt'
    # ❷ 파일 존재 여부 확인
    if not os.path.exists(password_filepath):
        # 오류 메시지 표시 및 예외 발생
        messagebox.showerror("오류", f"먼저 인증서 비밀번호를 {password_filepath}에 저장
하세요.")
        raise Exception('인증서 비밀번호 없음')
    # ❸ 파일 열기 및 비밀번호 읽기
    with open(password_filepath, 'r') as file:
        return file.read().strip()
```

❶ password.txt라는 이름의 파일에 인증서 비밀번호를 저장해두었다고 전제합니다. 현재는 보안상 로컬 디스크(C:)에 저장해두는 인증서(GPKI) 폴더로 파일 경로를 저장합니다. 파일 경로는 원하는 위치로 바꿀 수 있습니다.

❷ 만약 설정한 파일 경로에 password.txt가 없다면, 오류 메시지와 함께 예외를 발생시키고 코드의 흐름을 종료하여 문제가 있음을 사용자에게 알립니다.

❸ 설정해 놓은 파일 경로에 password.txt가 있다면 파일을 열고 비밀번호를 읽고 반환합니다.

바로실습 33 업무포털 접속 자동화 실행하기

핵심 동작하는 함수 작성을 완료했습니다. 이제 정의한 함수를 **[업무포털 접속]** 버튼과 연결해 버튼을 클릭했을 때 자동화가 동작하도록 하겠습니다.

'업무포털 접속' 버튼 연결하기

01 파일 interface.py로 이동하여 다음 코드를 수정하세요.

```python
# 바로 자동화 코드  interface.py
from btn_commands import open_eduptl # ❶
...생략...
btn_options = [
    {"text": "업무포털 접속", "command": open_eduptl}, # ❷
    {"text": "나이스 출결 바로가기", "command": None},
    {"text": "행동특성및종합의견 붙여넣기", "command": None},
]
...생략...
```

❶ 함수 open_eduptl( ) 함수를 파일 btn_commands.py에서 불러옵니다.

❷ 임시로 None을 채워놓았던 업무포털 접속 버튼의 command 값을 open_eduptl로 바꿔주세요.

결과 확인하기

01 이제 파일 interface.py을 실행하고, **[업무포털 접속]** 버튼을 눌러보세요. 마법처럼 브라우저가 혼자 작동하며 열심히 업무포털에 접속하는 모습을 볼 수 있습니다.

브라우저 상단에 'Microsoft Edge가 자동화된 테스트 소프트웨어에 의해 제어되고 있습니다' 라는 안내 메시지가 보입니다. 자동화를 향한 커다란 한 걸음, 성공이네요!

선생님의 비법 노트

오류가 난다면 두 가지를 확인해보세요

먼저 비밀번호 파일을 정확히 만들었는지 확인해보세요. 'C:\GPKI\password.txt' 경로인 로컬 디스크 (C:)에 저장해두는 인증서(GPKI) 폴더 안에 password.txt 이름의 파일을 저장하고, 인증서 비밀번호 적어놓아야 합니다. 파일 이름이나 비밀번호가 틀렸거나 경로를 잘못 입력하지 않았는지 확인해보세요.

두 번째, 인터넷 환경에 따라 웹 페이지가 로드되는 속도가 느려 오류가 생길 수 있습니다. utils.py 파일에 작성한 login( ) 함수에서 다음 부분을 수정해보세요. 기존에는 페이지 로드를 기다리는 시간을 3초로 지정했는데 5~7초로 수정한 후 다시 실행해보세요.

바로 자동화 코드 `utils.py`

```python
...생략...
def login(driver):
    login_button = driver.find_element(By.CSS_SELECTOR, 'button.elec-log-btn')
    login_button.click()
    time.sleep(5)  # 기존에 3초였던 대기시간을 5초로 변경해서 실행해보세요
...생략...
```

with AI 아이디와 비밀번호를 가져올 수 있게 응용해볼까요?

다른 페이지의 로그인 자동화로 응용하기 위해서 아이디와 비밀번호 두 정보를 입력하는 코드를 챗GPT와 함께 만들어봅시다. 먼저 login( ) 함수에 비밀번호 입력창에 더해 아이디 입력장도 가져와야 합니다. 그리고 get_password_from_file( ) 함수를 수정해서 아이디를 가져오는 과정도 필요하겠네요. 대략 수정 방향을 떠올렸다면 AI에게 물어봅시다.

> login( ) 함수를 수정해서 비밀번호 입력창을 가져오는 것처럼 아이디 입력창도 함께 가져오게 수정해줘. 아이디 입력창의 클래스는 'id-input'이야.

get_password_from_file( ) 함수도 비밀번호와 함께 아이디가 담긴 텍스트 파일도 추가로 가져올 수 있도록 수정해줘.

수정된 login( ) 함수와 get_password_from_file( ) 함수는 다음과 같습니다. get_password_from_file( ) 함수는 아이디와 비밀번호를 파일에서 읽어오도록 변경되었고, login( ) 함수는 아이디 입력창도 가져오도록 수정되었습니다.

```
...생략...
def get_credentials_from_file():
...생략...
  # 파일 열기 및 아이디와 비밀번호 읽기
  with open(credentials_filepath, 'r') as file:
    lines = file.readlines()
    if len(lines) < 2:
      messagebox.showerror("오류", f"파일에 아이디와 비밀번호를 각각 한 줄에 저장하세요.")
      raise Exception('아이디 및 비밀번호 포맷 오류')
    return lines[0].strip(), lines[1].strip()  # 아이디, 비밀번호 반환

def login(driver):
...생략...
  # ❷ 아이디 입력창 찾기 및 입력
  id_input = driver.find_element(By.CSS_SELECTOR, 'input.id-input')
  password_input = driver.find_element(By.CSS_SELECTOR, 'input.kc-pw-box')
  user_id, password = get_credentials_from_file()  # 파일에서 아이디와 비밀번호 가져오기
  id_input.send_keys(user_id)  # 아이디 입력
  password_input.send_keys(password)  # 비밀번호 입력
...생략...
```

변경된 내용 요약

1. get_password_from_file( ) 함수 -> get_credentials_from_file( ) 함수로 변경:

    - credentials.txt 파일에서 아이디와 비밀번호를 각각 한 줄씩 읽어오도록 변경.
    - 첫 번째 줄은 아이디, 두 번째 줄은 비밀번호로 처리.

2. 아이디 입력 추가:

    - login() 함수에서 input.id-input 클래스를 가진 아이디 입력창을 찾고, 입력값을 설정.

3. 파일 포맷:

    - credentials.txt 파일의 내용은 다음과 같은 형식이어야 합니다:

    ```
    your_username
    your_password
    ```

이 코드를 사용하면 아이디와 비밀번호를 텍스트 파일에서 가져와 자동으로 로그인할 수 있습니다.

커서 AI를 사용한다면 참고할 코드를 드래그해서 챗 기능이나 빠른 수정 기능을 사용하고, 챗GPT 등의 생성형 AI를 사용한다면 참고할 코드를 복사-붙여넣기해서 알려주세요. 참고할 코드를 AI에게 먼저 알려주고 수정을 요청하는 순서를 꼭 기억하길 바랍니다.

Chapter 16

나이스 메뉴 이동 자동화하기

파이썬 코드가 꽤 복잡합니다. 모든 코드를 다 이해할 필요는 없지만 파이썬 기본 문법을 익힌 후 학습하기를 권합니다.

활용도구 파이썬 셀레니움

이번 챕터는 원하는 나이스의 메뉴로 바로 이동할 수 있도록 자동화하는 단계입니다. 담임 선생님들이 자주 사용하는 나이스 학급 담임-출결 관리 메뉴로 적용해보겠습니다. **[나이스 출결 바로가기]** 버튼에 command로 직접 정의한 함수를 연결하여 버튼을 눌렀을 때 함수를 실행합니다.

바로 실습 34 ▶ 브라우저 일시 정지 기능 알아보기

나이스의 네비게이션 메뉴를 펼친 후에 개발자 도구로 보려고 하면 메뉴가 자꾸 사라지는 문제가 생깁니다. 다른 곳을 클릭하면 펼쳐놓았던 메뉴가 접히기 때문인데요, **브라우저의 일시 정지 기능**을 사용하면 메뉴가 접히지 않도록 고정할 수 있습니다.

01 크롬 브라우저에서 `F12`를 눌러 개발자 도구를 엽니다. 개발자 도구의 상단 탭 중에서 **[Sources]** 탭을 클릭합니다. 이 탭은 페이지의 자바스크립트 코드를 디버깅할 수 있는 기능을 제공합니다.

02 소스 탭 하단 오른쪽에 있는 [⏸ 일시 정지] 버튼을 클릭합니다. F8 을 눌러도 일시 정지할 수 있습니다.

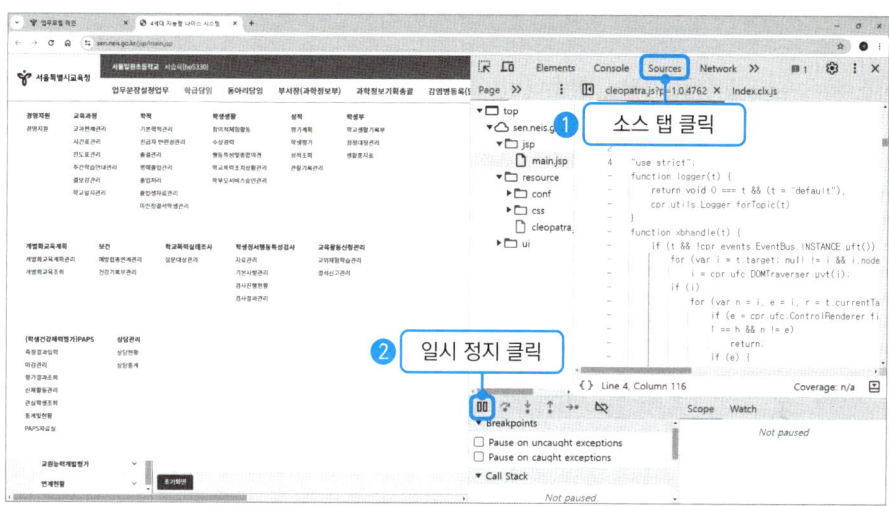

03 일시 정지 상태에서 작업이 끝났으면 다시 F8 이나 일시 정지 해제 버튼을 눌러 메뉴의 움직임을 재개할 수 있습니다.

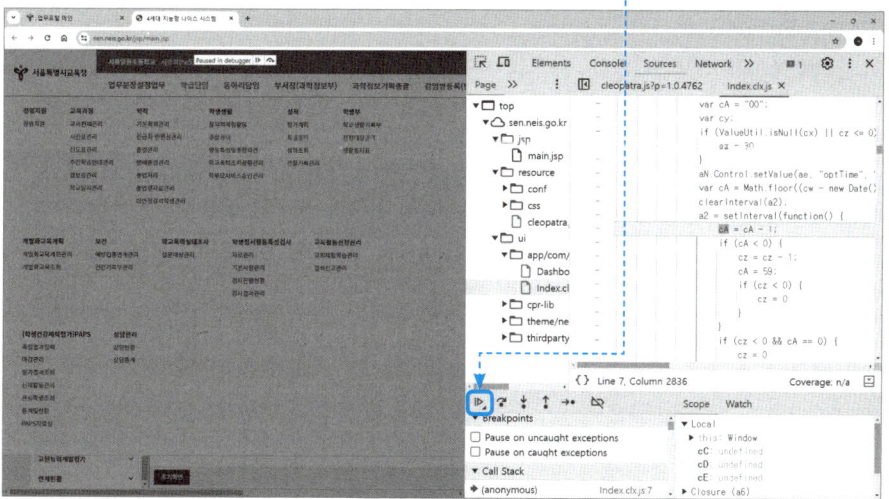

Chapter 16 나이스 메뉴 이동 자동화하기 **233**

바로실습 35 나이스 메뉴 이동 자동화 구현하기

neis_attendace( ) 함수 : 나이스 출결 관리 메뉴로 이동하기

나이스에서 자주 사용하는 메뉴 중 하나인 '출결 관리'로 이동하고 조회 버튼을 클릭하여 바로 학생 출결을 표시할 수 있도록 하는 함수를 만들어봅시다.

01 tkinter의 버튼과 직접 연결할 함수이기 때문에, 분리한 파일 중 btn_commands.py에 다음 코드를 작성해주세요.

바로 자동화 코드 · btn_commands.py

```python
from utils import urls, login, neis_go_menu, neis_click_btn  # ① 함수 미리 불러오기

def neis_attendace():
    global driver  # 함수 내에서 전역 변수 driver 사용 선언
    # 기본으로 업무포털 접속 함수 호출
    open_eduptl()
    # ② 원하는 메뉴로 이동
    neis_go_menu(driver, '학급담임', '학적', '출결 관리', '출결 관리')
    # ③ 조회 버튼 클릭
    neis_click_btn(driver, '조회')
```

① 앞으로 정의할 함수 neis_go_menu, neis_click_btn를 파일 utils.py에서 불러옵니다. ② neis_go_menu( ) 함수는 나이스에서 원하는 메뉴로 이동하는 기능이고, ③ neis_click_btn( ) 함수는 버튼을 클릭하는 기능으로, 자세한 내용은 utils.py 파일에서 정의할 겁니다.

neis_go_menu( ) 함수 : 나이스에서 특정 메뉴로 바로 이동하기

나이스에서 원하는 메뉴로 한 번에 이동하는 함수입니다. 총 4단계의 네비게이션 메뉴에서 단계별 원하는 메뉴를 선택해야 합니다.

01 나이스에서 특정 메뉴로 바로 이동하는 neis_go_menu( ) 함수를 작성합니다. neis_attendace( ) 함수를 돕는 보조 기능의 함수이기 때문에, **파일 utils.py**에 작성해주세요.

바로 자동화 코드 utils.py

```python
def neis_go_menu(driver, level1, level2, level3, level4):
    # ❶ 나이스 탭으로 전환
    switch_tab(driver, '나이스')
    # ❷ 1차 네비게이션 메뉴 선택
    first_level_items = driver.find_element(By.CSS_SELECTOR, 'ul.cl-navigationbar-bar').find_elements(By.TAG_NAME, 'li')
    for first_item in first_level_items:
        if level1 in first_item.text:
            first_item.click()
            time.sleep(1)
            break
    # ❸ 2차 네비게이션 메뉴와 3차 메뉴 선택
    second_level_items = driver.find_elements(By.CSS_SELECTOR, 'div.cl-navigationbar-listitem-wrapper')
    for second_item in second_level_items:
        if level2 in second_item.text:
            third_level_items = second_item.find_elements(By.TAG_NAME, 'li')
            for third_item in third_level_items:
                if level3 in third_item.text:
                    third_item.click()
                    break
            break
    # ❹ 4차 메뉴 선택
    fourth_level_items = driver.find_elements(By.CSS_SELECTOR, 'a.cl-leaf.cl-level-2.cl-sidenavigation-item')
```

```
for fourth_item in fourth_level_items:
    if fourth_item.get_attribute("title") == level4:
        fourth_item.click()
        time.sleep(5)
        break
```

❶ 다음 단계에서 만들 switch_tab( ) 함수를 통해 브라우저에 이미 나이스 탭이 열려 있는지 확인하고 해당 탭으로 전환합니다. 만약 나이스 탭이 열려 있지 않다면 새로운 나이스 탭을 만들어 전환하는 역할을 합니다.

❷ 나이스 시스템의 첫 번째 메뉴(1차 메뉴)를 찾습니다. 이 메뉴는 페이지 상단에 있으며, 전달받은 level1과 일치하는 항목을 클릭합니다. 메뉴를 클릭한 후, 1초 동안 대기하여 다음 단계로 넘어갑니다.

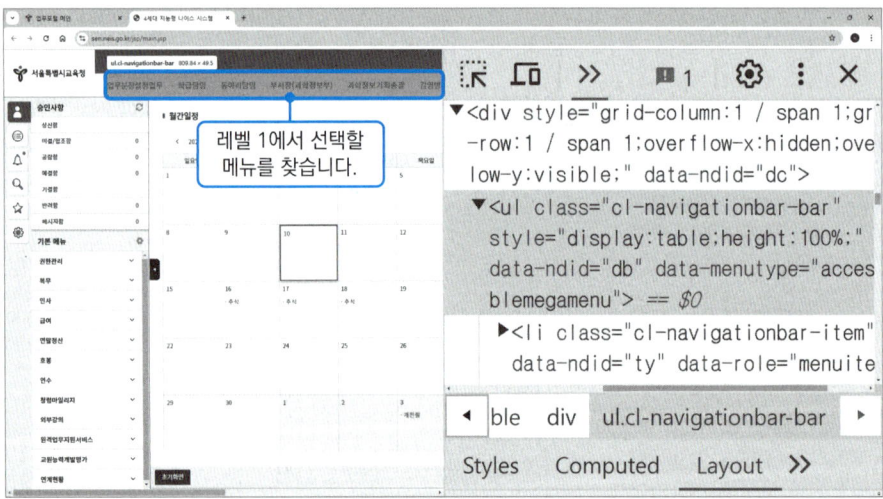

❸ 1차 메뉴를 선택한 후, 2차 메뉴를 찾습니다. 이때 전달된 level2와 일치하는 메뉴를 선택합니다. 그다음 선택한 2차 메뉴에 속해 있는 모든 'li' 태그들을 가져오면 3차 메뉴 목록이 됩니다. 그중 level3와 일치하는 항목을 찾아 클릭합니다. 클릭 후 더 이상 반복하지 않고 다음 단계로 진행합니다.

이때 네비게이션 메뉴를 개발자 도구로 보려고 하면 메뉴가 자꾸 사라지는 문제가 있을 것입니다. 앞에서 소개했던 브라우저 일시 정지하기 기능을 사용하면 메뉴가 접히지 않도록 고정할 수 있습니다.

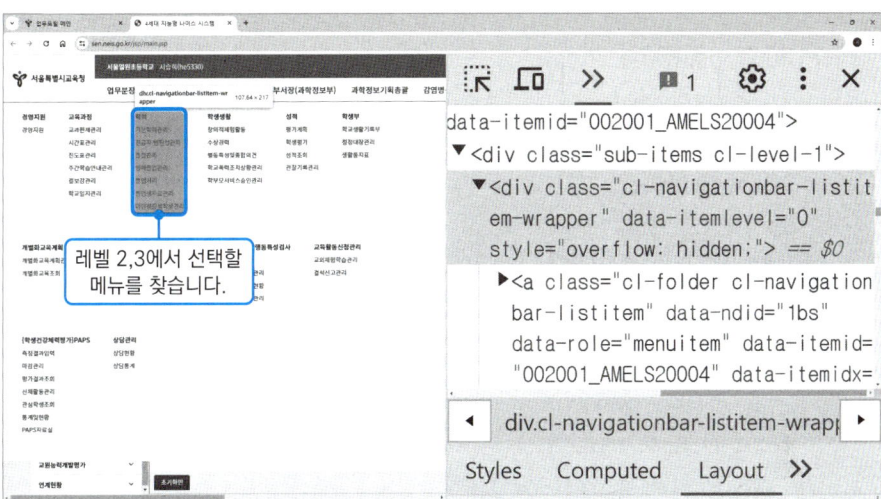

❹ 마지막으로 4차 메뉴를 선택합니다. 이 메뉴는 나이스 화면 왼쪽에 위치합니다. level4와 일치하는 항목을 클릭하고 메뉴가 완전히 로드되도록 5초간 대기합니다.

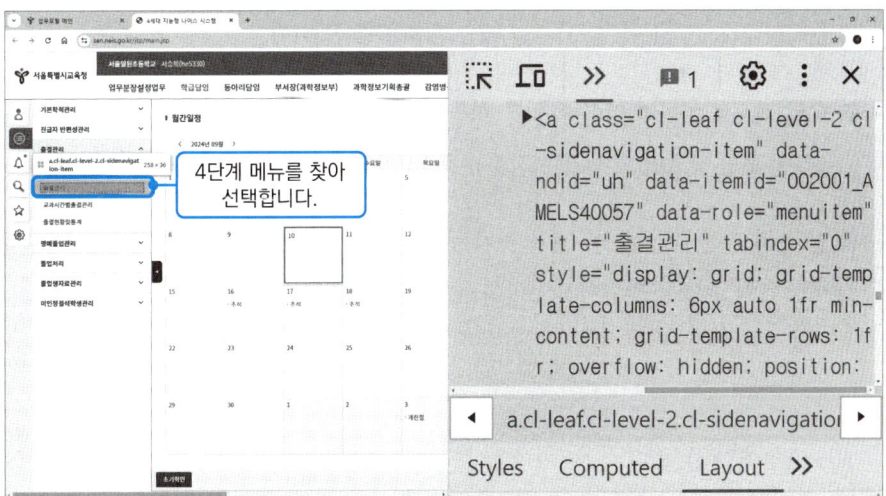

Chapter 16 나이스 메뉴 이동 자동화하기 237

switch_tab( ) 함수 : 웹 드라이버에서 탭 전환하기

01 현재 웹 드라이버에 열린 모든 탭을 확인하고, 원하는 탭으로 이동하는 switch_tab( ) 함수를 작성합니다. 원하는 탭이 열려있다면 해당 탭으로 이동하고, 그렇지 않다면 새 탭을 열고 해당 URL로 이동합니다.

바로 자동화 코드 utils.py

```python
def switch_tab(driver, tab_title):
    # ❶ 모든 핸들 가져오기
    all_handles = driver.window_handles
    # ❷ 각 탭으로 전환하며 조건 검사
    for handle in all_handles:
        driver.switch_to.window(handle)
        # 원하는 탭인지 검사
        if tab_title in driver.title:
            return  # 원하는 탭을 찾으면 종료
    # ❸ 원하는 탭이 없으면 새 탭 열기
    open_url(driver, urls[tab_title])
```

❶ 현재 브라우저에 열려 있는 모든 탭의 목록을 가져옵니다. 이 목록은 각 탭의 고유 식별자를 포함합니다. 이 식별자를 사용해 탭을 전환할 수 있습니다.

❷ 모든 탭으로 하나씩 전환하면서, 탭의 제목이 tab_title과 일치하는지 확인합니다. 만약 일치하는 탭을 찾으면 그 탭으로 전환한 후 더 이상 탐색하지 않고 바로 함수를 종료합니다.

❸ 만약 위 과정에서 원하는 탭을 찾지 못했다면 open_url( ) 함수를 통해 새로운 탭을 열고 해당 URL로 이동합니다. open_url( ) 함수도 만들어야겠죠?

open_url( ) 함수 : 특정 URL로 접속하기

01 open_url( ) 함수는 브라우저에서 새 탭을 열고, 그 탭에서 주어진 URL로 접속하는 함수입니다. utils.py 파일에 이어서 작성합니다.

> 바로 자동화 코드 · utils.py
>
> ```
> def open_url(driver, url):
>     # ❶ 새 탭 열기
>     driver.execute_script("window.open('');")
>     # ❷ 새로 열린 탭으로 스위치
>     driver.switch_to.window(driver.window_handles[-1])
>     # ❸ 새 탭에서 주어진 URL 열기
>     driver.get(url)
>     time.sleep(2)  # 페이지 로드 대기
> ```

❶ 브라우저에서 새 탭을 엽니다. 자바스크립트 코드 "window.open('');"를 실행해서 빈 탭을 생성합니다.

❷ 새로 생성한 탭으로 전환합니다. 이때 새로 열린 탭은 driver.window_handles의 마지막에 위치하기 때문에 마지막 인덱스를 사용하여 해당 탭으로 전환합니다.

❸ 이제 새로 열린 탭에서 주어진 URL로 이동합니다. driver.get(url) 명령으로 해당 페이지를 로드하고, 페이지를 완전히 로드할 때까지 2초 동안 기다립니다.

neis_click_btn( ) 함수 : 나이스에서 버튼 클릭하기

01 나이스에서 사용자가 지정한 버튼 이름과 같은 버튼을 찾아 클릭하는 neis_click_btn( ) 함수를 작성합니다. 현재 페이지 안에 있는 버튼을 하나씩 확인한 후, 원하는 버튼을 찾으면 클릭하고 바로 종료합니다.

바로 자동화 코드 utils.py

```python
def neis_click_btn(driver, button_name):
    # ❶ 버튼 목록 가져오기
    buttons = driver.find_elements(By.CSS_SELECTOR, 'a.cl-text-wrapper')
    # ❷ 주어진 버튼 이름과 일치하는 버튼 클릭
    for button in buttons:
        if button_name == button.text:
            button.click()
            time.sleep(2)
            break
```

❶ 브라우저에서 현재 페이지에 있는 모든 버튼을 가져옵니다. 이 버튼들은 'a.cl-text-wrapper'라는 CSS 선택자를 가지고 있습니다.

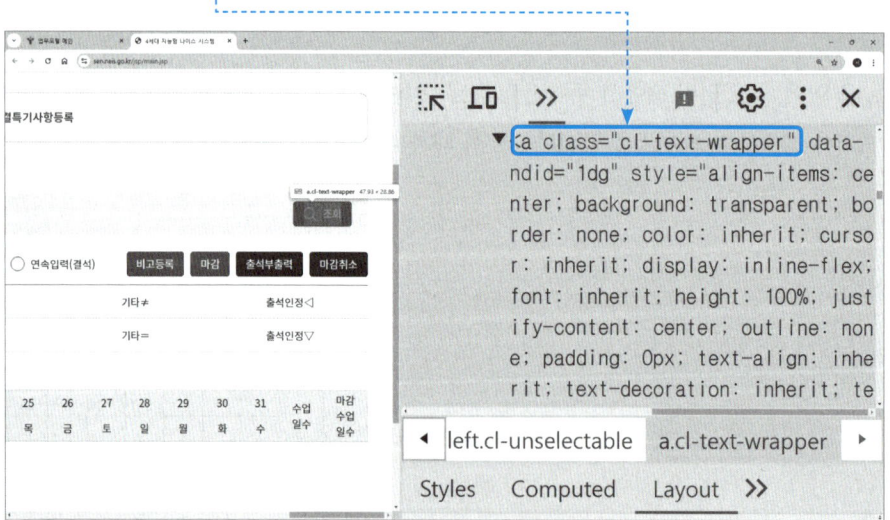

❷ 주어진 button_name과 일치하는 버튼을 찾기 위해 버튼을 하나씩 검사합니다. 버튼의 텍스트가 button_name과 같으면 그 버튼을 클릭합니다. 클릭한 후 페이지가 로드되거나 반응할 시간을 주기 위해 2초간 기다리고 반복을 종료합니다.

바로 실습 36 나이스 메뉴 이동 자동화 실행하기

'나이스 출결 바로가기' 버튼 연결하기

이제 정의한 함수를 [**나이스 출결 바로가기**] 버튼과 연결해봅시다.

01 파일 interface.py로 이동하여 다음과 같이 코드를 수정하세요.

> 바로 자동화 코드 interface.py

```
from btn_commands import open_eduptl, neis_attendace # ❶ neis_attendace 함수 연결
...생략...
btn_options = [
    {"text": "업무포털 접속", "command": open_eduptl},
    {"text": "나이스 출결 바로가기", "command": neis_attendace}, # ❷ 버튼과 함수 연결
    {"text": "행동특성및종합의견 붙여넣기", "command": None},
]
...생략...
```

❶ 함수 neis_attendace을 파일 btn_commands.py에서 불러옵니다.

❷ 임시로 None으로 채워놓았던 [**나이스 출결 바로가기**] 버튼의 command 값을 neis_attendace로 바꿔주세요.

결과 확인하기

01 이제 파일 interface.py을 실행하고, **[나이스 출결 바로가기]** 버튼을 눌러보세요. 현재 우리 반의 출결 관리 메뉴로 바로 이동 후 정보를 조회할 수 있습니다.

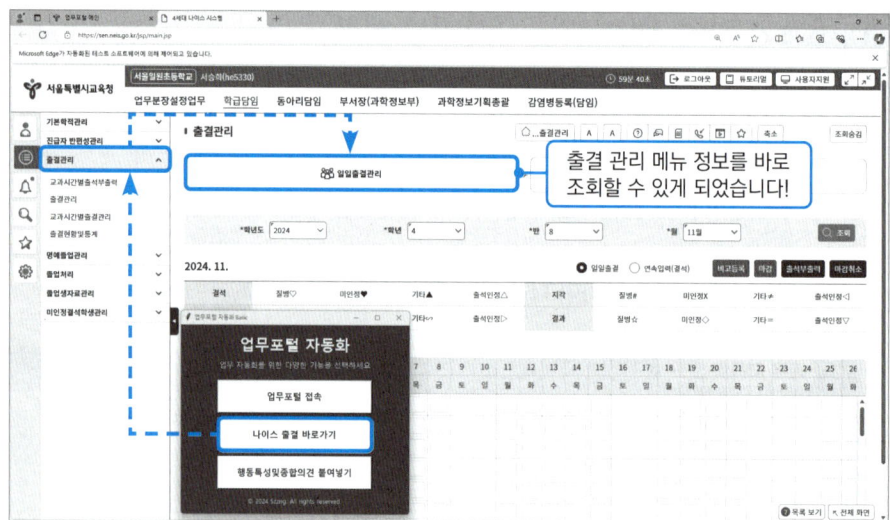

Chapter 17

나이스 복사-붙여넣기 자동화하기

> 파이썬 코드가 꽤 복잡합니다. 모든 코드를 다 이해할 필요는 없지만 파이썬 기본 문법을 익힌 후 학습하기를 권합니다.

활용도구 파이썬   셀레니움   판다스

이번 챕터는 엑셀 파일에서 데이터를 복사해 나이스 탭에 알맞게 붙여넣는 기능을 자동화하는 단계입니다. 성적 처리 시기에 자주 사용하는 나이스 학급 담임-행동특성및종합의견 메뉴로 적용해보겠습니다. **[행동특성및종합의견 붙여넣기]** 버튼에 command로 직접 정의한 함수를 연결하여, 버튼을 눌렀을 때 해당 함수를 실행해봅시다.

💬 엑셀 데이터 다루는 라이브러리, 판다스

판다스pandas는 데이터 분석에서 흔히 사용하는 라이브러리로 엑셀 데이터와 같은 표 형태의 데이터를 쉽게 다룰 수 있도록 도와줍니다. 판다스를 이용하면 파이썬 코드로 엑셀 파일을 자유롭게 다룰 수 있습니다. 다음과 같은 형식의 엑셀 파일 데이터를 판다스로 조작하는 코드를 간단히 알아봅시다.

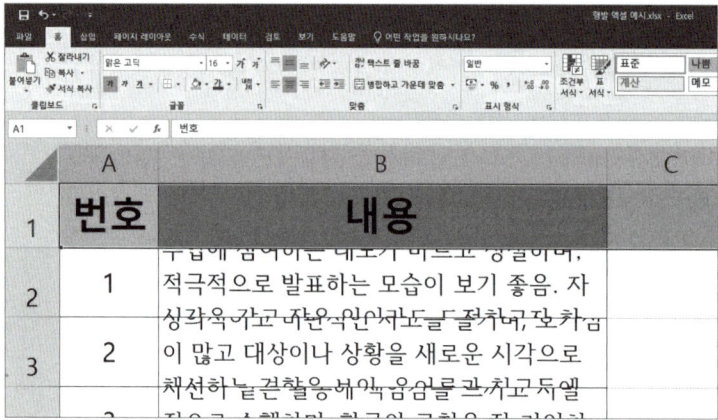

이 코드를 실행하면 번호가 3인 학생의 '내용' 열에 해당하는 데이터를 출력합니다.

```python
import pandas as pd
# ❶ 파일 경로를 이용해 엑셀 파일 읽어오기
file_path = "./행발 엑셀 예시.xlsx"
data = pd.read_excel(file_path, index_col='번호')
# ❷ 번호 1번 학생의 데이터 읽어오기
student_id = 1
print(data.loc[student_id, '내용'])
```

❶ pd.read_excel( ) 함수는 파일 경로에 있는 엑셀 파일을 읽어서 DataFrame 형식으로 불러옵니다. index_col='번호'는 '번호' 열을 인덱스로 설정하여 각 행을 특정 학생의 '번호'로 접근할 수 있도록 합니다.

❷ student_id 변수에 1번 학생의 번호를 지정합니다. data.loc**[student_id, '내용']**는 인덱스가 1번인 학생의 '내용' 열에 있는 데이터를 가져옵니다. print( ) 함수로 이 데이터를 출력합니다.

바로실습 37 나이스 복사-붙여넣기 자동화 구현하기

neis_haengteuk( ) 함수 : 데이터 붙여넣고 저장하기

엑셀 파일에서 데이터를 읽어온 후, 나이스의 '행동특성및종합의견' 메뉴에서 출석 번호를 기준으로 데이터를 자동으로 붙여넣고 그 결과를 저장하는 함수입니다.

01 함수를 작성해봅시다. tkinter의 버튼과 직접 연결할 함수이기 때문에, 분리한 파일 중 btn_commands.py에 작성합니다.

바로 자동화 코드 btn_commands.py

```python
from selenium.webdriver.common.by import By  # ❶ By 불러오기
# ❷ 재사용할 함수와 앞으로 생성할 함수 utils에서 불러오기
from utils import urls, login, neis_go_menu, neis_click_btn, get_excel_data, neis_fill_row

def neis_haengteuk():
    global driver  # 함수 내에서 전역 변수 driver 사용 선언
    # 기본으로 업무포털 접속 함수 호출
    open_eduptl()
    # ❸ 원하는 메뉴로 이동하여 조회 버튼 클릭
    neis_go_menu(driver, '학급담임', '학생생활', '행동특성및종합의견', '행동특성및종합의견')
    neis_click_btn(driver, '조회')
    # ❹ 엑셀에서 데이터 가져오기
    data = get_excel_data()
    # ❺ 각각의 학생 행(row)마다 데이터 입력(총 학생 수만큼 반복)
    total_student_cnt = int(driver.find_element(By.CSS_SELECTOR, 'span.fw-medium').text)
    done = set()  # 이미 처리된 행 추적
    # 각 행에 데이터 입력
    while len(done) < total_student_cnt:
        # ❻ 출석 번호 확인
        done = neis_fill_row(driver, done, data, '내용', 'div.cl-control.cl-default-
```

```
    cell')
# ❼ 저장 버튼 클릭
neis_click_btn(driver, '저장')
```

❶ 셀레니움 라이브러리에서 By를 불러옵니다. HTML 요소를 선택할 때 ID, 클래스, 태그 이름, XPath 등 다양한 방법을 지정할 수 있도록 지원하는 기능입니다.

❷ 재사용할 함수와 앞으로 생성할 함수를 utils.py 파일에서 불러옵니다. 재사용할 함수는 Chapter 16 나이스 메뉴 이동 자동화하기에서 정의한 neis_go_menu( ) 함수와 neis_click_btn( ) 함수입니다. 또한 엑셀 파일에서 데이터를 읽어오는 get_excel_data( ) 함수와 선택한 행(학생)의 데이터를 입력하는 neis_fill_row( ) 함수는 일단 불러와 사용하고 이후에 만들어보겠습니다.

❸ neis_go_menu( ) 함수를 이용하여 '행동특성및종합의견' 메뉴로 한 번에 이동하고 neis_click_btn( ) 함수를 이용하여 '행동특성및종합의견' 페이지에서 '조회' 버튼을 클릭합니다.

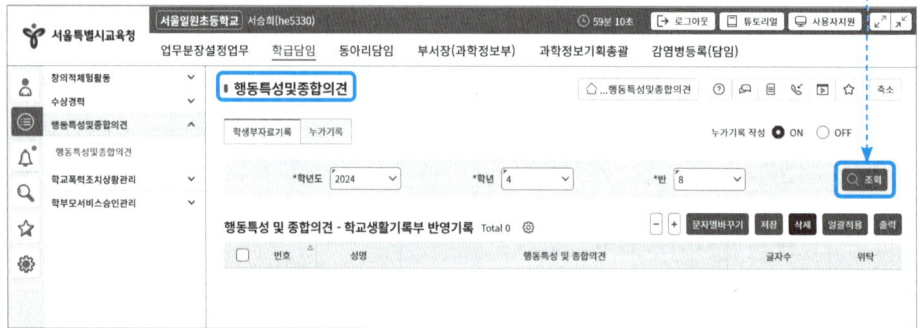

❹ get_excel_data( ) 함수를 이용해 사용자가 선택한 엑셀 파일에서 데이터를 읽어옵니다. 해당 엑셀 데이터에는 학생들의 출석 번호로 구분한 행동특성및종합의견 내용이 저장되어 있어야 하며, 필수로 '번호' 열과 '내용' 열이 필요합니다.

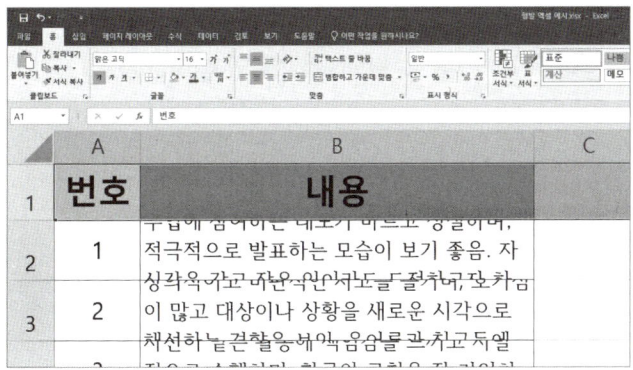

❺ 화면에 표시된 각 학생의 정보를 순차적으로 처리합니다. 학생 수만큼 반복문을 돌리기 위해 총 학생 수(total_student_cnt)를 먼저 읽어옵니다. neis_fill_row( ) 함수를 이용하여 각 학생의 데이터를 엑셀에서 가져온 정보를 바탕으로 입력합니다. 입력을 완료한 학생은 done 집합에 추가합니다. done 집합은 이미 데이터를 입력한 학생들을 추적하는 역할을 합니다.

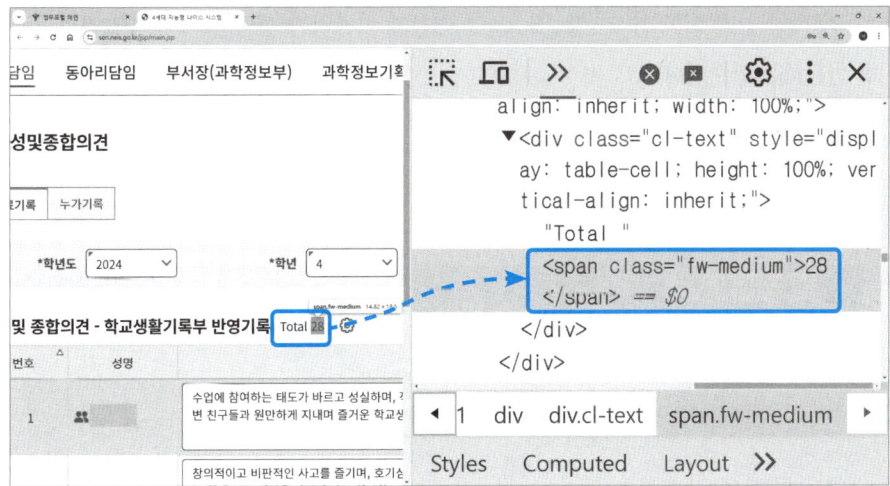

❻ neis_fill_row( ) 함수의 마지막에 넘기는 CSS 선택자(div.cl-control.cl-default-cell)는 학생의 출석 번호를 표시하는 부분을 뜻합니다. 엑셀 데이터의 출석 번호와 비교하여 정확히 같은 학생의 데이터를 입력하기 위해 사용합니다.

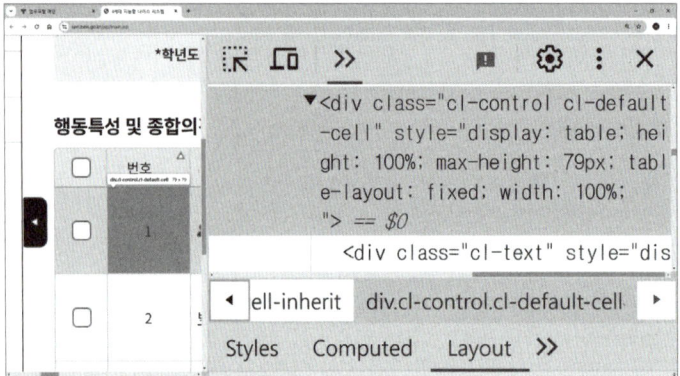

❼ 모든 데이터 입력을 완료하면 neis_click_btn( ) 함수를 이용하여 '저장' 버튼을 클릭합니다.

get_excel_data( ) 함수: 엑셀 파일에서 데이터 읽어오기

tkinter의 파일 선택 대화 상자 filedialog를 이용해 사용자가 선택한 엑셀 파일에서 읽어온 데이터를 반환하는 함수입니다.

01 다음을 작성합니다. neis_haengteuk( ) 함수를 돕는 보조 함수이기 때문에, utils.py 파일에 작성해주세요.

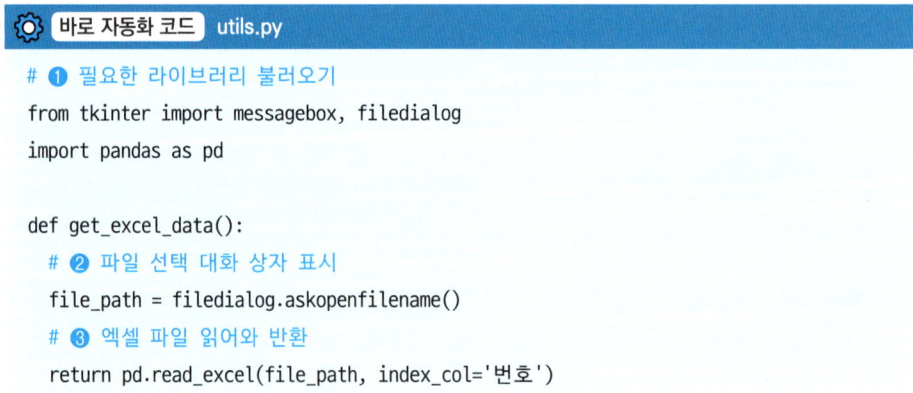

```python
# ❶ 필요한 라이브러리 불러오기
from tkinter import messagebox, filedialog
import pandas as pd

def get_excel_data():
    # ❷ 파일 선택 대화 상자 표시
    file_path = filedialog.askopenfilename()
    # ❸ 엑셀 파일 읽어와 반환
    return pd.read_excel(file_path, index_col='번호')
```

❶ tkinter 라이브러리에서 filedialog를 불러오고 판다스 라이브러리도 불러옵니다.

> **TIP** 사람들이 매우 많이 사용하는 라이브러리 중 하나인 판다스는 암묵적으로 pd라는 별명으로 부르곤 합니다. 그래서 import pandas라고 하지 않고 import pandas as pd라고 코드를 작성한 것입니다.

❷ 파일 선택 창을 띄워서 사용자가 엑셀 파일을 선택할 수 있도록 합니다. 사용자가 원하는 파일을 선택하면, 그 파일의 경로가 file_path 변수에 저장됩니다.

❸ 선택된 엑셀 파일을 읽어 들여서 데이터를 반환합니다. 여기서는 엑셀 파일의 '번호' 열을 인덱스로 사용하여 데이터를 읽어옵니다. pd.read_excel( )함수는 파일을 읽고 그 내용을 데이터프레임으로 반환합니다.

neis_fill_row( ) 함수 : 나이스에서 선택된 행에 데이터 입력하기

01 선택한 행의 학생 데이터를 입력하고, 이미 처리된 학생은 다시 처리하지 않도록 관리하는 neis_fill_row( ) 함수를 작성합니다. neis_haengteuk( ) 함수를 돕는 보조 기능의 함수이기 때문에 다음 코드를 파일 utils.py에 작성해주세요.

바로 자동화 코드 utils.py

```python
from selenium.webdriver import Keys  # ❶ 라이브러리 불러오기


def neis_fill_row(driver, done, data, column, student_id_css):
  try:
    # ❷ 선택된 행 가져오기
    selected_row = driver.find_element(By.CSS_SELECTOR, 'div.cl-grid-row.cl-
    selected')
    # ❸ 학생 ID 가져오기
    student_id = int(selected_row.find_element(By.CSS_SELECTOR, student_id_css).
    text)
    # ❹ 텍스트 입력란 가져오기
    textarea = selected_row.find_element(By.CSS_SELECTOR, 'textarea.cl-text')
    # ❺ 이미 처리한 학생인지 확인
    if student_id in done:
      textarea.send_keys(Keys.TAB)  # 다음 필드로 이동
      return
    # ❻ 입력란이 이미 채워져 있는지 확인
    if textarea.get_attribute('value'):
      textarea.send_keys(' ')  # 빈칸 추가
    # ❼ 데이터를 입력란에 입력
    textarea.send_keys(data.loc[student_id, column])
    done.add(student_id)  # 처리된 학생 ID 기록
    # ❽ 다음 필드로 이동
    textarea.send_keys(Keys.TAB)
    time.sleep(1)
  except Exception as e:
    print('error', e)
  finally:
    return done
```

❶ 셀레니움 라이브러리에서 Keys를 불러옵니다. 키보드 입력을 코드로 실행하기 위해 사용합니다.

❷ 나이스에서 사용자가 선택한 행을 가져옵니다. 선택한 행은 학생의 데이터를 표시하는

부분으로, CSS 선택자를 사용하여 찾습니다.

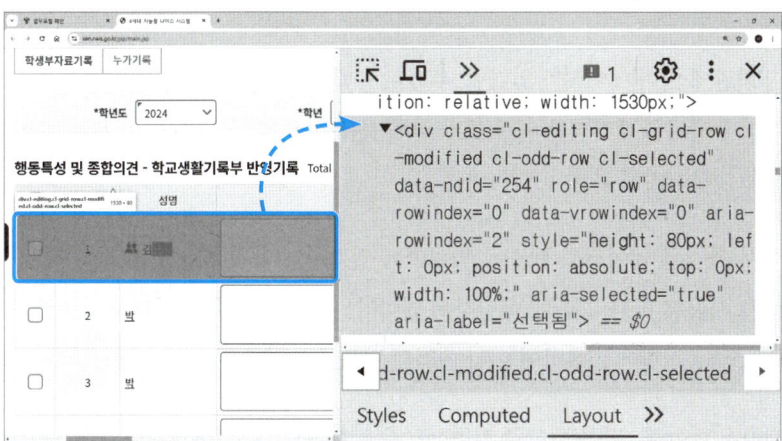

❸ 선택 행에서 학생의 출석 번호를 가져와 변수 student_id에 저장합니다. 출석 번호는 학생을 식별하는 데 사용합니다. student_id_css는 상위 함수 neis_haengteuk( )에서 현재 함수 neis_fill_row( )를 호출할 때 전달한 값으로, CSS 선택자 'div.cl-control.cl-default-cell'이 저장되어 있습니다.

❹ 선택 행에서 학생 데이터를 입력할 텍스트 입력란을 찾습니다. 이곳에 엑셀 파일에서 읽어온 데이터를 입력할 겁니다.

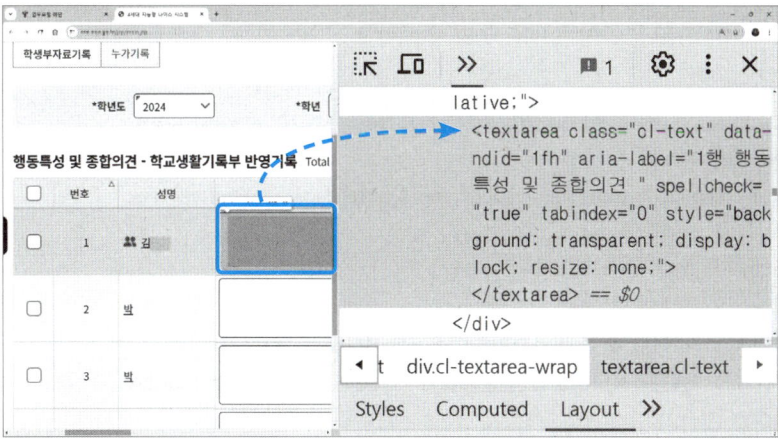

❺ 해당 학생이 이미 처리한 학생인지 확인합니다. 만약 done 집합에 학생의 ID가 있다면, 이미 데이터를 입력한 학생이므로, 더 이상 처리하지 않고 다음 필드로 이동합니다.

❻ 만약 입력란에 이미 데이터가 있다면, 추가로 공백을 하나 더 입력해줍니다. 이는 이미 작성한 데이터에 새로운 데이터를 이어 쓰기 위해 사용됩니다. 1학기에 이미 채운 내용 뒤에 2학기 내용을 덧붙이기에 유용하겠지요?

❼ 엑셀에서 가져온 데이터를 텍스트 입력란에 입력합니다. 이때 data.loc[student_id, column]을 사용해 학생의 ID에 해당하는 데이터를 불러옵니다. 데이터를 입력한 후, 해당 학생 ID를 done 집합에 기록하여 이미 처리된 것으로 표시합니다.

❽ 데이터를 입력한 후, 다음 필드로 이동하기 위해 `Tab` 키를 입력합니다. 1초 동안 기다려서 다음 작업을 준비합니다.

바로 실습 38 나이스 복붙 자동화 실행하기

'행동특성및종합의견 붙여넣기' 버튼 연결하기

이제 정의한 함수를 [행동특성및종합의견 붙여넣기] 버튼과 연결해봅시다.

01 파일 interface.py로 이동하여 다음과 같이 코드를 수정하세요.

```
# ❶ neis_haengteuk 함수 연결
from btn_commands import open_eduptl, neis_attendace, neis_haengteuk
...생략...
btn_options = [
    {"text": "업무포털 접속", "command": open_eduptl},
    {"text": "나이스 출결 바로가기", "command": neis_attendace},
    {"text": "행동특성및종합의견 붙여넣기", "command": neis_haengteuk}, # ❷ 버튼과
        함수 연결
```

```
        ]
    …생략…
```

❶ 함수 neis_haengteuk을 파일 btn_commands.py에서 불러옵니다.

❷ 임시로 None으로 채워놓았던 **[행동특성및종합의견 붙여넣기]** 버튼의 command 값을 neis_haengteuk으로 바꿔주세요.

결과 확인하기

01 이제 파일 interface.py을 실행하고, **[행동특성및종합의견 붙여넣기]** 버튼을 눌러보세요. 현재 우리 반의 행동특성및종합의견 메뉴로 바로 이동한 후, 파일 선택 대화 상자가 나타납니다. 적절한 엑셀 데이터를 선택하면 다음과 같이 자동으로 나이스에 데이터가 붙여넣어질 것입니다.

바로 실습 39   모든 교실을 위한 실행 파일 배포하기

이제 우리 프로그램의 기본 기능은 모두 완성했습니다. 이번 챕터는 직접 만든 우리 프로그램을 동료 선생님들과 공유하는 단계입니다. 파이썬에는 우리의 긴 코드를 간단하게 exe 실행 파일로 만들어주는 라이브러리도 있습니다.

exe 실행 파일 생성하기

다른 선생님들 컴퓨터에는 대체로 파이썬이 설치되어 있지 않기 때문에, 배포를 위해서는 좀 더 범용적인 방법을 찾아야 합니다. 누구나 우리 프로그램을을 실행하여 사용할 수 있도록 파이인스톨러pyinstaller라는 라이브러리를 사용하여 exe 실행 파일로 만들어봅시다.

01 코드 편집기에서 터미널을 열고 다음 명령어를 실행하세요. 이 명령어는 우리의 모든 코드가 모여 출발하는 파일 interface.py를 기준으로 EduPtlRPA.exe라는 이름의 실행 파일 1개를 만들어줍니다.

```
pyinstaller --onefile --noconsole --name EduPtlRPA interface.py
```

02 명령어의 실행이 완료되면 우리 코드 파일들과 같은 위치에 다음과 같이 새로운 폴더와 파일들이 생성됩니다.

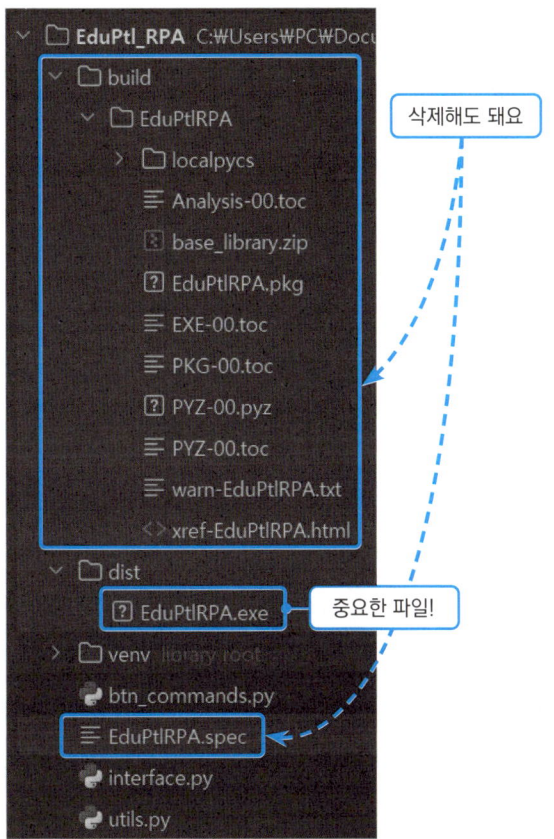

이 중 build 폴더에 있는 내용과 EduPtlRPA.spec 파일은 실행 파일을 생성할 때 사용하는 설정용이고 타인에게 배포할 필요가 없어 지워도 무관합니다. 우리가 관심 있는 파일은 오직 dist 폴더 안에 들어 있는 파일 **EduPtlRPA.exe**이며, 이 파일을 다른 선생님들과 공유하면 됩니다.

03 이제 파일 **EduPtlRPA.exe**을 바탕화면에 옮겨 실행해보세요. 잘 작동한다면 어서 선생님의 멋진 프로그램 파일을 다른 교실로 공유(배포)하세요!

Chapter 18

업무포털 자동화 응용 기능 추가하기

> 파이썬 코드가 꽤 복잡합니다. 모든 코드를 다 이해할 필요는 없지만 파이썬 기본 문법을 익힌 후 학습하기를 권합니다.

활용도구 파이썬

이번 챕터에서는 우리 프로그램에 더 추가할 수 있는 기능을 소개합니다. 앞서 소개한 기본 기능을 조금만 응용하면 더 유용하고 흥미로운 기능을 구현할 수 있답니다. 여러분이 업무에 자주 사용하는 기능이 무엇인지 고민해보고 다양한 응용 방식을 만들어보세요.

바로 실습 40 업무포털 / 에듀파인 / 나이스 한 번에 접속하기

다음은 제가 배포한 심화 버전의 업무포털 자동화 프로그램입니다. 앞서 소개한 기본 기능을 기반으로 다른 업무에 맞게 확장했습니다. 이 중 일부 기능들을 구현하는 과정을 소개하겠습니다. 실습 파일 드라이브에서 이 자동화 프로그램의 배포 파일을 다운로드할 수 있습니다. 인증서 비밀번호 등록 등의 사전 과정을 설명한 사용 설명서를 꼭 읽어보길 바랍니다.

- **실습 파일 다운로드 :** vo.la/azECUb

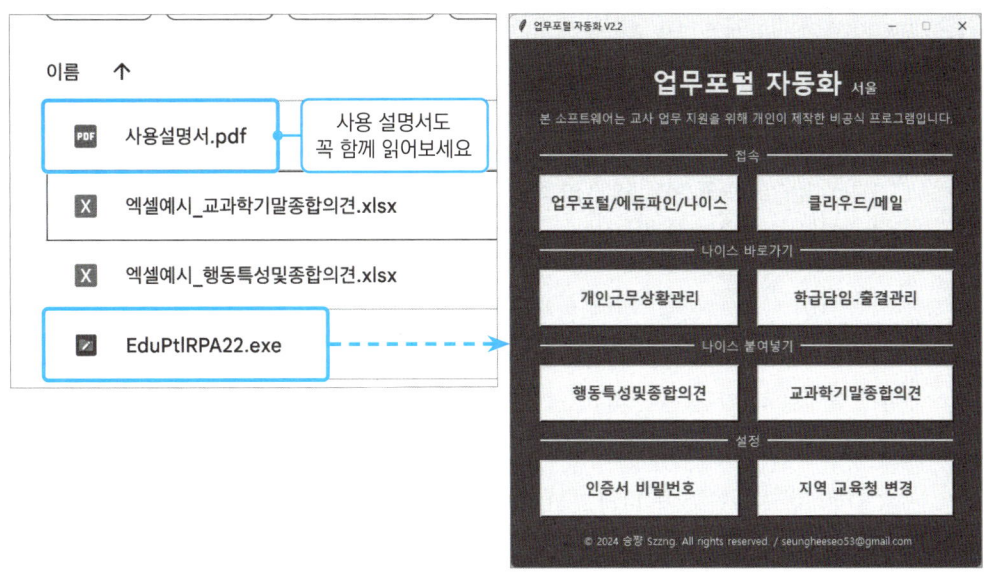

우리는 대부분 에듀파인이나 나이스에 접속하기 위해서 업무포털에 접속합니다. Chapter 16 나이스 메뉴 이동 자동화하기에서 정의한 함수 open_url( )과 함수 switch_tab( )을 적절히 조합하여 사용하면 한 번에 3개의 사이트를 열 수 있습니다. 코드를 참고하여, **[업무포털 접속]** 버튼을 **[업무포털/에듀파인/나이스 접속]** 버튼으로 업그레이드해보세요.

01 다음 open_3urls( ) 함수를 btn_commands.py 파일에 작성하세요.

바로 자동화 코드 | btn_commands.py

```python
...생략...
def open_3urls():
    global driver   # 함수 내에서 전역 변수 driver 사용 선언
    
    open_eduptl()
    open_url(driver, urls['에듀파인'])
    open_url(driver, urls['나이스'])
    switch_tab(driver, '업무포털 메인')
```

02 interface.py 파일에서 버튼 옵션을 수정하세요.

> **바로 자동화 코드** interface.py
>
> ```
> btn_options = [
>     {"text": "업무포털/에듀파인/나이스", "command": open_3urls},
>     {"text": "나이스 출결 바로가기", "command": neis_attendace},
>     {"text": "행동특성및종합의견 붙여넣기", "command": neis_haengteuk},
> ]
> ```

버튼에 들어갈 텍스트를 수정하고, 연결되는 함수도 앞에서 만든 open_3urls( )로 변경했습니다. 그러면 다음과 같이 버튼을 클릭했을 때 업무포털, 에듀파인, 나이스를 한 브라우저에서 3개의 탭으로 연 후에, 다시 포커스를 업무포털 탭으로 전환합니다.

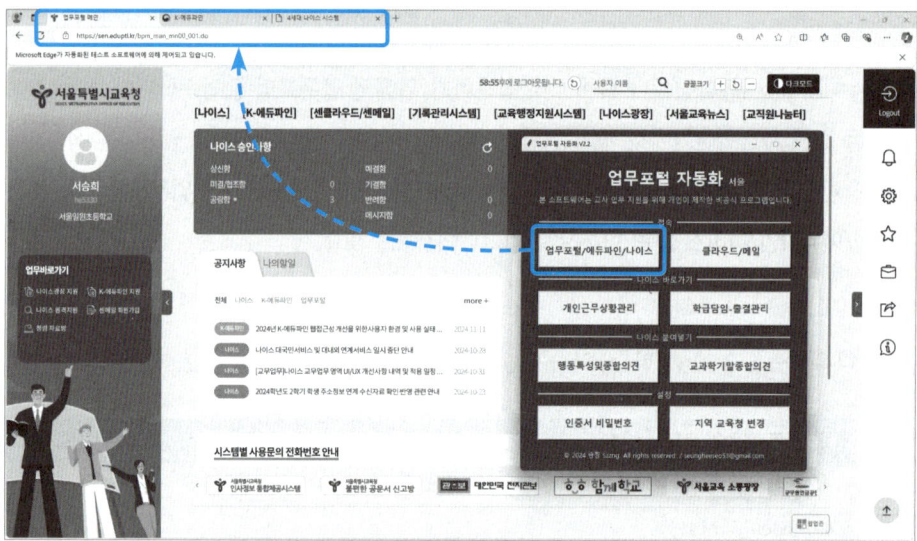

바로실습 41 나만의 나이스 메뉴 바로가기

평소 자주 사용하는 나이스 메뉴가 있나요? 매번 나이스 메뉴 미로를 찾지 말고, 버튼으로 등록해 놓고 편리하게 사용하면 어떨까요? Chapter 16 나이스 메뉴 이동 자동화하기에서 **[나이스 출결 바로가기]** 버튼을 만들 때 정의한 함수 neis_go_menu( )를 재사용하면 원하는 나이스 메뉴로 바로가기 버튼을 무제한 만들 수 있습니다.

01 나이스에서 학기 말 종합 의견 메뉴로 이동하고 조회 버튼을 클릭하는 neis_hakjjong( ) 함수를 btn_commands.py 파일에 작성하세요.

바로 자동화 코드 bton_commands.py

```python
def neis_hakjjong():
    global driver   # 함수 내에서 전역 변수 driver 사용 선언
    # 기본으로 업무포털 접속 함수 호출
    open_eduptl()
    # ❶ 원하는 메뉴로 이동
    neis_go_menu(driver, '학급담임', '성적', '학생평가', '학기말종합의견')
```

나이스 메뉴 중 '학급 담임-성적-학생 평가-학기 말 종합 의견'으로 가는 함수를 이렇게 만든 후, interface.py 파일에서 **[학기 말 종합 의견 바로가기]** 버튼을 만들어 연결해주면 되겠지요.

> TIP interface.py에서 버튼을 추가/수정하는 설명은 생략하겠습니다.

조금 더 욕심을 내서, Chapter 17 나이스 복사-붙여넣기 자동화에서 공부했던 복사-붙여넣기 기능을 적절하게 수정해서 추가해보세요. 교과 드롭 다운[dropdown] 선택만 잘 처리한다면 교과 학기 말 종합 의견 자동 복사-붙여넣기도 가능합니다. 행동특성및종합의견보다 훨씬 더 많은 데이터를 편하게 복사-붙여넣기 할 수 있습니다.

바로 실습 42 개인 근무 상황 관리 바로가기

나이스 메뉴 중 개인 근무 상황 관리에도 접근할 일이 많습니다. 조퇴, 병가, 41조 연수 등을 올릴 때 사용하는 메뉴이지요. 그런데 개인 근무 상황 관리는 나이스의 상단에 있는 메뉴와 달리, 왼쪽 사이드 메뉴에 위치해 있습니다.

그래서 상단 메뉴를 4단계를 차례대로 선택하는 함수인 neis_go_menu( ) 대신에, 사이드 메뉴를 선택하는 함수 neis_go_side_menu( )를 새로 정의해야 합니다. 다행히 사이드 메뉴는 총 2단계로 이루어져 있어서 더 간단합니다. 다음 코드를 참고해서 **[개인 근무 상황 관리 바로가기]** 버튼을 새로 만들어보세요. 물론 같은 원리로 사이드 메뉴의 다른 곳으로도 이동할 수 있답니다.

01 util.py 파일에 작성했던 neis_go_menu( ) 함수를 참고하여 다음 코드를 작성하세요.

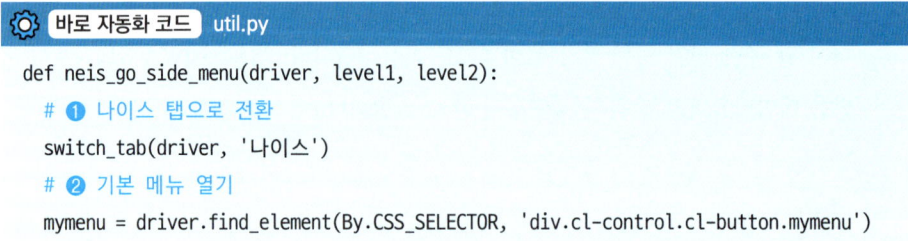

```python
def neis_go_side_menu(driver, level1, level2):
    # ❶ 나이스 탭으로 전환
    switch_tab(driver, '나이스')
    # ❷ 기본 메뉴 열기
    mymenu = driver.find_element(By.CSS_SELECTOR, 'div.cl-control.cl-button.mymenu')
```

```python
    mymenu.click()
    time.sleep(1)
    # ❸ 1차 메뉴 선택
    first_level_items = driver.find_elements(By.CSS_SELECTOR,
        'a.cl-collapsed.cl-folder.cl-level-1.cl-sidenavigation-item')
    for first_item in first_level_items:
        if level1 in first_item.text:
            first_item.click()
            time.sleep(1)
            break
    # ❹ 2차 메뉴 선택
    second_level_items = driver.find_elements(By.CSS_SELECTOR,
        'a.cl-leaf.cl-level-2.cl-sidenavigation-item')
    for second_item in second_level_items:
        if level2 in second_item.text:
            second_item.click()
            time.sleep(1)
            break
```

02 btn_commands.py 파일에 작성했던 neis_attendace() 함수를 참고하여 neis_workstatus() 함수를 만들고 버튼과 연결하세요.

> 🔧 **바로 자동화 코드** bton_commands.py

```python
def neis_workstatus():
    global driver    # 함수 내에서 전역 변수 driver 사용 선언
    # 기본으로 업무포털 접속 함수 호출
    open_eduptl()
    # 원하는 메뉴로 이동
    neis_go_side_menu(driver, '복무', '개인근무상황관리')
```

원하는 페이지에 자동 접속하기, 원하는 메뉴로 접속하기, 데이터 복사-붙여넣기 하기, 이렇게 세 가지 핵심 기능 함수를 만들고 응용하는 방법까지 학습해보았습니다. 이제 여러분의 업무에서 반복되는 작업이 있다면 파이썬을 활용해서 자동화를 구현해보세요.

이게 되네?

PART 05
교실에서 바로 쓰는 앱 만들기

'교실 안에서 웹 애플리케이션을 사용해서 수업을 하는 모습을 그려줘.'라고 프롬프트를 입력하여 생성한 그림입니다.

여기서 공부할 내용

파이썬 코드를 만드는 것에 조금 익숙해졌나요? 코드로 만드는 업무 자동화 마지막 파트에서는 스트림릿이라는 프레임워크를 사용해 교실에서 쓸 수 있는 앱을 직접 만들어보겠습니다. 기본 기능을 먼저 배운 후 '창의력' 한 스푼을 담아 학교에서 유용하게 활용할 수 있는 두 가지 앱을 함께 만들어보겠습니다. 예시를 바탕으로 조금씩 보완해서 선생님들만의 창의적인 앱을 만들어보세요!

(Chapter 19)

코드 몇 줄로 앱 만드는 스트림릿 알아보기

누구나 쉽게 따라 할 수 있어요.

활용도구 파이썬   스트림릿

앞서 배운 파이썬 코드를 통해 프로그래밍이 익숙해지고 파이썬을 활용한 다양한 자동화 아이디어가 떠오를 겁니다. 이제 그 아이디어를 언제 어디서든 활용할 수 있는 웹 앱으로 만들어봅시다. 이번에는 파이썬 코드를 간편하고 빠르게 웹 앱으로 전환하는 스트림릿을 학습합니다. 본격적인 실습에 들어가기 앞서 스트림릿이 무엇인지 알아보고 간단한 앱을 만들며 익숙해지는 시간을 갖겠습니다.

💬 장단점으로 알아보는 스트림릿

스트림릿streamlit은 파이썬 코드로 간단하게 웹 앱을 만들어주는 파이썬 프레임워크입니다. **프레임워크란 효율적으로 개발할 수 있도록 목적에 맞는 기본 구조와 도구를 미리 제공하는 일종의 개발 도구 세트를 의미합니다.** 스트림릿을 활용하면 개발에 대한 지식이 많지 않아도 간단하게 사용자와 상호작용하는 앱을 만들 수 있습니다. 스트림릿의 세 가지 장점을 살펴봅시다.

장점 01   간결한 웹 앱 개발에 특화되었어요

스트림릿의 가장 큰 장점은 간결함과 효율성입니다. 일반적으로 웹 앱을 배포하려면 특정 액션을 취했을 때 반응이 일어날 수 있도록 여러 줄의 코드와 파일이 필요합니다. 하지만 스트림릿은 필요한 기능을 간단한 함수로 호출할 수 있도록 만들어져있어 훨씬 적은 양의 코드로 원하는 기능을 구현할 수 있습니다.

사례 02   아이디어를 빠르게 구현하는 프로토타입을 만들기 좋아요

전문 개발자들도 쉽고 빠른 프로토타입 개발을 위해 스트림릿을 사용합니다. 프로토타입이란 초기 개발 단계에서 제품의 기본적인 기능과 디자인을 시험할 수 있는 모델로, 아이디어를 빠르게 구현하고 나서 다른 사용자의 피드백을 받아 개선할 수 있습니다. 여기서 문제점을 발견하면 장기적으로 비용과 시간을 크게 절감할 수 있죠.

사례 03   데이터 시각화와 머신러닝에 특화되어 있어요

스트림릿은 데이터 시각화에 특화되었습니다. 스트림릿에서 제공하는 함수로 간단히 데이터를 시각화할 수 있고, 데이터 분석에 자주 사용하는 파이썬 라이브러리 맷플롯립^{matplotlib}, 시본^{seaborn} 등과 연동이 아주 잘 됩니다. 머신러닝과 딥러닝을 위한 사이킷런^{sklearn}, 파이토치^{PyTorch}, 텐서플로^{TensorFlow} 등의 라이브러리도 활용할 수 있으니 다양한 앱을 만들 수 있겠죠?

스트림릿의 한계

하지만 스트림릿도 한계가 있습니다. 버튼의 위치나 페이지 레이아웃을 어느 정도 꾸밀 수 있지만 세부적인 커스터마이징은 까다롭다는 점입니다. 따라서 만들고 싶은 앱이 있다면 스트림릿을 활용해서 프로토타입용으로 간단하게 앱을 개발해보고, **조금 더 복잡한 앱을 개발하기 위해서는 HTML/CSS, 자바스크립트, API 등 웹 개발과 관련된 본격적인 내용을 공부해보는 것을 추천합니다.**

바로 실습 43 스트림릿으로 첫 번째 앱 배포하기

아직 만들지도 않았는데 먼저 배포라니 어리둥절한가요? 스트림릿의 진가는 모바일, 태블릿, 웹 등 모든 환경에서 간단한 링크로 앱을 공유할 수 있다는 것입니다. 따라서 가장 먼저 배포하는 방법을 알아보며 스트림릿을 시작해봅시다.

배포하는 방법은 다양하지만, 그중에 가장 간단한 방법은 스트림릿의 커뮤니티 클라우드community cloud를 통해 배포하는 것입니다. 커뮤니티 클라우드는 직접 무료로 앱을 배포, 관리 및 공유할 수 있는 워크스페이스입니다. 커뮤니티 클라우드로 배포하려면 먼저 깃허브에 앱의 파일과 코드를 저장한 후, 이 깃허브 저장소를 커뮤니티 클라우드에 연결해야 합니다. 이렇게 하면 커뮤니티 클라우드에서 앱을 자동으로 불러와 배포할 수 있습니다.

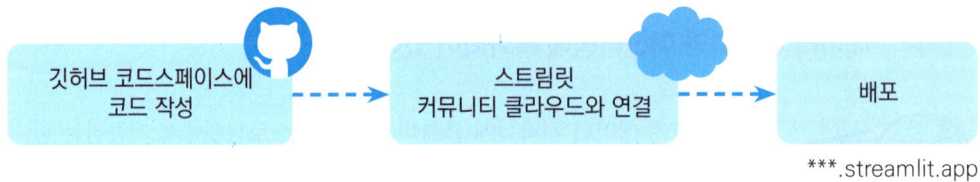

깃허브 계정과 스트림릿 커뮤니티 클라우드 계정 연동하기

커뮤니티 클라우드를 사용하려면 깃허브 계정과 스트림릿 계정이 필요합니다. 깃허브GitHub는 코드를 올리고 공유하기 위한 플랫폼이며 파일을 수정할 때마다 어떤 부분이 수정됐는지를 알 수 있어 코드 관리와 버전 관리에 굉장히 유용합니다.

01 깃허브 계정을 생성하겠습니다. 깃허브 홈페이지 메인 화면에서 ❶ 가입할 이메일을 입력하고 [Sign up for GitHub] 버튼을 눌러 회원 가입을 진행해주세요.

- 깃허브 링크 : github.com

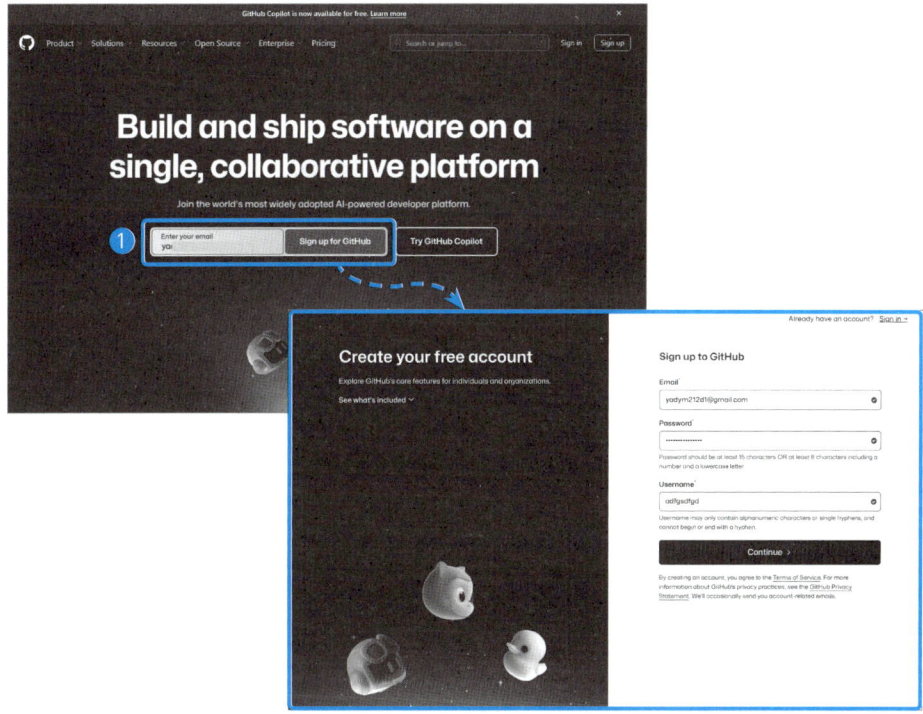

02 이제 스트림릿 계정을 만들겠습니다. 홈페이지로 이동해 [Sign up → Continue to sign-in]을 클릭합니다.

- 스트림릿 링크 : streamlit.io

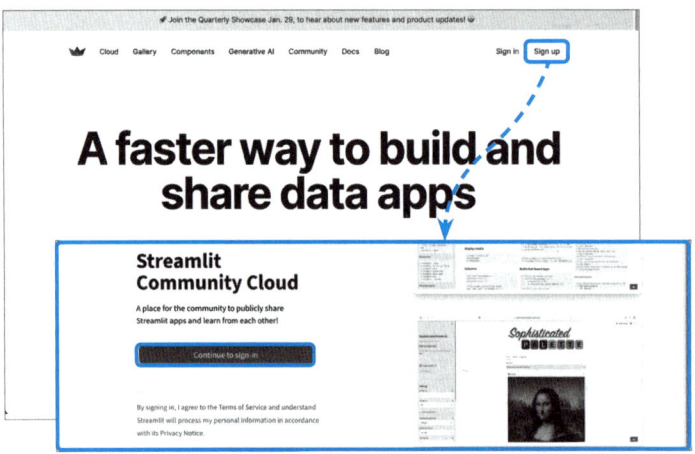

앞서 만든 깃허브 계정과 연동하기 위해 ❶ [Continue with GitHub] 버튼을 클릭합니다.
❷ 깃허브 계정을 입력하고 [Sign in]을 클릭합니다.

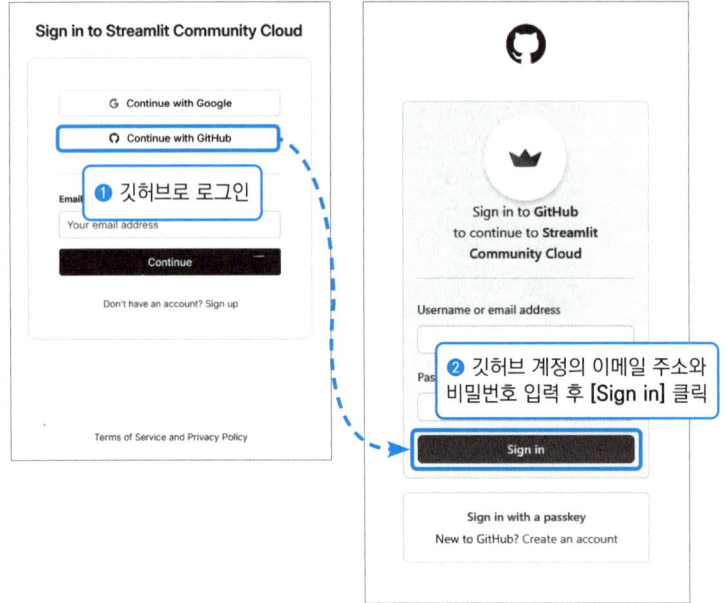

❸ [Authorize streamlit] 버튼을 클릭하여 이메일 코드를 입력한 후 ❹ [Authorize streamlit] 버튼을 다시 클릭해 연동을 완료해주세요.

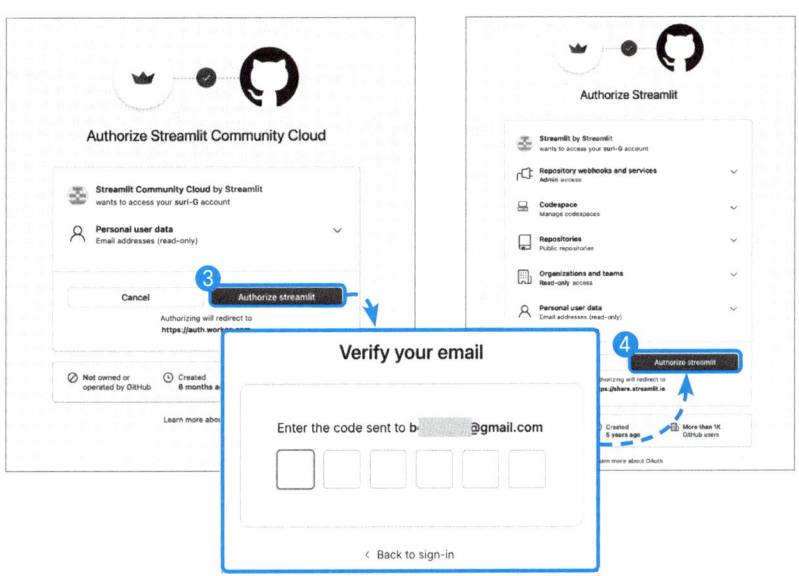

03 깃허브와 연동이 완료되면 스트림릿에 계정 설정을 하는 창이 나타납니다. 이름을 작성하고 간단하게 관심사, 스트림릿을 사용하는 수준, 국가 등을 설정해주세요. 모두 입력하고 **[Continue]**를 클릭합니다.

04 드디어 워크스페이스가 생겼네요. 워크스페이스 화면 아래의 몇 가지 템플릿을 살펴볼까요? 빈 템플릿으로 시작해도 좋지만, 처음이니까 스트림릿에서 제공하는 템플릿을 활용해서 좀 더 수월하게 시작해볼게요. [View all templates]를 클릭하여 예제 템플릿을 살펴봅시다.

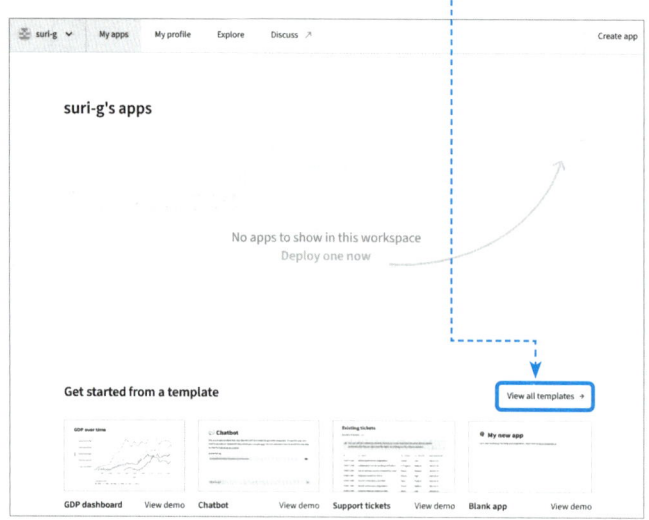

05 템플릿을 복제하기 전에 주요 템플릿의 종류를 살펴봅시다. 왼쪽 사이드바에 ❶ Data apps, ❷ LLM apps, ❸ Tools, ❹ Blank app 등의 메뉴가 보입니다. 각 메뉴의 설명은 다음 그림을 참고하세요.

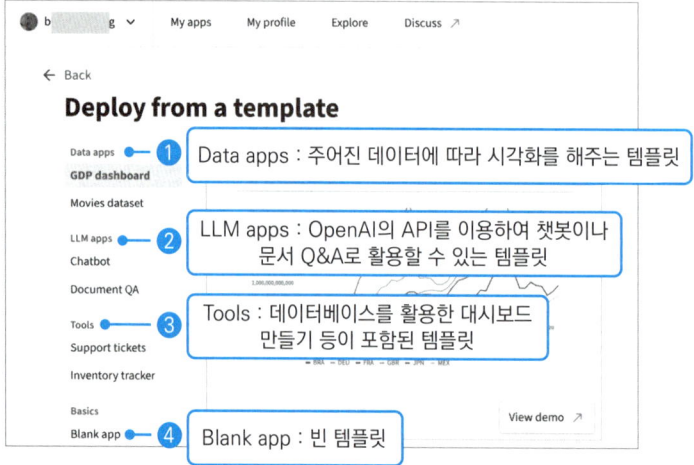

06 실습에서는 가장 위의 **[GDP dashboard]**를 선택해 진행하겠습니다. 다음 그림을 따라 배포에 필요한 정보를 지정합시다.

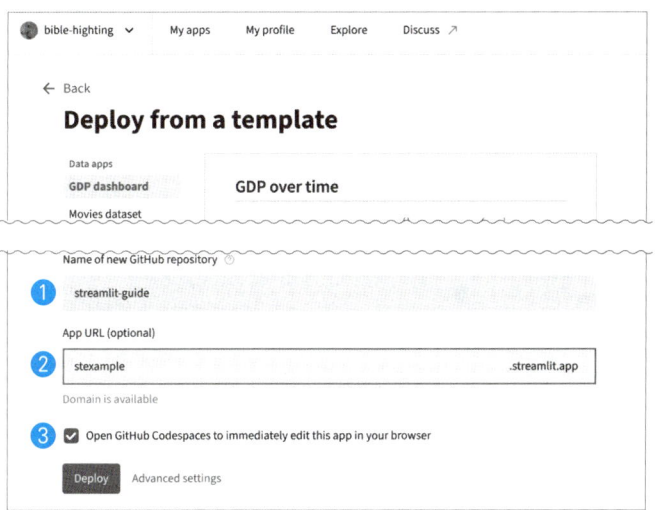

❶ GitHub repository란 파일을 보관하고 변경된 내용을 기록하는 공간을 의미하는데, 한글로 저장소라고 부릅니다. 저장소 이름은 프로젝트 관리를 위해 쉬운 단어로, 웹 앱의 목적에 맞게 지어주세요. 저는 스트림릿 가이드를 위한 웹 앱을 만들기 위해 'streamlit-guide'를 저장소 이름으로 정했습니다.

❷ 배포하고 공유할 URL 주소는 '**입력한 내용**.streamlit.app'가 됩니다. 그러니 목적을 한눈에 알 수 있게 지어야겠죠? 참고로 영문 6자 이상 63자까지 가능하고, **'streamlit'이라는 글자를 포함하면 안됩니다.**

❸ 마지막으로 'Open GitHub Codespaces to immediately edit this app in your browser'를 체크해주세요. 그럼 로컬 환경에 스트림릿을 설치하지 않은 채 웹에서 앱의 코드를 수정하고 배포까지 할 수 있도록 준비가 완료됩니다.

07 이제 [Deploy] 버튼을 눌러 배포를 해봅시다. 그럼 이렇게 '앱이 오븐에 있다'는 문구와 함께 화면에 빵 이미지가 나오고 잠시 기다리면 깃허브에 저장소가 하나 생기면서 비주얼 스튜디오 창과 같은 에디터 화면이 나타납니다.

> **TIP** 템플릿 기본 파일을 가져오는데 시간이 다소 걸릴 수 있습니다.

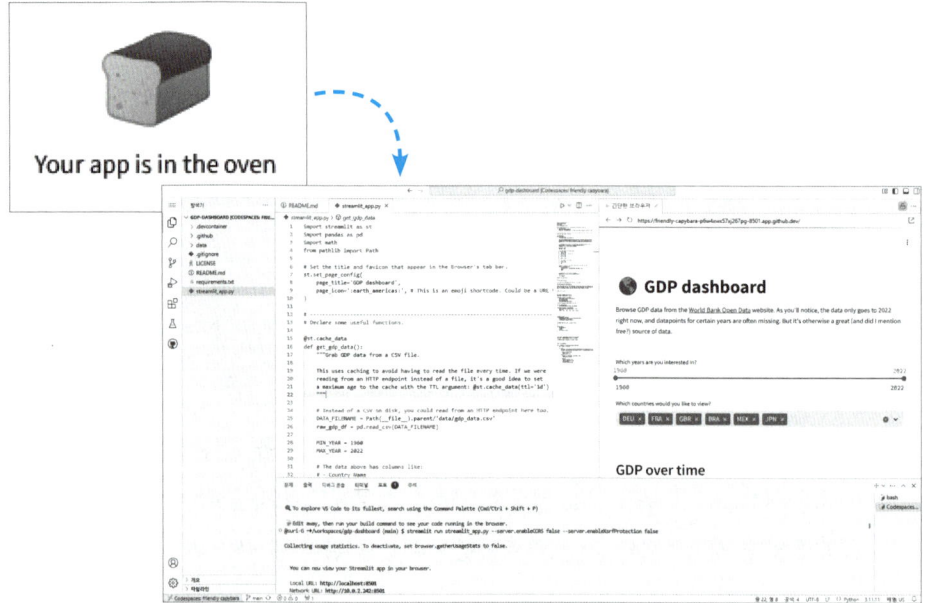

이 에디터는 깃허브와 연동된 개발 환경인 코드스페이스GitHub Codespaces로, 웹에서 바로 코드 작성과 실행을 할 수 있는 클라우드 기반 개발 환경입니다. 앞서 다른 실습에서 사용했던 비주얼 스튜디오 코드를 기반으로 하기 때문에 익숙하게 활용할 수 있을 겁니다. 이제 본격적인 작업을 시작해봅시다.

작업 환경 만들고 앱 미리보기

01 작업 화면의 구성을 살펴봅시다. 비주얼 스튜디오 코드처럼 왼쪽부터 ❶ 메뉴, ❷ 탐색기, ❸

코드 편집 창이 있고, ❹ 브라우저 미리보기 창도 보입니다. 처음 템플릿을 이용하면 가상 환경에서 스트림릿을 구동하기 위한 초기 설정이 이미 되어있을 것입니다.

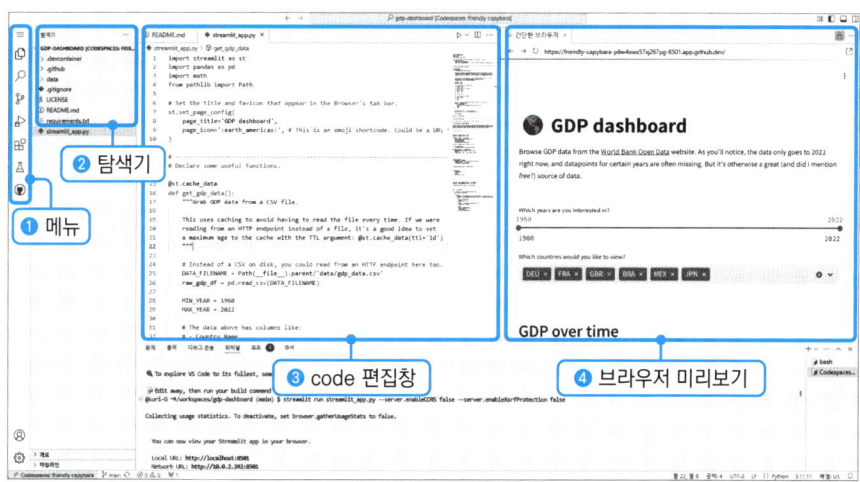

만약 미리보기 창을 닫았다면 아래 터미널 창의 ❶ [포트]를 클릭하고 실행 중인 포트의 주소에 마우스를 올려 ❷ [📝 편집기에서 미리보기]를 클릭하면 됩니다. 듀얼 모니터를 사용 중이면 ❸ [🌐 브라우저에서 열기] 버튼을 눌러 새로운 창에서 보는 것이 더 좋겠죠. 미리보기 창의 URL 옆 ↗ 버튼도 같은 기능을 합니다. 항상 코드 수정에 따라 화면이 어떻게 바뀌는지 확인하면서 작업을 해야 합니다.

미리보기 화면 위의 ❹ URL(https://[codespace이름]-[포트번호].app.github.dev/)은 코드스페이스에서 실행 중인 스트림릿에 접근할 수 있는 외부 주소입니다. 이 URL은 자신의 깃허브 계정으로 로그인해야 접속할 수 있고 같은 네트워크라면 다른 장치에서도 동일하게 접속할 수 있습니다. 단 개발을 위한 미리보기용 임시 주소이지, 배포용 주소는 아니니 참고해주세요!

02 steamlit_app.py 파일의 일부 코드를 살짝 살펴볼까요? 먼저 페이지의 기본 설정을 구성하는 코드입니다.

```
# Set the title and favicon that appear in the Browser's tab bar.
st.set_page_config(
    page_title='GDP dashboard',
    page_icon=':earth_americas:', # This is an emoji shortcode. Could be a URL too.
)
```

page_title은 브라우저의 탭 바에 나타나는 제목을, page_icon은 파비콘을 설정합니다. 이 옵션을 설정하지 않으면 다음 그림의 왼쪽 탭과 같이 기본 스트림릿의 파비콘을 사용합니다. 앞선 코드처럼 설정한 상태는 가운데 탭과 같이 지구 모양으로 바뀌죠. 예를 들어, 웹 앱의 목적을 드러내도록 오른쪽 탭과 같이 사용하곤 합니다.

앞서 본 코드를 수정해서 여러분의 마음에 드는 기본 설정을 만들어보세요.

```
st.set_page_config(
    page_title='스트림릿 연습',
    page_icon=':smile:',
)
```

page_icon의 값으로 이미지 URL을 넣거나 이모지의 코드를 입력할 수 있습니다. 이모지 코드는 다음 링크를 참고하세요.

- **이모지 코드 정리 링크** : bit.ly/3CLmNfj

03 이제 템플릿 코드를 주석 처리해서 비활성화한 후 다음과 같이 간단한 자기소개 내용을 채워보겠습니다. 먼저 코드와 미리보기 화면을 비교하며 각 코드가 어떻게 표현되는지 봅시다.

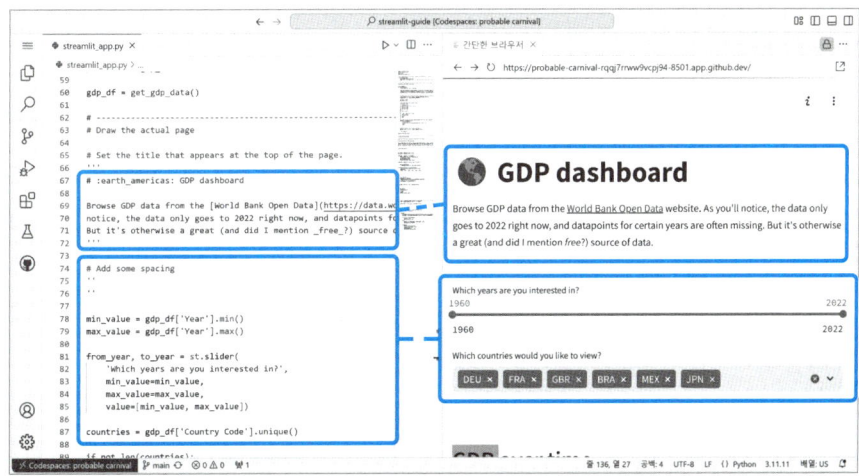

샘플 코드 중 ❶ 73번째 줄부터 끝까지 드래그한 후 Ctrl + / 를 눌러 모두 주석 처리하세요. 변경 사항은 자동 저장됩니다. ❷ 편집창에서 Ctrl + S 를 누르면 미리보기 장에 변경 사항을 반영할 수 있습니다. ❸ 'Source file changed' 팝업이 뜨면 [Rerun] 혹은 [Always rerun]을 클릭하여 변경 사항을 반영합니다.

TIP 편집창에 커서를 두고 Ctrl + S 를 누르세요. 다른 곳에서 저장하면 웹 페이지가 저장됩니다.

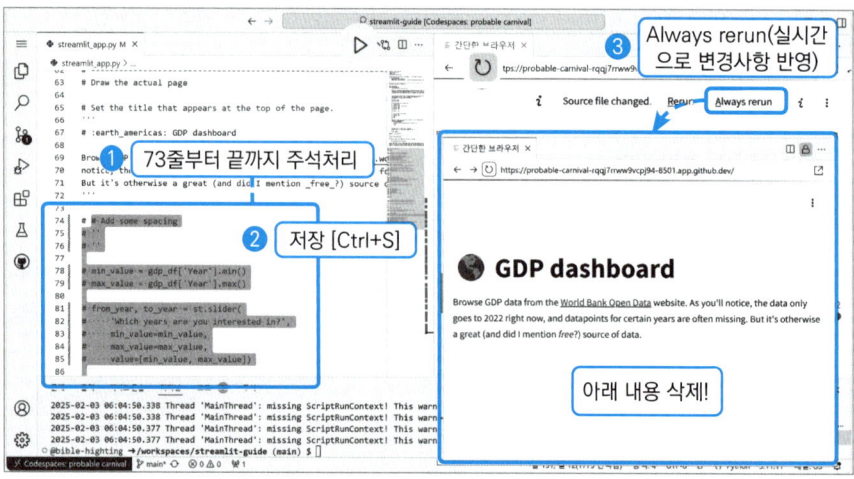

이제 다음과 같이 67번째 줄부터 '''로 감싼 내용을 변경합니다. '''로 감싼 부분에 텍스트를 입력하면, 스트림릿의 Magic commands라는 기능을 통해 별도의 출력 함수 없이도 코드에서 자동으로 감지하여 텍스트를 화면에 보여줍니다. 다음과 같이 수정하여 입력해보세요.

```
'''
# :raised_hands: 안녕하세요! 반갑습니다.

제가 만든 앱에 오신 것을 환영합니다. 저는 골든래빗입니다.
'''
```

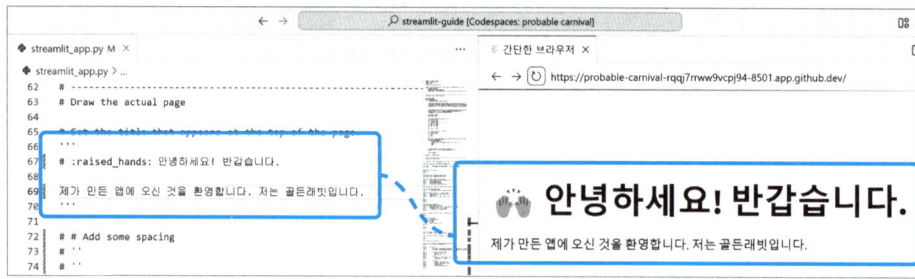

더 꾸미고 싶은 기능과 넣고 싶은 기능이 많지만, 잠깐 참았다가 다음 챕터에서 같이 해보겠습니다.

앱 배포하기

01 배포를 위해서 ① 왼쪽 메뉴의 소스 제어 탭을 클릭해주세요. ② 바뀐 버전의 이름과도 같은 커밋 메시지를 입력합니다. 실습에서는 'docs: 앱 제목 및 본문 수정'으로 메시지를 작성해보겠습니다. ③ 변경된 파일을 클릭해 변경 사항을 확인하세요. 기존 파일의 내용과 변경된 내용을 한눈에 볼 수 있습니다.

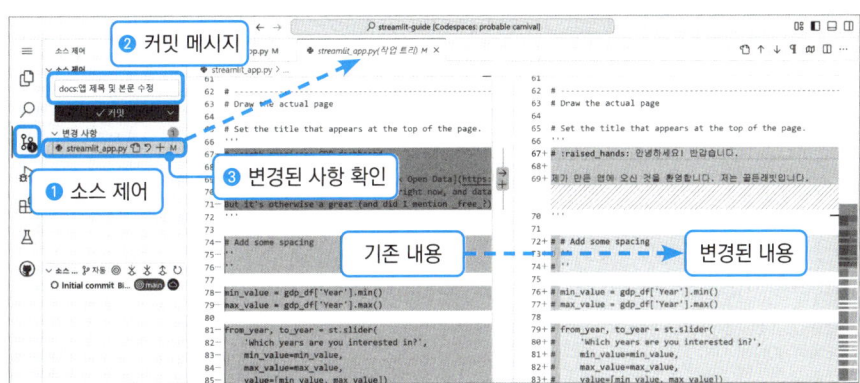

선생님의 비법 노트

커밋이 뭐예요?

커밋(commit)이란 쉽게 말해 '똑똑한 저장'입니다. 파일에서 수정과 저장을 반복하다보면 내용이 어떻게 바뀌었는지 내역을 알기 어렵습니다. 하지만 커밋을 하면 변경된 내용을 하나의 단위로 기록할 수 있어, 과거 특정 시점으로 되돌리거나 문서의 변경 사항을 쉽게 추적할 수 있습니다. 따라서 작은 단위로 커밋하는 것이 좋은 습관이죠. 커밋을 할 때는 '언제, 무엇을, 왜' 바꾸었는지 간단히 설명하는 '커밋 메시지'를 작성합니다. 나중에 알아보기 쉽도록 다음과 같은 형식을 따르는 것을 추천합니다. 더 다양한 예시를 보기 위해서는 'git convention'을 검색해보세요.

- docs : 앱 제목 및 본문 수정
- fix : 모듈 임포트 오류 버그 수정
- feat : 로그인 기능 추가

02 [커밋] 버튼을 눌러 변경 사항을 커밋하면 그림과 같이 모두 직접 커밋할 것인지 묻는 창이 나옵니다. [예]를 클릭한 후 [변경 내용 동기화] 버튼을 누르고, 마지막으로 확인을 눌러줍니다. 잠시 기다리면 완료됩니다.

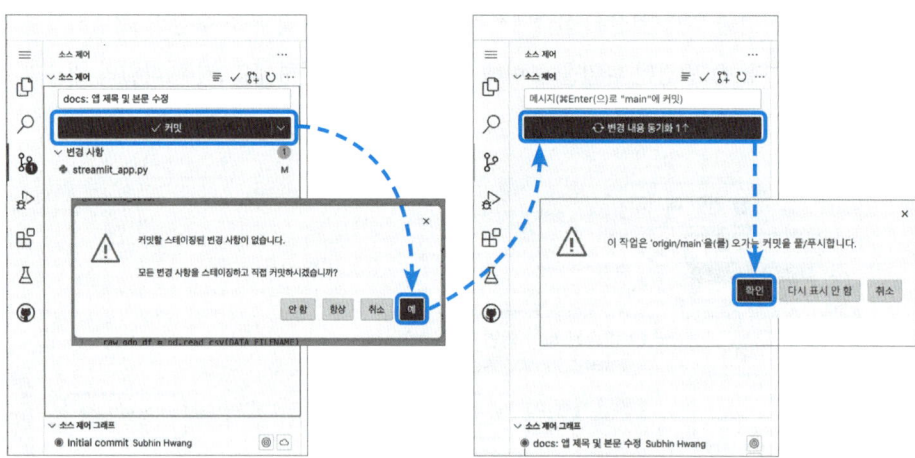

03 이제 처음에 설정했던 'https://stexample.streamlit.app/'로 들어갔을 때 설정한대로 앱이 잘 나오는 것을 볼 수 있습니다.

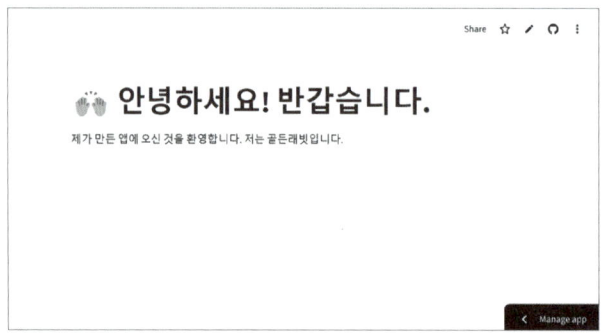

혹시 변경 사항이 반영되지 않았다면 스트림릿의 앱 관리 페이지, [My apps]에서 해당 앱의 설정을 클릭한 후 [⋮ → Reboot]를 클릭해주세요.

- **My apps 링크** : share.streamlit.io

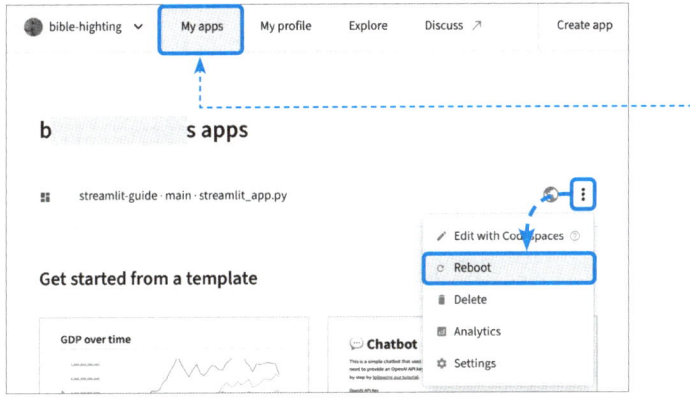

배포 완료를 축하합니다! 모바일에서도 잘 열리네요. 친구들에게 자랑해보세요. 이제 이 화면에 글, 이미지, 영상, 재미있는 게임, 그래프 등 모든 것을 담을 수 있습니다.

TIP 배포하는 과정에서 오류가 생겼다면 바로 실습 46 종종 생기는 오류 해결하기를 참고해보세요.

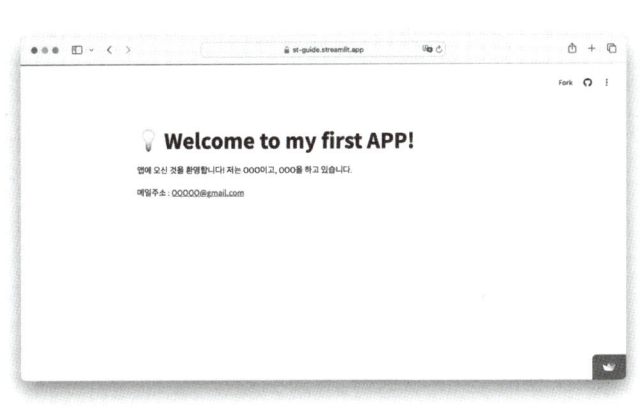 

작업하던 코드스페이스에서 다시 시작하기

작업을 하다 잠시 자리를 비울 수 있습니다. 시간이 꽤 지난 후 코드스페이스에 들어가면 세션이 만료될 수 있는데 그때 다시 코드스페이스를 여는 방법을 알아보겠습니다.

01 깃허브에 로그인한 후 왼쪽 저장소 목록에서 만들어놓은 스트림릿 저장소를 클릭합니다.

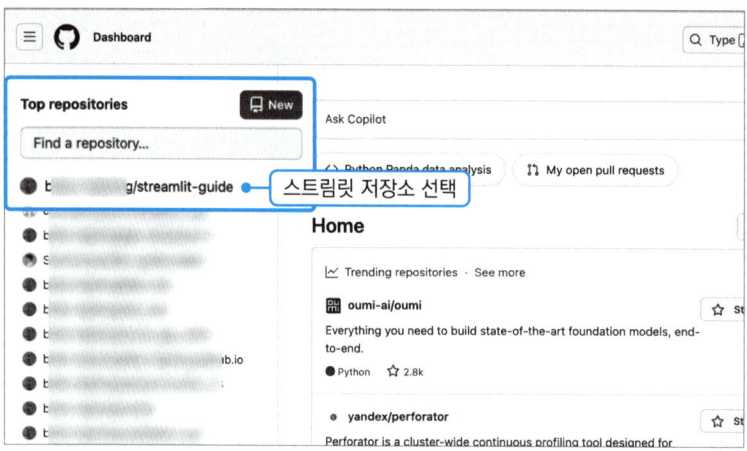

02 저장소 상세 화면에서 기존 활성 코드스페이스를 삭제하겠습니다. ❶ [Code] 버튼을 누르고 [Codespaces] 탭에 들어갑니다. ❷ 'main' 태그가 붙어있는 코드스페이스의 ❸ [: → Delete]를 클릭해 해당 코드스페이스를 삭제합니다.

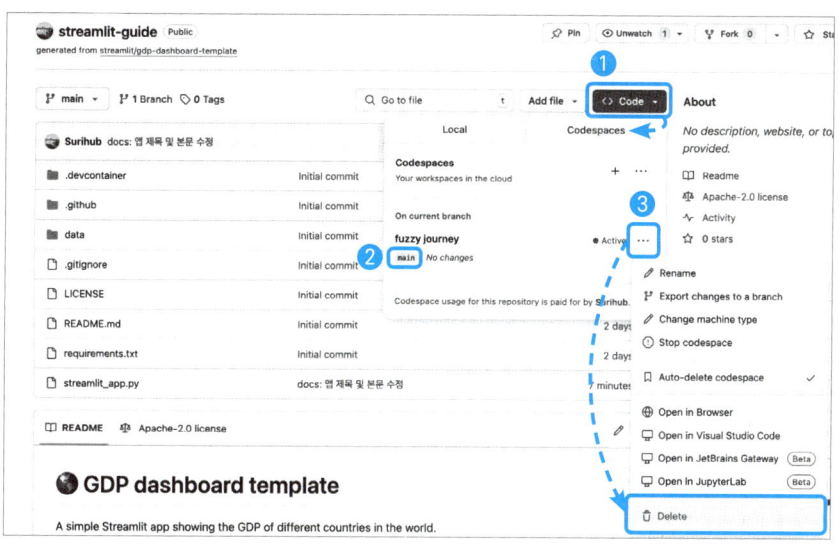

03 이제 다시 [Code → Codespaces]를 클릭합니다. 아까와 달리 코드스페이스가 없을텐데요, [Create codespace on main]을 클릭하여 main 브랜치에서 코드스페이스를 만듭니다.

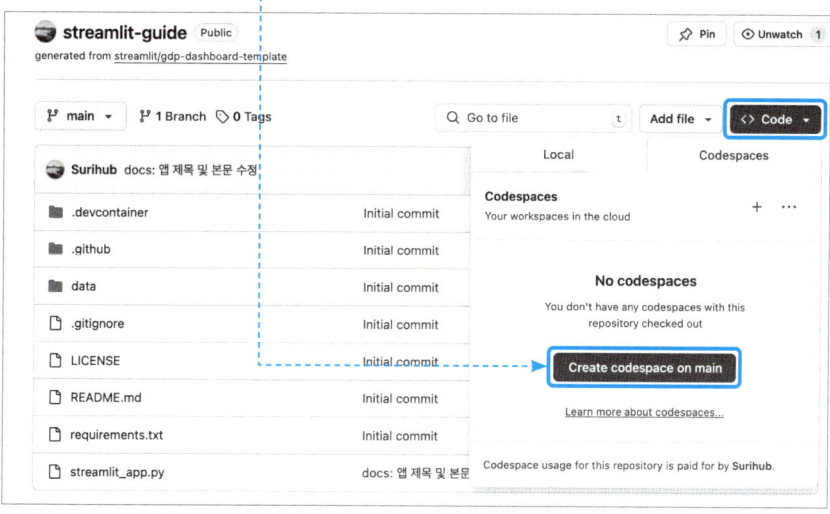

Chapter 19 코드 몇 줄로 앱 만드는 스트림릿 알아보기

04 앱을 통해 코드스페이스로 들어가는 방법도 있습니다. 스트림릿 계정으로 로그인되어있다면 앱 우측 상단에 [✏ edit] 버튼이 생길 것입니다. 이 버튼을 눌러도 바로 코드스페이스로 연결이 됩니다.

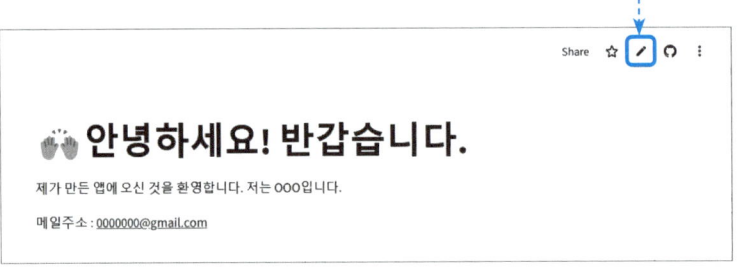

(Chapter 20)

스트림릿 기본기 다지기

자주 사용하는 요소들과 다양한 스트림릿 팁을
한 번 훑어보면 이후 실습이 훨씬 편할 거예요.

활용도구 파이썬   스트림릿

스트림릿이 무엇인지, 어떻게 편집하고, 어떻게 활용할 수 있는지 조금 감이 잡히나요? 이제 스트림릿으로 앱을 만들 때 활용할 수 있는 기본 기능을 구현하는 코드를 하나씩 소개하겠습니다. 어떤 공부든 기본부터 차근차근 익히는 건 조금 지겨울 수 있습니다. 빨리 실제로 사용할 앱을 만들어보고 싶다면 다음 챕터로 넘어가 학습하고 이 부분은 궁금한 점이 있을 때마다 찾아보는 사전처럼 활용해도 좋습니다. 물론 이번 챕터를 죽 한 번 따라해보면 스트림릿을 훨씬 능숙하고 다양하게 활용할 수 있을 것입니다.

바로 실습 44 스트림릿 기본 기능 살펴보기

스마트폰에서 배경 화면을 꾸밀 때 화면에 배치하는 각각의 요소들을 위젯^{widget}이라고 합니다. 스트림릿에 앱을 꾸밀 때도 필요한 요소들을 위젯 혹은 요소라고 하는데요, 스마트폰과 차이점이 있다면 바로 각 요소를 간단한 코드로 불러올 수 있다는 것이죠.

직접 입력하면서 실습해보세요

앞 챕터를 참고하여 여러분의 스트림릿 편집 코드스페이스를 열어놓고 코드를 따라 입력하며 학습하세요. streamlit_app.py 파일을 열고 다음과 같이 가장 위의 첫 줄만 남겨두고 전부 지우세요.

바로 자동화 코드 baro44.py
```
import streamlit as st
```

이 코드는 스트림릿의 함수들을 불러올 때 간단히 st라는 별칭을 사용할 수 있다는 뜻입니다. 앞으로 사용할 다양한 함수 앞에 st가 붙는 것은 이 때문입니다.

이제 준비가 다 되었으니 스트림릿이 제공하는 다양한 요소들을 하나씩 살펴보겠습니다.

텍스트 요소

웹 페이지의 기본 요소로, 스트림릿에서는 중요도에 따라 다양하게 텍스트를 표시할 수 있습니다. 일반적으로 st.write( ) 함수를 가장 많이 사용하지만 모든 텍스트를 이렇게 나타내면 밋밋할 수 있습니다. 따라서 글자의 역할과 중요도에 따라 다음과 같이 활용합니다.

바로 자동화 코드 baro44.py
```
import streamlit as st

# 제목 및 섹션 구분
st.title("앱의 제목을 표시하기")  # 앱의 메인 제목 표시
st.header("작은 제목이나 섹션 구분")  # 섹션의 주요 제목
st.subheader("섹션 하위 구분")  # 하위 섹션의 제목

# 다양한 출력 형식
st.write("텍스트를 포함하여 다양한 형식의 데이터를 출력합니다.")  # 일반 텍스트 및
st.text("설명이나 추가 정보같은 일반 텍스트 출력하기")  # 설명을 위한 단순 텍스트 출력
st.code("print('Hello, teachers!')")  # 코드 블록 형태로 출력
```

```
# 메시지 알림 및 강조
st.error("오류창을 나타내거나 빨간 상자로 강조하기")
st.success("실행완료창을 나타내거나 초록 상자로 강조하기")
st.info("간단한 정보를 안내하거나 파란색 상자로 강조하기")
st.warning("경고창을 띄우거나 노란색 상자로 강조하기")
```

미리보기를 확인하면 다음과 같습니다.

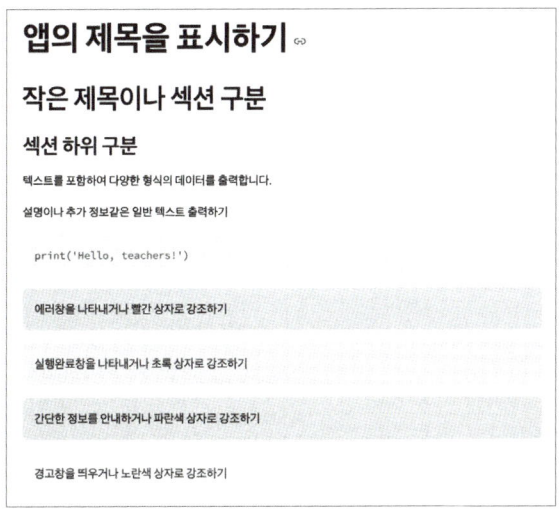

참고로, 아래의 네 개의 상자는 함수의 이름처럼 특정 알림을 위해 사용하기도 하지만 단순히 강조 표시된 상자를 표현하기 위해 사용하기도 합니다.

인풋 요소

스트림릿에서는 사용자의 입력을 받기 위해 버튼 클릭, 슬라이더 이동, 파일 업로드 등 다양한 요소를 제공합니다. 모든 입력은 텍스트로 할 수 있지만, 숫자 입력이 필요할 때, 여러 개 중 하나를 선택해야 할 때, 긴 문장을 써야 할 때 등 상황에 따라 적합하게 사용해야 합니다.

> TIP 이런 과정을 UI(User Interface)를 고려한다고 합니다.

```
# 버튼 클릭 이벤트 처리
if st.button("클릭해보세요!!"):   # 버튼을 클릭하면 아래 메시지 출력
    st.write("버튼을 누르셨군요. 잘하셨습니다!")

# 닉네임 입력 받기
name = st.text_input("닉네임을 입력해주세요.")   # 텍스트 입력 상자에서 닉네임 입력
if name:   # 닉네임이 입력된 경우에만 아래의 메시지 출력
    st.write(name + "님 안녕하세요! 반갑습니다.")

# 슬라이더로 숫자 선택
number = st.slider("책을 읽은지 며칠째인가요?", 0, 100)   # 0부터 100 사이의 숫자 선택
st.write(number, "일째이군요!")   # 선택한 숫자를 출력
```

미리보기로 확인해보면 다음과 같이 사용자의 입력을 받을 수 있는 요소들이 생겼습니다.

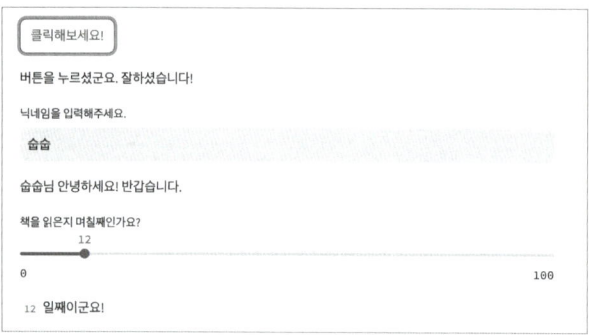

여기에 간단한 조건문을 함께 사용하면 어떨까요? 가장 간단한 예시를 들어보겠습니다. 자연수를 입력하면 짝수인지, 홀수인지 판단하는 코드입니다.

```
# 자연수 입력 받기
number = st.number_input("자연수를 입력해주세요.", min_value=0, step=1, value=None)

# 홀수/짝수 판별
if number is None:
```

```
    st.info("아직 자연수를 입력하지 않으셨습니다.")
else:
    if number % 2 == 1:   # 홀수 조건
        st.info("입력하신 자연수는 홀수입니다.")
    else:   # 짝수 조건
        st.info("입력하신 자연수는 짝수입니다.")
```

미리보기로 코드를 확인하면 다음과 같이 입력한 값에 따라 답변이 나옵니다.

미디어 요소

미디어 요소는 앱에 사진이나 영상, 음성을 삽입할 때 사용합니다. 시각적으로 더 풍부한 앱을 구성할 수 있죠. 사진, 영상, 음원은 삽입 전 깃허브 저장소에 업로드해야 합니다.

01 파일이 많아졌을 때 관리를 대비해 'media'라는 폴더를 새로 생성하겠습니다. ❶ '새폴더'를 생성하고, ❷ 폴더 이름을 'media'로 수정해주세요. 이후에 준비된 사진, 영상, 음원을 모두 'media' 폴더에 드래그앤드롭을 통해 옮겨줍니다.

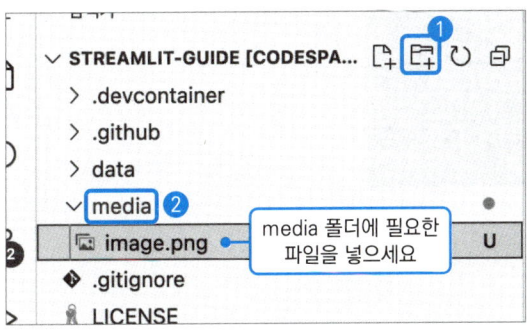

02 다음 코드를 입력합니다.

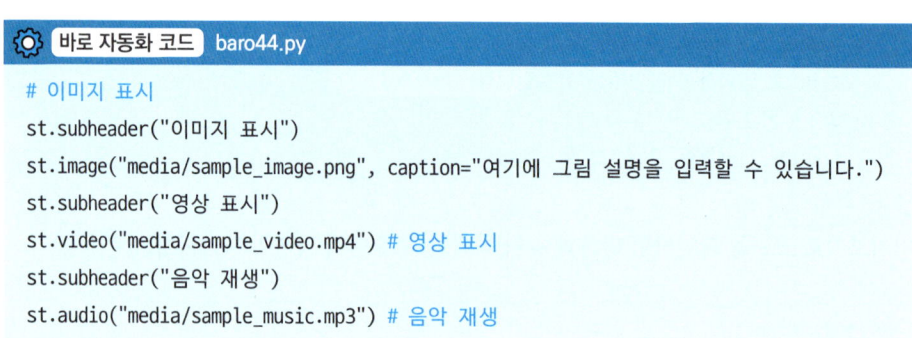

```python
# 이미지 표시
st.subheader("이미지 표시")
st.image("media/sample_image.png", caption="여기에 그림 설명을 입력할 수 있습니다.")
st.subheader("영상 표시")
st.video("media/sample_video.mp4") # 영상 표시
st.subheader("음악 재생")
st.audio("media/sample_music.mp3") # 음악 재생
```

각 함수의 인수로 들어가는 파일의 경로를 여러분이 저장한 경로와 이름으로 변경하세요. 그러면 다음과 같이 원하는 미디어를 앱 화면에 첨부할 수 있습니다.

레이아웃과 컨테이너

사용하기 편한 앱을 만들기 위해서는 레이아웃을 잘 관리해야 합니다. 모든 컨텐츠가 세로로 나열되어있다면 읽기 불편하겠죠. 편의성을 위한 레이아웃은 다양한데 여기서는 버튼을 눌렀을 때 컨텐츠가 나오는 레이아웃, 세로로 레이아웃을 나누어서 배치하는 방법을 소개하겠습니다.

01 평소에는 숨겨놓고 클릭하면 확장하며 내용을 보여주는 레이아웃을 생성하는 코드입니다. expander( ) 함수를 사용합니다.

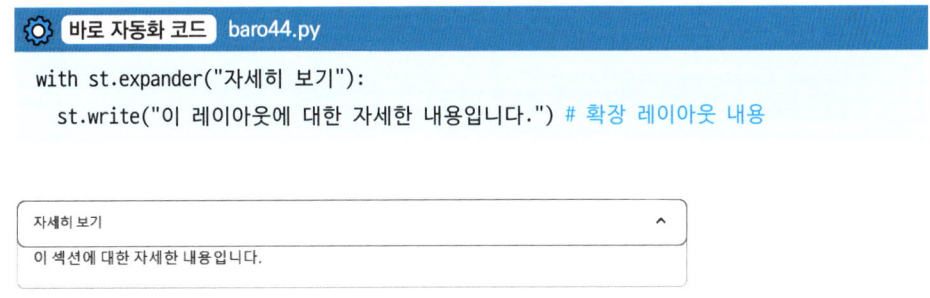

02 세로로 두개의 열로 나뉜 레이아웃을 만드는 코드입니다.

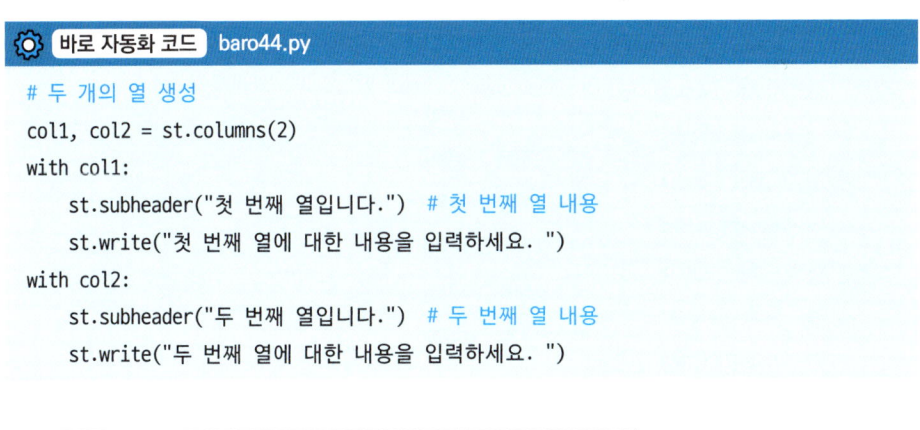

데이터와 차트 요소

데이터를 시각적으로 표현하는 것은 스트림릿의 핵심 기능 중 하나입니다. 스트림릿은 데이터 프레임을 간단하게 시각화할 수 있는 기능을 제공하며, 기본적인 차트 기능과 st.line_chart, st.bar_chart 등의 꺾은선 그래프, 막대 그래프를 그릴 수 있는 함수도 내장되어 있습니다.

01 먼저 데이터를 임의로 생성하기 위해 판다스 라이브러리와 넘파이 라이브러리를 불러와 A와 B 50쌍의 난수를 가지는 데이터프레임을 만듭니다.

```
바로 자동화 코드    baro44.py
import pandas as pd
import numpy as np

# 50개의 난수를 가지는 데이터프레임 생성
data = pd.DataFrame({
  'A': np.random.randn(50),
  'B': np.random.randn(50)
})
```

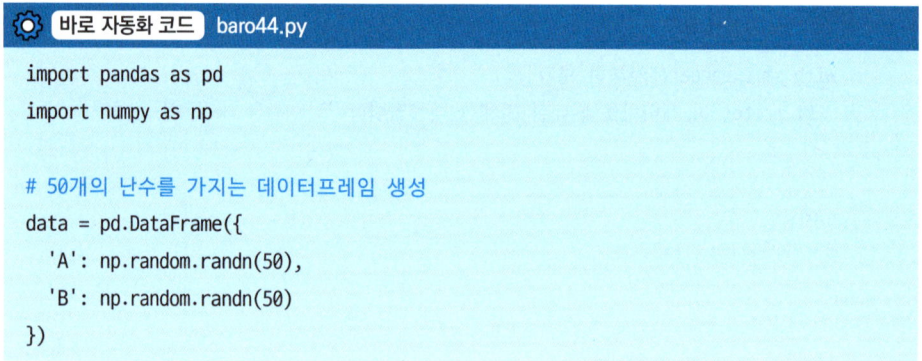

02 앞서 만든 판다스의 데이터프레임 형태를 내장 그래프 함수로 나타내는 코드를 작성합니다.

바로 자동화 코드 baro44.py

```
st.write(data)       # 데이터 프레임 출력
st.line_chart(data)  # 라인 차트 출력
st.bar_chart(data)   # 바 차트 출력
```

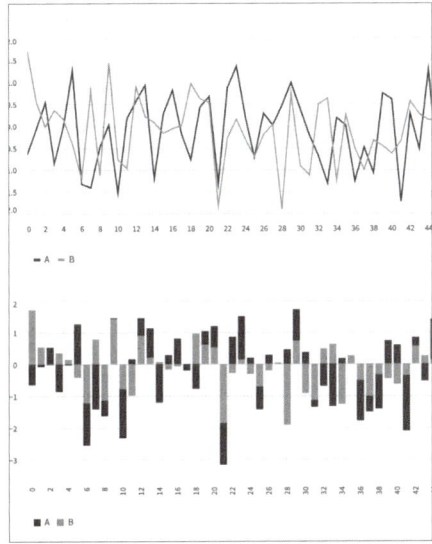

스트림릿에서 사용하는 기본 기능을 잘 활용한다면 어떤 사용자나 편하게 이용할 수 있는 웹 앱을 만들 수 있을 겁니다.

바로 실습 45 원하는 페이지를 나의 앱에 그대로 가져오기

'Do not reinvent the wheel'이라는 말이 있습니다. '바퀴를 재발명하지 말라'는 뜻이죠. 스트림릿이 굉장히 강력하긴 하지만, 모든 기능들을 앱에서 구현하는 것은 불필요하고 불가능합니다. 만약 앱에서 계산기가 필요하다면 계산기를 입력창부터 한땀 한땀 만들기보다 기존에 만들어진 계산기를 가져오는 것이 훨씬 효과적일 것입니다.

그럼 어떻게 앱이나 페이지를 불러올 수 있을까요? 바로 iframe을 활용하면 됩니다. iframe이란 외부 웹 페이지나 앱을 스트림릿 앱에 임베드, 즉 삽입하는 요소입니다. 타이머나 계산기처럼 간단한 앱부터 복잡한 앱이나 페이지까지 불러올 수 있습니다. 간단히 실습해봅시다.

01 여러분의 스트림릿 페이지를 열어주세요. 학생들이 웹 페이지에서 학습 활동을 할 수 있도록 계산기를 넣는다고 생각해보겠습니다. 다음 코드를 따라 입력해주세요.

```python
import streamlit as st

st.title("계산기")
# ① html 삽입
st.components.v1.html(
"""<iframe
src = 'https://www.desmos.com/scientific?lang=ko'
style='height:300px; width:600px'
></iframe>""",
height=400
)
```

❶ st.components.v1.html( ) 함수는 스트림릿에 HTML 코드를 삽입할 때 사용합니다.

❷ 〈iframe〉 태그를 이용해 가져올 계산기의 src 값으로 URL을 입력합니다. style 옵션에서 height, width값을 조절하여 크기를 지정할 수 있습니다.

02 저장하고 미리보기를 확인하면 다음과 같이 웹 페이지에 계산기를 확인할 수 있습니다.

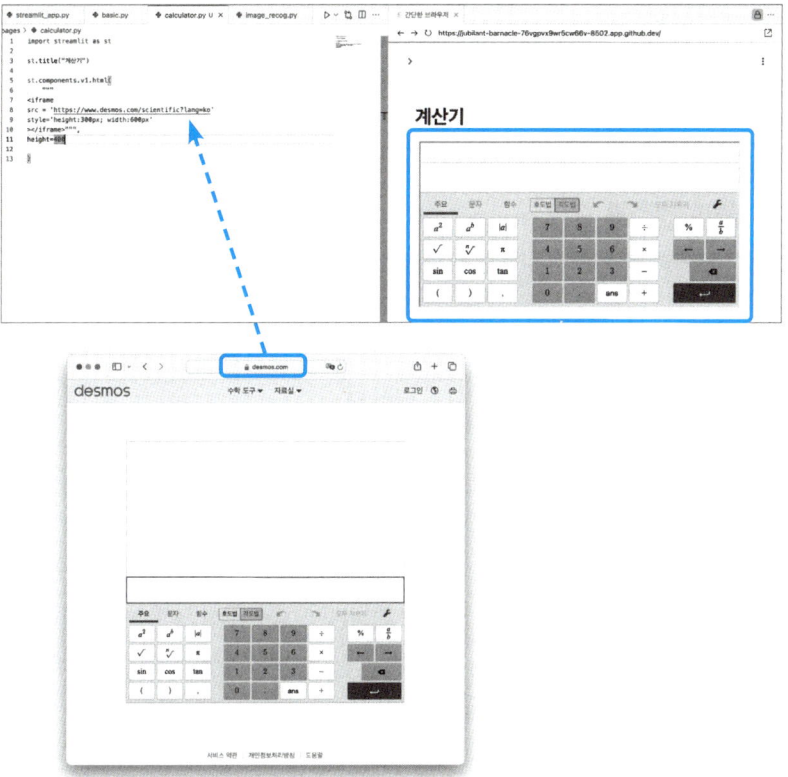

💬 스트림릿 홈페이지 200% 활용법

스트림릿 홈페이지를 200% 활용하는 방법을 소개합니다. 알아두면 좋은 메뉴를 함께 보겠습니다. 스트림릿의 기본 요소를 활용하다보면 2% 아쉬울 때가 있습니다. 이럴 때에는 다른 사람이 만든 앱이나 커뮤니티를 참고하면 좋습니다. 틈날 때 보면서 각 요소의 활용 방법과 신박한 아이디어, 새로운 패키지를 구경해보세요.

> **TIP** streamlit.io 홈 페이지 상단에서 업데이트 소식을 확인할 수 있습니다. 스트림릿 버전이 업데이트되면서 기능이 추가되기도 하니 가끔 살펴보세요.

활용 01 갤러리에서 다른 사람이 만든 앱 구경하기

스트림릿의 Gallery 메뉴는 다른 개발자들이 만든 앱을 전시하는 곳입니다. 아이디어를 얻을 수 있는 훌륭한 장소죠. 특히 데이터 시각화, 머신러닝, 간단한 웹 툴을 주제로 개발자들이 만든 스트림릿 페이지를 보고, 페이지의 ❶ 오른쪽 위 [깃허브 아이콘]을 클릭하면 해당 페이지의 소스 코드를 참고할 수 있습니다. ❷ 또한 페이지를 직접 활용하고 수정해보고 싶으면 깃허브 아이콘 옆의 [Fork]를 클릭하여 나의 저장소로 복제할 수 있습니다.

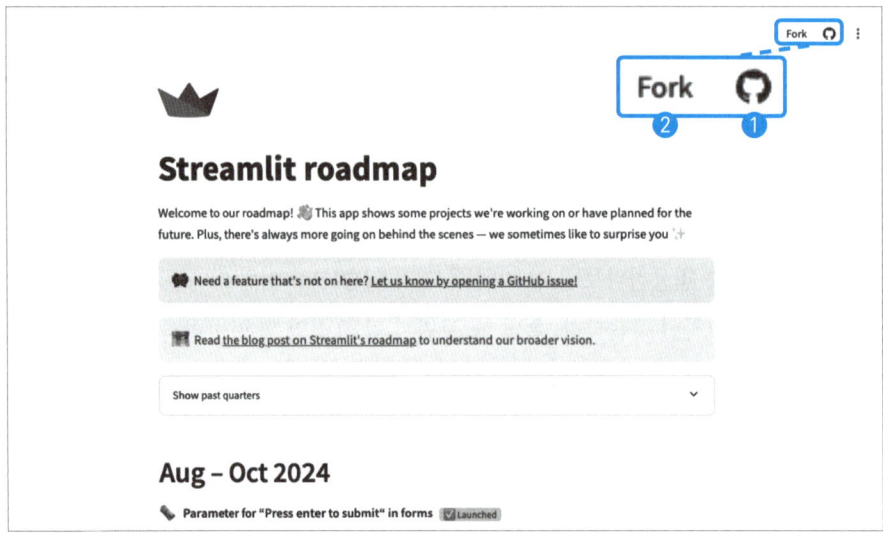

활용 02 재미있는 서드파티 앱 활용하기

스트림릿의 Components 메뉴는 기본 요소 외의 요소들을 볼 수 있는 곳입니다. 더 창의적인 요소를 만들고 싶다면 이곳에서 서드파티 앱을 활용해보세요. 서드파티 앱은 스트림릿을 더욱 확장할 수 있는 도구로, 외부 개발자가 제작한 패키지나 플러그인입니다. 누구나 자신만의 서드파티 앱을 만들고 배포할 수 있으며, 이를 통해 기존 스트림릿에 없는 다양한 기능을 추가할 수 있습니다. **바로 실습 53** 앱에 **스프레드시트 데이터 불러오기**에서 살펴볼 구글 시트와 스트림릿을 연동하는 패키지인 st-gsheets-connection 역시 서드파티 앱입니다. 또한 생성형 AI로 챗봇을 제작하는 streamlit-chat과 같은 패키지가 있습니다.

활용 03 스트림릿의 공식 문서 활용하기

이 책에서 소개하는 스트림릿의 코드의 양은 새 발의 피입니다. 스트림릿에서 쓸 수 있는 기본 코드는 너무나 많고, 사실 지금도 계속해서 생기고 있죠. 따라서 책을 보며 실습을 해보고 '혹시 이런 기능이 있지 않을까?' 생각이 든다면 streamlit document의 API 레퍼런스 페이지에서 요소를 찾아보세요.

- **스트림릿 API 레퍼런스 페이지 :** docs.streamlit.io/develop/api-reference

이 외의 다양한 정보는 스트림릿 공식 문서에서 찾을 수 있습니다. 예를 들어 파일을 업로드한 후 그 파일에서 작업을 해야할 때, 파일 업로드와 관련된 명령을 찾아본다면 'file'만 입력해도 관련된 코드가 나옵니다.

- **스트림릿 공식 문서 :** docs.streamlit.io

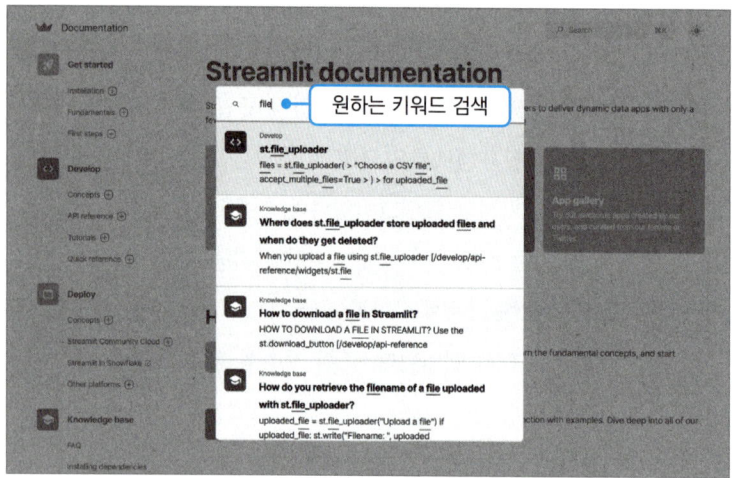

스트림릿의 무한한 가능성을 탐구해보고 원하는 기능을 구현해보세요. 다른 개발자와 교류하며 아이디어를 얻고 여러분만의 개성 넘치는 웹 앱을 완성할 수 있을 겁니다.

바로 실습 46 ─ 종종 생기는 오류 해결하기

코드를 작성하고 실행하다보면 오류가 안 날 수가 없습니다. 그게 바로 코딩의 매력이죠. 빨간 오류창을 보고 컴퓨터를 닫지 말고, 다음 사례에 해당하는 오류는 아닌지 살펴보세요. 스트림릿을 열심히 연구하면서 겪었던 오류들을 공유합니다.

오류 01 코드스페이스가 멈췄어요!

코드스페이스를 활성화하고 일정 시간이 흐르면 다음과 같이 코드스페이스가 멈췄다고 나옵니다. 당황하지 말고 [Restart codespace]를 누르면 원상 복구됩니다. 커밋하지 않았던 이전 파일들도 그대로 있을테니 걱정 마세요!

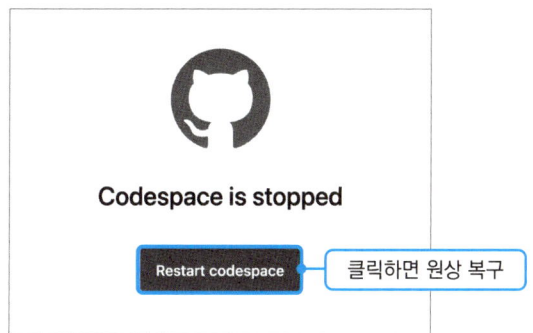

오류 02 앱이 비활성화 되었어요!

앱을 사용하고 며칠 지나면 다음 화면과 같이 '앱이 비활성화되었다'라는 창이 나옵니다. 그럼 당황하지 말고 [Yes, get this app back up!]을 클릭하여 앱을 활성화해주세요. 그럼 약 30초 후에 전처럼 앱이 활성화됩니다. 다른 사람에게 배포하기 전에 먼저 확인해야겠죠?

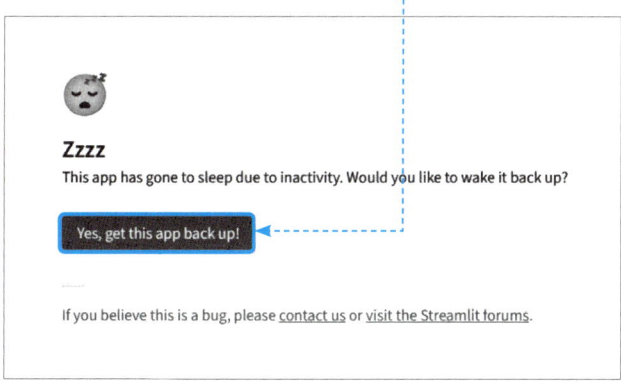

오류 03 코드스페이스에서는 작동이 잘 됐는데 배포하니까 안돼요!

다음은 깃허브 코드스페이스에서 특정한 패키지를 설치하고 개발을 진행할 때 자주 볼 수 있는 오류 메시지입니다. 빨간 오류 메시지가 무서워보이지만 사실은 문제의 원인과 해결하는 방법을 알려주는 안내문입니다. 겁먹지 말고 찬찬히 읽어보세요.

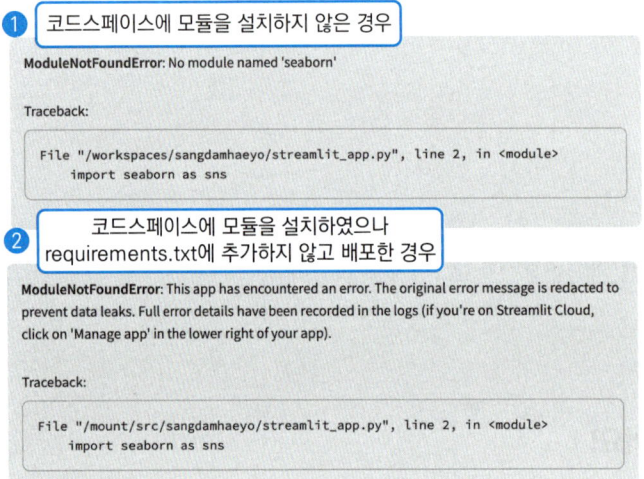

❶ 오류는 코드스페이스에 모듈을 설치하지 않은 경우 미리보기 화면에서 자주 볼 수 있습니다. 예를 들어 외부 모듈인 시본seaborn을 사용하려면 코드스페이스 터미널에서 'pip install seaborn' 입력해 모듈을 설치해야 합니다. 이 과정이 없었으므로 'No module named seaborn'이라고 설명하네요.

❷ 배포 후에는 스트림릿 클라우드에서 모듈이 잘 실행되도록 requirements.txt파일에 설치한 모듈을 입력해야 합니다. requirements.txt 파일은 기본 템플릿을 복사했다면 있을텐데 기존에는 streamlit 만 입력되어 있을 것입니다. 다음 줄에 모듈의 이름, 현재 예시에서는 'seaborn'을 입력합니다.

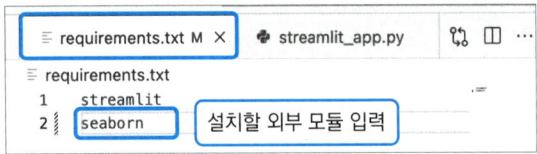

앱을 개발하다보면 어떤 패키지를 설치했는지, 그리고 버전이 무엇인지 헷갈릴 수 있습니다. 이럴 때 일일이 패키지를 확인하며 requirements.txt를 작성할 필요 없이, 현재 사용 중인 환경 그대로 requirements.txt 파일에 저장할 수도 있습니다. 터미널에서 다음 명령어를 입력하면 됩니다.

```
pip install pipreqs
pipreqs . --force
```

만약에 다른 작업에서 새로운 코드스페이스에서 같은 환경을 재현하고 싶다면 원하는 requirements.txt의 내용을 복사해 붙여넣고 터미널에 다음 명령어를 입력하세요.

```
pip install -r requirements.txt
```

그러면 requirements.txt에 적힌 패키지들이 같은 버전으로 한 번에 설치되어 일일이 패키지를 다시 설치하지 않아도 원하는 개발 환경을 쉽게 구성할 수 있습니다.

with AI AI와 오류를 찾고 배포 문제를 해결해요

앞서 소개한 상황 외에도 다양한 오류를 만날 겁니다. 그럴 때는 새로 고침, Reboot, 재커밋 등을 시도해보세요. 스트림릿 토론 사이트(discuss.streamlit.io)에 질문을 올리거나 같은 문제를 겪은 다른 사람들의 글을 찾아봐도 좋습니다. 혼자 해결하기 어렵다면, 빠르게 해결하고 싶다면 다음과 같이 AI를 활용해도 좋습니다.

배포한 앱에서 오류창이 떴다고 가정해봅시다. 스트림릿 계정으로 로그인한 후 배포한 앱으로 접속하면 오른쪽 아래 [Manage App] 버튼이 보일 겁니다. 이 버튼을 누르면 다음과 같이 작업 로그창이 출력되면서 어떤 부분에서 오류가 생겼는지 정보를 얻을 수 있습니다.

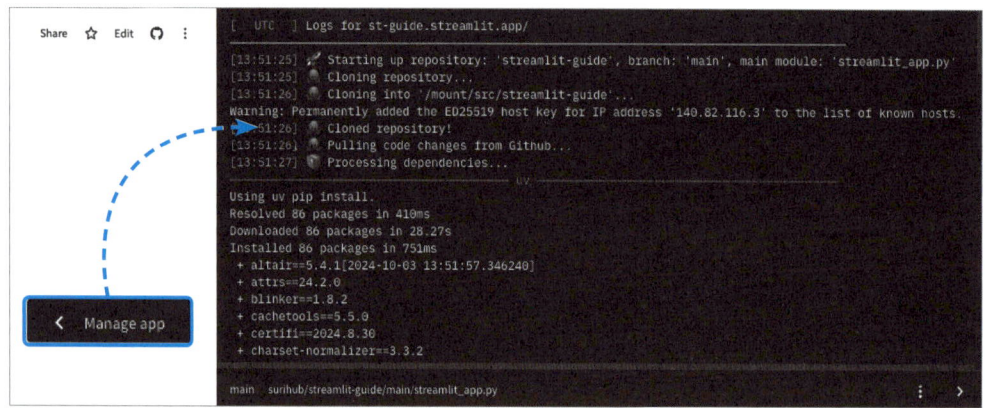

오류 코드와 메시지를 그대로 AI에게 알려주면 해결 방법을 찾아줄 것입니다. AI에게 다음과 같이 오류 상황을 입력하고 도움을 부탁해보세요!

스트림릿에서 앱을 배포한 후 'Manage App' 버튼을 눌렀더니 오류 메시지가 뜨고 앱이 실행되지 않아. 아래 오류 내용을 분석해 원인을 설명하고, 해결 방법을 단계별로 알려줘.

...이 곳에 오류 내용을 붙여넣으세요...

...생략...

3. 해결 방법 (단계별)

1단계: 로그에서 오류 메시지 확인

Streamlit Cloud에서 Manage App > View Logs를 확인하여 오류 메시지가 있는지 점검하세요.

2단계: Streamlit 앱 실행 명령어 확인

로그에서 streamlit run 명령어가 실행되었는지 확인하세요. 실행되지 않았다면 .streamlit/config.toml 또는 Procfile을 수정해야 합니다.

해결 방법:

.streamlit/config.toml 파일이 있다면 아래와 같이 수정합니다.

```
[server]
headless = true
port = 8501
enableCORS = false
```

...생략...

AI에게 문제 상황을 구체적으로 차근차근 설명하며 오류를 해결해보세요. 하지만 AI의 답변도 결국 100% 정답은 아닐 수 있으니 제안해준 해결 방법을 기반으로 어떤 문제인지 파악하려는 노력은 꼭 필요합니다.

Chapter 21

우리 반을 위한 포춘 쿠키 앱 만들기

차근차근 따라하면 많이 어렵지 않을 거예요.

활용도구 파이썬 스트림릿

이제 교실에서 바로 쓸 수 있는 앱을 만들어봅시다. 교실을 더욱 활기차고 효율적으로 만들어줄 '우리 반을 위한 포춘 쿠키' 앱을 만들 겁니다. 이 앱은 수업 중 랜덤 뽑기를 통해 발표자를 선정하거나, 담임 선생님으로서 학생들에게 따뜻한 멘트를 전하는 이벤트를 진행할 때 유용할 겁니다. 별도로 저장한 다양한 메시지를 매일 다른 학생에게 전하며 더욱 특별한 수업을 만들어봅시다.

바로 실습 47 앱 만들고 개발 준비하기

앞서 첫 번째 앱을 배포할 때는 요소가 많은 대시보드 템플릿을 사용했었습니다. 이번에는 빈 템플릿 앱에 필요한 요소를 직접 추가하며 포춘 쿠키 앱을 완성해볼 겁니다. 과정이 어렵게 느껴지면 앞서 배운 내용으로 돌아가 복습하면서 진행해보세요.

01 스트림릿에 깃허브 계정으로 로그인하여 **[create app → Deploy a public app from a template]**을 클릭합니다.

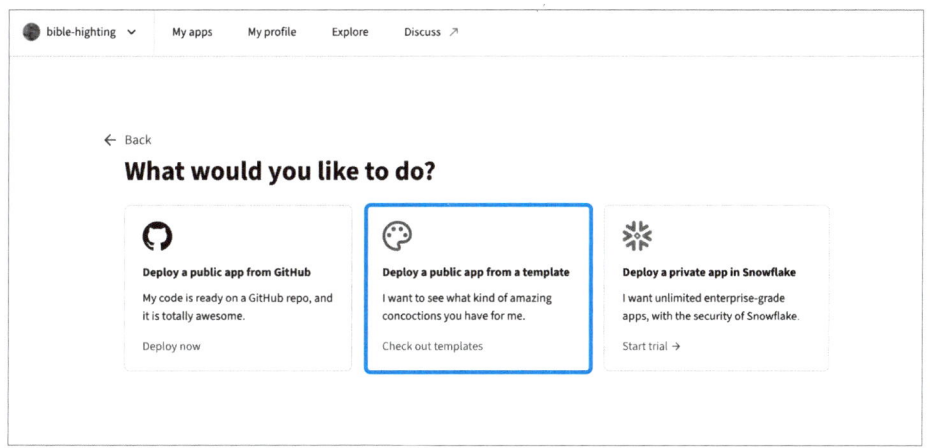

02 가장 아래의 ❶ [Blank app]을 선택하세요. ❷ 앱을 설명하기 위한 저장소 이름과 도메인 주소를 위한 이름도 설정합니다. 저는 'fortunecookie'라고 이름을 지었습니다. 이 주소는 유일해야 하니 여러분은 더 센스 있는 이름을 지어보세요!

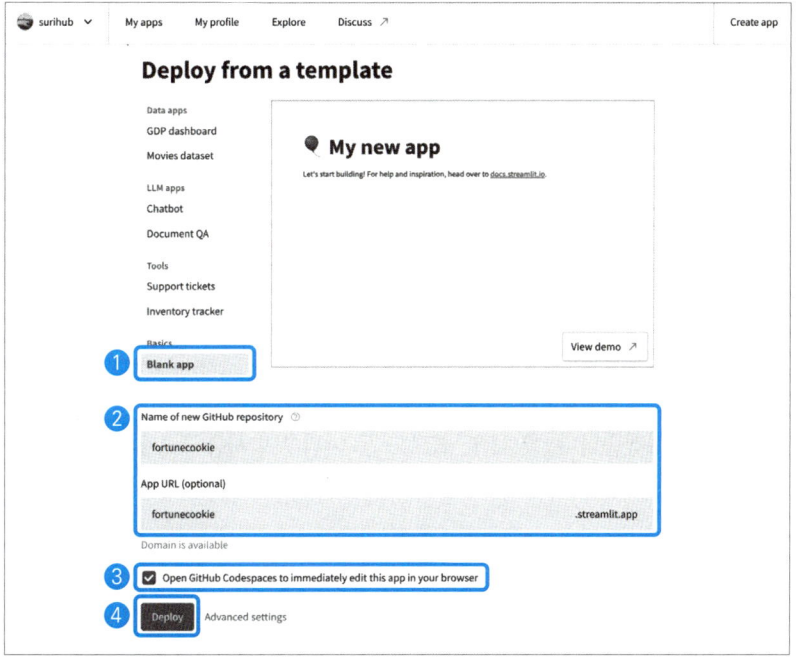

Chapter 21 우리 반을 위한 포춘 쿠키 앱 만들기

바로 편집해서 나만의 앱을 만들어볼 예정이므로 ❸ [Open Github Codespaces to immediately edit this app in your browser]를 체크한 후 ❹ [Deploy]를 클릭합니다.

03 그러면 바로 코드스페이스로 연결되고 streamlit_app.py 파일이 만들어진 것을 확인할 수 있습니다.

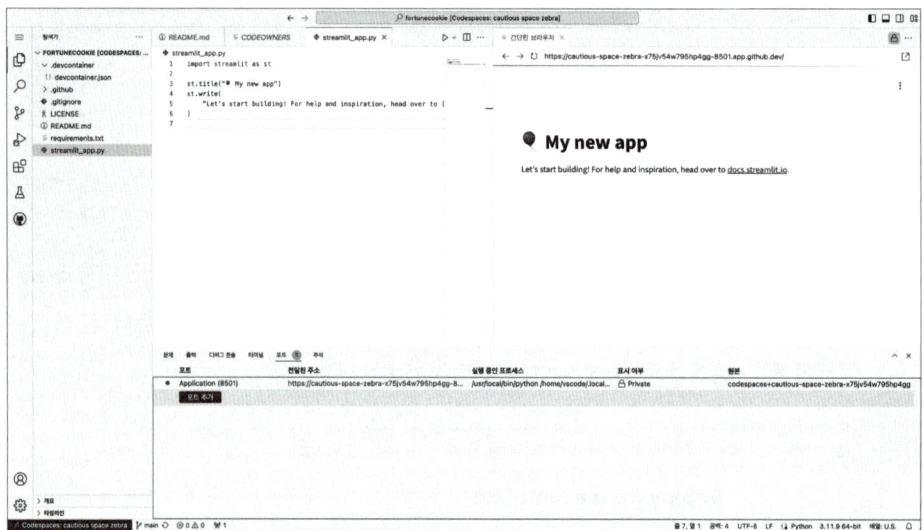

이제 본격적으로 포춘 쿠키 앱을 만들어볼까요?

🤖 with AI 포춘 쿠키 메시지 만들기

먼저 필요한 '행운을 담은 메시지'를 만들어봅시다. 시험 기간에 학생들을 격려하기 위한 포춘 쿠키 메시지를 AI로 만들어보겠습니다. 챗GPT, 클로드 등 여러분이 사용하고 있는 생성형 AI를 활용하세요.

01 다음과 같이 질문하여 문구를 요청합니다.

시험 기간 학생들을 격려하기 위한 행운의 메세지 10개를 만들어줘. 친근한 말투를 사용해줘.

답변은 다음과 같은 형태로 만들어줘. 반점과 따옴표 모두 꼼꼼히 지켜.

숫자 + ,(반점) + "메시지"

물론이야! 시험을 준비하는 학생들을 격려할 수 있는 따뜻한 메시지들을 준비해봤어.

1,"시험은 잠깐! 너의 실력은 영원하다! 파이팅!"

2,"긴장하지 마! 지금까지 해온 만큼 하면 완벽해!"

3,"문제야, 덤벼라! 우리 친구가 간다!"

4,"너라면 충분히 해낼 수 있어! 믿고 가자!"

5,"시험지 보고 당황 금지! 차근차근 풀면 다 맞출 수 있어!"

6,"오늘도 한 걸음 성장하는 날! 자신감을 가져!"

7,"밤샘 공부의 결과는 빛을 발할 거야! 끝까지 힘내!"

8,"시험은 네가 주인공! 멋지게 끝내고 맛있는 거 먹자!"

9,"실수해도 괜찮아! 최선을 다한 너 자체가 최고야!"

10,"시험 끝나고 자유를 만끽할 날이 얼마 안 남았어! 조금만 더 화이팅!"

이후에 활용할 형태를 위해 숫자 + ,(콤마) + "메시지"의 형태로 대답해달라고 조건을 붙였습니다.

02 이제 문구 데이터를 스트림릿 프로젝트에 입력합니다. streamlit_app.py 파일 안에 문구를 모두 써넣어도 되지만 코드의 가독성과 유지 보수를 위해 별도의 폴더 'messages'를 만든 후 'study.csv' 파일을 만들어 입력합니다.

> **TIP** csv파일은 쉼표로 구분된 텍스트 데이터 파일로, 표 형식의 데이터를 저장하는 데 사용됩니다. 엑셀에서 열면 표 형태로 나타납니다.

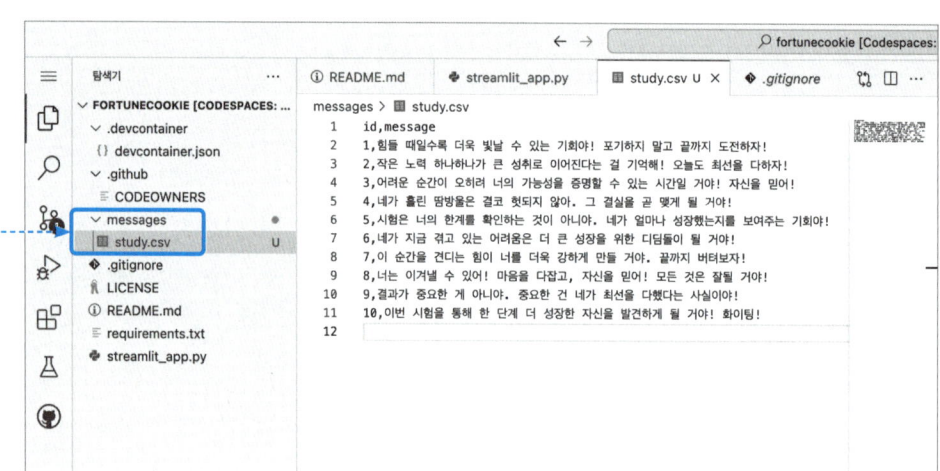

바로 실습 48 랜덤 문구 생성 기능 만들기

포춘 쿠키 앱은 메인 화면에서 사용자가 버튼을 클릭하면 랜덤으로 하나의 문구가 나오는 앱입니다. 본격적으로 포춘 쿠키 앱의 핵심 기능을 만들어보겠습니다.

01 기존의 streamlit_app.py에서 앱 설명 문구를 수정해봅시다. streamlit_app.py의 기존 코드를 지우고 다음의 화면을 구성하는 코드를 입력합니다.

```
# 화면 구성 코드 입력
import streamlit as st
```

```
st.title("포춘쿠키 하나 먹어보세요!")
st.success( # ①
    "시험 기간 지친 여러분을 위해 선생님이 포춘 쿠키를 준비했어요."
)
```

① 문장에 색 배경을 깔아 강조하기 위해 st.success( ) 함수를 활용해 설명글을 띄워줍니다.

수정할 때 오른쪽 브라우저에서 나타나는 **[Always rerun]** 버튼을 클릭하여 변경 사항이 미리보기 화면에 바로 반영되도록 설정합니다.

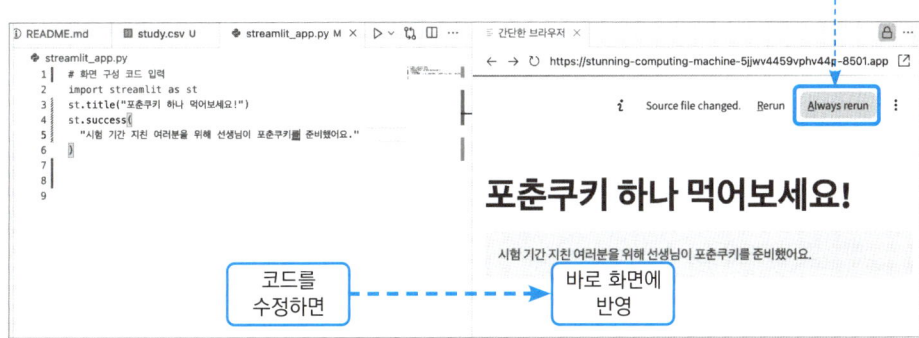

02 이제 내용을 자성합니다. 포츄 쿠키를 확인하는 버튼과 메시지가 나오는 틀을 만들겠습니다. 다음 코드를 이어 작성하세요.

🔧 **바로 자동화 코드** baro48-50.py

```
st.subheader("포츈쿠키 열어보기")
open_cookie = st.button("포츈쿠키 확인하기") # 포츈쿠키 열기 버튼
st.subheader("포츈쿠키 열어보기")
st.warning("여기에 메시지가 나옵니다")
```

그러면 다음과 같은 화면이 구성되겠죠? 물론 아직 버튼을 눌렀을 때 아무 일도 일어나지 않고, 메시지도 고정되어있습니다. 이제 버튼에 기능을 추가해봅시다.

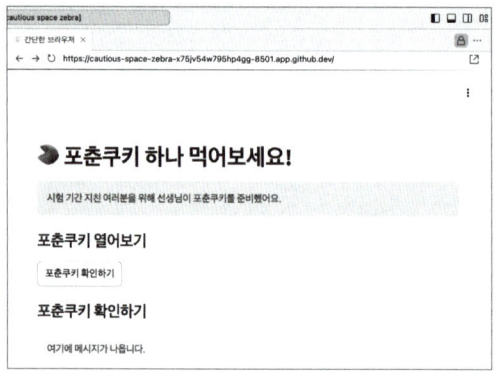

03 messages 폴더에 저장된 study.csv 파일을 불러와봅니다. streamlit_app.py에 'st.warning("여기에 메시지가 나옵니다")' 부분을 지우고 다음 코드를 추가합니다.

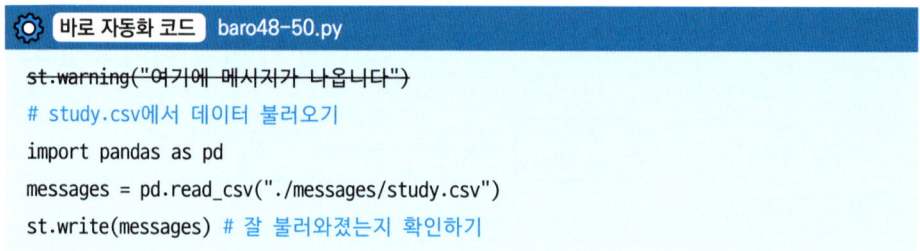

```python
st.warning("여기에 메시지가 나옵니다")
# study.csv에서 데이터 불러오기
import pandas as pd
messages = pd.read_csv("./messages/study.csv")
st.write(messages)  # 잘 불러와졌는지 확인하기
```

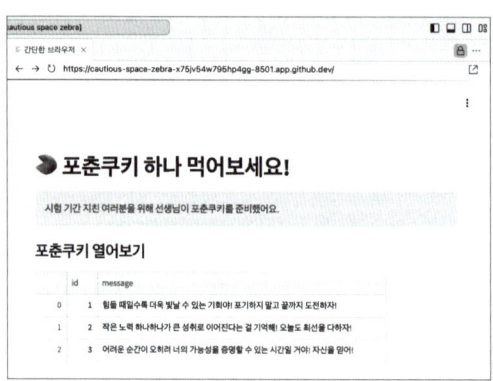

02 streamlit_app.py에 다음 코드를 추가합니다.

> 🔧 **바로 자동화 코드** baro48-50.py

```
...생략...
if open_cookie:
    fortune = random.choice(messages.message)
    st.warning(fortune)
import time  # ① time 라이브러리 불러오기
if open_cookie:
    placeholder = st.empty()  # 이미지와 문구를 표시할 공간 예약
    # ② 이미지와 문구 표시
    with placeholder.container():
        st.image("https://media0.giphy.com/media/...search&rid=giphy.gif&ct=g",
        width=250)
        st.write("포춘 쿠키를 여는 중 입니다...")
    time.sleep(3)  # ③ 3초 동안 대기
    # ④ 이미지를 제거하고 메시지 표시
    placeholder.empty()  # 이미지와 문구를 제거
    fortune = random.choice(messages.message)
    st.warning(fortune)
```

❶ 일정 시간 대기하는 time.sleep( ) 함수를 사용하기 위해 time 라이브러리를 불러옵니다. 기존에 없던 코드이니 추가하세요.

❷ st.image( ) 함수를 사용하여 이미지를 표시합니다. 01단계에서 복사한 이미지 주소를 st.image( ) 함수의 인수로 넣어 이미지를 표시합니다. 하이라이트한 부분에 여러분이 복사한 이미지 주소를 붙여넣으세요.

❸ time.sleep(3) 함수로 이미지가 3초 동안 나타난 후 ❹ st.empty( ) 함수로 이미지를 없앱니다.

이미지가 잘 보이는지 실행해서 확인해봅시다.

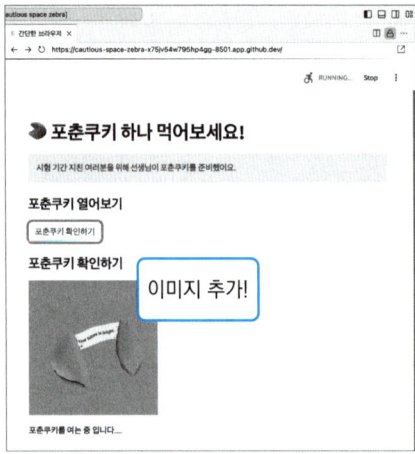

바로 실습 50 ▶ 포춘 쿠키 앱 배포하기

실습을 위해 만든 주소 "fortunecookie.streamlit.app"에 접속하면, 아직 blank app으로 아무것도 나오지 않습니다. 이제, 학생들이 이 링크에 접속할 수 있도록 배포해봅시다. 바로 실습 43 **스트림릿으로 첫 번째 앱 배포하기**에서 배운 내용을 복습하는 마음으로 따라해보세요.

01 왼쪽 사이드바에서 ❶ 소스 제어 탭을 클릭하면 처음 배포된 상태에서 수정된 파일만 목록에 나타납니다. 이 파일들을 커밋하면 우리가 작업한 코드가 반영됩니다.

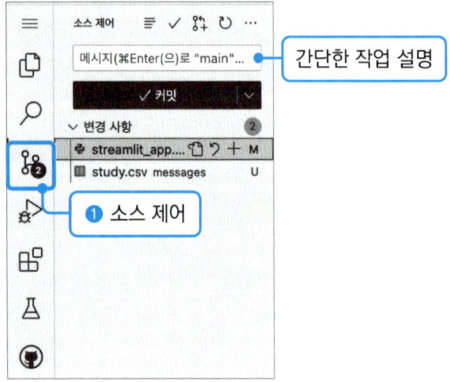

커밋 메시지를 적어주세요. 예를 들어 'add: 포춘 쿠키 앱 만들기 및 공부를 위한 데이터 추가'라고 적을 수 있겠죠? 간단한 메시지를 적은 후 **[커밋]** 버튼을 클릭하면, 다음과 같은 경고창이 나타납니다. **[예]**를 눌러주세요.

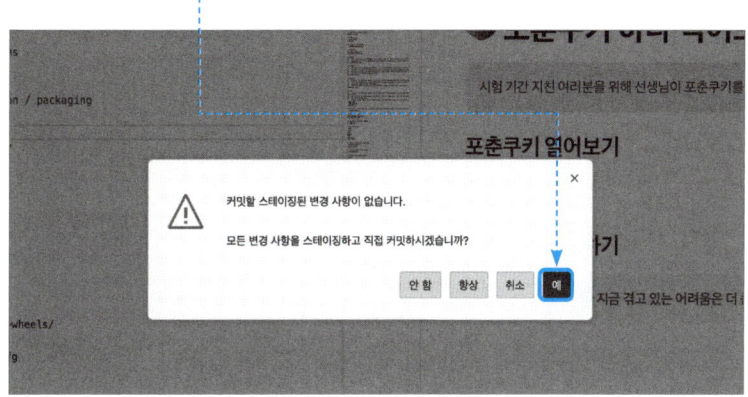

02 사이드바의 **[변경 내용 동기화]** 버튼을 클릭하면 다음과 같은 경고창과 함께 배포가 완료됩니다.

이제, 'fortunecookie.streamlit.app'로 접속하면 누구나 다음과 같은 화면을 볼 수 있고, 포춘 쿠키를 맛볼 수 있습니다.

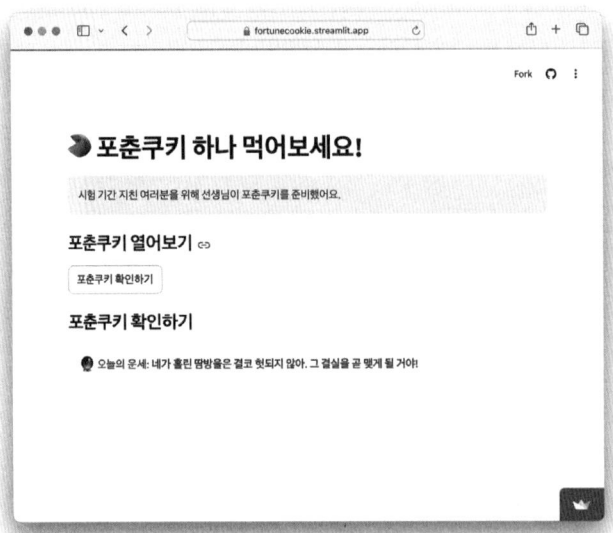

Chapter 22

대시보드로 설문부터 응답까지 한눈에 확인하기

> 과정이 다소 길지만 아주 유용하게 사용할 수 있는 예제입니다.

활용도구 　파이썬　　스트림릿　　구글 스프레드시트

학생들에게 설문을 공유하고 응답을 받을 때 설문 결과의 일부를 공유하고 몇 명이 신청했는지 공유하고 싶었던 적이 있나요? 스트림릿은 데이터 시각화에 최적화된 도구입니다. 이번에는 스트림릿의 데이터 처리와 시각화 기능을 한껏 활용해서 '행사 신청 및 신청 현황판 만들기' 실습을 해보겠습니다. 이번 장에서는 데이터베이스를 구글 시트로 연결하기 때문에 굉장히 유용하지만 그만큼 단계가 많습니다. 핵심은 설문 응답 중 일부만 처리해서 대시보드를 만든다는 것입니다. 차근차근 따라해봅시다.

바로 실습 51 페이지 기본 화면 구성하기

이번 실습도 `Chapter 21` 우리 반을 위한 포춘 쿠키 앱 만들기 앱과 마찬가지로 비어있는 앱에서 시작할 겁니다. 개발 환경 준비하는 과정은 앞에서 소개한 내용과 같으니 생략하겠습니다. 새로운 스트림릿 앱 프로젝트를 만들고 다음 순서를 따라 streamlit_app.py 파일에 페이지를 설명할 수 있는 내용을 입력하세요.

01 다음 코드를 입력합니다.

```
바로 자동화 코드   baro51-53.py

import streamlit as st
import pandas as pd

st.set_page_config(page_title="행사 신청", page_icon="📗")
st.title("📗행사 신청 사이트")
st.info("골든래빗고 행사 신청 사이트입니다. 아래의 양식에 맞게 기입하여 '제출'버튼을 눌러주세요. 현재 시간까지 신청 현황은 아래에서 확인할 수 있습니다.")
```

페이지를 잘 설명하는 제목과 페이지 아이콘, 본문 제목, 그리고 정보란을 구성합니다.

바로 실습 52 앱에 구글 폼 불러오기

스트림릿에서도 설문 형식으로 입력을 받는 화면을 구성할 수 있지만 우리는 구글 폼을 활용해 보겠습니다. 가장 많이 사용하는 설문 형식이기도 하고, 지난 장에서 언급한 'Reinventing the wheel'을 피하기 위함이죠!

01 구글 설문지를 만듭니다. 구글 계정으로 로그인한 후 주소창에 'forms.new'를 입력하여 새 신청 폼을 만들고 다음과 같이 학번과 이름, 신청 날짜를 간단히 추가합니다.

'질문'란이 추후 구글 시트의 열 이름이 될 것이므로 간단히 작성하고, '설명'란에 질문의 내용을 자세히 설명하면 추후 시트에서 데이터를 처리하기가 편합니다.

02 오른쪽 위의 ❶ [게시 → 게시] 버튼을 클릭하면 기존의 [게시] 버튼이 ❷ [게시됨] 버튼으로 바뀌면서 응답을 받을 수 있는 상태가 됩니다. [게시됨] 버튼을 다시 클릭한 후 [응답자 링크 복사] 버튼을 클릭하여 설문 링크를 복사합니다.

03 이제 iframe을 활용하여 이 설문지를 스트림릿 앱 페이지에 내장시키면 됩니다. 다음 코드를 이어서 입력하세요.

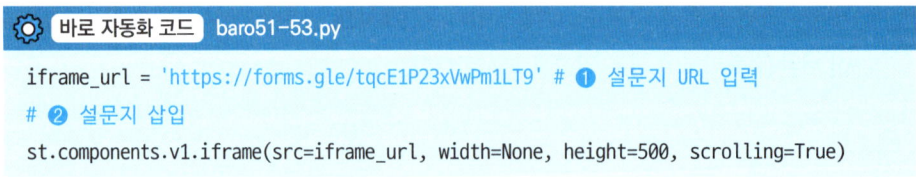

```python
iframe_url = 'https://forms.gle/tqcE1P23xVwPm1LT9'  # ❶ 설문지 URL 입력
# ❷ 설문지 삽입
st.components.v1.iframe(src=iframe_url, width=None, height=500, scrolling=True)
```

❶ 02단계에서 복사한 링크를 'iframe_url'에 할당합니다. 파랑색으로 표시한 부분을 지우고 여러분의 URL을 입력하세요.

❷ 그리고 스트림릿의 iframe( ) 함수를 가져와 iframe_url을 입력하고, 너비와 높이를 지정하고, scroll의 가능 여부를 True로 지정하면 다음과 같이 설문지가 잘 내장됩니다.

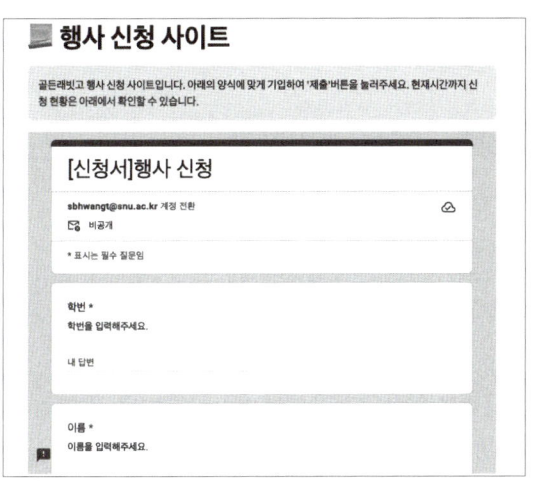

04 다시 폼으로 이동합니다. 설문에 응답이 들어오면 다음과 같이 응답을 확인할 수 있습니다. 여기서 **[Sheets에 연결]**을 클릭하여 모인 응답을 정리할 스프레드시트를 만듭니다. 응답 저장 위치는 여러분이 편한 방법을 선택하세요.

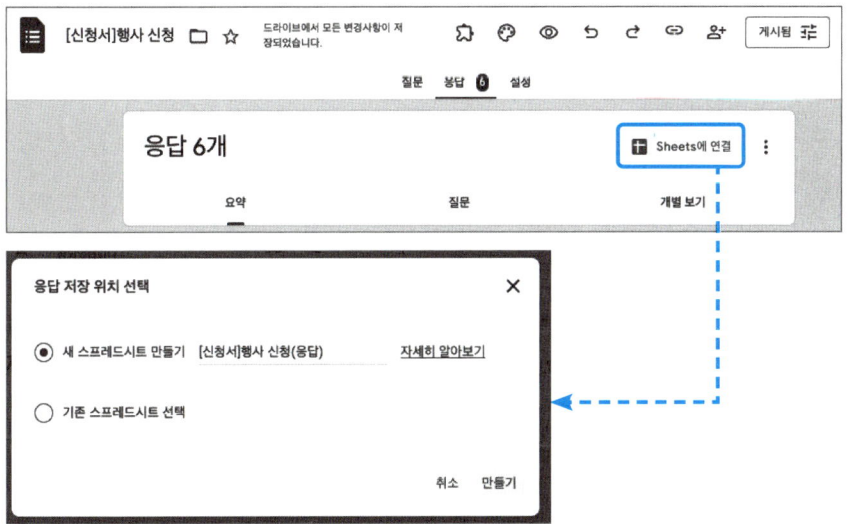

05 스프레드시트를 만들면 다음과 같이 응답이 들어있는 스프레드시트가 생성됩니다.

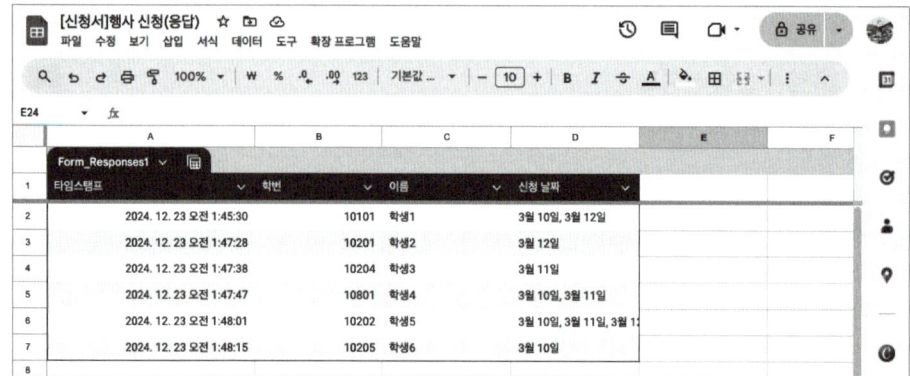

신청 날짜별 50명까지 받을 수 있어 신청 현황을 공유해야 하는 상황이라고 가정하겠습니다. 신청자가 신청 페이지의 아래 영역에서 각 날짜별 몇 명이 신청했는지를 확인하면 좋겠죠. 이 실습에서 우리가 필요한 것은 학생의 신청 날짜별 빈도수입니다.

바로 실습 53 앱에 스프레드시트 데이터 불러오기

이번에 만들 앱과 앞 챕터에서 만든 앱의 가장 큰 차이점은 바로 데이터베이스의 유무입니다. 신청을 하며 정보를 입력한 사람의 데이터는 스프레드시트에 수집하고, 저장된 데이터를 바탕으로 통계량을 요약해 화면에 띄울 겁니다.

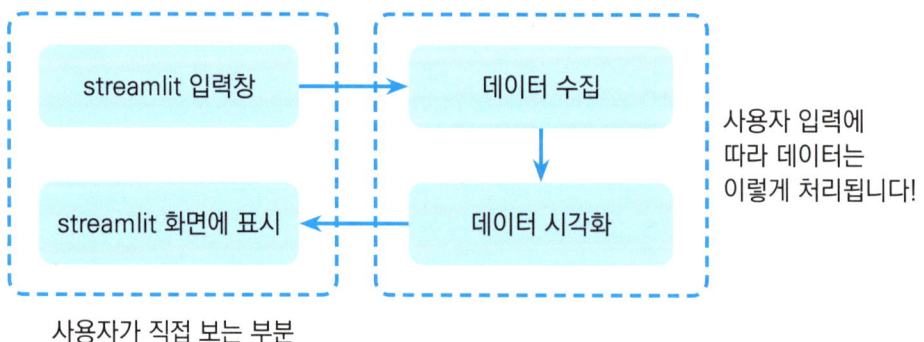

링크 주소 보안 설정하기

01 응답 데이터를 모아놓은 구글 시트의 주소를 스트림릿에서 읽어올 수 있도록 해야합니다. ❶ 시트의 오른쪽 위 **[공유]** 버튼을 눌러 링크가 있는 모든 사용자에게 뷰어 권한을 제공합니다.

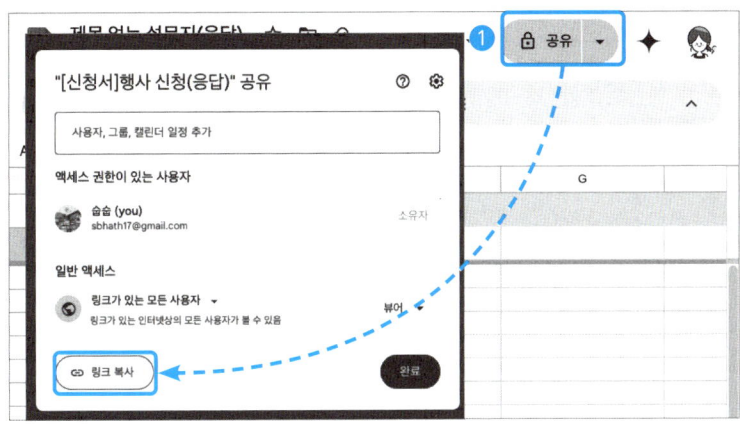

이 링크는 다음과 같은 형태로 되어있습니다. 잠시 후에 이 링크를 사용할 예정이므로, 복사해둔 링크는 메모장에 잘 붙여넣기해주세요!

```
https://docs.google.com/spreadsheets/d/(시트의 고유번호)/edit?usp=sharing
```

이 복사한 링크를 그대로 코드에서 사용하면 응답자의 정보가 깃허브에 업로드되어 공개될 위험이 있습니다. 따라서 이 링크 주소는 streamlit_app.py 파일에 그대로 넣지 않고 별도의 비밀 파일에 넣어둘 겁니다. 이제 이 링크를 아무도 못 보게 처리해볼게요.

02 현재 작업중인 streamlit_app.py가 있는 폴더에 '.streamlit' 폴더를 생성하고, 그 안에 'secrets.toml' 파일을 생성합니다.

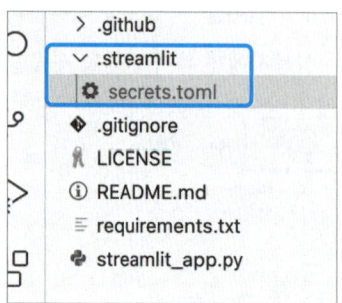

스트림릿에서 데이터를 안전하게 다루기 위해 API 키나 비밀번호 같은 민감한 정보를 별도의 설정 파일로 관리할 수 있습니다. 단, 반드시 폴더 이름은 .streamlit으로, 그 안에 정보를 넣을 파일명은 secrets.toml로 지정해야 올바르게 작동합니다.

secrets.toml 파일 형태는 생소할 수 있는데요, toml은 메모장같은 파일입니다. 특히 키-값 쌍으로 정보를 저장하고, 앱에서 불러와 사용할 수 있습니다.

03 이제 secrets.toml 파일에 01단계에서 복사한 링크 주소를 붙여넣습니다.

```
[googlesheet]
url1 = "https://docs.google.com/spreadsheets/d/*****/edit?usp=sharing"
```

[googlesheet]는 섹션 헤더로, googlesheet라는 이름의 섹션을 정의합니다. 여러 개의 비밀 텍스트를 넣을 때, 각 항목을 구분하기 위해 사용합니다.

여기에 첫 번째 링크인 url1으로 설문지 응답이 수집되는 구글 시트 링크를 입력하세요. url1이 '키', 구글시트의 링크가 '값'에 해당합니다.

04 이 파일은 프로젝트 외부로 노출되면 안되므로 반드시 '.gitignore' 파일에 추가하여 추후에 깃허브에 커밋되지 않도록 해야합니다.

> **TIP** '.gitignore' 파일은 특정 파일이나 폴더가 깃에 의해 추적되지 않도록 설정하는 파일입니다. 이를 활용하면 민감한 파일이 깃허브에 업로드되는 것을 방지할 수 있습니다.

.gitignore 안에 .streamlit/을 추가하고 저장합니다.

```
.streamlit/
```

'.streamlit'이라는 폴더에 있는 모든 파일을 깃에서 제외한다는 뜻입니다. 이 작업을 하지 않으면 정보가 든 파일이 깃허브 저장소에 올라가 다른 사람들에게 공개될 겁니다.

> **TIP** .gitignore, .streamlit에서 맨 앞에 붙어있는 '.'(온점)은 꼭 붙여주세요.

스프레드시트 데이터 불러오기

01 스프레드시트의 파일을 불러오기 위해서는 스트림릿에서 작동할 수 있도록 만든 streamlit_gsheets 라이브러리를 설치해야 합니다. 코드스페이스 서버가 실행되고 있으니 다음과 같이 ❶ 새 터미널(bash)을 열어서 다음 명령어를 입력하고 설치합니다.

```
pip install st-gsheets-connection
```

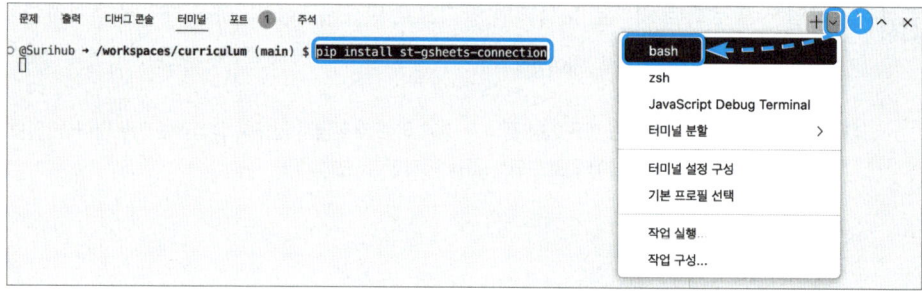

02 설치가 완료되면 streamlit_app.py에 다음 코드를 입력합니다.

> **바로 자동화 코드** baro51-53.py

```python
import streamlit as st
from streamlit_gsheets import GSheetsConnection

st.title("구글시트 불러오기")

url1 = st.secrets["googlesheet"]["url1"] # ❶
conn = st.connection("gsheets", type=GSheetsConnection) # ❷
df = conn.read(spreadsheet=url1) # ❸
st.write(df) # 출력되는지 확인 후 주석 처리해주세요
```

❶ st.secrets 함수는 streamlit에서 secrets.toml 파일에 저장된 값을 가져오는 기능입니다. 즉 st.secrets["googlesheet"]["url1"]는 secrets.toml 파일에서 googlesheet 섹션에 있는 url1을 가져오도록 설정된 값인 것이죠.

❷ conn = st.connection("gsheets", type=GSheetsConnection)에서 conn은 구글 스프레드시트와 연결하는 객체(conn)을 생성하는 코드입니다. 이 코드는 그대로 작성해주세요.

❸ 마지막으로 df = conn.read(spreadsheet = url1) 은 구글 시트 데이터를 읽어오는 과정입니다. 불러온 데이터는 pandas의 데이터프레임 형식으로 저장됩니다.

그러면 페이지에도 응답이 잘 출력됩니다. 확인을 했다면 마지막 코드는 주석처리 해주세요.

	타임스탬프	학번	이름	신청 날짜
0	2024. 12. 23 오전 1:45:30	10,101	학생1	3월 10일, 3월 12일
1	2024. 12. 23 오전 1:47:28	10,201	학생2	3월 12일
2	2024. 12. 23 오전 1:47:38	10,204	학생3	3월 11일
3	2024. 12. 23 오전 1:47:47	10,801	학생4	3월 10일, 3월 11일
4	2024. 12. 23 오전 1:48:01	10,202	학생5	3월 10일, 3월 11일, 3월 12일
5	2024. 12. 23 오전 1:48:15	10,205	학생6	3월 10일

03 이제 이 데이터프레임을 활용해서 필요한 정보만을 보여주겠습니다. 먼저 신청한 학생 수를 알아보기 위해 데이터프레임의 길이를 출력해보겠습니다.

> **바로 자동화 코드** baro51-53.py

```python
st.write("현재 신청자 수는", len(df), "명 입니다. ")
```

데이터프레임에서 맨 위 열의 이름을 제외한 행의 개수를 세는 함수는 len( )입니다. 신청 현황을 알려줄 수 있는 문장으로 표현했습니다.

04 이번에는 특정 날짜만 표현해보겠습니다. 구글 설문에서 '체크 박스' 유형으로 입력을 받았다면 여러 항목을 선택한 응답이 있을 것이고 항목은 모두 ', '로 이어져 있습니다. 즉 구글 시트나 엑셀 상에서 정리하기가 상당히 까다로운 형태의 응답이죠. 따라서 데이터를 한 번 더 처리하는 과정이 필요합니다. 콤마를 기준으로 신청 날짜를 분리해봅시다.

> **바로 자동화 코드** baro51-53.py

```python
dates = df['신청 날짜'].str.split(', ').explode() # ❶
st.write(dates.value_counts()) # ❷
```

❶ 데이터프레임의 '신청 날짜' 열만 가져온 후 split( ) 함수를 통해 ', '를 기준으로 문자열을 분리합니다. 다음으로 explode( ) 함수로 리스트의 각 요소를 개별 행으로 분리하여 데이터프레임을 확장합니다. 확장하면 날짜가 별도의 행으로 나타납니다.

❷ 이제 날짜를 분리했으니 빈도수를 세는 value_counts( ) 함수를 사용하여 빈도수를 확인합니다. 이 코드도 확인 후 주석처리 해주세요.

신청 날짜	count
3월 10일	4
3월 12일	3
3월 11일	3

이 빈도수를 그래프로 나타내면 더 효과적인 대시보드가 되겠죠? 다음 코드도 추가합니다.

바로 자동화 코드 baro51-53.py
```
st.bar_chart(dates.value_counts())
```

05 화면 구성을 보완해보겠습니다. 대시보드를 먼저 나타내고, 신청서를 배치한 후 대시보드에 대한 설명을 추가해보세요.

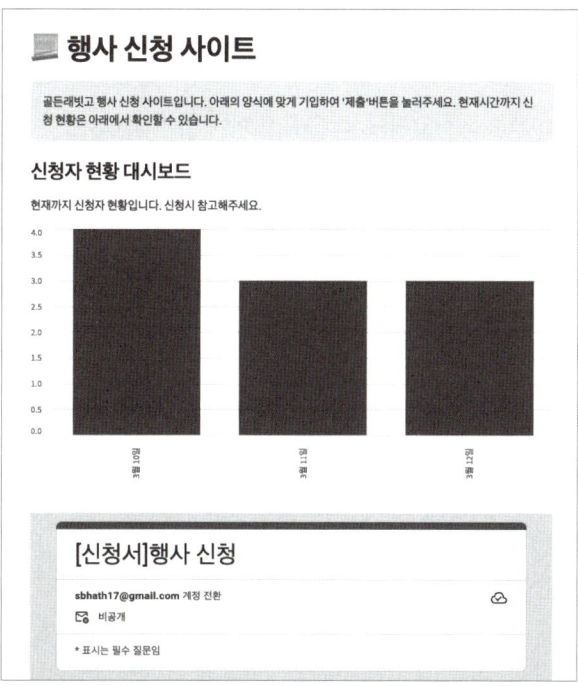

06 이제 이 페이지에서 신청을 하고, 바로 대시보드에 반영이 되는지 볼까요? 한번 해보면 바로 업데이트가 되지 않을 겁니다. 어느 시간을 기준으로 데이터를 불러온 것인지 추가해야 합니다. 다음 코드를 추가 입력하세요.

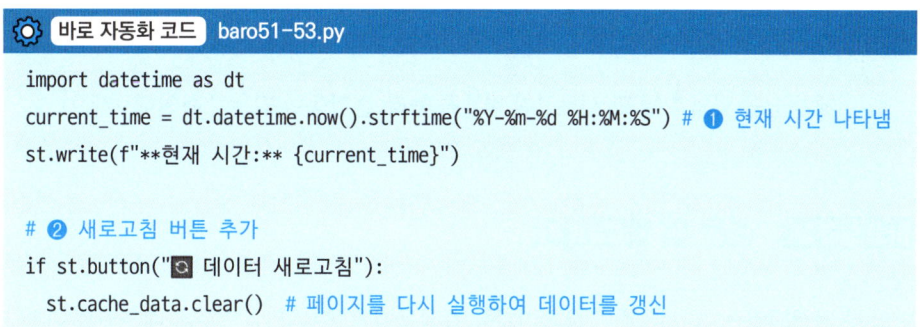

❶ datetime 모듈을 사용해보겠습니다. datetime은 현재 날짜와 시간을 가져오거나, 날

짜 형식을 다룰 때 사용하는 파이썬 내장 모듈이었습니다. dt라는 별칭으로 불러온 후, dt.datetime.now( )로 현재 시간을 불러올 수 있죠. 하지만 날짜와 시간이 기본 형식(예: 2025-03-15 14:30:45.123456)으로 표시됩니다. 소수점 이하의 마이크로초까지 포함되기 때문에, 우리가 읽기 편한 형태로 변환해야 합니다. 현재 시간(datetime.now( ))을 기준으로 날짜 형식을 조정하고, 날짜를 나타내볼게요.

❷ 새로고침 버튼도 추가합니다. 버튼을 눌렀을 때, cache_data.clear( ) 함수를 통해 페이지를 다시 실행하여 데이터를 갱신하고, 현재 시간을 나타내어 업데이트 상황을 확인할 수 있게 했습니다.

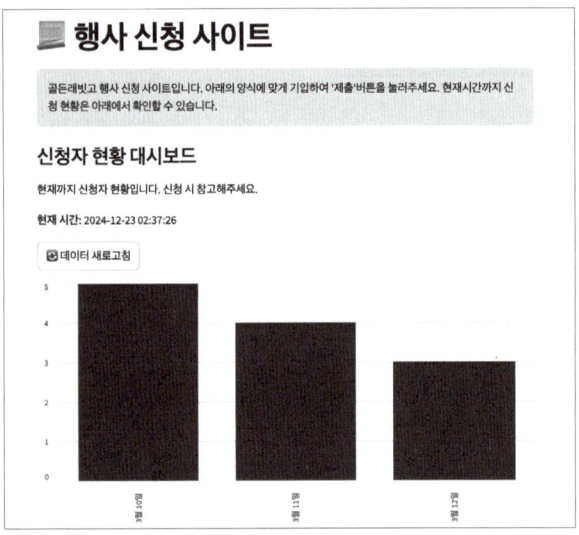

이제 응답을 임의로 넣고, 새로고침 버튼을 눌러 잘 작동이 되는지 확인해보세요!

바로실습 54 설문 앱 배포하기

거의 다 완성되었습니다! 이제 이 홈페이지를 학생들에게 공유할 수 있도록 배포해봅시다.

01 requirements.txt파일에 'st-gsheets-connection'를 추가하고 저장해주세요.

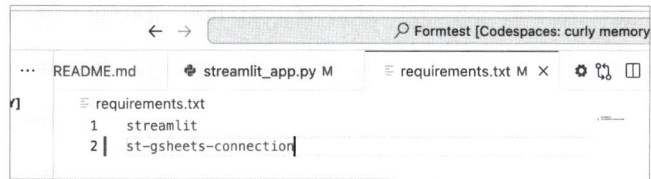

앱을 배포할 때는 requirements.txt 파일에 적힌 라이브러리나 모듈을 모두 설치하는 동시에 실행합니다. 따라서 코드스페이스에서 설치했던 모듈이나 라이브러리는 꼭 이 파일에 적어두어야 합니다. 만약 추가하지 않으면 앱이 필요한 프로그램을 찾지 못해 실행되지 않을 수 있습니다.

02 이제 커밋하고 배포한 앱을 확인하면 다음과 같이 오류가 생길겁니다.

> **TIP** 커밋하는 과정은 `바로 실습 43` 스트림릿으로 첫 번째 앱 배포하기나 `바로 실습 50` 포춘쿠키 앱 배포하기에서 설명했으니 생략하겠습니다.

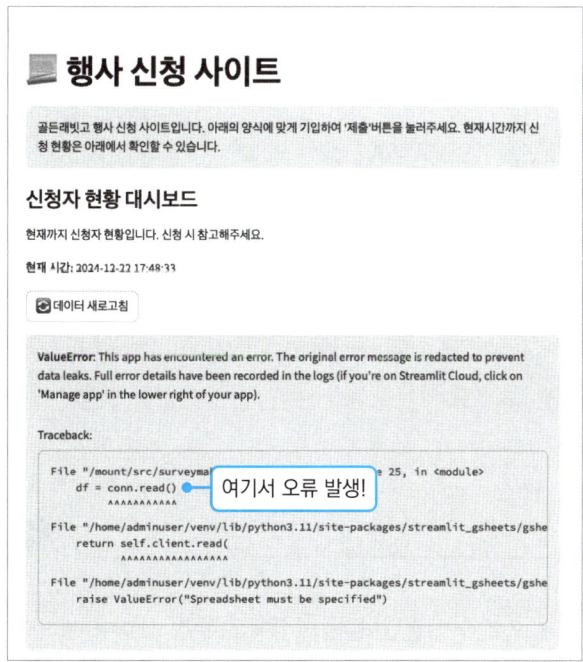

내용을 보니 conn.read( ) 함수에서 오류가 생겼습니다. 우리가 .gitignore에 적었던 secrets.toml에 있는 스프레드시트의 주소가 깃에 반영되지 않아 생긴 문제입니다. 따라서 스트림릿 클라우드에서 secrets.toml을 불러오도록 추가로 설정을 해야합니다.

03 secrets.toml에 적었던 내용을 그대로 복사해주세요. 내가 만든 앱 페이지를 모두 볼 수 있는 스트림릿의 [My apps]에 접속하여 방금 만든 앱의 [Settings]에 들어갑니다.

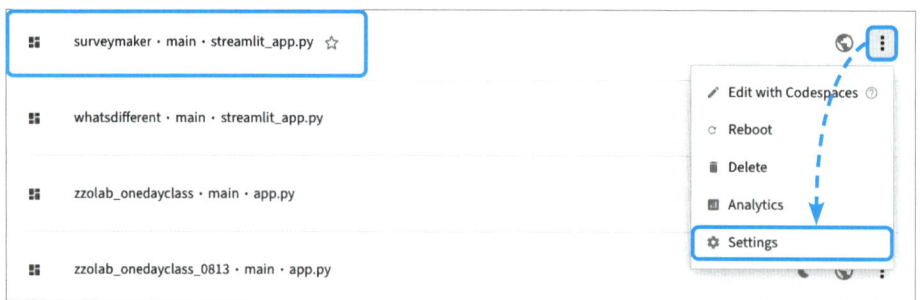

왼쪽의 [Secrets] 메뉴를 클릭하고 'secrets.toml'에 작성했던 내용을 그대로 붙여넣어줍니다. [Save changes]를 클릭해주세요.

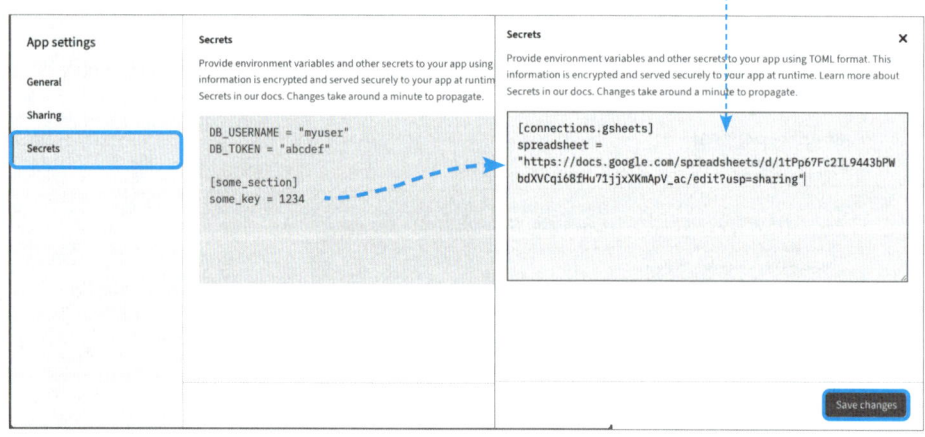

그리고 다시 접속하면 깔끔하게 오류가 해결됩니다. 이후에도 수정 사항이 생기면 꼭 이 [settings]에서 Secrets 파일을 업데이트해주세요! 여러분은 이제 무엇이든 스트림릿으로 만들 수 있는 능력이 생겼습니다.

TIP 바로 반영이 되지 않는다면 Rerun, 혹은 Reboot를 눌러주세요!

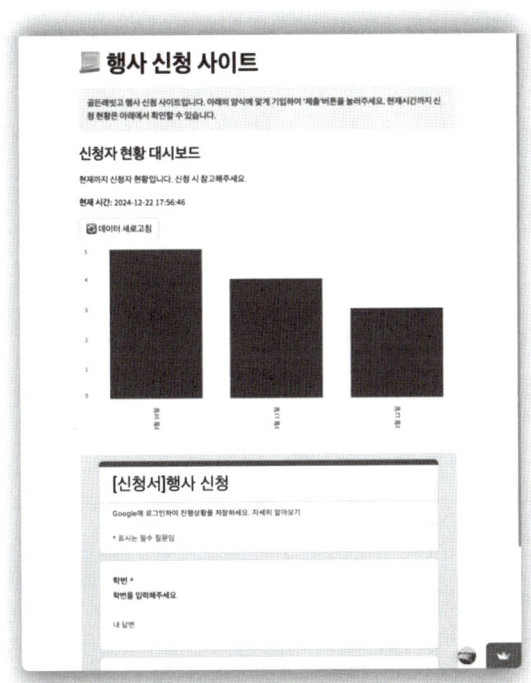

웹 앱 만들기 성공했나요? 여러분의 첫 스트림릿 앱이 궁금하네요! 저는 즐겨찾기 목록에 제가 만든 앱을 저장하고 사용하고 있습니다. 스트림릿을 활용하여 틀린 글자 찾기, 자리 바꾸기, 오늘의 급식 조회 등 무궁무진한 앱을 만들 수 있습니다. 예시처럼 스프레드시트와 연동하면 자동 채점 할 수 있는 퀴즈도 만들 수 있습니다. 한 번만 만들어두고 스프레드시트에서 문제와 답만 수정해서 편하게 쓸 수 있죠.

선생님 스스로 필요한 멋진 앱을 만드는 것이 자동화의 첫걸음이라고 생각합니다. 또한 앞서 설명한 것처럼 오류가 난다면 오류 메시지를 천천히 보고 챗GPT 등을 활용하여 하나씩 해결해보기를 추천합니다.

AI와 함께 만드는 업무 자동화

학습 내용

PART 06 챗GPT와 앱스 스크립트로 업무 자동화하기

PART 07 커서 AI로 업무 자동화하기

학습 목표

- 스프레드시트를 앱스 스크립트로 조작할 수 있습니다.
- 앱스 스크립트로 사용자 지정 메뉴를 만들 수 있습니다.
- 자동화 프로그램을 어떻게 구현할지 구상할 수 있습니다.
- 챗GPT를 활용해서 앱스 스크립트 코드를 만들 수 있습니다.
- 오픈AI API를 스프레드시트에 붙여 사용할 수 있습니다.
- 앱스 스크립트로 만든 자동화 웹 페이지를 배포할 수 있습니다.
- 커서 AI를 사용해 자동화 프로그램을 만들 수 있습니다

PART 06

챗GPT와 앱스 스크립트로 업무 자동화하기

'AI로봇과 구글 툴을 자유롭게 다루는 선생님의 모습을 그려줘.'라고 프롬프트를 입력하여 생성한 그림입니다.

여기서 공부할 내용

이번 장에서는 챗GPT와 앱스 스크립트를 활용해 학교에서 자주 접하는 문서 작업을 자동화하는 방법을 배웁니다. 구글 워크스페이스의 효율성을 높여주는 앱스 스크립트를 활용할 건데 이번 코드는 전부 챗GPT와 함께 만들어볼 겁니다. 오픈AI의 API를 활용해 요약하는 방법도 알아봅니다. 개인 정보 누출 걱정 없는 반 편성 결과 조회 페이지까지 직접 제작하고 나면 챗GPT와 앱스 스크립트로 지금까지와는 전혀 다른 구글 워크스페이스를 사용하게 될 거예요.

Chapter 23

챗GPT와 구글 워크스페이스 자동화하기

누구나 쉽게 따라 할 수 있어요.

활용도구 앱스 스크립트   스프레드시트   챗GPT

학기말, 교사들에게는 산더미 같은 작업이 쏟아집니다. 학생들의 결과물을 점검하고 채점하며, 생활기록부 작성까지 해야 하죠. '인간이 잘하는 것은 컴퓨터가 못하고, 컴퓨터가 잘하는 것은 인간이 못 한다'라는 모라벡의 역설처럼, 반복적인 작업에 지칠 때 컴퓨터의 도움을 받아 교사가 더 잘할 수 있는 본질에 집중하면 어떨까요? 챗GPT와 앱스 스크립트를 활용하는 방법을 배우고 학교에서 일상적으로 접하는 문서의 클릭을 자동화해봅시다.

바로 실습 55 앱스 스크립트로 클릭 한 번에 체크 박스 초기화하기

구글 앱스 스크립트^{Apps Script}는 구글 스프레드시트, 구글 문서 등 구글 워크스페이스의 도구를 자동화할 수 있도록 돕는 플랫폼입니다. 이를 통해 일상 생활에서 활용하는 문서의 반복 작업을 자동화하거나, 교사의 과업 중 상당 부분을 자동화할 수 있습니다.

이번 실습에서는 간단한 예제를 통해 앱스 스크립트를 이해해볼 겁니다. 코드를 전부 이해할 필요 없습니다. 앱스 스크립트가 무엇인지, 어떻게 쓰는지, 어떻게 실행하는지 유용함만 느껴보면 됩니다. 다음과 같은 자율 학습 출석부 양식이 있다고 생각해봅시다.

매주 같은 양식을 사용하지만 참석하는 학생은 달라질 수 있습니다. 따라서 매번 문서를 초기화하기 위해 다음과 같이 귀찮은 과정을 거쳐야 합니다.

1. 일일이 박스를 클릭해서 체크를 해제합니다.
2. Ctrl + F 로 'TRUE'를 찾아 'FALSE'로 바꿔야 합니다.

이 방법들은 여러 번 클릭해야 해서 시간이 걸립니다. 단 한 번의 클릭으로 체크 상태를 초기화할 수 있는 기능을 스프레드시트에 붙여볼까요? 다음 예시처럼 말입니다.

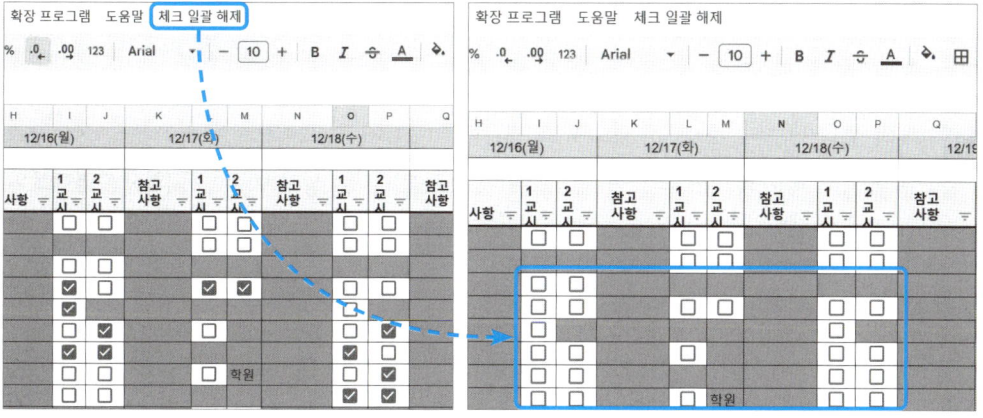

독자 실습 자료의 사본을 만들고 실습을 시작하세요

드라이브에서 제공한 앱스 스크립트 예제 파일을 실행하거나 수정하려면 여러분의 계정에 사본을 만들어야 합니다. 독자 실습 자료 폴더에서 Part 06 챗GPT와 앱스스크립트로 업무 자동화하기 폴더의 파일을 모두 선택하고 오른쪽 마우스를 클릭해 **[사본 만들기]** 버튼을 누르면 내 드라이브에 사본이 만들어져 있습니다. 이렇게 만들어진 사본에서 이후의 실습을 따라 진행하세요.

- **독자 실습 자료 폴더** : vo.la/azECUb

체크 박스 초기화 자동화하기

01 독자 실습 자료의 'baro55_체크 박스 원클릭 해제하기' 스프레드시트에 접속합니다. 테스트를 위해 몇 개의 체크 박스를 체크합니다. 스프레드시트 상단 메뉴에서 **[확장 프로그램 → 앱스 스크립트]**를 클릭하여 앱스 스크립트 편집기를 엽니다.

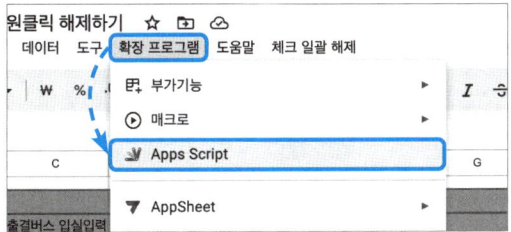

02 비주얼 스튜디오 코드와 같은 기능을 하는 앱스 스크립트 편집기가 보입니다. 스프레드시트의 모든 셀을 확인해 체크 박스가 체크된 상태(TRUE)라면 이를 체크 해제 상태(FALSE)로 변경하는 코드를 미리 입력해놓았습니다. 앞으로 여러분이 이 부분에 코드를 입력하면 됩니다. 일단 상단 메뉴의 **[실행]** 버튼을 눌러서 코드를 실행해볼까요?

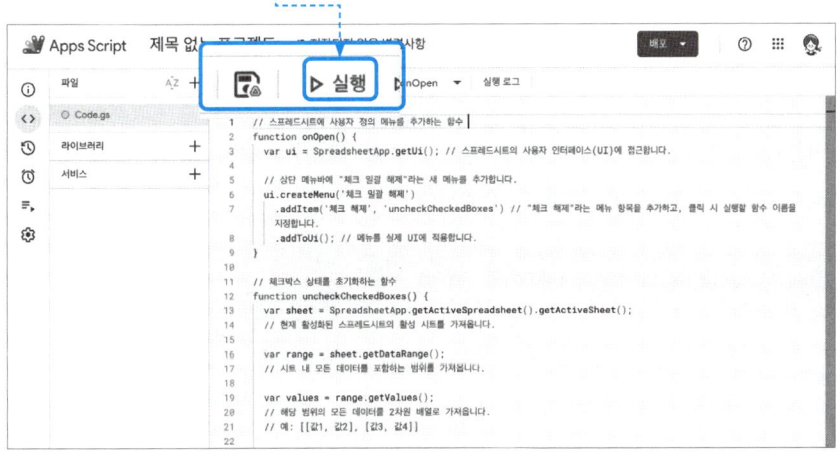

03 최초 실행 시에는 구글 계정 권한 요청 창이 나타납니다. 다음의 단계를 따라 권한을 허용해야 앱스 스크립트가 실행됩니다. [**❶ 권한 검토 → ❷ 구글 계정 선택 → ❸ 고급 → ❹ 제목 없는 프로젝트(으)로 이동(안전하지 않음) → ❺ 계속**]을 차례대로 클릭합니다.

04 이처럼 매번 편집기에 접속하여 스크립트를 실행하기가 번거롭겠다는 생각이 드나요? 걱정하지 않아도 됩니다. 스프레드시트 화면으로 다시 돌아오면 메뉴 상단에 **[체크 일괄 해제]**라는 버튼이 보입니다. 이렇게 사용자 정의 메뉴를 만들어 손쉽게 실행할 수도 있습니다. 이 메뉴를 클릭하고 **[체크 해제]** 항목을 선택하면 시트 내의 모든 체크 박스가 초기화됩니다.

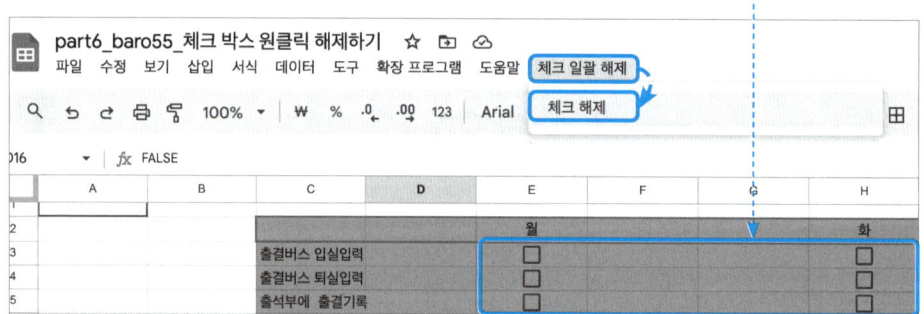

function onOpen( ) 함수를 활용하면 이렇게 스프레드시트를 열 때마다 상단 메뉴에 원하는 기능을 바로 실행할 수 있는 메뉴를 추가할 수 있습니다. 아주 유용한 함수니까 이름만 기억해두세요. 그러면 단 한 번의 클릭으로 원하는 작업을 수행할 수 있습니다.

앱스 스크립트를 어떻게 사용하는지, 왜 유용한지 감이 잡히나요? 이제는 코드를 만드는 과정부터 같이 해봅시다. 챗GPT와 함께 코드를 만들 거니까 너무 걱정 마세요.

바로 실습 56 구글 캘린더 일정 업로드 자동화하기

구글 캘린더는 학교처럼 일정이 복잡하고 반복되는 환경에서 꽤 유용합니다. 여러 사람이 실시간으로 일정을 공유할 수 있고, 자동으로 알림도 받을 수 있으니까요. 그런데 현실에서는 이것이 생각만큼 매끄럽지만은 않습니다. 공유 캘린더에 개인 일정을 잘못 올려 학생 면담 시간이나 교사 개인의 민감한 일정이 공개 캘린더에 올라오는 곤란한 사태가 종종 발생하곤 합니다.

이 문제를 앱스 스크립트로 해결해봅시다. 학교의 주요 일정을 편집할 스프레드시트 문서를 제작하여 공유하는 것입니다. 스프레드시트에 일정을 기입한 다음, 버튼 클릭 한 번으로 특정 구글 캘린더에 자동으로 반영하는 겁니다. 그러면 캘린더에 일정을 잘못 올릴 위험도 줄고, 여러개의 일정을 한 번에 등록할 수도 있습니다. 차근차근 따라해봅시다.

구글 캘린더 원 클릭 일정 업로드하기

01 먼저 스프레드시트를 다음과 같이 구성합니다.

	A	B	C	D	E
1	날짜	시작 시간	종료 시간	일정명	반영 여부
2	2024. 12. 21	2:30	3:30	교무회의	☑
3					☐
4					☐
5					☐

02 이제 이 일정을 읽어서 특정 id를 가진 구글 캘린더에 업로드하는 앱스 스크립트 코드를 짜달라고 챗GPT에게 부탁하겠습니다.

> **TIP** 클로드 등 다른 생성형 AI에게 물어봐도 됩니다.

앱스 스크립트 코드가 필요해.

❶ 스프레드시트 데이터 구조 설명

지금 열려 있는 스프레드시트의 A열에는 날짜(예: 2024-12-31)가 적혀 있고, B열과 C열에는 시작 시간, 종료 시간이 '시:분' 형태로 적혀있어.

요구 사항은 다음과 같아.

1. 먼저, B와 C열의 서식을 "문자열(plain text)"로 변경해줘.

2. B열과 C열이 비어 있으면 해당 날짜는 종일 일정으로 처리해 줘.

3. B열과 C열에 '시:분' 형태의 문자열이 있으면 이 값을 가져온 후 '시:분' 형태로 인식하여 시작/종료 시각을 설정해 줘. 가령 3:30 이라고 적혀 있다면 이것을 3시 30분으로 인식해야 해.

4. D열에는 일정 제목이 적혀 있고, E열에는 체크 박스가 있어. E열에 체크가 되어 있지 않은 일정만 업로드하고, 업로드가 완료되면 체크를 해줘.

5. 단, A열과 D열이 모두 채워진 일정만 처리하며, 이 데이터를 특정 캘린더 id를 가진 구글 캘린더에 업로드해줘.

6. 그리고 이 코드를 실행할 수 있는 메뉴가 스프레드시트에 자동으로 생성되게 해줘.

챗GPT에게 작업을 시킬 때에는 필요한 정보를 구체적으로 세분화하여 전달하는 것이 중요합니다. ❶ 부분을 보면 스프레드시트의 데이터를 하나하나 설명합니다. 이렇게 하지 않으면 컴퓨터는 어느 값이 날짜인지, 어떤 것이 시간인지 정확히 인식하지 못해 오류를 일으키거나 잘못된 작업을 수행할 수 있습니다.

질문을 마치자마자 챗GPT가 열심히 코드를 작성하고 있습니다.

> 다음은 Google Apps Script 코드로, 스프레드시트의 데이터를 특정 Google 캘린더에 업로드하는 기능을 포함하고 있어. 또한, 실행할 수 있는 메뉴를 자동으로 추가해줘.

```
Google Calendar Upload

function onOpen() {
    var ui = SpreadsheetApp.getUi();
    ui.createMenu('캘린더 업로드')
      .addItem('일정 업로드', 'uploadToCalendar')
      .addToUi();
}

function uploadToCalendar() {
    var sheet = SpreadsheetApp.getActiveSpreadsheet().getActiveSheet();
    var data = sheet.getDataRange().getValues();
    var calendarId = 'your-calendar-id@example.com'; // 여기에 실제 캘린더 ID 입력
    var calendar = CalendarApp.getCalendarById(calendarId);

    for (var i = 1; i < data.leng 작성 중 …
```

03 챗GPT에게 받은 코드를 살펴보겠습니다. 챗GPT는 매번 다른 답을 만들기 때문에 책에는 코드 전문을 싣지 않았습니다. 코드 전문이 궁금하면 실습 파일을 확인해보세요.

```javascript
// ❶ 사용자 정의 메뉴 생성 함수
function onOpen() {
  var ui = SpreadsheetApp.getUi();
  ui.createMenu("캘린더 업로드")
    .addItem("일정 업로드 실행", "uploadEventsToCalendar")
    .addToUi();
}
function uploadEventsToCalendar() {
  try {
    // 업로드할 구글 캘린더 ID (사용자 상황에 맞게 수정)
    var CALENDAR_ID = "c_c4a5...생략...4fd266@group.calendar.google.com";
    // 현재 활성화된 스프레드시트와 시트 객체 가져오기
    var spreadsheet = SpreadsheetApp.getActiveSpreadsheet();
    var sheet = spreadsheet.getActiveSheet();
...생략...
    Logger.log("모든 일정 업로드가 완료되었습니다.");
```

```
    } catch (err) {
      Logger.log("오류 발생: " + err);
    }
  }
```

코드는 크게 onOpen( ) 함수와 uploadEventsToCalendar( ) 함수 두 부분으로 구성되어 있습니다.

❶ onOpen( ) 함수는 사용자 정의 메뉴 생성 함수입니다. 버튼 클릭으로 함수를 실행할 수 있도록 스프레드시트 상단에 사용자 정의 메뉴를 삽입합니다.

❷ uploadEventsToCalendar( ) 함수는 실제 구글 캘린더의 자료를 가져와 일정을 업로드하는 함수입니다.

04 코드를 앱스 스크립트 편집창에 붙여넣은 후, 상단 [🖫 **저장**] 버튼을 클릭해 스크립트를 저장합니다. 이때 코드를 보면 구글 캘린더의 ID를 입력하는 부분이 있을 겁니다 여기에 일정을 입력하고 싶은 캘린더의 ID를 입력해야 합니다. 구글 캘린더의 ID는 구글 캘린더 목록에서 원하는 캘린더의 [**설정**]에 들어가 스크롤을 아래로 내리면 '캘린더 ID' 란에서 확인할 수 있습니다.

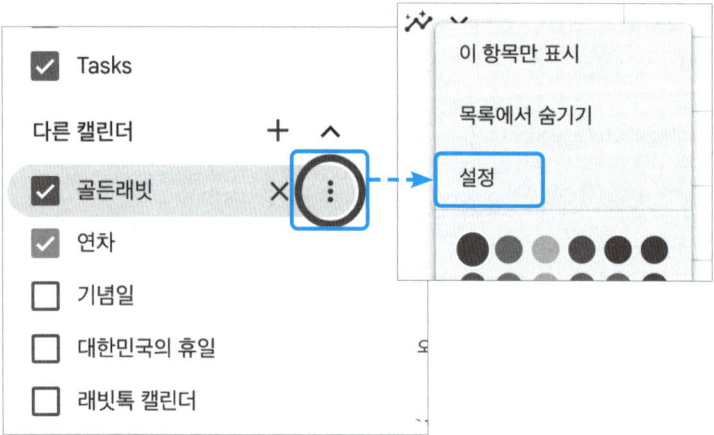

캘린더 ID를 복사한 뒤, 앱스 스크립트 코드에서 캘린더 ID를 입력하는 위치에 붙여넣습니다. 챗GPT는 앱스 스크립트 코드를 만들고 보통 주석으로 상세한 설명을 표시합니다. '//' 뒤의 주석을 잘 읽어보고 캘린더 ID 입력할 부분을 찾으세요.

> TIP 만들어준 코드의 구조를 더 잘 이해하고 싶다면 챗GPT에게 "주석을 더 자세히 달아줘"라고 요청해보세요.

05 이제 스프레드시트로 돌아와 셀에 일정 내용을 채워넣고 상단에 생긴 메뉴 **[캘린더 업로드 → 일정 업로드 실행]**을 클릭합니다. 프로그램이 실행되면 다음과 같이 구글 캘린더에 해당 일정이 입력되며, 체크 박스가 표시됩니다.

> TIP 앱스 스크립트를 최초 실행할 때는 항상 구글 계정 권한 요청 창이 나타나며, 이를 허용해야 스크립트가 실행됩니다.

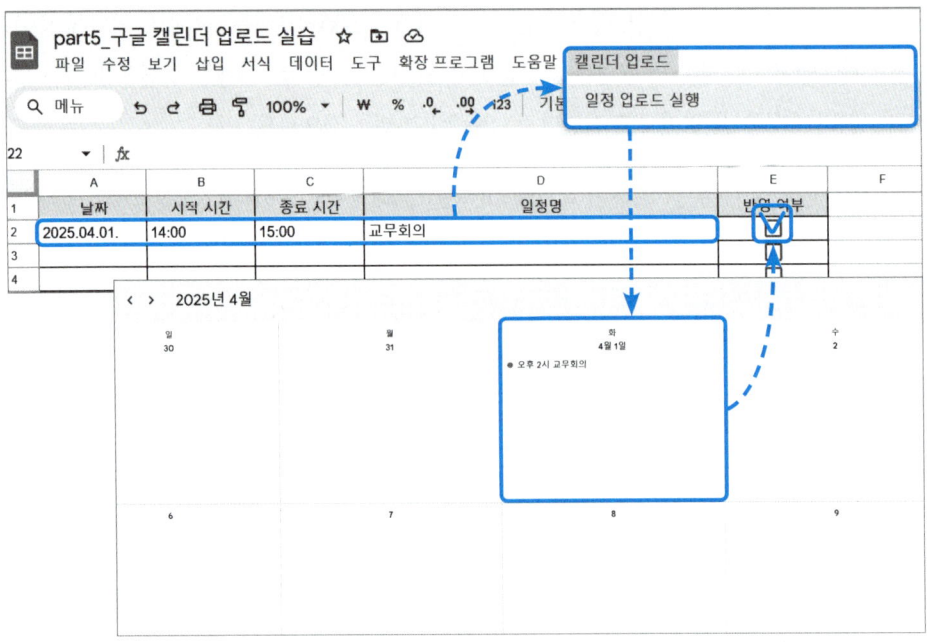

이처럼 스프레드시트에서 버튼 한 번만 누르면, 구글 캘린더에 일정이 자동으로 등록됩니다. 여러 일정을 추가할 수도 있고, 캘린더의 아이디를 고정해서 실수로 다른 캘린더에 올릴 위험도 없습니다.

필요에 따라 기능을 추가하면 반복 일정도 생성할 수 있어 정기 회의나 행사를 관리하기 편리하며, 일괄 메일 전송 기능을 더해 교직원에게 정보를 빠르게 전달할 수도 있습니다.

원하는 코드가 만들어지지 않는다면?

챗GPT, 클로드, 제미나이 등 다양한 생성형 AI 서비스로 앱스 스크립트 코드를 만들 수 있습니다. 하지만 AI 모델별 추론 능력에 따라서 우리가 원하는 형태로 코드를 작성하지 못할 수도 있습니다.

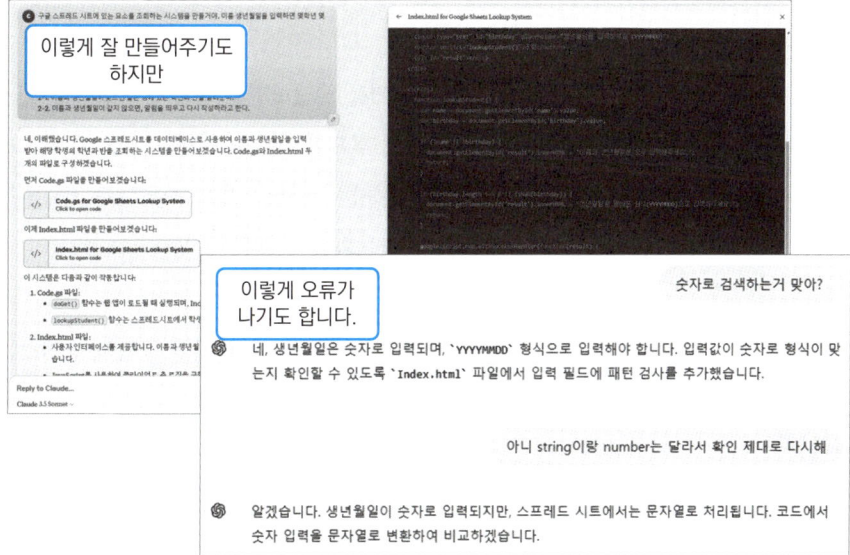

이럴 때는 다음과 같은 방법으로 문제를 해결해보세요.

1. 앱스 스크립트 실행 로그의 오류 메시지를 그대로 복사하여 물어보세요. 보통 오류 메시지는 틀린 부분과 이유를 설명해줍니다. 우리는 오류 메시지를 다 이해하기 어렵지만 AI에게는 가장 확실한 힌트가 됩니다.

2. 문제 상황을 상세히 설명하세요. '학년은 나오는데 반은 나오지 않아', '[입력]이라고 쓰인 버튼을 만들고 클릭했을 때 작동했으면 좋겠어' 등 눈에 보이는 문제와, 원하는 방향을 가능한 상세하게 설명하여 재요청하세요.

3. 사용하는 AI 모델을 변경해보세요. AI 모델에 따라 특화된 부분이 다르고, 추론해서 생성할 수 있는 결과물의 질이 다릅니다. 가능하면 무료 모델보다는 o1이나 o3-미니 등 더 업그레이드된 모델을 사용할 수 있는 구독형 모델을 사용하길 권장합니다.

캘린더 일정 업로드 자동화하기

이와 같이 공유 문서 기반으로 캘린더 작업을 할 때는 한 가지 유의할 점이 있습니다. 앱스 스크립트에 익숙하지 않은 선생님과 공유한나면 메뉴 클릭, 권한 승인과 같은 과정을 일일이 설명해야 합니다. 학교 업무 자동화에서 가장 중요한 것은 '누구나' 쉽게 쓸 수 있는 자동화입니다. 그렇다면 앱스 스크립트가 적용된 공유 문서를 활용하면서도, 클릭하는 과정을 최소화해 '모두가 함께' 자동화를 누릴 수 있는 방법은 없을까요?

바로 이때 트리거Trigger라는 기능이 유용합니다. **트리거를 설정하면 사용자가 직접 버튼을 누르지 않아도 일정 시간마다 스크립트가 자동으로 실행되어 필요한 작업을 수행합니다.** 문서를 최초 작성한 소유자가 승인 절차를 한 번만 거치면 그 뒤로는 사람의 개입 없이 구글 캘린더에 일정이 자동으로 업로드되므로 숙련되지 않은 사용자도 업무 자동화를 실현할 수 있습니다.

01 앞서 편집한 문서의 상단 메뉴에서 **[확장 프로그램 → Apps Script]**를 클릭하여 앱스 스크립트 편집기를 엽니다. 왼쪽 메뉴의 **[🕐 트리거]**를 클릭하고 **[트리거 추가]** 버튼을 눌러 새 트리거를 만듭니다.

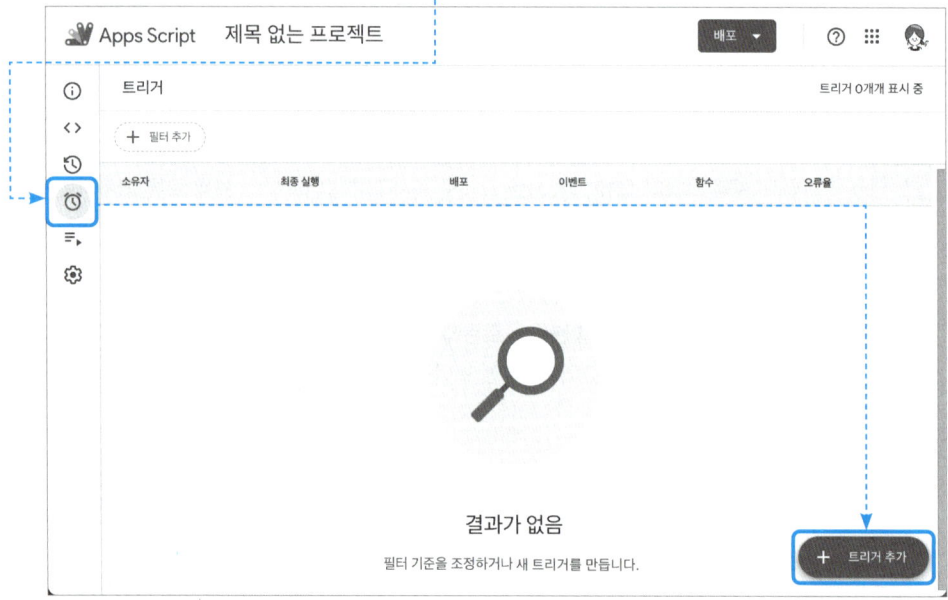

02 ❶ 앞서 챗GPT에게 받은 함수 중 날짜를 캘린더에 업로드하는 함수를 실행할 함수로 선택합니다. ❷ 이벤트 소스를 '시간 기반'으로, ❸ 트리거 기반 시간 유형을 '분 단위 타이머'로 선택합니다. ❹ 분 간격 선택에서 원하는 단위의 시간 간격을 지정합니다. ❺ 마지막으로 [저장] 버튼을 누르면 설정한 시간마다 캘린더 업로드 함수가 자동으로 실행될 겁니다.

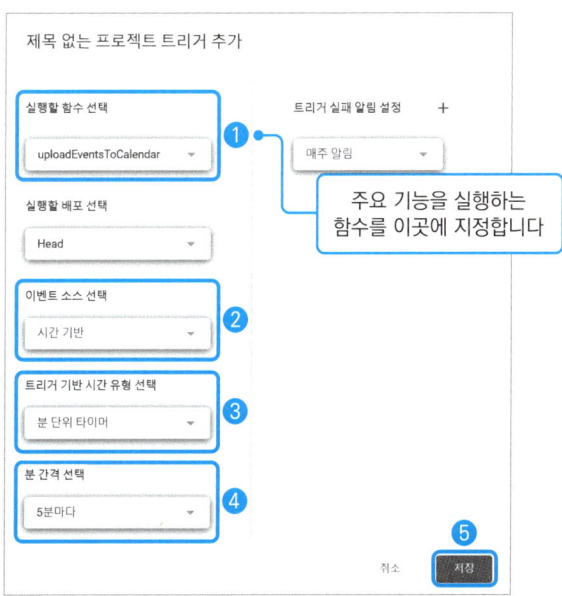

03 이제 구글 스프레드시트를 '편집자' 권한으로 설정하여 링크를 배부합니다. 누구나 일정만 기입하면 자동으로 캘린더에 업로드되는 자동화 시트가 만들어졌습니다.

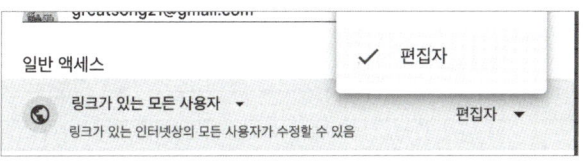

바로 실습 57 · 구글 드라이브 자료 원 클릭으로 스프레드시트에 가져오기

학기말 과목별 세부 능력 특기 사항 기록은 교사의 가장 큰 업무 중 하나입니다. 하지만 교사 한 명이 수십에서 수백 명에 달하는 학생들의 성장 과정을 기록하지는 쉽지 않죠. 여기서 자동화할 수 있는 과정을 찾아봅시다.

한 반에 26명의 학생이 있다고 가정하면, 학생들의 결과물 파일을 확인하고 정리할 때 최소 26번의 클릭이 필요합니다. 반이 많거나, 교사가 배부한 과제가 여러 개라면 이 수는 몇 배로 늘어나겠죠. 이 작업은 인간 교사에게는 힘들지만 컴퓨터에게는 매우 쉬운 작업입니다. 앱스 스크립트를 활용하면 다음과 같은 과정으로 자동화할 수 있습니다.

1. 스프레드시트를 열고 학생 자료가 있는 폴더 링크를 기입합니다.
2. 앱스 스크립트가 폴더의 파일을 열어 내용을 읽고, 스프레드시트에 학생 이름과 과제 내용을 정리합니다.

우리는 파일이 담긴 폴더 링크를 기입하고, 메뉴에서 버튼을 클릭하기만 하면 자동화된 결과물을 확인할 수 있습니다.

01 준비물은 구글 문서로 취합한 학생의 과제가 누적되어 있는 폴더와 빈 구글 스프레드시트입니다. 스프레드시트에는 시트 두 개를 만들고 각 시트는 다음과 같이 구성합니다.

'시트1'에는 연번, 폴더 링크, 반영 여부 열을 만듭니다.

	A	B	C
1	연번	폴더 링크	반영 여부
2	1		✓
3	2		☐
4	3		☐

'시트2'에는 폴더 이름, 학생 이름, 내용 열을 만듭니다.

	A	B	C
1	폴더 이름	학생 이름	내용
2			
3			
4			

'시트2'의 구성을 조금 더 설명하겠습니다. A열에는 '폴더 이름'을 기입하도록 설정합니다. 한 학급에서도 여러 활동을 하므로 활동별 과제를 구분하기 위해 필요합니다. B열에는 파일 소유자 이름을 기록합니다. 만약 학생의 구글 아이디에 학번과 이름이 설정되어 있다면 이를 기준으로 정렬할 수도 있습니다. 마지막 내용 열에 해당 학생의 과제 원문이 자동으로 추출됩니다. 덕분에 폴더를 하나하나 열어 과제를 확인할 필요가 없어집니다.

02 이제 '시트1'의 폴더 링크로 해당 폴더에 접근해 모든 파일의 내용을 읽고 '시트2'에 내용을 입력하는 코드를 챗GPT에게 요청하겠습니다.

> 구글 앱스 스크립트를 사용하여 구글 드라이브 폴더의 파일 내용을 구글 스프레드시트에 정리하는 코드를 작성해.
>
> 스프레드시트에는 두 개의 시트가 있어.
>
> - '시트1' : B열에 폴더 링크, C열에 체크 박스(완료 여부)
> - '시트2' : 폴더 이름, 학생 이름, 내용이라는 헤더를 가짐
>
> 요구 사항은 다음과 같아.
>
> 1. 스프레드시트 상단 메뉴에 '폴더 자료 가져오기' 메뉴를 추가하고, '폴더 내용 처리' 버튼을 클릭하면 해당 폴더의 자료 가져오기가 실행되게 해줘.
> 2. '시트1'의 C열 체크 박스가 체크되지 않았고 B열에 링크가 있는 폴더만 처리해.

3. '시트1'의 폴더 링크에서 폴더 ID를 추출하여 파일 내용을 읽고 '시트2'에 순차적으로 기록해.

4. 파일이 구글 문서 또는 텍스트 파일이면 파일 이름, 소유자 이름, 내용을 가져와 결과 시트에 기록해.

5. 처리 완료 후 '시트1' 해당 행의 체크 박스를 'true'로 설정해.

03 여러분이 받은 코드를 앱스 스크립트에 붙여넣으세요. 코드를 간단히 살펴보겠습니다.

```
function onOpen() {
  const ui = SpreadsheetApp.getUi();
  ui.createMenu('폴더 자료 가져오기')
    .addItem('폴더 내용 처리', 'processFolderContents')
    .addToUi();
}
```

onOpen() 함수 안에서 **[폴더 자료 가져오기]**라는 메뉴를 생성합니다. 그 안에는 **[폴더 내용 처리]**라는 하위 메뉴가 생성되고, 이를 클릭하면 processFolderContents() 함수가 실행되는 구조입니다. processFolderContents() 함수는 다음과 같습니다.

> TIP 코드는 일부만 소개합니다. 코드 전문은 실습 파일을 확인하세요.

```
function processFolderContents() {
  const ss = SpreadsheetApp.getActiveSpreadsheet();
  let infoSheet = ss.getSheetByName('시트1');
  let resultSheet = ss.getSheetByName('시트2');
  …생략…
}
```

processFolderContents() 함수는 활성화된 스프레드시트에서 '시트1'과 '시트2'라는 두 개의 시트를 불러와 폴더 내용을 처리합니다. '시트1'은 입력 데이터를 담고, '시트2'는 처리된 결과를 저장하는 용도로 사용됩니다. 이렇게 대략적인 코드의 구조를 파악합니다.

04 이제 스프레드시트로 돌아와 '시트1'에 폴더 링크를 입력합니다. 스프레드시트 상단에서 [폴더 자료 가져오기 → 폴더 내용 처리]를 클릭합니다.

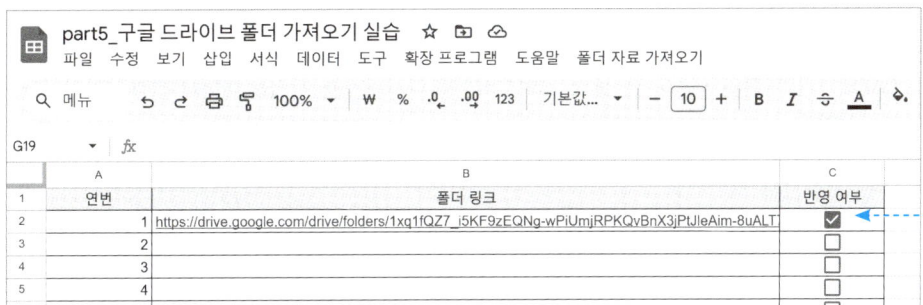

이 문서를 다른 사람과 공유하려면 사용자가 문서에 접근할 수 있도록 권한을 부여하거나, 문서를 '링크를 가진 사람 누구나 볼 수 있음'으로 설정해야 합니다.

05 '시트2'로 이동해 순서대로 취합되고 있는 과제를 확인합니다. 문서 파일이나 텍스트 파일에서만 내용이 추출됩니다. 각 행에는 폴더 이름, 파일 소유자 이름, 그리고 파일의 내용이 순서대로 정리됩니다. 처리 완료한 폴더는 '시트1'의 체크 박스가 자동으로 체크됩니다.

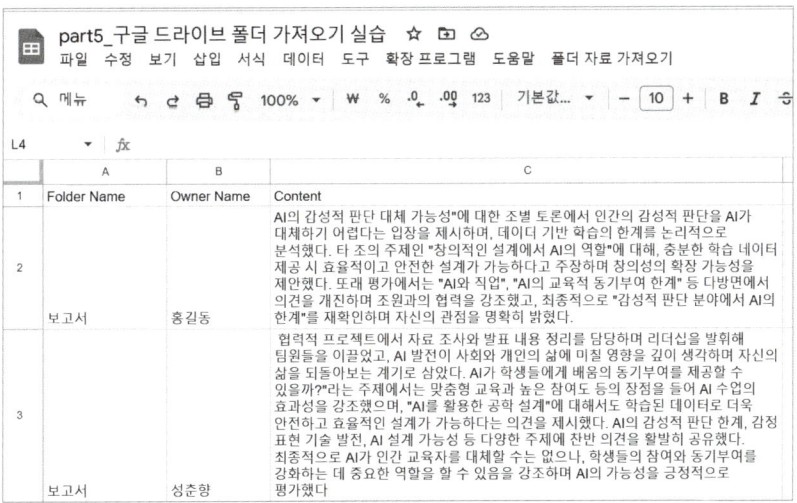

 **선생님의 비법 노트**

스크립트는 한 번에 5분 동안만 연속 작업할 수 있어요

작업 중 주의해야 할 점은 스크립트가 한 번에 약 5분 동안만 연속 작업을 수행할 수 있다는 것입니다. 데이터가 많아 작업 시간이 5분을 초과하면 버튼을 다시 클릭해 작업을 이어서 진행해야 합니다. 이때 바로실습 56 **구글 캘린더 일정 업로드 자동화하기**에서 언급한 트리거 기능을 사용하여 5분 간격으로 자동 실행되도록 설정할 수도 있습니다.

Chapter 24

스프레드시트와 챗GPT 결합하여 사용하기

생소한 과정이 어려워보일 수 있지만 익히고 나면 아주 유용할 거예요.

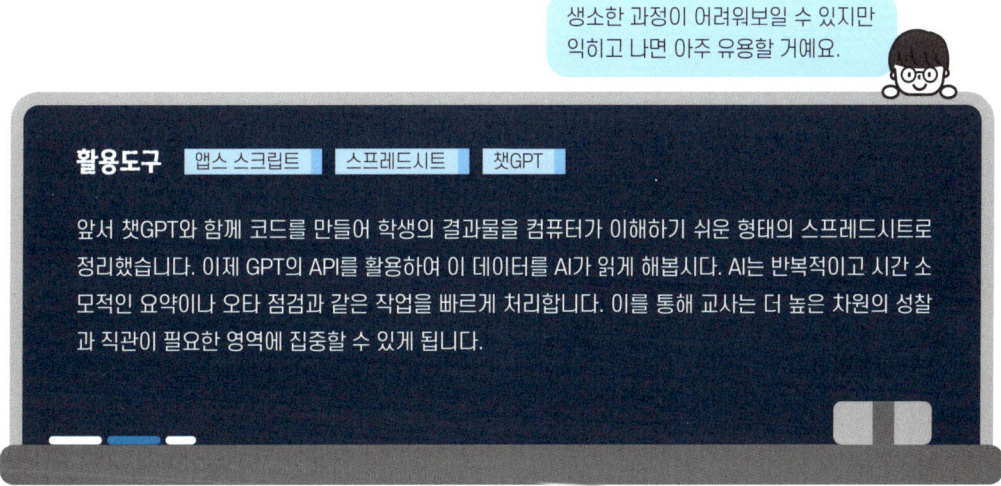

활용도구 앱스 스크립트 | 스프레드시트 | 챗GPT

앞서 챗GPT와 함께 코드를 만들어 학생의 결과물을 컴퓨터가 이해하기 쉬운 형태의 스프레드시트로 정리했습니다. 이제 GPT의 API를 활용하여 이 데이터를 AI가 읽게 해봅시다. AI는 반복적이고 시간 소모적인 요약이나 오타 점검과 같은 작업을 빠르게 처리합니다. 이를 통해 교사는 더 높은 차원의 성찰과 직관이 필요한 영역에 집중할 수 있게 됩니다.

바로 실습 58 AI 스프레드시트 요약 도우미 만들기

GPT를 스프레드시트와 결합하면 어떤 변화가 일어날까요? 단순 반복 작업의 자동화는 물론, 주기적인 데이터 분석, 오타 점검과 수정까지 AI를 활용할 수 있습니다. 이를 위해서는 'API'를 사용해야 합니다. **API란 쉽게 말해, GPT와 우리의 앱을 연결해주는 전선과 같습니다. 이 전선을 통해 데이터를 주고 받고, AI가 해야 할 작업을 요청하죠.** 이번 실습에서는 오픈AI의 API를 활용해서 스프레드시트에 입력한 활동 내용의 어투를 통일하고, 요약하는 기능을 만들어보겠습니다. 이 기능을 응용하면 세부 능력 특기 사항 문구 등을 작성할 때 유용하게 사용할 수 있을 것입니다.

오픈AI API 키 발급받기

API를 사용하려면 암호를 발급받고 일정한 이용 요금을 지불해야 합니다. 챗GPT 구독 요금과 별개로 GPT의 API 사용을 위한 크레딧을 충전해야 합니다. 하지만 실습을 따라 활용하는 방법을 익히고 나면 비용보다 큰 업무 효율성과 만족도를 얻을 수 있을 것입니다.

01 GPT를 API로 사용하려면 챗GPT 사이트가 아니라 오픈AI 사이트에 접속해야 합니다. 오른쪽 위 [Log in]을 클릭하여 로그인합니다. 계정이 없으면 [Sign up] 버튼을 눌러 회원 가입합니다.

- 오픈AI 링크 : platform.openai.com

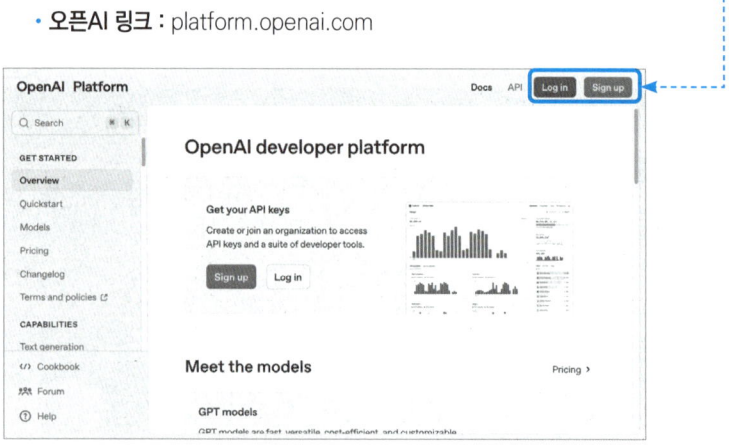

02 API 키를 발급받기 위해 [Dashboard → API keys → Create new secret key]를 클릭합니다.

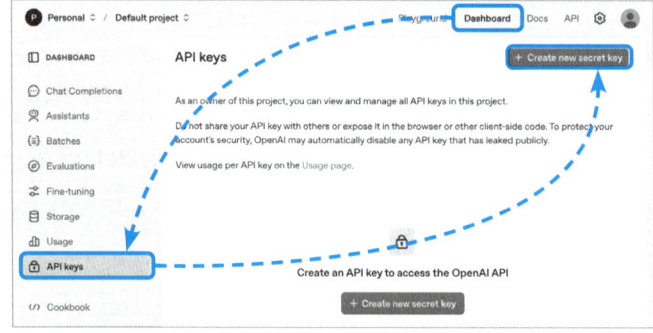

03 인증키 생성창이 뜨면 ❶ 이름을 입력하고 ❷ 권한을 [All]로 설정한 뒤 ❸ [Create secret key] 버튼을 클릭하면 API 인증키가 만들어집니다. 이때 인증키를 꼭 복사해서 다른 메모장 등에 보관해놓으세요. ❹ [Done] 버튼을 클릭해 과정을 마무리하면 다음과 같이 목록에 새로운 API 키가 생깁니다.

> **TIP** API 키를 잊어버렸다면 새로 API 키를 발급받아서 사용하면 됩니다.

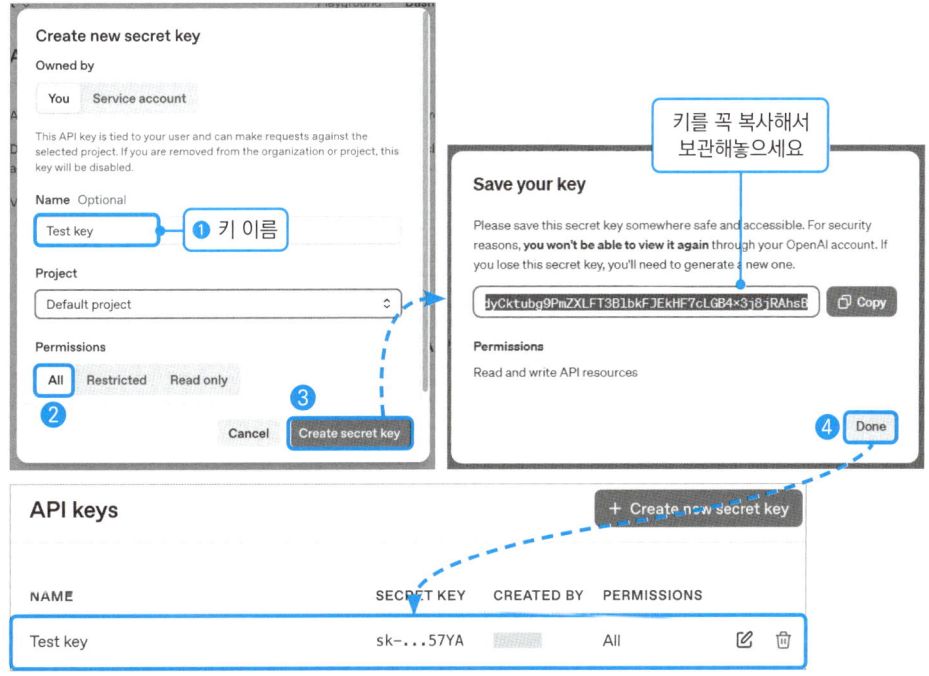

누군가 이 API 키를 알아내면 우리가 원치 않는 상황에서 API를 사용하고 이에 따른 비용을 부담해야 할 수도 있습니다. 따라서 API 키는 외부에 노출되지 않도록 안전하게 보관하는 것이 중요합니다.

04 이 API를 사용하기 위해서는 결제 정보를 등록해야 합니다. 일정 요금을 충전해놓고 API를 사용할 때마다 요금이 차감됩니다. 오른쪽 위 프로필 사진 옆에 [⚙ Settings] 버튼을 클릭하여 계정 설정 메뉴로 들어가세요.

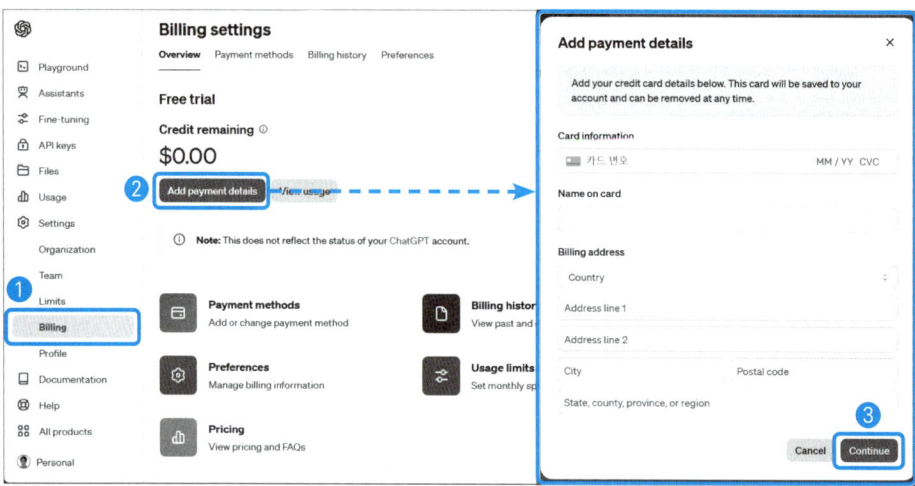

❶ 왼쪽 메뉴에서 [Billing] 버튼을 클릭합니다. ❷ [Add payment details] 버튼을 클릭하면 결제를 위한 카드 정보를 입력할 수 있습니다. 결제 수단을 설정한 후 ❸ [Continue] 버튼을 누릅니다.

05 충전할 금액을 입력하는 창이 뜹니다. 실습을 위해서는 최소 금액인 $5로 충분합니다. 실습 해보고 여러분의 업무에도 충분히 활용 가치가 있을 것이라고 생각되면 추가 충전을 해도 좋습니다.

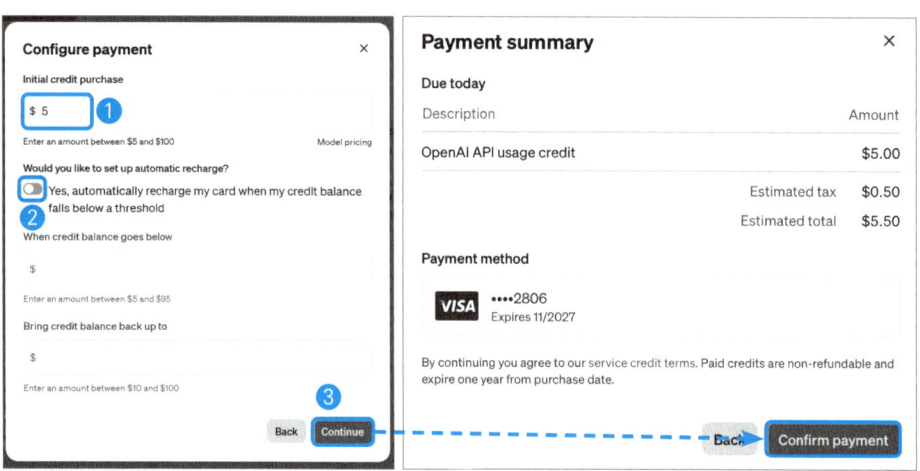

❶ 충전할 금액을 입력하고 ❷ 자동 충전은 비활성화하겠습니다. 여러분이 API를 사용하고자 하는 용도와 빈도에 맞게 설정해주세요. 설정을 마치고 ❸ [Continue → Confirm payment]를 차례로 입력해 충전을 마칩니다.

GPT와 구글 스프레드시트 연결해 사용하기

이제 발급받은 API 키를 활용해서 스프레드시트에 GPT를 붙여 내용을 쉽게 요약하고 첨삭할 수 있는 스프레드시트 템플릿을 만들어보겠습니다. GPT도 실수를 할 수 있으므로 원본 자료를 한쪽에 두고 바로 옆 셀에 GPT가 생성한 요약문을 기재한 뒤, 인간 교사가 이를 비교하는 과정이 필요합니다. 또한 교사가 여러 가지 활동을 전개했다면 해당 자료들을 여러 열에 담고, 맨 마지막 열에 요약을 배치하는 식으로 문서를 구성할 수 있습니다.

01 먼저 스프레드시트에 시트 두 개를 만들고 각 시트는 다음과 같이 구성합니다.

'시트 1'에는 학번, 이름, 활동1~3, AI 생성 결과물 열을 만듭니다.

학번	이름	활동1	활동2	활동3	AI 생성 결과물

'시트 2'에는 api와 수행 내용 행을 만들고 각 내용을 다음과 같이 입력합니다.

[표: 스프레드시트]

	A	B
1	api	sk-proj... JXlxZ1... bjqRtXKUVT4gllA ... 여러분이 발급받은 오픈AI API 키를 이곳에 입력하세요 ... LFBNZ ...6GJTe
2	수행 내용	C열의 내용을 읽고 1500바이트 이내로 다음 지침을 따라 요약해 주세요: 1. 학생의 이름이나 "학생은~"이라는 표현을 사용하지 말 것. 2. 00활동에서~의 형식으로 각 글의 시작을 활동명으로 하고, 활동을 중심으로 요약할 것. 3. ** 표시 없이 평범한 텍스트 형식으로 작성할 것. 4. 문장을 반드시 "~함."으로 마무리할 것. 5. 학생의 뛰어난 점을 구체적인 사례와 함께 기술할 것. 6. 매끄러운 스토리와 논리적 흐름을 유지할 것. 7. 내용이 부족할 경우 억지로 1500바이트를 채우지 말고, 존재하는 내용만 요약할 것.
3		

api행에는 앞서 여러분이 발급받은 오픈AI의 API 키를 입력하고, 수행 내용 행에는 다음 프롬프트를 입력합니다.

C열의 내용을 읽고 1500바이트 이내로 다음 지침을 따라 요약해 주세요:

1. 학생의 이름이나 '학생은~'이라는 표현을 사용하지 말 것.

2. '00활동에서~'의 형식으로 각 글의 시작을 활동명으로 하고, 활동을 중심으로 요약할 것.

3. ** 표시 없이 평범한 텍스트 형식으로 작성할 것.

4. 문장을 반드시 '~함.'으로 마무리할 것.

5. 학생의 뛰어난 점을 구체적인 사례와 함께 기술할 것.

6. 매끄러운 스토리와 논리적 흐름을 유지할 것.

7. 내용이 부족할 경우 억지로 1500바이트를 채우지 말고, 존재하는 내용만 요약할 것.

API 키가 유출되지 않도록 주의하세요

자동화 문서를 만들고 공유할 때 API 키가 유출되지 않도록 관리해야 합니다. 만약 API 키를 코드 내부에 직접 넣으면 사본을 생성할 때 이 코드도 함께 복사됩니다. 이를 방지하기 위해 실습에서는 시트에 API 키를 기입하고 코드 실행시 이 값을 가져오는 방법을 사용합니다.

그러면 사본을 배포하거나 여러 사용자가 같은 스크립트를 사용할 때, 사용자별 자신의 API 키를 입력할 수 있으므로 키를 개별적으로 관리할 수 있습니다. API 키가 만료되거나 새 키가 필요할 때도 코드를 수정하지 않고 셀의 값을 변경하는 것으로 쉽게 해결할 수 있습니다. 키가 유출되면 비용이 발생하거나 악의적인 사용이 이루어질 수 있으니 항상 유의하세요.

02 이제 챗GPT에게 오픈AI API를 활용해서 스프레드시트와 GPT를 결합해 사용할 수 있는 코드를 작성해달라고 요청하겠습니다. 스프레드시트 구성과 구현하고 싶은 사항을 구체적으로 작성합니다.

> 다음 요구 사항에 맞춰 앱스 스크립트 코드를 제시하고 필요한 설명을 주석으로 달아줘.
>
> 스프레드시트에는 두 개의 시트가 있어.
>
> - '시트1' : 1행은 헤더야. A1에는 학번, B1에 이름. 상황에 따라 하나의 열(C1) 혹은 여러 열(C1, D1, E1, …)에 걸쳐서 활동이 있음. 그리고 특정 열의 1행에 AI 생성 결과물이 적혀 있는데, C1부터 AI 생성 결과물의 이전까지가 모두 활동임. 가령 F1에 AI 생성 결과물이 있다면 C1, D1, E1이 모두 활동임.
> - '시트2' : B1에 오픈AI API 키, B2에는 요약문에 사용할 프롬프트가 적혀 있음.
>
> 요구 사항은 다음과 같아.

1. '시트1'에서의 작업은 모든 활동의 내용을 합쳐서 요약해야 함. 1행은 헤더이므로 무시하고, 2행의 C열부터의 AI 생성 결과물 이전 열까지의 내용을 모두 합친 후 오픈AI API를 통해 요약하고, 그 결과를 같은 행의 AI 생성 결과물 행에 기입해야 함.

2. '시트2' 프롬프트의 내용을 바탕으로 '시트1'에서 가져온 활동을 요약할 것.

3. 모델은 gpt-4o를 사용하고 최대 토큰은 4,000으로 할 것.

4. 스프레드시트 상단 메뉴에 '인공지능 비서 ' 메뉴를 추가하고, 그 아래 '과업 실행' 메뉴를 만들 것. '실행'을 클릭하면 위 작업(1~3)을 수행할 것.

5. 작업을 항상 처음부터 다 처리하지 않도록, 활동에 해당하는 열 중 하나라도 내용이 있으나 AI 생성 결과물에 해당하는 열이 비어있는 행만 찾아서 작업할 것.

 선생님의 비법 노트

챗GPT와 GPT의 API? 헷갈려요!

우리는 이번 실습에서 챗GPT와 GPT의 API에게 각각 프롬프트를 요청했습니다. 챗GPT와 GPT의 API는 각기 다른 역할을 수행하는 도구입니다. 실습에서 챗GPT는 건축 설계사처럼 사용자가 원하는 기능을 설명하면 이를 구현할 수 있도록 코드 설계를 도와주는 역할을 했죠. 반면 GPT API는 자동화된 건설 로봇처럼 챗GPT가 제공한 설계도를 기반으로 실제 작업을 반복해서 실행하는 역할을 합니다. 즉 챗GPT는 코드를 만드는 가이드 역할, GPT API는 완성된 코드가 실질적으로 작동하도록 자동화하는 역할을 합니다. 이 점을 기억하고 각각의 의도에 맞는 프롬프트를 요청해야 합니다.

흥미로운 점은 챗GPT 역시 GPT API, 정확히 말하면 오픈AI의 API를 활용해 사용자와 대화하는 화면을 갖춘 챗봇 서비스라는 것입니다. 결국 API는 다양한 서비스와 기능을 구현하는 핵심 엔진 역할을 하며, 챗GPT는 그중 하나의 응용 사례라고 할 수 있습니다.

03 여러분이 받은 코드를 앱스 스크립트에 붙여넣으세요. 코드에서 오픈AI API를 불러오는 부분만 간단히 살펴보겠습니다.

TIP 코드는 일부만 소개합니다. 코드 전문은 실습 파일을 확인하세요.

```
...생략...
    const messages = [
        { role: 'user', content: userContent } // ❶ 요청할 프롬프트
    ];
...생략...
// ChatGPT API 요청용 함수
function getChatGPTResult(apiUrl, apiKey, messages) {
  const options = {
    method: 'post',
    contentType: 'application/json',
    headers: {
      Authorization: `Bearer ${apiKey}`,
    },
    payload: JSON.stringify({
      model: 'gpt-4o', // ❷ 사용하는 모델명 설정
      messages: messages, // ❸ 앞서 작성한 역할과 프롬프트 전달
      max_tokens: 2000, // ❹ API가 생성할 수 있는 최대 토큰 수
    }),
    muteHttpExceptions: true
  };
...생략...
```

❶ message라는 배열 형태의 변수를 만들고 GPT에게 요청할 프롬프트를 contents의 값으로 알려줍니다. 앞 코드에서는 생략되었지만 contents의 값으로 들어간 userContent가 스프레드시트에 작성한 프롬프트를 가져오는 구조입니다. ❸이 message 배열 값이 아래 API에 보내는 형식의 message 값으로 들어갑니다.

❷ 사용하는 모델명을 설정합니다. 실습에서는 gpt-4o를 선택했습니다.

❹ API가 생성할 수 있는 최대 토큰 수를 지정합니다. 토큰 수가 너무 작으면 응답이 중간에 끊길 수 있고, 너무 크면 사용량이 많아져 응답 시간이 지나치게 길어질 수 있습니다.

선생님의 비법 노트

어떤 GPT 모델을 사용해야 하죠?

오픈AI는 다양한 모델을 제공합니다. 2025년 2월 기준 최신 모델은 o1과 그 경량 버전인 o3-미니입니다. 하지만 비용과 응답 속도를 고려하면 GPT-4o나 o1-미니 사용을 권장합니다. 프롬프트를 아주 자세하게 적어 AI의 추론이 많이 필요하지 않은 작업은 GPT-4o를, AI의 복잡한 추론이 필요한 작업은 o1을 사용하는 것이 좋습니다. o1의 사용량에는 제한이 있으므로 소진되면 경량 버전인 o1-미니를 사용하는 것을 권장합니다.

주의할 점은 챗GPT에 오픈AI API를 활용한 코드 생성을 요청했을 때 최신 정보를 반영하지 못해 구형 모델을 사용하는 코드를 생성할 수 있습니다. 따라서 특정 모델을 사용하는 코드를 요청하거나, 생성된 코드를 직접 검토하여 수정하는 과정이 필요합니다.

04 코드를 다 입력했다면 상단 메뉴 **[저장]** 버튼을 클릭하여 스크립트를 저장합니다. 스크립트를 실행하기 전에 '시트1'의 요약할 활동 내용을 다음과 같이 일부 채워주세요.

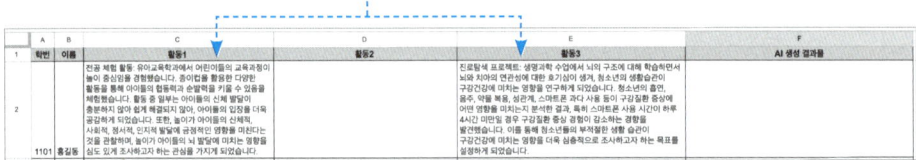

스프레드시트 위에 **[인공지능 비서 → 과업 실행]**이라는 사용자 버튼이 생겼습니다. 클릭해서 앱스 스크립트를 실행하면 다음과 같이 AI 생성 결과물 열에 활동을 요약한 내용이 입력됩니다.

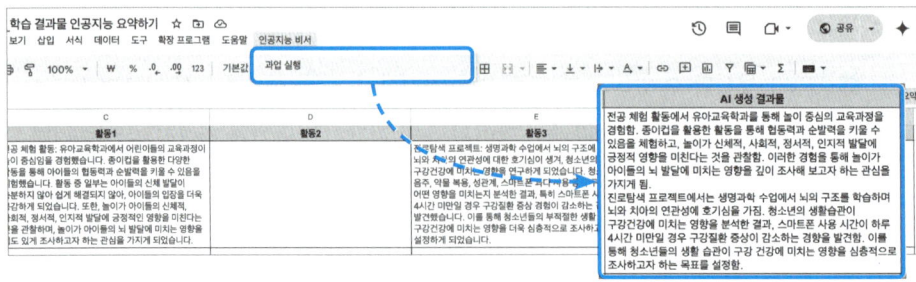

이처럼 우리가 시간을 들여 했던 작업이 눈 깜짝할 사이에 자동화되는 모습을 보면 정말 놀랍지 않나요? 지금의 자동화는 아주 작은 시작에 불과합니다. 하지만 이 작은 시작을 통해 나의 업무를 개선하는 경험이 누적된다면, 언젠가 교사 개발자가 되어 있는 여러분의 모습을 발견할 수 있을 것입니다.

바로 실습 59 나이스 다운로드 문서 불필요한 형식 정리하기

이렇게 AI의 도움을 받아 완성한 과목별 세부 능력 특기 사항을 나이스에 업로드한다고 업무가 끝나진 않죠. 이후 교사는 이를 출력하여 동교과, 동학년 교사 검토를 수차례 거칩니다. 맞춤법, 띄어쓰기, 중복 등을 확인하기 위해서죠. 이 영역은 AI에게 맡기면 어떨까요? 나이스에서 다운받은 과목별 세부 능력 특기 사항을 스프레드시트로 변환하고, 여기 오픈AI API를 연결하여 오타를 점검해봅시다.

나이스 다운로드 엑셀 파일에서 핵심 데이터만 남기기

나이스에서 내려받은 엑셀 문서는 형식을 지키기 위해 병합된 셀과 빈 셀이 많습니다. 이 상태로는 컴퓨터가 반복적인 작업을 수행하기 어렵기 때문에 문서의 핵심만 남기고 병합된 셀을 삭제하는 등 사용하기 쉽게 만들어야 하는데 이 과정을 '데이터 전처리'라고 합니다.

01 먼저 앱스 스크립트 활용을 위해 엑셀 문서를 스프레드시트 형태로 변환합니다. 주소창에 'sheet.new'를 입력하여 새 구글 스프레드시트 문서를 열고 **[파일 → 가져오기]**를 클릭하여 나이스에서 다운받은 엑셀 파일을 엽니다.

> **TIP** 구글 드라이브에 변환하려는 파일을 업로드 한 뒤 이를 스프레드 시트로 여는 방법도 있습니다.

02 이제 스프레드시트의 구조를 살펴보겠습니다.

			2025.05.01.

과목별 세부능력 및 특기사항

2025학년도 1학기 주간 2학년 AIA 강의실

교과목: 인공지능 기초

반/번호	성명	학적 변동구분	세부능력 및 특기사항
1/1	홍길동	재학	인공지능 에이전트 조별 프로젝트를 진행하며, 생성형 AI가 일상화됨에 따라 발생할 수 있는 과도한 의존 위험성을 완화하고자 프로토타입을 개발함. 사용자가 AI를 맹신하지 않도록, 균형 잡힌 솔루션을 제안하는 기능을 AI 에이전트에 구현함. 이 과정에서 조원들과 문제점과 해결 방안을 활발히 논의하며 프로젝트를 이끌었음. 발표에서는 생성형 AI 확산으로 인한 사회적 변화와 부작용을 경계해야 한다는 점을 강조함. 인공지능과 철학에 대한 독서 토론에서 튜링 기계가 컴퓨터 과학의 혁신적 토대를 마련했음을 인지함. 이론이 현실에 미치는 영향에 주목하며 복잡한 문제 해결을 위한 창의적·논리적 사고의 중요성을 체감함. 기술적 토대를 이해하는 동시에 사회적 책임을 함께 고민하는 태도가 필요하다는 점을 재확인함.
1/6	성춘향	재학	인공지능 에이전트 프로젝트에서 독창적인 아이디어를 제안하고, 공유 문서 작성과 전체 방향 설정을 주도적으로 수행함. 초반에는 센서나 로봇팔 활용 프로그램을 만들고자 했으나, 웹 기반 프로그래밍 플랫폼 사용 제약에 직면함. 이에 API를 통해 코드를 임시 수정·재작성하며 문제를 해결해, 유연성과 문제 해결 능력을 입증함. '사이버네틱스'에 관한 독서 토론에서 앨런 튜링이 주장한 생물학적 항상성과 정보 처리 시스템의 유사성에 깊은 통찰을 얻음. 인간, 동물, 기계를 같은 정보 처리의 틀로 바라보는 관점이 기존 인간 중심 사고를 뛰어넘는다는 점에 특히 인상적이라 발표함. 프로그래밍 역량이 매우 뛰어나고, 웹 프로그래밍 플랫폼 활용 능력과 철학적 통찰을 겸비한 학생임. 독서 토론에서 발휘하는 분석적 사고력 역시 돋보이며, 다양한 분야에서 창의적 문제 해결 능력을 유감없이 보여줄 것으로 기대함.

- A열은 사용하지 않습니다.
- B열에는 '숫자/숫자' 형태의 데이터가 있을 수 있는데, 이 데이터가 있으면 해당 행을 '시트2'에 옮길 겁니다.
- C열과 D열은 병합된 형태이며 병합된 셀 안에 한 가지 데이터가 들어있습니다.
- E열은 독립된 하나의 데이터 열입니다.
- F열부터 N열까지는 하나의 병합 셀을 이룬 형태이며, 병합된 셀 안에 한 가지 데이터가 들어있습니다.
- 한 학생의 데이터가 다음 페이지로 넘어가는 경우도 있으므로, 이러한 구조도 처리해야 합니다.

03 분석한 구조를 참고하여 챗GPT에게 데이터 전처리 코드를 요청해보겠습니다. 질문하기 전 우리가 원하는 것을 명확히 정리하는 것이 좋습니다. 현재 우리가 원하는 것은 '시트1'의 규칙을 파악하고, 원하는 데이터만 남겨 놓는 것입니다.

앱스 스크립트 코드를 만들어 줘. 목표는 다음과 같아.

- '시트1'의 B열부터 N열까지 데이터 중 4가지 영역(B열, C ~ D 병합 열, E열, F ~ N 병합 열)을 '시트2'의 A, B, C, D열에 각각 옮기기.

요구 사항은 다음과 같아.

1. '시트2'를 만들어.

2. '시트1' B열을 순회하면서 '숫자/숫자'(예 : 1/1, 1/2, 1/3...) 형태의 데이터가 있나 확인해. 조건에 맞는 형태를 발견하면 그 행에서 데이터를 가져와.

3. 가져온 '시트1' B열의 데이터를 '시트2' A열 첫 번째 행에 넣어. '시트1' C ~ D열 병합 영역의 데이터를 '시트2'의 같은 행 B열에 넣어. '시트1' E열 데이터를 '시트2'의 같은 행 C열에 넣고, 마지막으로 '시트1' F ~ N 병합 영역 데이터를 '시트2'의 같은 행 D열에 넣어.

4. 이렇게 한 뒤 '시트1'의 B열 다음 행으로 넘어가서 또 같은 방식으로 데이터를 가져와.

5. 만약 B열이 비어있는 행을 만났다면 다음 행으로 넘어가기 전에 C ~ D(병합열), E열, F ~ N(병합열) 영역도 같이 확인해. 만약 C ~ D(병합열)와 E열 둘 다 비어 있는데 F ~ N(병합열)만 데이터가 있다면, 이건 이전 행에서 이어지는 데이터란 뜻이야. 이 경우 F ~ N(병합열) 데이터를 '시트2'의 이전 행 D열에 바로 이어붙여. 예를 들어 '시트1'의 B13에 '1/4' 같은 데이터가 있어서 그걸 가져와 '시트2'의 4행에 기록했다고 치자. 그 뒤 다른 행을 보다가 B18, C-D18, E18은 비어있고 F18-N18에만 데이터가 있다면, 그 F18-N18 데이터는 앞서 4행에 적었던 D열 내용에 이어붙여. 즉, 새 행에 적는 게 아니라 이전 행 D열에 추가하는 식으로 처리하면 돼.

6. 이 과정을 클릭 한 번으로 실행할 수 있도록 '전처리' 메뉴를 만들어 주고, '데이터 가져오기' 버튼을 눌러 실행할 수 있게 해줘.

이처럼 프롬프트 작성 시에는 문제나 목표로 하는 작업 흐름을 정확히 파악한 후 각 단계를 논리적으로 연결하고, 필요한 순서대로 제시하여 생성형 AI가 해당 작업 과정을 명확히 수행할 수 있도록 해야 합니다.

04 여러분이 받은 코드를 앱스 스크립트에 붙여넣으세요. 일부 주요 코드만 구체적으로 살펴보겠습니다.

```
function onOpen() {
  var ui = SpreadsheetApp.getUi();
  ui.createMenu('전처리')
    .addItem('데이터 가져오기', 'fetchData')
    .addToUi();
}
```

스프레드시트 상단에 고정되는 '전처리' 메뉴를 생성하는 함수입니다. 이후 해당 메뉴의 **[데이터 가져오기]** 버튼을 클릭하면 fetchData( ) 함수가 실행됩니다. fetchData( ) 함수도 간단히 살펴봅시다.

```
function fetchData() {
  var ss = SpreadsheetApp.getActiveSpreadsheet(); // ❶ 활성화된 스프레드시트 가져옴
  var sheet1 = ss.getSheetByName("시트1"); // ❷ '시트1'시트를 가져옴
  if (!sheet1) {
    throw new Error("sheet1 not found!");
  }

  var sheet2 = ss.getSheetByName("시트2"); // ❸ '시트2' 시트를 가져옴
  if (!sheet2) {
    sheet2 = ss.insertSheet("sheet2"); // '시트2' 없으면 만들고
  } else {
    sheet2.clear(); // '시트2' 이미 있으면 내용 초기화
  }
  ...생략...
```

작업을 수행하려는 시트가 있는지 확인하는 부분입니다. ❶ 현재 활성화된 스프레드시트를 가져옵니다. ❷ '시트1'이라는 이름의 시트가 있는지 확인하고 없으면 오류 메시지를 띄웁니다. ❸ '시트2'라는 이름의 시트가 있는지 확인하고 없으면 새로 생성, 있으면 기존의 내용을 지우고 초기화합니다. 이 준비가 끝나면 각 열과 행을 둘러보면서 조건에 따른 기능을 수행합니다.

05 사용자 지정 버튼인 [**생활 기록부 점검 → 맞춤법 검사 시행**]을 연달아 클릭하면 스크립트가 실행됩니다. 다음과 같이 깔끔하게 내용이 처리된 것을 확인할 수 있습니다.

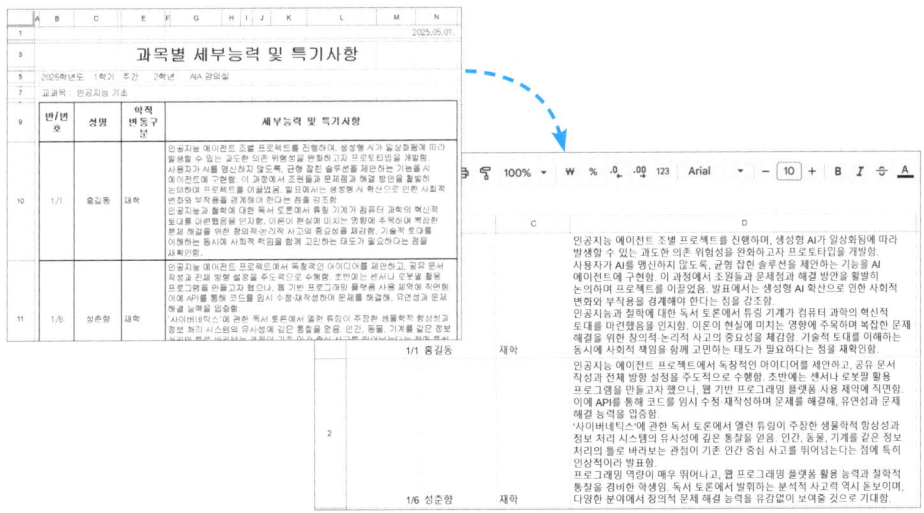

바로 실습 60 나이스 과목별 세부 능력 특기 사항 자동 검토하기

전처리를 완료했으니 마지막 관문인 오타 점검을 자동화합시다. 생활 기록부 기재 요령에 따르면 활동을 기재할 때에는 문장 어미를 모두 '~함'으로 끝맺으며, 특정 학생이나 교사의 이름, 불필요한 인적 정보 등을 명시해서는 안 됩니다. 또 삭성 후 오탈지나 표현상의 오류가 없는지 검토함으로써 내용의 정확성과 신뢰성을 높여야 하죠. 그러나 인간 교사가 수백 명에 달하는 세부 능력 특기 사항을 점검하며 띄어쓰기 두 번, 사소한 오타 등을 점검하기란 매우 어려운 일입니다. 그렇다면 이 작업을 자동화할 수 있다면 어떨까요?

심화 자동화 코드 요청을 위한 주요 개념 익히기

앞에서 완성한 문서의 '시트2' D열에는 교사가 작성한 세부 능력 특기 사항이 적혀 있습니다. 이를 GPT가 읽고 검토하여 F열에 제시하되, 고친 부분은 빨간색으로 표시하고, G열에서 고친 내용의 전과 후를 확인하고 싶습니다. 이를 수행하는 코드를 요청하기 위해 JSON, 마크다운, 메서드 등 AI와 효율적으로 소통하기 위해 쓰이는 용어들을 간단히 알아보겠습니다.

첫 번째, JSON은 컴퓨터가 정보를 쉽게 이해하고 처리할 수 있도록 만든 데이터 표현 형식입니다. JSON의 기본 구조는 중괄호 { } 안에 키^{key}: 값^{value} 형태로 정보를 정리합니다. 예를 들어, "이름": "홍길동", "사는 곳": "서울" 등과 같이 데이터를 체계적으로 정리합니다. 지금 우리는 GPT에게 '수정된 전체 글'과 '수정 사항'이라는 두 가지 데이터를 한 번에 받을 것이므로 JSON 형식을 활용해 오류 없이 정확하게 데이터를 받아보겠습니다. GPT는 다음과 같은 형식으로 우리에게 데이터를 돌려줄 겁니다.

```
{
  "corrected_passage": "교정된 글", // ❶
  "changes": [ // ❷
    {
      "original": "원문 단어",
      "replacement": "수정된 단어"
    }
  ]
}
```

❶ corrected_passage는 교정된 글을, ❷ changes는 수정된 단어들의 목록을 담고 있습니다. 이렇게 JSON 구조를 사용하여 정리한 데이터는 코드를 통해 오류 없이 정확히 가공하여 활용할 수 있습니다.

두 번째, 마크다운은 글자를 강조하거나, 굵게 표시하는 등 글을 보기 좋게 꾸밀 수 있는 간단한 문법 규칙입니다. 예를 들어, '# 제목'이라고 쓰면 큰 제목으로 표시되고, '**굵게**'라고 쓰면 굵은 글씨로 나타납니다. 하지만 이런 꾸밈 효과는 사람이 보기에는 편해도, 컴퓨터가 정보를 정확히 분석하고 이해하는 데에는 방해가 될 수 있습니다. 따라서 이를 포함하지 말라는 명령어를 작성해야 합니다.

세 번째, 메서드란 어떤 동작이나 기능을 수행하는 '함수'를 말합니다. 쉽게 말해 특정한 일을 하도록 만들어진 명령어 묶음이라고 생각하면 됩니다. 셀이 가진 글자를 빨간색으로 바꾸는 일을 해주는 명령어가 있다면, 그 명령어를 메서드라고 부릅니다. 스프레드시트에서 색깔을 바꾸기 위해 사용하는 명령어가 바로 setRichTextValue( )와 setTextStyle( ) 메서드입니다. 우리는 이 메서드를 사용해서 글에서 수정된 단어만 빨간색으로 표시하여 수정된 부분을 한눈에 파악할 수 있게 할 것입니다. 상황에 따라 다른 메서드가 필요하기 때문에, 우리가 원하는 작업을 명확히 수행하기 위해서 이 두 메서드를 사용하라고 구체적으로 알려줘야 GPT가 실수를 하지 않습니다.

마지막으로, GPT에게 코드 제작을 요청할 때 중간 결과값을 Logger.log( ) 함수를 사용해 출력해달라고 요청하세요. 앱스 스크립트로 복잡한 작업을 처리할 때 최종 결과값만을 바로 시트에 반영하도록 하면 오류가 발생했을 때 어느 부분에서 오류가 발생했는지 찾기 어렵습니다. 이런 경우 최종 결과값만이 아니라 처리 과정의 중간 결과를 터미널에 출력해 확인하면 오류를 찾기 쉬워집니다. 이러한 개념들에 익숙해진다면 GPT에게 더 정확하게 작업을 시킬 수 있습니다.

나이스 과목별 세부 능력 특기 사항 자동 검토 코드 만들기

배운 내용을 기반으로 스프레드시트 템플릿을 만들어봅시다. 앞서 **바로 실습 59** **나이스 다운로드 문서 불필요한 형식 정리하기**에서 만들었던 '시트2'에서 계속 진행합니다.

01 다음과 같은 프롬프트를 요청해보겠습니다. 이번에는 API 키를 코드 내에 직접 입력하는 방식으로 요청해보겠습니다.

> 다음 요구 사항에 맞춰 앱스 스크립트 코드를 제시하고 필요한 설명을 주석으로 달아줘.
>
> 현재 열려 있는 스프레드시트의 '시트2'에서 D열에 위치한 원문 문장들의 맞춤법 및 문맥 교정을 수행해야 해.
>
> 작업을 항상 처음부터 다 처리하지 않도록, D열에 내용이 있고 E, F열이 비어 있는 행만 찾아서 작업해야 해.

요구 사항은 다음과 같아.

1. 교정 시 모든 문장의 어미가 "-ㅁ"으로 끝나도록 변환할 것.

2. 오픈AI API를 호출하여 아래 형식의 JSON만 반환하도록 요청할 것.

```
{
"corrected_passage": "교정된 글",
"changes": [{
"original": "원문 단어",
"replacement": "수정된 단어"
}]
}
```

3. API 응답에서 코드 펜스(```)나 마크다운 문법을 사용하지 않고, 순수 JSON 텍스트만 반환하도록 설정할 것.

4. 반환된 JSON의 "corrected_passage"를 E열에 반영할 것.

5. "changes" 배열을 이용해 "원문 → 수정 문구" 형태로 F열에 기록할 것.

6. E열에 교정된 문장을 표시할 때, 변경된 단어(수정 문구) 부분을 setRichTextValue( )와 setTextStyle( ) 메서드를 사용하여 빨간색으로 강조할 것.

7. API 키는 코드 내에 직접 명시할 것.

8. 모델은 GPT-4o를 사용할 것.

02 챗GPT에게 받은 코드를 살펴보겠습니다. 앞서 전처리한 스프레드시트의 앱스 스크립트에 이어서 코드를 추가, 수정합니다. 먼저 **[전처리]** 메뉴 옆에 **[생활 기록부 점검]** 메뉴를 추가하겠습니다.

> TIP 코드는 일부만 소개합니다. 코드 전문은 실습 파일을 확인하세요.

```
function onOpen() {
```

```
  var ui = SpreadsheetApp.getUi();
  ui.createMenu('전처리')
    .addItem('데이터 가져오기', 'fetchData')
    .addToUi();
  ui.createMenu('생활 기록부 점검') // ❶ 메뉴 생성
    .addItem('맞춤법 검사 실행', 'checkAndFixSentences') // ❷ checkAndFixSentences
      함수 연결
    .addToUi();
}
```

❶ onOpen( ) 함수 안에 작성한 코드 하단에 **[생활 기록부 점검]** 메뉴를 생성합니다. ❷ 이후 생성형 AI가 작성한 함수의 이름을 붙여넣습니다.

이어서 checkAndFixSentences( ) 함수의 코드를 하단에 붙여넣습니다. **[생활 기록부 점검 → 맞춤법 검사 실행]** 버튼을 클릭하면 'checkAndFixSentences' 함수가 실행됩니다.

```
unction onOpen() {
...생략...
ui.createMenu('생활 기록부 점검')
    .addItem('맞춤법 검사 실행', 'checkAndFixSentences')
    .addToUi();
}

function checkAndFixSentences() {
  var ss = SpreadsheetApp.getActiveSpreadsheet();
  var sheet = ss.getActiveSheet();
...생략...
```

코드를 살펴보면 오픈AI의 API 키 값을 붙여넣는 부분이 있을 겁니다. 여러분의 API 키를 입력하세요.

```
// OpenAI API 설정 (사용자 제공 키)
  var apiKey = 'sk-xxx'; // 여기에 여러분의 코드를 기입하세요
  var apiUrl = 'https://api.openai.com/v1/chat/completions';
```

03 코드를 저장하고 스프레드시트로 돌아옵니다. 스프레드시트 상단의 **[생활 기록부 점검 → 맞춤법 검사 실행]** 버튼을 클릭하여 결과를 확인합니다.

다음은 임의로 오타를 포함한 내용을 입력하고 앱스 스크립트를 수행한 결과입니다. 빠르게 오타를 수정할 뿐만 아니라 변경된 부분도 확인할 수 있어 혹시 모를 실수도 예방할 수 있겠네요.

			인공지능 에이튜 조별 프로젝트를 진행하며, 생성형 AI가 일상화됨에 따라 발생할 수 있는 과도한 의존 위험성을 완화하고자 프로토토입을 개발함. 사용자가 AI를 맹신하지 않도록, 균형 잡힌 솔루션을 제안하는 기능을 AI 에이전트트에 구현함. 이 과정에서 조원들과 문제점과 해결 방안을 활발히 논의하며 프로젝트를 이끌었음. 발표에서는 생성형 AI 확산으로 인한 사회적 변화와 부작용을 경계해야 한다는 점을 강조함. 인공지능과 철학에 대한 독서 토론에서 튜링 기계가 컴퓨터 파학의 혁신적 토대를 마련했음을 인지함. 이론이 현실에 미치는 영향에 주목하며 복잡한 문제 해결을 위한 창의적·논리적 사고의 중요성을 체깜함. 기술적 토대를 이해하는 동시에 사회적 책임을 함께 고민하는 태도가 필요하다는 점을 재확인함.	인공지능 에이전트와 조별 프로젝트를 진행하며, 생성형 AI가 일상화됨에 따라 발생할 수 있는 과도한 의존 위험성을 완화하고자 프로토타입을 개발함. 사용자가 AI를 맹신하지 않도록, 균형 잡힌 솔루션을 제안하는 기능을 AI 에이전트에 구현함. 이 과정에서 조원들과 문제점과 해결 방안을 활발히 논의하며 프로젝트를 이끌었음. 발표에서는 생성형 AI 확산으로 인한 사회적 변화와 부작용을 경계해야 한다는 점을 강조함. 인공지능과 철학에 대한 독서 토론에서 튜링 기계가 컴퓨터 과학의 혁신적 토대를 마련했음을 인지함. 이론이 현실에 미치는 영향에 주목하며 복잡한 문제 해결을 위한 창의적·논리적 사고의 중요성을 체감함. 기술적 토대를 이해하는 동시에 사회적 책임을 함께 고민하는 태도가 필요하다는 점을 재확인함.	에이튜 -> 에이전트와 프로토토입 -> 프로토타입 에이전트트에 -> 에이전트에 변화와 -> 변화와 파학 -> 과학 체깜함 -> 체감함
1/1	홍길동	재학			

이처럼 AI가 간단히 처리할 수 있는 일이지만 우리는 긴 시간을 들여 일일이 읽고 확인해야 했습니다. 그 과업이 과연 교사가 반드시 해야 하는 본질적인 일이었을까요? 아닙니다. 교사가 해야 할 일은 학생의 학습 과정을 교사의 시각에서 관찰하고, 성찰하며 기록하는 것입니다. 단순한 점검은 앞으로 AI에게 맡기고, 교사가 할 수 있는 과업에 더 집중해보세요.

Chapter 25

챗GPT로 새 학기 반 편성 조회 페이지 만들기

어려운 부분은 챗GPT에게 맡겨요.
차근 차근 따라하면 쉽게 할 수 있어요.

활용도구 앱스 스크립트   스프레드시트   챗GPT

이제 챗GPT로 원하는 앱스 스크립트 코드를 만들어서 자동화를 하는 과정이 많이 익숙해졌을 겁니다. 이번 챕터에서는 여러분이 만들고 싶은 자동화 아이디어를 자유롭게 실현할 수 있도록 시스템 구상부터 웹 페이지 배포까지 더 넓은 과정을 소개하겠습니다. 개인 정보 유출 걱정 없이 안전하게 새 학기 반 편성 결과를 조회할 수 있는 페이지를 A부터 Z까지 따라 만들어보고 나면 업무에 필요한 어떤 도구든 만들 수 있다는 자신감이 생길 겁니다.

바로 실습 61 반 편성 조회 시스템 구상하기

새 학년 새 학기, 학생들은 올해 어느 반에 누구와 배정될지 궁금해하면서 학교 공지 사항을 확인하죠. 그런데 아뿔싸, 바쁜 나머지 개인 정보 식별 처리를 하지 않고 전체 명단을 그대로 올려버려서 문제가 생겼네요.

> **학생 개인정보 노출 사안에 대한 교육감 사과 서한문**
>
> 새 학년을 앞두고 반 배정을 안내하는 과정에서
> 일부 학교 학생들의 개인정보가 노출되는 일이 발생해 교육감으로서 깊이 사과드립니다.

가상의 이야기지만 실제로 학교에서 개인 정보 유출 사고가 발생하여 문제가 된 적이 여러 번 있습니다. 개인 정보 유출 걱정 없이 안전하고 개별적으로 새 학기 반 편성 결과를 조회할 수 있는 페이지를 앱스 스크립트로 만들어봅시다. 이번에는 학생들이 접속해서 직접 확인할 수 있도록 코드를 구상하고 웹 페이지로 만들어서 모두가 쉽게 사용할 수 있도록 배포까지 해보겠습니다.

엑스칼리드로우 AI로 워크플로우 그려보기

새 학기 반 편성 결과가 담긴 스프레드시트 파일이 있을 때 앱스 스크립트를 이용해서 이 파일로 조회 페이지와 조회 기능을 만들어주도록 하겠습니다. 웹 페이지를 만들기 위한 앱스 스크립트 프로젝트 구성은 다음과 같습니다.

- 조회 페이지는 .html 형태의 문서로 이루어져 있고 HTML이라는 마크업 언어로 작성합니다.
- 조회 기능은 .gs 형태로 구성되어 있고 자바스크립트의 문법을 사용합니다.

모든 코드의 작성은 챗GPT의 도움을 받을 겁니다. 대신 우리는 무엇을 어떻게 만들지에 대한 고민에 좀 더 집중해 봅시다. 먼저 조회 시스템을 만들기 전에 작동하는 방식을 생각해봅시다. 작동 방식을 어떻게 구성할지 쉽게 생각할 수 있는 방법은 펜을 들고 종이에 직접 그리는 것입니다. 그림을 그리면 전체 구조를 이해하고 무엇을 구현해야 하는지 직관적으로 파악할 수 있습니다.

컴퓨터로 그림을 그릴 수도 있습니다. 컴퓨터로 그릴 때는 수정이 편하고 쉽게 다양한 도형과 선을 활용해 복잡한 개념을 명확하게 표현할 수 있죠. 공유할 일이 있을 때도 종이로 그린 것보다 더 편하게 사용할 수 있습니다. 순서도를 그릴 수 있는 다양한 서비스 중 온라인 메모장 도구인 엑스칼리드로우Excalidraw를 사용해서 우리가 만들 시스템의 작동 방식을 만들어봅시다.

TIP 순서도를 그릴 수 있는 또 다른 서비스로는 eraser.io, draw.io 등이 있습니다.

01 엑스칼리드로우 홈페이지에 접속하면 다음과 같은 화면이 보입니다.

- 엑스칼리드로우(Excalidraw) 링크 : excalidraw.com

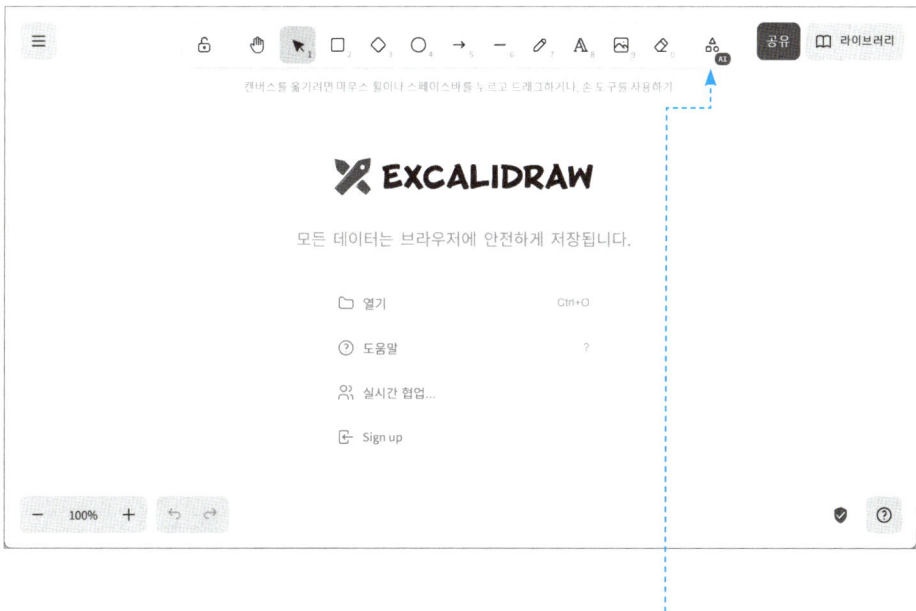

02 중앙 위에 보이는 메뉴바에서 🔹 버튼을 누르면 AI 기능을 사용할 수 있습니다. 그 중 **[텍스트를 다이어그램으로]**를 사용하면 말로 자세히 설명하기만 해도 워크플로우를 쉽게 그려 줍니다.

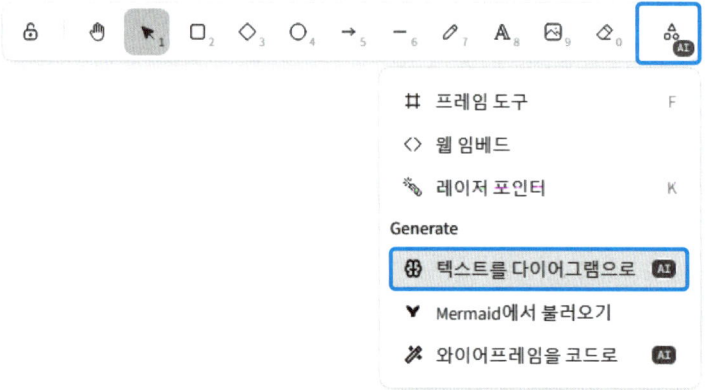

03 [텍스트를 다이어그램으로] 버튼을 클릭하면 다음과 같은 창이 뜹니다. ❶ 작동 방식을 시각적으로 만들어줄 프롬프트를 입력하고 ❷ [Generate] 버튼을 눌러 ❸ 결과물을 확인합니다. 완성했다면 ❹ [Insert] 버튼을 눌러 화이트 보드에 넣을 수 있습니다.

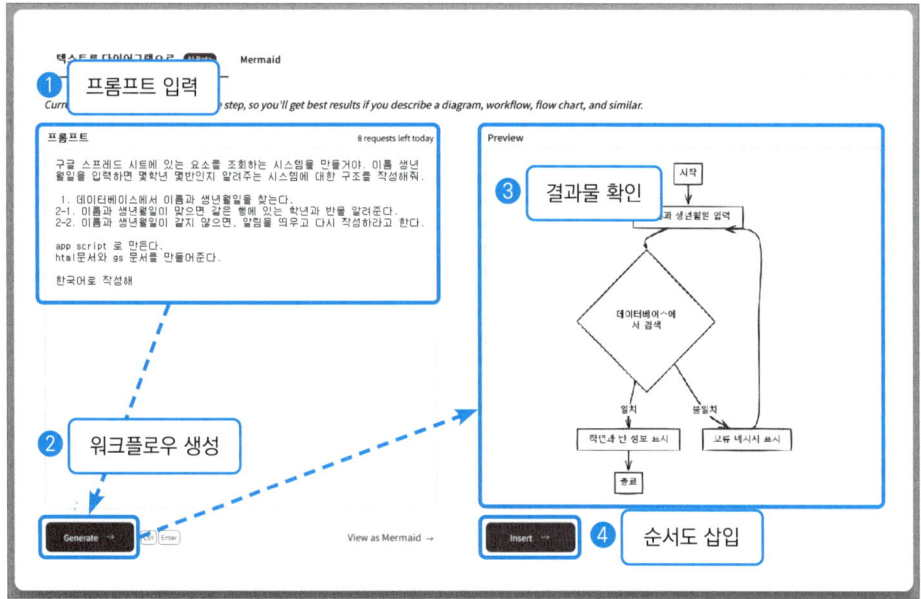

❶ 입력한 프롬프트는 다음과 같습니다.

🧑 Q

구글 스프레드시트에 있는 요소를 조회하는 시스템을 만들 거야. 이름, 생년월일을 입력하면 몇 학년 몇 반인지 알려주는 시스템에 대한 구조를 작성해줘.

1. 데이터베이스에서 이름과 생년월일을 찾는다.

2-1. 이름과 생년월일이 맞으면 같은 행에 있는 학년과 반을 알려준다.

2-2. 이름과 생년월일이 같지 않으면, 알림을 띄우고 다시 작성하라고 한다.

앱스 스크립트로 만든다.

확장자가 .html인 문서와 .gs인 문서를 만들어준다.

한국어로 작성해.

04 다음과 같은 순서도가 만들어졌습니다.

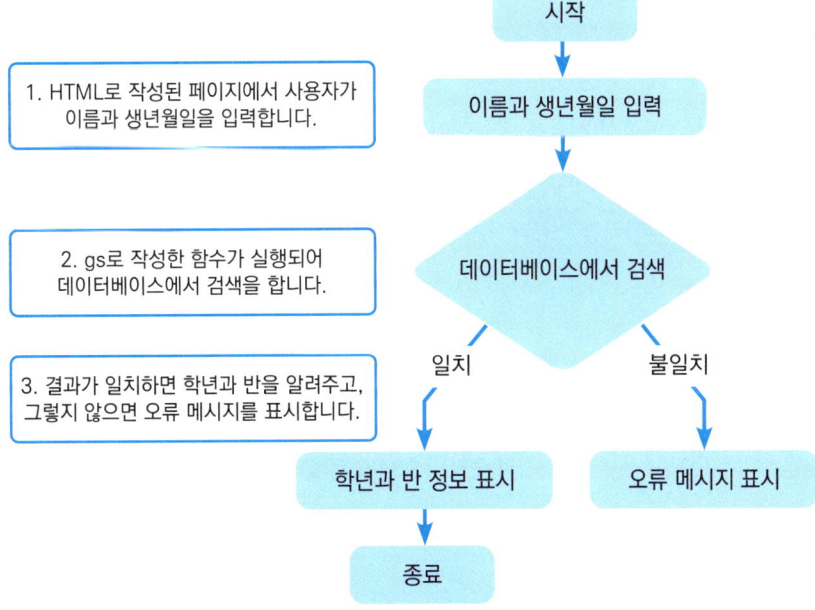

프로그램 흐름을 크게 3단계로 정리해볼 수 있겠네요. 이 흐름을 따라 챗GPT에게 앱스 스크립트 코드를 만들어달라고 요청하면 됩니다.

1. HTML로 작성한 페이지에서 사용자가 이름과 생년월일을 입력합니다.
2. 앱스 스크립트로 작성한 함수를 실행해 데이터베이스에서 검색합니다.
3. 결과가 일치하면 학년과 반을 알려주고, 그렇지 않으면 오류 메시지를 표시합니다.

바로 실습 62 챗GPT와 앱스 스크립트 웹 페이지 만들기

이제 데이터를 준비하고 구글 앱스 스크립트 코드를 작성해 본격적인 프로그램을 만들어봅시다. 구글 앱스 스크립트는 크게 화면 부분과 데이터 부분으로 이루어져 있는데요, 넓은 범위에서 화면 부분을 앞에 보이는 부분이라고 하여 프런트엔드$^{Front-end}$, 데이터를 포함하여 요청을 처리하는 부분을 백엔드$^{Back-end}$ 라고 부릅니다.

반편성 시트 만들기

01 먼저 데이터를 담을 반편성 시트를 만들어야겠죠? 새 스프레드시트 파일에 반편성 자료를 채워주도록 하겠습니다. 여러분의 데이터를 사용해도 되고, 저는 다음과 같이 챗GPT에게 질문하여 생성한 가상의 데이터를 스프레드시트에 입력했습니다.

> 가상의 학급 편성 데이터를 만들어줘.
>
> 머리행은 이름(문자) / 생년월일(8자리 숫자) / 학년(숫자) / 반(숫자)
>
> 복사해서 붙여넣기 할 수 있게 탭으로 셀을 분리해줘.

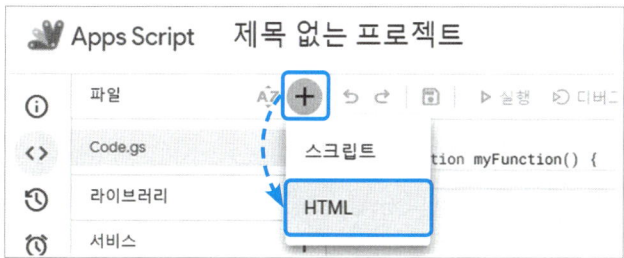

02 이번 실습에서는 사용자 화면 작성을 위해 Index.html 파일을 만들겠습니다. 앱스 스크립트 코드 편집기에서 [+ → HTML] 버튼을 누르고 파일이 만들어지면 이름을 'Index'로 변경해주세요.

나중에 파일 이름을 변경하려면 다음과 같이 파일에 마우스를 올리고 [⋮ → **이름 변경하기**] 버튼을 클릭하면 됩니다.

03 이제 Code.gs와 Index.html 두 파일의 코드를 챗GPT와 작성하겠습니다. 아까 작성한 시트에서 가장 첫 번째 행에 입력한 머리행의 이름과 순서를 기억해주세요. 예제에서는 '이름, 생년월일, 학년, 반'으로 진행합니다.

구글 스프레드시트에 있는 요소를 조회하는 앱스 스크립트 시스템을 만들거야.

이름, 생년월일을 입력하면 몇 학년 몇 반인지 알려주는 시스템의 구조를 작성해줘.

Code.gs와 Index.html 파일 두 개의 코드를 생성해.

자료구조는 다음과 같아.

|이름|생년월일|학년|반|

|---|---|---|---|

작동 순서는 다음과 같아.

1. 데이터베이스에서 이름과 생년월일(숫자 8자리)을 찾는다.

2-1. 이름과 생년월일이 맞으면 같은 행에 있는 학년과 반을 알려준다.

2-2. 이름과 생년월일이 같지 않으면, 알림을 띄우고 다시 작성하라고 한다.

> ### 선생님의 비법 노트
>
> **AI가 알아듣게 표를 표현하는 방법**
>
> '|이름|생년월일|학년|반|' 이렇게 입력하는 것이 매우 생소할 텐데요. 표를 표현하기 위해 마크다운(Markdown) 문법을 사용한 것입니다. 키보드에서 `Enter` 위에 있는 `\`를 `Shift`를 누르고 입력하면 '|' 문자가 입력됩니다. 이것을 사용하면 표의 구조를 표현할 수 있습니다.
>
> - A열 : 이름
> - B열 : 생년월일
> - C열 : 학년
> - D열 : 반
>
> 데이터 구조를 명확하게 설명하는 것이 정확한 코드 생성의 핵심이니 기억해주세요!

04 이제 앞서 생성한 코드를 각각 ❶ Code.gs와 ❷ Index.html에 붙여넣기하고 저장해주세요.

> **TIP** 코드에 대한 자세한 설명은 생략하겠습니다. 실습에 사용된 코드 전문은 실습 예제 파일을 참고하세요.

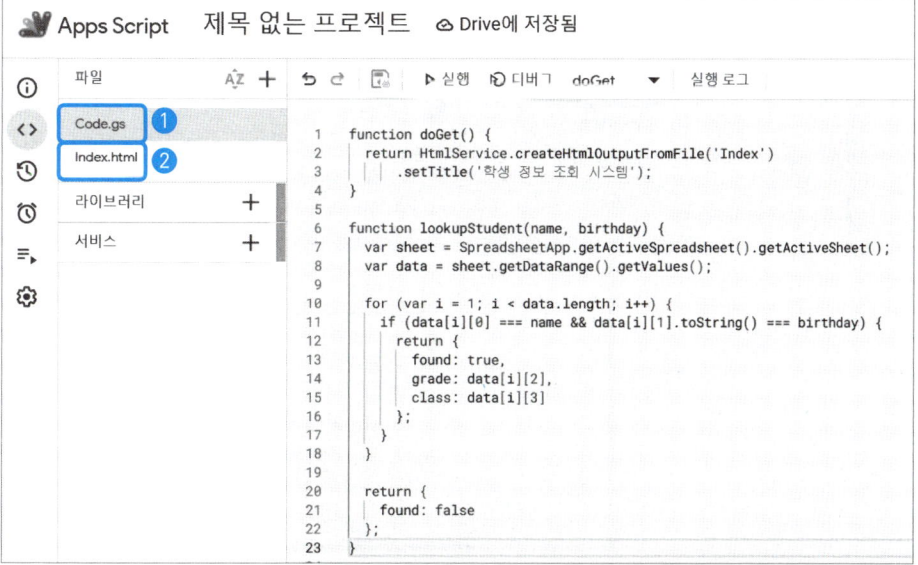

05 이제 이 코드를 웹 페이지로 확인하고 공유하려면 배포 과정이 필요합니다. 오른쪽 상단에 있는 **[배포 → 새 배포]**를 눌러 서비스를 배포합니다.

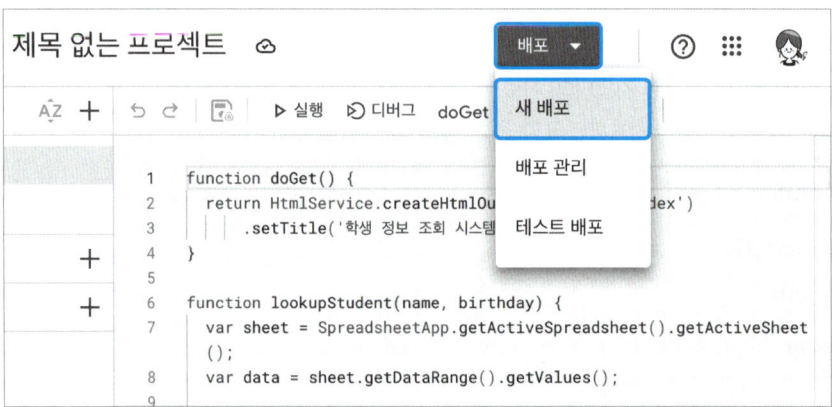

배포 설정 창이 뜨면 **[⚙ → 웹 앱]**을 클릭해 배포 유형을 선택합니다. ❶ **[새 설명]**을 '반편성 조회 시스템'이라고 입력하고 ❷ 액세스 권한이 있는 사용자를 **[모든 사용자]**로 바꿔주세요. 설정을 마치고 **[배포]** 버튼을 눌러주세요.

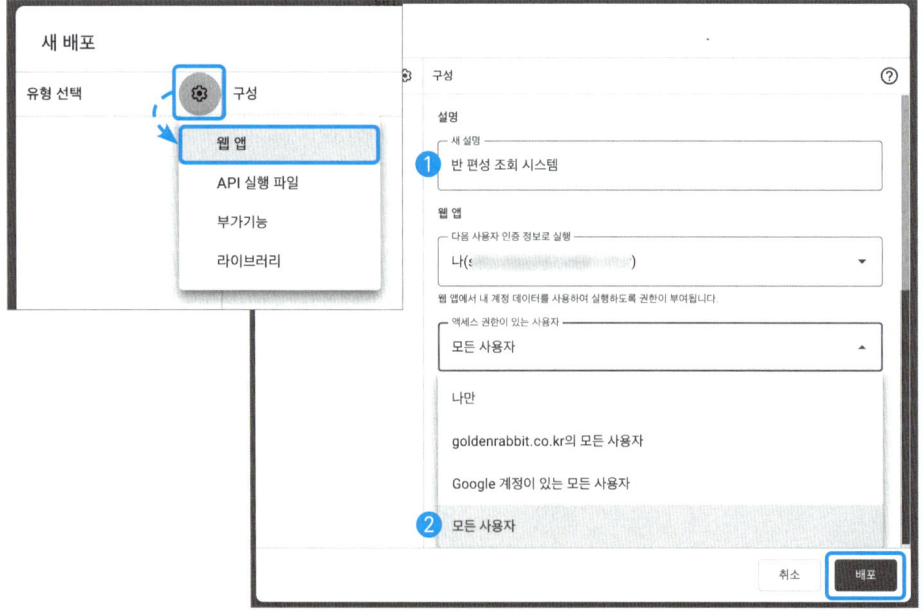

보안을 위해 웹 페이지에 접근할 수 있는 대상을 조정해야 한다면 이 과정에서 학교 계정 이메일이 있는 사용자만 지정해서 접근 권한을 부여할 수도 있습니다.

06 배포할 때도 앱스 스크립트를 실행할 때처럼 접근 권한 수락을 해야 합니다. **[액세스 승인]** 버튼을 클릭하고 이어서 권한 수락을 진행해주세요.

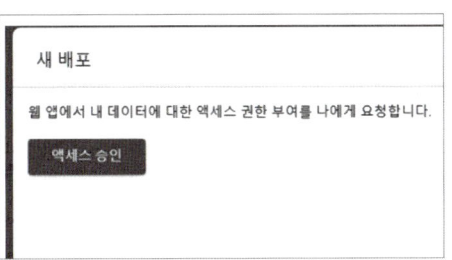

07 배포가 완료 되면 다음과 같은 화면이 나타납니다. **[웹 앱에 있는 주소]**를 클릭해주세요.

08 새 탭에서 다음과 같은 페이지가 나타납니다. 잘 작동하는지 확인해봅시다. 이름과 생년월일을 입력하고 **[조회]** 버튼을 클릭하니 다음과 같이 학년 반을 안내해주네요. 이제 확인을 원하는 학생에게 본인의 정보만 안전하게 제공할 수 있게 되었습니다.

학생 정보 조회 시스템

```
이지원
19980314
[ 조회 ]
```

이지원 학생은 3학년 1반입니다.

바로실습 63 반 편성 조회 페이지 오류 해결하기

조회 기능이 제대로 작동하지 않나요? 간단한 과정이 아니기 때문에 챗GPT가 틀린 코드를 줬을 수 있습니다. 다시 챗GPT로 돌아가 코드 생성을 요청해서 문제를 해결해봅시다. 이 과정은 이 실습뿐만 아니라 앞으로 여러분이 챗GPT와 함께 앱스 스크립트 코드를 만들 때 기억하고 있으면 좋습니다.

오류 해결 01 오류 메시지 붙여넣기

보통 오류가 나면 컴퓨터는 어떤 방식으로든 메시지를 남겨서 문제의 내용을 알려줍니다. 따라서 오류가 났을 때 터미널이나 화면에 나타난 로그를 복사해서 챗GPT에게 물어보세요. 모르겠다면 화면을 캡쳐하여 문제 상황을 안내하는 것이 좋습니다.

오류 해결 02 문서 연결 여부를 확인하기

챗GPT에게 오류를 물어보기 전에 다음 부분도 확인해보면 좋습니다. 생성된 코드에서 시트 아이디나 이름을 찾는 경우가 있습니다. 이럴 때는 여러분이 사용하려는 폴더나 파일의 주소에서 아이디를 복사하여 코드에 붙여넣어야 합니다. URL을 요청한다면 주소를 전부 복사 붙여넣기 하고 아이디를 요청한다면 URL의 .../d/ID/edit... 위치에 있는 아이디만 복사해서 붙여넣습니다.

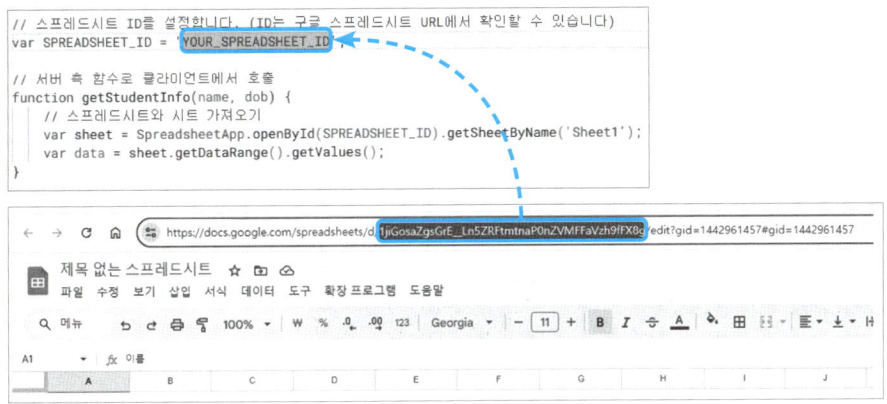

코드에서 찾는 시트 이름이 틀렸을 수도 있습니다. 주로 getSheetByName( ) 함수로 찾으려는 시트 이름을 지정하는데 이 함수에 입력한 시트의 이름과 실제 사용하려는 시트 이름이 같은지 확인해보고 다르면 수정하세요.

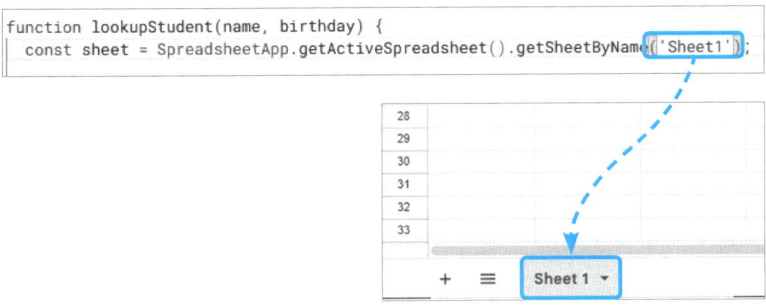

오류 해결 03 다른 데이터 타입 해결하기

스프레드시트에 입력된 생년월일은 숫자 타입의 Number, Date 데이터인데, 사용자가 입력하는 생년월일의 데이터 형식이 문자이면 서로 데이터 타입이 다르기 때문에 검색했을 때 결과가 나오지 않을 수 있습니다. 이럴 때는 스프레드시트에 입력한 값을 모두 문자열로 받아오도록 코드 수정을 요청하여 문제를 해결할 수 있습니다. 다음과 같이 말이죠.

> 스프레드 시트에 입력한 값을 모두 문자열로 받아오도록 코드를 수정

> Google Apps Script에서 스프레드시트의 값을 모두 문자열로 처리하도록 코드를 수정하는 것은 간단합니다. 스프레드시트에서 읽어온 데이터는 기본적으로 문자열과 숫자가 혼합될 수 있지만, 모든 값을 문자열로 변환하여 비교할 수 있습니다.
>
> 아래는 `Code.gs` 파일의 코드를 수정하여 모든 값을 문자열로 변환하는 방법입니다.
>
> **수정된 Code.gs**

지금까지 개인 정보 유출 걱정 없는 **새 학기 반 편성 조회 시스템**을 만들었습니다. 활용은 아래의 링크를 따라가면 됩니다. 이렇게 만든 시스템을 다른 데이터에 적용하고 싶다면 달라진 스프레드 시트 구조를 알려주고 Code.gs를 업데이트 요청해주세요. 도구를 조금만 수정하면 새 학기 반 편성 조회 시스템 뿐 아니라, 강의 이수 여부를 조회한다거나, 계정의 정보를 조회하는 등 다양한 용도로도 활용할 수 있습니다.

- 새 학기 반 편성 조회 시스템 링크 : bit.ly/3D4e3RG

이게 되네?

PART 07

커서 AI로
업무 자동화하기

🤖💬 'AI로봇과 함께 업무 자동화를 하는 선생님의 모습을 그려줘.'라고 프롬프트를 입력하여 생성한 그림입니다.

여기서 공부할 내용

이 책의 마지막 파트에서는 커서 AI를 통해 파이썬 업무 자동화 프로그램을 만들어 보겠습니다. '지금까지 배운 내용을 그냥 생성형 AI로 만들면 되는 것 아닌가'하는 생각이 들 수도 있습니다. 하지만 아무리 생성형 AI가 있다고 해도 구현하고 싶은, 원하는 기능을 구체적으로 요청하지 않으면 소용없습니다. 그것을 위해 우리는 지금까지 다양한 도구의 사용법과 필요한 개념을 배웠고, 어떤 구조로 프로그램을 만들어야 하는지 실습을 통해 익혔습니다. 어느 정도 기반을 단단히 다졌으니 이제 엔진을 달고 달려가봅시다.

(Chapter 26)

커서 AI를 이용해 업무 자동화 도구 만들기

> 과정이 다소 복잡할 수 있어요. 차근차근 따라해보고 AI가 알려주는 코드가 계속 틀리면 실습 예제 파일을 참고하세요.

활용도구 파이썬 커서 AI

앞서 파이썬 업무 자동화를 처음 시작할 때 소개했던 커서 AI를 더 다양하게 활용해봅시다. 커서 AI를 이용해서 코딩을 하면 만들고 싶은 코드와 에러 메시지 등을 쉽게 물어보고 참고하여 개발의 방향을 결정할 수 있습니다. 코드를 작성하다 막히는 부분이 생기면 언제든지 물어볼 수 있는 챗GPT가 코드 생성기 안에 들어온 것이나 마찬가지입니다. 이미지 클릭 자동화 프로그램을 만들면서 커서 AI의 다양한 사용법과 친해져봅시다.

바로 실습 64 커서 AI로 이미지 클릭 자동화 프로그램 만들기

책의 앞부분을 차근차근 학습했다면 커서 AI는 여러분의 업무 자동화의 마지막 치트키가 될 것입니다. 커서 AI는 새 코드를 만들 때뿐만 아니라 기존의 코드를 수정하거나 보완할 때 특히 유용합니다. 하나의 파일 안에서 맥락을 보고 코드를 추천해줄 뿐만 아니라 여러 파일의 연관성을 파악하기도 하고, 터미널에서 필요한 명령어를 바로 알려주기 때문이죠. 챗GPT나 클로드같은 생성형 AI를 사용해서 코드를 수정할 때는 기존 코드를 모두 복사 – 붙여넣기 해서 생성형 AI에게 알려줘야 하는데 커서 AI에서는 필요한 파일을 선택하거나 일부를 드래그하면 됩니다. 생성한 코드도 복사해서 붙여넣을 필요 없이 버튼만 누르면 적용되어 훨씬 편하게 사용할 수 있습니다.

챗으로 코드 작성 방향 잡기

이제 원하는 곳을 자동으로 클릭해주는 파이썬 코드를 만들면서 커서 AI를 다양하게 활용해보겠습니다. 커서에서 필요한 프로젝트와 파이썬 파일을 만들었다고 가정하고 다음 단계부터 실행합니다.

TIP 커서 설치와 프로젝트 파일 생성은 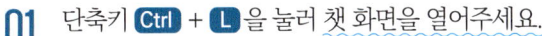 를 참고하세요.

01 단축키 Ctrl + L 을 눌러 챗 화면을 열어주세요.

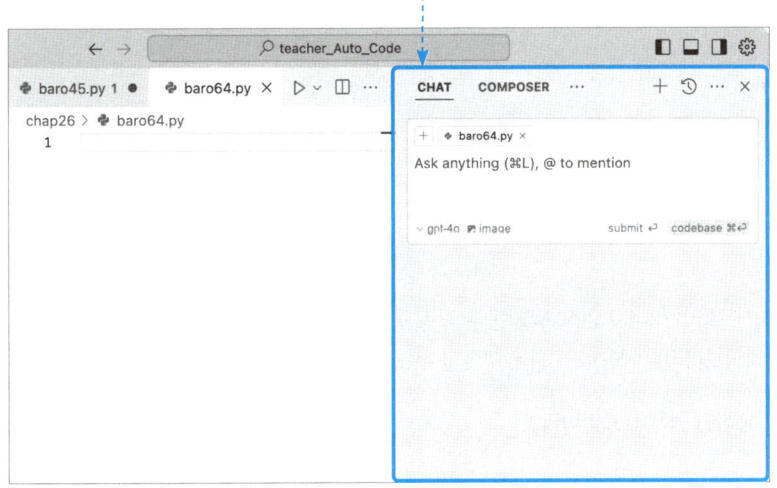

02 ❶ 질문하고 싶은 모델을 선택하고 ❷ 만들고 싶은 도구에 대한 설명을 적습니다. 실습에서는 가장 기본 모델인 클로드-3.5-sonnet을 사용합니다.

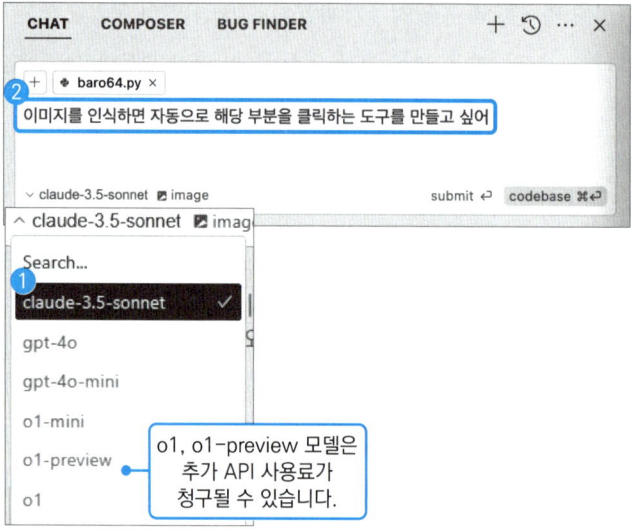

o1, o1-preview 모델은
추가 API 사용료가
청구될 수 있습니다.

이미지를 인식하면 자동으로 해당 부분을 클릭하는 도구를 만들고 싶어.

03 다음과 같은 답변을 받았습니다.

파이썬을 사용하여 이미지 인식 후 자동 클릭 도구를 만들 수 있습니다. pyautogui와 opencv-python 라이브러리를 사용하면 쉽게 구현할 수 있습니다.

다음은 기본적인 예제 코드입니다:

...생략...

> TIP 이 실습에서는 어떤 과정으로 커서 AI와 프로그래밍을 할 수 있는지 익히는 것이 목적이므로 코드는 생략하겠습니다. 코드 전문이 궁금하면 독자 실습 드라이브의 파일을 확인하세요.

이처럼 챗 기능을 이용해서 도구 제작에 필요한 라이브러리 등을 파악하거나 코드를 이해할 수 있습니다.

어떤 모델을 사용해야 하나요?

커서는 다양한 AI 모델을 제공하기 때문에 각 모델의 특성에 따라 선택해서 활용할 수 있습니다. 간단한 코드 생성에는 GPT-4o-미니와 같은 빠른 모델이 적합하며, 복잡한 문제 해결에는 높은 추론 능력을 갖춘 o1 모델을 선택하는 것이 좋습니다. 수많은 모델 중 클로드-3.5-sonnet은 특히 주목할 만한데, 빠른 응답 속도를 유지하면서도 생성된 코드의 품질이 우수하기 때문입니다. o1 모델이 더 뛰어난 성능을 보이기는 하지만, 응답 속도가 느리고 하루 호출 횟수에 제한이 있다는 한계가 있습니다.

이러한 각 모델의 장단점을 고려할 때, 효율적인 개발 프로세스를 위해서는 다음과 같은 접근 방식을 추천합니다. 먼저 전체 코드 설계와 구조 계획에는 o1의 뛰어난 추론 능력을 활용하고, 실제 코드 구현 단계에서는 클로드-3.5-sonnet을 사용하는 것이 좋습니다. 만약 특별히 까다로운 코드 작성에서 어려움을 겪는다면, 다시 o1의 도움을 받아 해결하는 방식으로 진행하면 됩니다.

컴포저로 화면 캡처 기능 개발하기

그럼 이번에는 컴포저Composer를 이용해 실제 프로젝트에 필요한 구체적인 기능을 제작해보도록 하겠습니다. 컴포저는 단축키 **Ctrl** + **I**를 눌러 실행할 수 있습니다. 챗 기능과 비슷하지만 코드를 바로 반영할 수 있다는 장점을 가집니다. 이미지 인식을 통해 좌표를 클릭하는 도구를 제작해보며 실전에서 자주 사용하는 커서의 강력한 기능들을 알아 보겠습니다.

앞서 질문을 통해서 OpenCV라는 이미지 처리 라이브러리와 PyAutoGUI라는 마우스 제어 및 스크린샷 캡처 라이브러리가 필요하다는 것을 알았습니다. 컴포저를 이용해 필요한 라이브러리를 사용해달라고 구체적으로 코드를 요청해보겠습니다. 우리가 요청할 기능은 크게 3단계로 나눌 수 있습니다.

- 화면 캡처 기능
- 트리거 액션 기능
- 다중 트리거-액션 시나리오 기능

이 기능들을 차근차근 구현해봅시다.

01 화면 캡처 기능 구현을 위해 제작에 필요한 라이브러리를 사용해달라고 다음과 같이 요청합니다. 결과도 함께 보겠습니다.

[1단계: 화면 캡처 기능 구현]

win32api, pyautogui, PIL, numpy 라이브러리를 사용하여 다음 기능을 구현해주세요:

- 사용자가 마우스 오른쪽 클릭으로 화면의 두 점을 지정할 수 있어야 합니다
- 첫 번째 클릭은 캡처할 영역의 왼쪽 상단 좌표
- 두 번째 클릭은 캡처할 영역의 오른쪽 하단 좌표
- 선택한 좌표들은 콘솔에 출력되어 사용자가 확인할 수 있어야 합니다
- 두 좌표로 정의된 사각형 영역을 캡처하여 이미지로 저장하는 기능
- 파일 시스템 관련 예외처리와 한글 파일명 지원 필요.

네, 화면 캡처 기능을 구현하는 코드를 작성해드리겠습니다.

　　…코드 생략…

이 코드는 다음과 같은 기능을 제공합니다 : 마우스 오른쪽 클릭으로 두 점을 지정할 수 있습니다.

첫 번째와 두 번째 클릭 좌표를 콘솔에 출력합니다.

선택한 영역을 캡처하여 PNG 파일로 저장합니다.

파일명에 현재 시간을 포함하여 중복을 방지합니다.

예외 처리를 통해 오류 상황에 대응합니다.

사용 방법:코드를 실행합니다.

오른쪽 마우스 버튼으로 캡처할 영역의 왼쪽 상단을 클릭합니다.

오른쪽 마우스 버튼으로 캡처할 영역의 오른쪽 하단을 클릭합니다.캡처된 이미지가 현재 디렉토리에 저장됩니다.

필요한 라이브러리를 설치하세요.

```
pip install pywin32 pyautogui pillow numpy
```

PyAutoGUI 라이브러리는 마우스와 키보드를 제어할 수 있게 해주는 파이썬 자동화 라이브러리입니다. 화면의 특정 위치로 마우스 이동, 클릭, 텍스트 입력 등의 동작을 자동화할 수 있으며, 스크린샷 캡처 기능도 제공합니다. 다음 명령어로 쉽게 설치할 수 있습니다.

```
pip install pyautogui
```

02 코드 실행 전 먼저 라이브러리 설치부터 해야합니다. 컴포저 답변 결과에서 친절하게 필요한 라이브러리를 알려준다면, 설치를 위해 ❶ [Run] 버튼을 눌러주세요. 화면에 보이는 초록색은 새롭게 생성한 코드입니다. 코드를 적용하기 위해 ❷ [Accept all]을 눌러주세요.

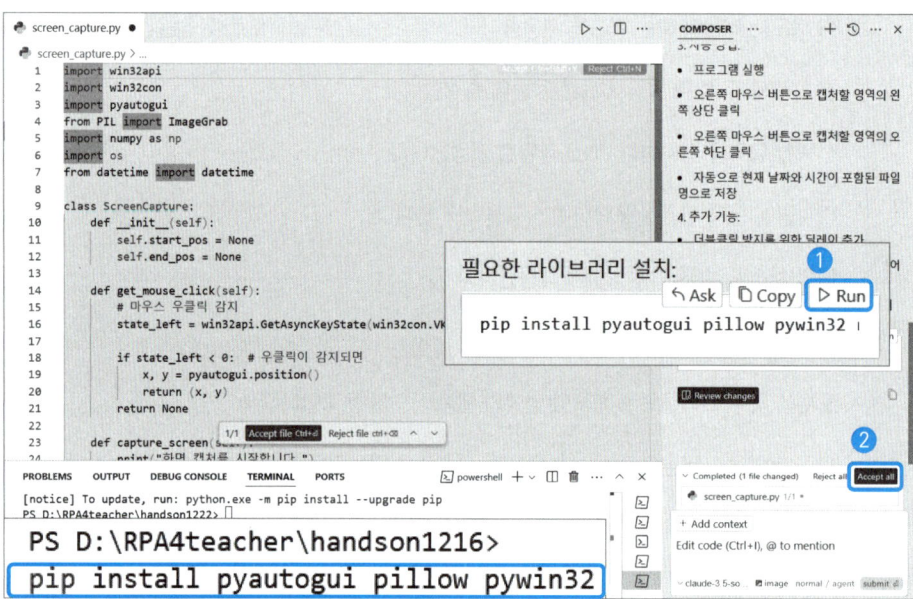

03 작동 확인을 위해서 ❶ [Run Python File]을 눌러 코드를 실행해보겠습니다. 라이브러리 설치 명령어를 캡처해보겠습니다. ❷ 왼쪽 상단 지점을 클릭하고, 이어서 ❸ 오른쪽 하단 지점을 클릭합니다. ❹ 새로운 이미지가 저장되는지 확인해주세요. ❺ 파일을 열어 캡처한 결과물을 확인합니다.

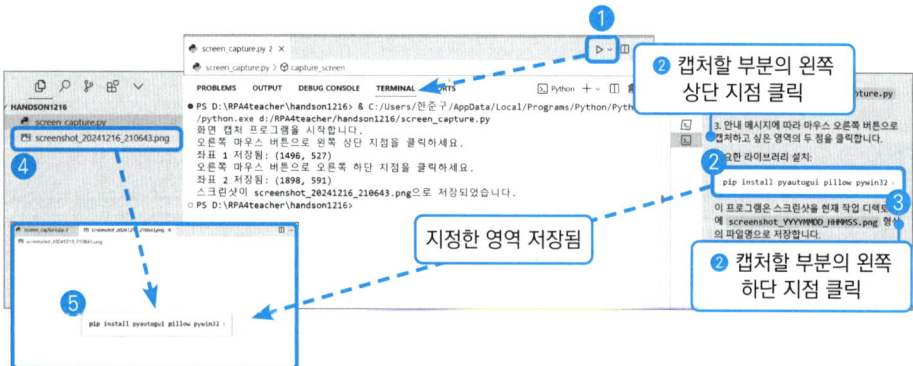

원하는 이미지가 저장이 되었다면 첫 번째 코드 작성에 성공했습니다. 축하합니다.

컴포저로 트리거 - 액션 기능 구현하기

이제 이미지 캡처에 필요한 기본 기능을 완성했으니, 이를 바탕으로 이미지가 인식되면, 좌표를 클릭하도록 트리거-액션 기능을 추가하겠습니다.

01 프롬프트를 다음과 같이 입력하고 결과물을 확인합니다.

> **[2단계: 트리거-액션 기능 구현]**
>
> 1단계에서 구현한 영역 캡처 기능을 확장하여 다음 기능을 추가해주세요:
>
> - 캡처된 이미지를 '트리거' 이미지로 저장하는 기능
> - 사용자가 마우스 오른쪽 클릭으로 여러 클릭 위치를 순서대로 지정할 수 있는 기능
> - ESC 키 입력으로 클릭 위치 지정을 종료하는 기능
> - 트리거 이미지와 연관된 클릭 위치들을 하나의 세트로 저장하는 기능
> - 트리거-액션 세트를 JSON 형식으로 저장하는 기능
> - 저장된 트리거 이미지와 현재 화면을 비교하는 이미지 매칭 기능

> 네, 요청하신 기능을 추가한 코드를 작성해드리겠습니다. screen_capture.py 파일을 다음과 같이 수정하겠습니다.
>
> ...코드 생략...
>
> 주요 변경사항과 추가된 기능은 다음과 같습니다:

> ...생략...
>
> **이미지 매칭:**
>
> match_trigger() 메서드로 트리거 이미지와 현재 화면 비교
>
> OpenCV의 템플릿 매칭 사용
>
> 80% 이상 일치하면 매칭 성공으로 판단
>
> 사용하기 위해서는 추가로 다음 라이브러리가 필요합니다:
>
> pip install opencv-python
>
> 이 코드를 실행하면:트리거 영역을 선택하여 캡처
>
> 연속적으로 클릭 위치들을 기록 (ESC로 종료)
>
> 트리거 이미지와 클릭 위치들이 JSON 파일로 저장됩니다.

OpenCV 라이브러리는 컴퓨터 비전과 이미지 처리를 위한 대표적인 오픈소스 라이브러리입니다. 이미지와 비디오의 입출력, 변환, 특징 검출 등 다양한 작업을 수행할 수 있습니다. 실시간 얼굴 인식, 객체 검출, OCR 등 실제 응용 분야에서 널리 활용되고 있으며, 다음 명령어로 쉽게 설치할 수 있습니다.

```
pip install opencv-python
```

02 ❶ [Run]을 눌러 이미지 비교를 위해 새롭게 추가된 라이브러리를 미리 설치합니다. ❷ 터미널에서 설치 결과를 확인해주세요. ❸ [Accept all]을 눌러 수정된 전체 코드를 적용합니다. 초록색 부분은 새롭게 추가된 코드, 빨간색 부분은 삭제된 코드입니다. ❹ [Run Python File]을 눌러 실행해주세요.

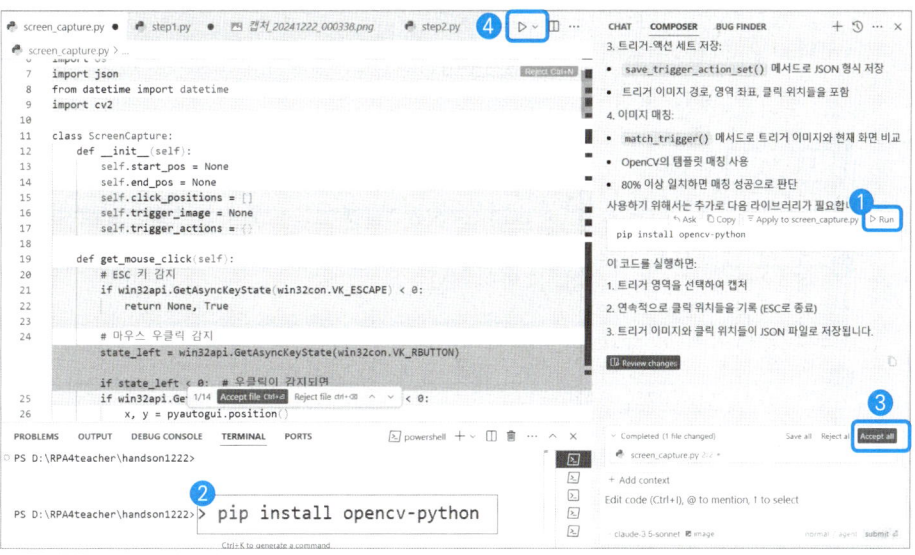

03 코드를 실행하면 간혹 오류가 날 수도 있습니다. 그럴 때는 콘솔 창에 있는 오류 메시지를 붙여넣거나, [Add to Composer]를 눌러 오류 내용을 추가하고 '오류를 고쳐달라'라고 요청합니다.

04 오류를 해결하고 이미지를 찾아 클릭하는 트리거-액션 설정 프로그램을 구현했나요? 이제 실제 이미지를 캡쳐하여 시나리오를 설정하고 원하는 형태로 동작하는지 확인해봅시다. 코드를 다시 실행하면 다음과 같이 터미널에 글을 입력하는 공간이 생깁니다.

```
=== 새로운 시나리오 생성 ===
시나리오 이름을 입력하세요: 교사를 위한 rpa-로그인

1. 트리거-액션 추가
2. 저장 후 종료
선택: 1
트리거 영역 캡처를 시작합니다.
오른쪽 마우스 버튼으로 캡처할 영역의 왼쪽 상단 지점을 클릭하세요.
시작 지점: (773, 493)
이제 오른쪽 하단 지점을 클릭하세요.
종료 지점: (930, 578)
트리거 이미지가 trigger_20241222_001717.png으로 저장되었습니다.
클릭 위치를 기록합니다. ESC 키를 누르면 종료됩니다.
클릭 위치 1: (871, 541)
트리거-액션이 추가되었습니다.
```

광장을 열어 **연결**을 돕습니다

인디스쿨은 독립된 **초등교사 공동체**입니다. 광장을 열어, 사람들의 연결을 돕습니다. 그 곳에서 각자의 경험과 앎을 나누며 성장하는 초등교사들의 목소리를 듣습니다. 가까이에서 현장의 변화를 빠르게 읽어내며, 조금 앞선 새로운 시도를 제안합니다. 현장의 모든 선생님들이 인디스쿨이며, 인디스쿨의 가치입니다.

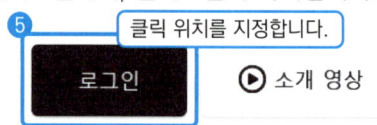

새로운 시나리오를 이름을 생성하고 **Enter**를 클릭합니다. ❶ 트리거-액션을 추가하기 위해 1번을 선택합니다. 트리거 영역을 캡처합니다. ❷ 왼쪽 상단 지점을 오른쪽 마우스로 클릭합니다. ❸ 오른쪽 하단 지점을 오른쪽 마우스로 클릭합니다. ❹ 이제 이미지가 감지되면 클릭할 위치를 오른쪽 마우스를 눌러 지정합니다.

05 시나리오가 저장되면 scenarios 폴더에 새 파일이 생깁니다. 이게 무엇인지는 잠시 뒤 확인하고 일단 저장한 시나리오를 실행해보겠습니다.

```
1. 트리거-액션 추가
2. 저장 후 종료
선택: 2
시나리오가 scenarios\교사를 위한 rpa-로그인.json에 저장되었습니다.

=== 매크로 프로그램 ===
1. 새 시나리오 생성
2. 시나리오 실행
3. 종료
선택: 2
```

자동으로 클릭하고 싶은 브라우저로 이동해 화면을 차례로 클릭하세요. 터미널을 확인하면 다음과 같이 작동 중이라는 메시지가 나올 겁니다.

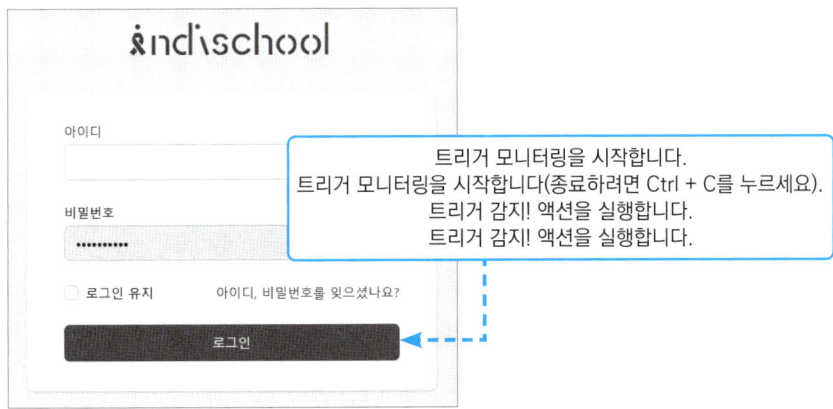

컴포저로 화면 캡처 기능 개발하기

01 이제 이미지를 여러 개 감지하여 연속 동작을 수행할 수 있도록 개선해보겠습니다. 다음 프롬프트를 활용하세요.

[3단계: 다중 트리거-액션 시나리오 구현]

2단계에서 구현한 단일 트리거-액션 기능을 확장하여 다음 기능을 추가해주세요 :

- 하나의 시나리오 파일에 여러 개의 트리거-액션 쌍을 추가하는 기능
- 각 트리거를 독립적으로 모니터링하는 멀티스레딩 구현
- 트리거 이미지를 독립적으로 감시
- PIL.Image로 트리거 이미지 로드 후 numpy 배열로 변환
- 현재 화면을 numpy 배열로 변환
- 트리거 감지 시 해당 액션을 자동으로 실행하는 기능
- [Ctrl+C]로 프로그램을 종료할 수 있는 기능
- 시나리오 목록을 보여주고 선택할 수 있는 사용자 인터페이스
- 시나리오 파일과 이미지 파일의 존재 여부 확인 및 예외 처리
- 전체 프로그램의 실행 흐름 관리 및 에러 처리

네, 다중 트리거-액션 시나리오를 구현하기 위해 코드를 확장하겠습니다.

...코드 생략...

> 주요 변경 및 추가된 기능:
>
> 시나리오 관리:
>
> 여러 트리거-액션 쌍을 하나의 시나리오로 관리
>
> JSON 파일로 시나리오 저장/로드
>
> ...생략...

02 앞서 저장된 시나리오 파일을 확인해보니 ❶ JSON 형태의 파일로 작성되어 있습니다. ❷ 이미지를 감지하면 미리 저장된 클릭 위치를 처리하는 구조입니다.

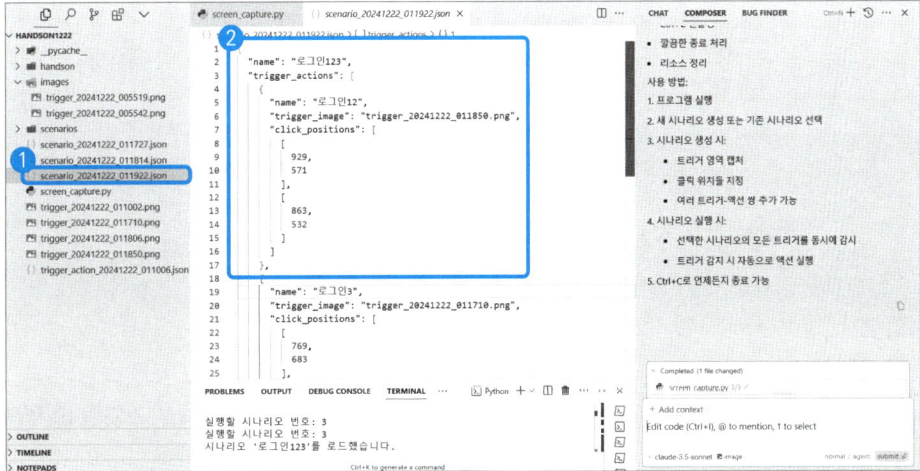

JSON 파일을 조금 더 자세히 볼까요? 여러 트리거를 저장할 수 있고 해당 이미지를 감지하면 click_positions에 기록된 좌표를 차례대로 클릭하게 됩니다.

```
{
  "name": "자동로그인",
  "trigger_actions": [
    {
```

```json
      "name": "로그인1",
      "trigger_image": "trigger_20241222_011850.png",
      "click_positions": [
        [
          863,
          532
        ]
      ]
    },
    {
      "name": "로그인2",
      "trigger_image": "trigger_20241222_011710.png",
      "click_positions": [
        [
          946,
          705
        ]
      ]
    }
  ],
  "created_at": "2024-12-22 01:19:22"
}
```

03 로그인 1 트리거가 감지되면 ❶ 영역을 클릭하고 로그인 2 트리거가 감지되면 ❷ 영역을 클릭합니다.

```
실행할 시나리오 번호: 3
시나리오 '자동로그인'를 로드했습니다.
'로그인1' 모니터링 시작...
'로그인2' 모니터링 시작...
모니터링 중... (Ctrl+C로 종료)
트리거 '로그인1' 감지됨 (신뢰도: 1.00)
트리거 '로그인2' 감지됨 (신뢰도: 1.00)
```

04 이렇게 작성한 시나리오를 수정하면 좋을 것 같은데 기능이 없군요. 다음과 같이 추가 요청 해보겠습니다.

> 기존에 제작한 시나리오 수정 기능이 없는데 추가해주면 좋겠네, 그리고 시나리오 작동에 필요한 이미지와 JSON을 하나의 폴더 안에 넣어서 구분해줘.

챗GPT의 답변대로 적용한 수정 결과물입니다. 다음과 같이 터미널 창에서 ❶ 시나리오 수정 기능을 확인하고 ❷ 수정할 트리거-액션을 선택하고 ❸ 필요한 부분을 골라 수정할 수 있습니다.

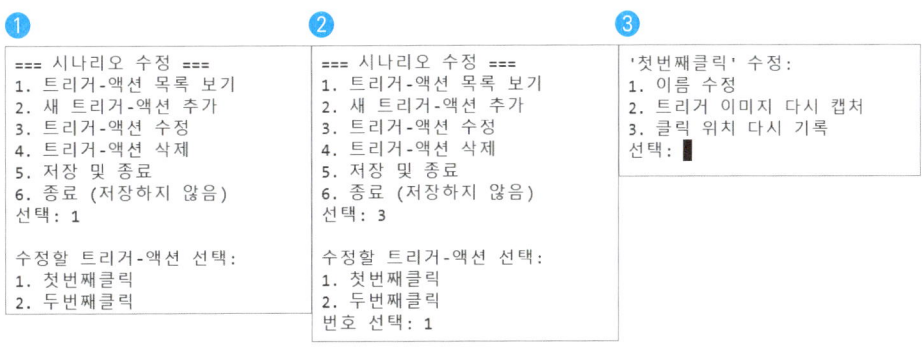

이렇게 해서 이미지를 감지하면 자동으로 클릭하는 프로그램을 제작해보았습니다. 책에서는 3단계로 나누어 안내했지만, 실제로 구현할 때는 블린 코드를 받을 수도 있고, 예상치 못한 오류가 발생할 수 있습니다. 프로그램 개발은 프롬프트 작성, 실행, 오류 수정을 반복하는 과정을 통해 완성되므로, 처음부터 완벽한 코드를 작성하기는 쉽지 않을 겁니다.

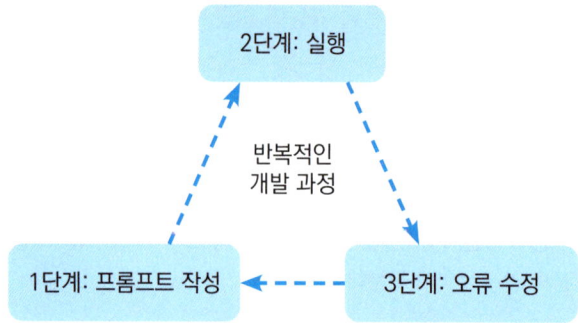

책에서 여러 번 말했듯 오류를 만나면 오류 코드를 복사해서 다시 AI에게 물어보세요. 오류를 해결하는 과정에서 여러분의 개발 실력이나 코드에 대한 이해도가 부쩍 높아지는 걸 느낄 수 있을 겁니다.

실습에서 만든 코드와 코드 생성에 사용한 프롬프트, 시나리오 파일은 독자 실습 자료 폴더에서 확인할 수 있으니 참고하세요.

- **독자 실습 자료 폴더** : vo.la/azECUb

Chapter 27

마크다운 보고서 제작하기

누구나 쉽게 따라할 수 있어요.

활용도구 파이썬   커서 AI

커서 AI는 코드 작성에 특화된 툴이지만 이 역시 생성형 AI를 사용하기 때문에 문서 작성이나 요약에 활용할 수도 있습니다. 파일을 첨부하고 해당 파일의 문맥을 읽어오는 커서의 특성을 살리면 코드뿐만 아니라 보고서 등의 글도 적절히 다룰 수 있죠. 이번 챕터에서는 마크다운을 이용해 커서 AI로 간단히 글을 요약하는 방법을 학습합니다. 여러분만의 다양한 응용 사례로 발전시켜보세요.

마크다운 문서는 앞 챕터에서 표의 구조를 표현하는 방법을 이야기하면서 잠시 언급한 적이 있습니다. 한마디로 정리하면 간단한 문법으로 구조화된 문서를 작성할 수 있도록 웹에서 주로 사용하는 문서 작성 언어입니다. 대표적으로 노션Notion, 옵시디언Obsidian 등에서 문법을 지원하고 대부분의 노트 앱에서 마크다운 파일로 내보내거나 마크다운 파일을 받아올 수 있을만큼 범용성이 높습니다. 파일의 확장자는 .md 로 나타냅니다.

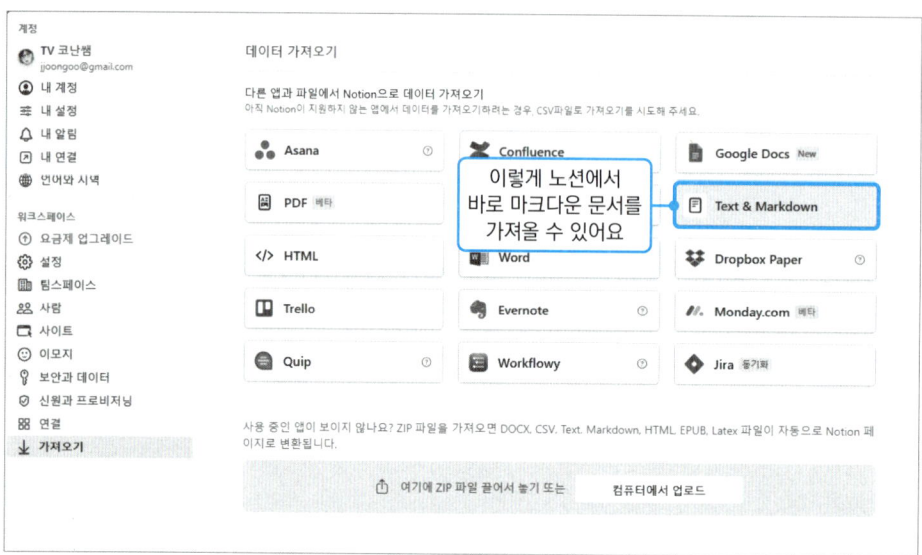

바로 실습 65 자동화 코드 소개하는 파일 작성하기

책을 학습하며 자동화 프로그램을 만들었다면 학교에서 다른 동료들, 학생들과 함께 사용하기 위해 공유하는 일이 많을 겁니다. 보통 프로그램을 만들면 이 프로그램은 어떤 기능을 하고 어떤 방식으로 써야하는지 안내하는 문서를 함께 작성합니다. 이 문서의 제목을 보통 README.md라고 이름 붙입니다.

이번에는 마크다운과 친해질 겸 코드를 소개하는 Readme.md 파일을 만들어보겠습니다. 개발자들이 코드를 주로 공유하는 깃허브 저장소의 Readme.md 파일은 주로 다음과 같습니다. 배포한 코드의 설치 방법과 기본 사용법 등을 소개하고 있죠?

01 Readme.md 파일을 만들어보도록 하겠습니다. 먼저 Readme.md 파일을 만들 코드를 언급하고 다음과 같이 요청해주세요.

...필요한 코드를 복붙하세요!...

이 코드의 Readme.md 파일을 만들어줘. 코드 블럭을 들여쓰기 해줘

다음과 같이 README.md 파일을 만들어드리겠습니다:

...생략...

이 README.md 파일은 프로그램의 주요 기능, 설치 방법, 사용 방법 등을 상세히 설명하고 있습니다. 필요에 따라 내용을 수정하거나 추가하실 수 있습니다.

02 README.md 파일이 생성되면 상단 **[Open Preview]**를 눌러 결과를 확인할 수 있습니다.

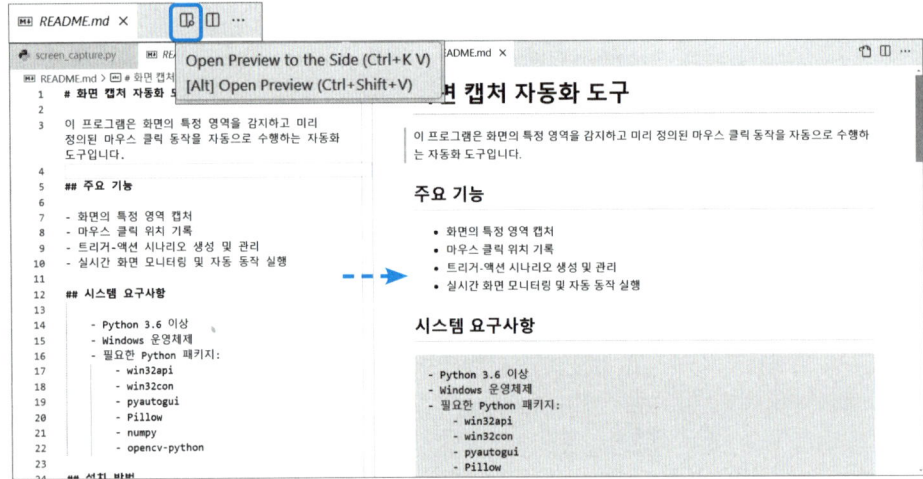

코드 블럭으로 명령어를 표시하는 부분이 이처럼 들여쓰기 되어 있는지 꼭 확인해주세요.

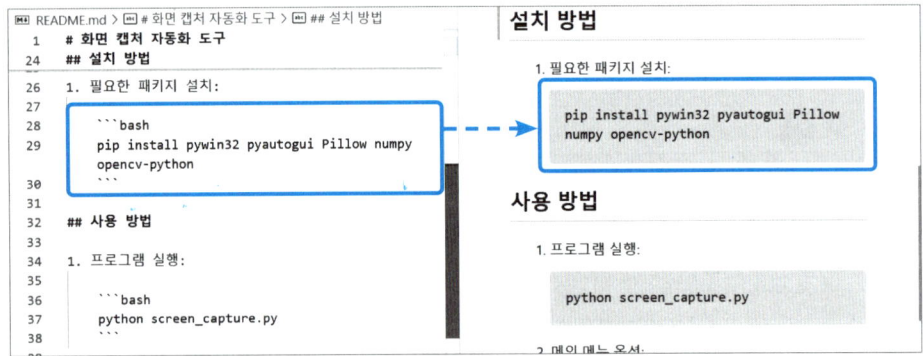

바로 실습 66 커서 AI와 마크다운으로 문서 요약하기

이번에는 업무의 문서 작업에 활용할 수 있는 마크다운 활용 팁을 소개하겠습니다. 마크다운 문서 여러 개를 이용해서 하나의 보고서를 생성해보겠습니다.

먼저 상황을 가정합니다. 올해 새로운 보고서를 작성해야 하는데 작년도 보고서 파일 양식이 있고 올해 활동한 자료가 있네요. 그럼 작년도 보고서를 어떻게 썼는지 확인하고 올해 활동한 내용을 정리해서 보고서를 작성하면 되겠습니다.

챗GPT나 클로드를 이용한다면?

이를 위해서 챗GPT나 클로드 등을 이용하는 경우를 살펴 봅시다. 먼저 작년 보고서 파일 중 올해 활동한 자료 내용을 복사해서 업로드합니다. 그리고 올해 활동한 자료 중에서 해당 부분을 업로드 합니다. 그리고 전체를 수정해달라고 합니다.

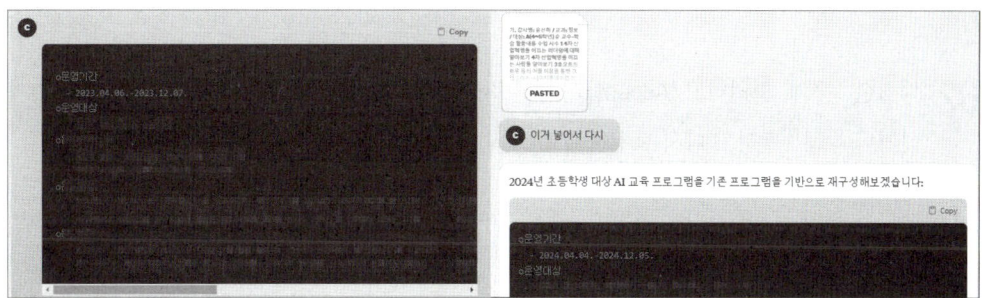

이렇게 하면 여러개의 긴 문서를 업로드해야 하기 때문에 답변의 속도도 느리고, 문맥을 유지하지 못해서 계속 다시 자료를 붙여넣어야 합니다. 이뿐만 아니라 답변 받은 내용도 재수정하기가 어렵습니다.

커서를 이용한다면?

이제 커서를 이용해서 두 개의 파일을 만들고 새로운 하나의 파일을 생성해보겠습니다.

01 첫 번째 파일은 작년도보고서.md 로 두번째 파일은 올해활동.md 로 파일을 작성하여 내용을 붙여넣어주세요. 다만 이렇게 내용을 넣을 때 개인 정보나 비공개 문서 등 민감 정보가 포함되지 않도록 조심해주세요. 두개의 문서를 만들었다면 두 문서를 모두 언급하고 이렇게 요청해주세요.

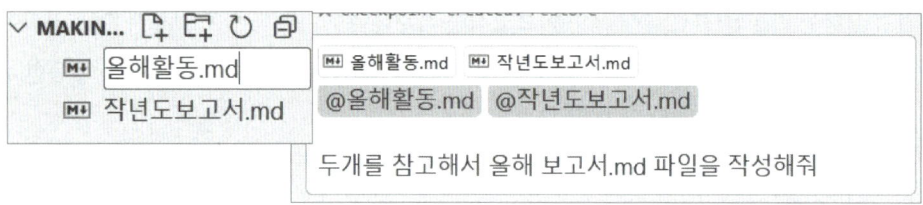

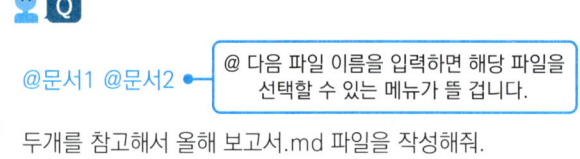

02 작성한 문서를 확인하고 **[Accept all]** 버튼을 눌러 문서를 생성합니다. 필요하면 내용을 추가하거나 수정해달라고 다시 요청하세요.

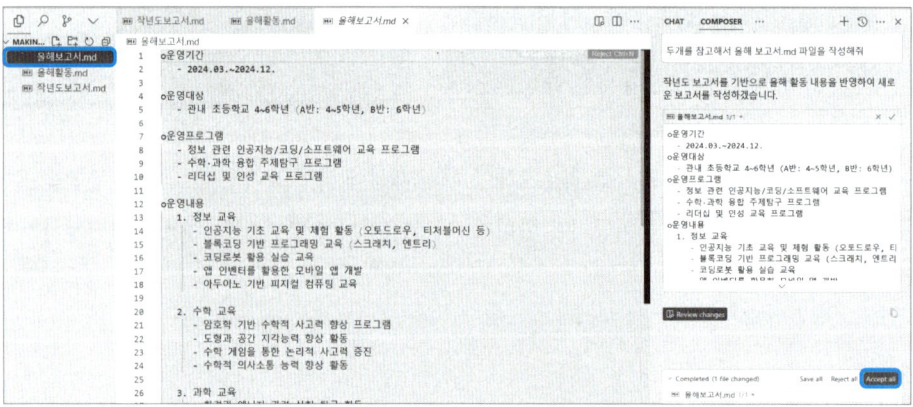

저는 이미지를 추가해달라고 다음과 같이 요청해보겠습니다.

> @이미지 파일
>
> 작성자에 ○○○라고 추가하고 이미지를 작은 크기로 함께 보여줘.

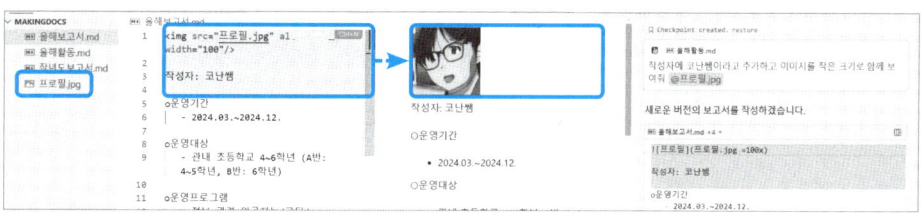

03 혹은 문서 파일을 보기 좋게 표로 정리해볼까요? 다음과 같이 추가 요청해주세요.

> 올해 보고서 표로 정리해줘

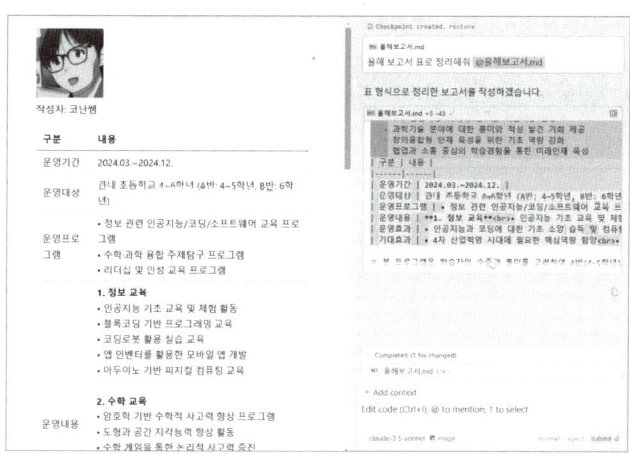

이렇게 작성한 마크다운 문서를 노션에서 불러오거나, 한글, 워드문서 등에 붙여넣기하여 문서 작성에 쉽게 활용할 수 있습니다.

Chapter 28

커서 고급 사용법 더 알아보기

> 긴 학습 과정을 따라오느라 고생 많았습니다! 이제 여러분만의 업무 자동화 도구를 마음껏 만들어보세요.

활용도구 커서 AI

지금까지 배운 내용을 더욱 효과적으로 활용할 수 있도록 다양한 커서 활용법을 소개합니다. 이 챕터에서는 특정 기능을 바로 만드는 과정 대신, 기존에 익힌 코드 작성법을 활용해 새로운 도구를 만들 때 도움이 되는 유용한 팁을 제공합니다. 어떤 기능을 활용할 수 있는지 기억해두었다가 필요할 때 핸드북처럼 찾아보세요.

바로 실습 67 여러 문서 한 번에 참조하기

챗이나 컴포저 기능을 사용할 때 프롬프트 입력창 위에 맥락을 참고할 파일을 선택할 수 있습니다. 이때 하나의 파일뿐만 아니라 폴더, 여러 파일, 파일의 일부 코드도 구체적으로 지정할 수 있습니다.

프롬프트 입력창에서 @을 누르고 [Files] 또는 [Folders]를 눌러 참고할 파일과 폴더, 코드 변수 등까지 추가할 수 있습니다.

이렇게 여러 문서를 첨부하면 코드를 수정하다가 여러 파일에 공통적으로 사용되는 부분을 한꺼번에 수정할수도 있습니다.

바로 실습 68 공식 문서 첨부하기

인터넷에 있는 문서를 참고하거나, 공식 문서를 참조하여 코드 생성에 도움을 받을 수 있습니다. API 공식 문서나 처음 사용하는 라이브러리의 문서를 입력하면 더 정확도 높은 코드를 받을 수 있을 것입니다.

프롬프트 입력창에서 @를 누르고 [Docs]를 선택하면 다양한 언어, 라이브러리들의 공식 문서 페이지를 첨부할 수 있습니다.

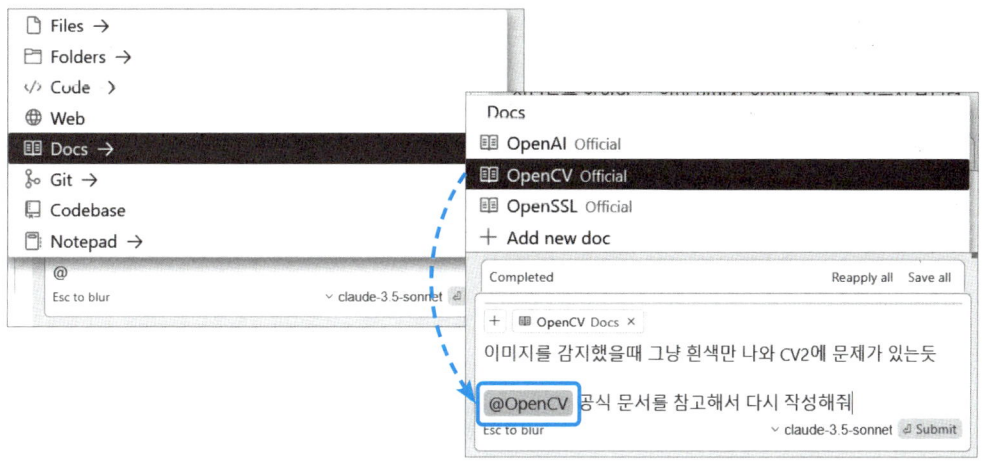

[Add new doc] 버튼을 누르면 새로운 문서를 링크로 추가할 수 있습니다.

바로 실습 69 ▶ 체크아웃 기능 사용하기

여러 번 코드 생성을 요청하다보면 지속적으로 오류가 발생해 원하는 코드가 나오지 않을 때도 있습니다. 코드를 아무리 살펴봐도 어디서부터 잘못된 건지 찾기 어렵다면 컴포저에서 지난 프롬프트의 [checkout] 버튼을 눌러보세요. 체크아웃checkout 기능을 사용하면 직전 코드가 아닌 몇 단계 이전에 수정했던 코드로도 돌아갈 수 있습니다.

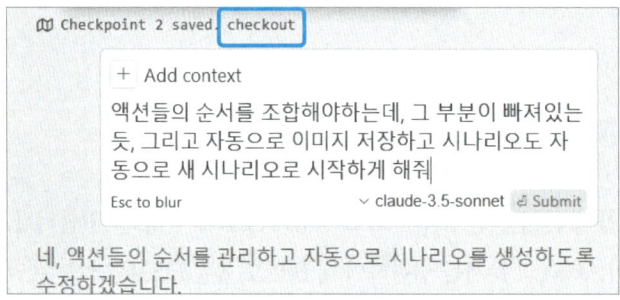

바로 실습 70 ▶ 노트패드 사용하기

반드시 사용해야하는 라이브러리나 중요한 에러 처리 방법이 계속 반복된다면 노트패드 기능을 이용하는 것이 편리합니다.

❶ 상단 검색창에 [>Notepad]를 입력하여 ❷ [Create and Open New Notepad]를 선택해주세요. ❸ 노트패드의 이름을 수정하고 내용을 작성해주세요. ❹ `@` 를 이용해 노트패드를 레퍼런스로 가져올 수 있습니다.

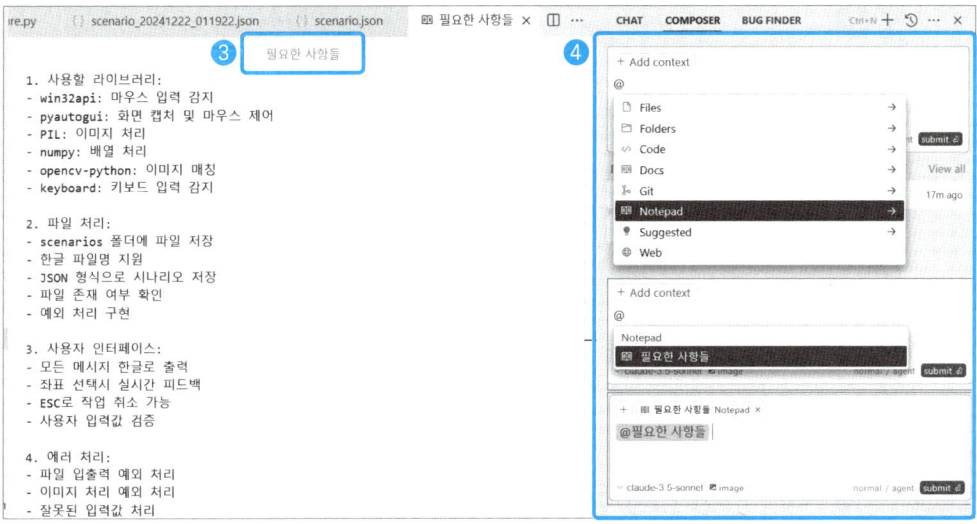

바로 실습기 에이전트 기능 사용하기

에이전트 기능을 사용해서 폴더의 파일을 정리하거나 일괄 수정할 수 있습니다. 먼저 정리하고 싶은 폴더를 열고 컴포저에서 ❶ Agent 기능을 선택한 후 ❷ 프롬프트를 입력합니다. ❸ 복잡했던 폴더가 깔끔하게 정리되었습니다.

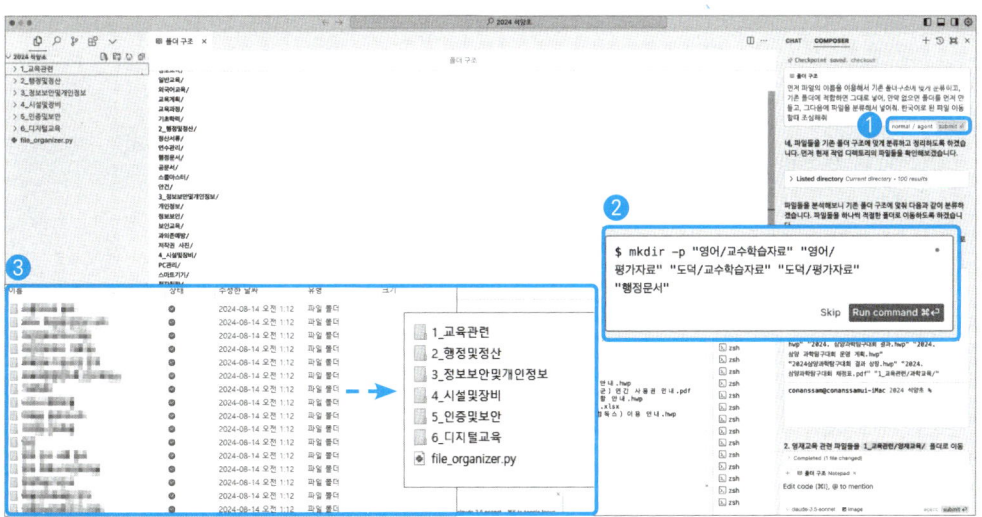

Chapter 28 커서 고급 사용법 더 알아보기   417

> 🧑 Q
>
> 먼저 파일의 이름을 이용해서 기존 폴더 구조에 맞게 분류하고 기존 폴더에 적합하면 그대로 넣어, 만약 적합한 폴더가 없으면 폴더를 먼저 만들고, 그 다음에 파일을 분류해서 넣어줘. 한국어로 된 파일은 이동할때 오류나지 않도록 조심해줘.

다만 에이전트는 요청한 작업 대해서 콘솔 명령어를 제안하거나 파이썬 코드를 생성합니다. 사용자는 에이전트가 제안한 내용을 확인하고 **[Run command]**을 눌러 실행할 수 있습니다.

> **TIP** 간혹 파일이 이동하지 않는 경우가 있습니다. 그럴 때는 cmd에서 처리해달라고 요청해보세요.

바로 실습 72 SVG 파일 제작 요청하기

커서는 코드만 잘 작성하는 것이 아닙니다. 기본적으로 텍스트 기반 문서 편집 기능을 내재하고 있기 때문에, 텍스트를 이용해서 구조도를 그리는 SVG 파일도 잘 만들어줍니다. **바로 실습 61 반 편성 조회 시스템 구상하기**에서 제작한 이미지 인식 클릭 도구의 흐름도를 SVG 파일로 만들어달라고 요청해보겠습니다.

01 반 편성 조회 시스템 코드를 선택하고 다음과 같이 요청합니다.

> 🧑 Q
>
> ...필요한 코드를 선택하거나 복붙하세요!...
>
> 이 코드의 시스템 아키텍처와 워크플로우를 새로운 SVG로 만들어줘.

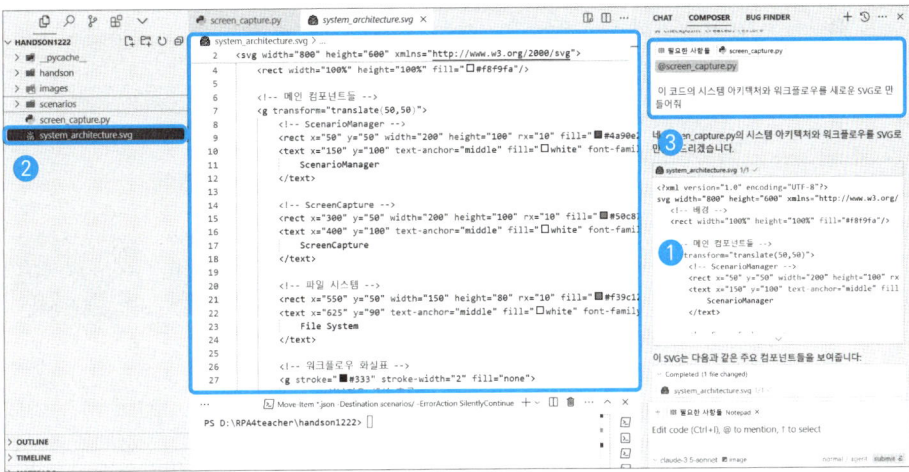

❶ 컴포저를 이용해 SVG 파일을 생성합니다. ❷ 폴더에 생성된 파일을 선택해주세요. ❸ 파일 내용을 확인해볼 수 있습니다.

02 SVG 파일은 이미지를 나타내는 파일인데, 커서에서는 미리보기가 지원되지 않습니다. 확장 프로그램을 설치해보겠습니다.

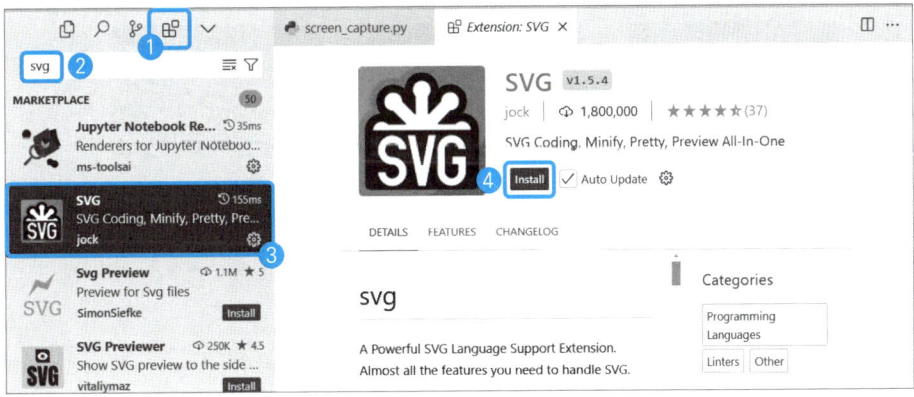

❶ 확장 프로그램 아이콘을 클릭합니다. ❷ SVG라고 검색창에 입력한 후 ❸ 해당 프로그램을 선택합니다. ❹ [Install]을 눌러 확장 프로그램을 설치해주세요.

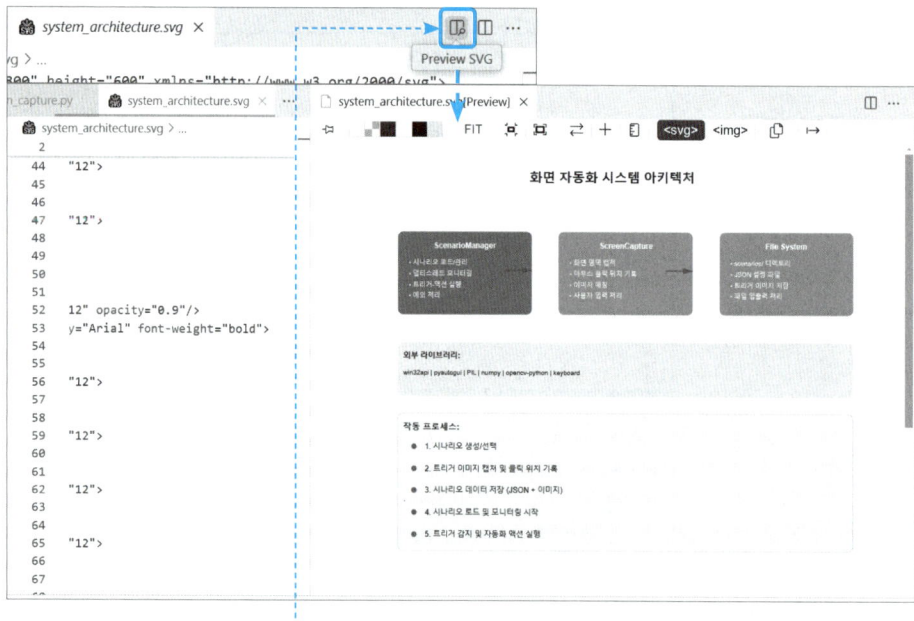

확장 프로그램이 설치되면 [Preview SVG] 아이콘을 눌러 SVG 파일을 확인할 수 있습니다.

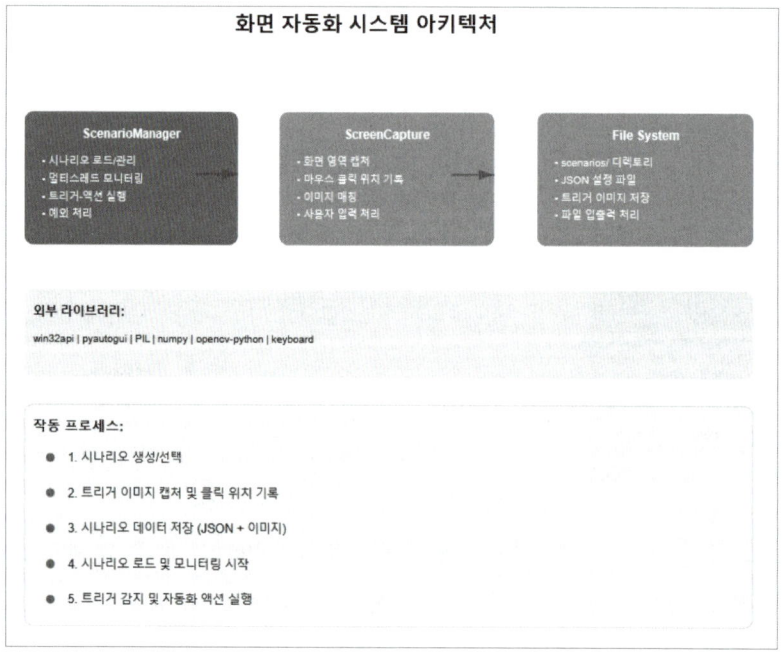

파이썬으로 학교 데이터 다루기

학습 내용

부록 A 나이스 교육 정보 개방 포털 데이터 활용하기

부록 B 나이스 데이터 전처리하기

부록 C 학생 지필 평가 점수 데이터 분석하기

부록 D 설문조사 결과 정리하고 분석하기

학습 목표

부록에서는 파이썬을 활용한 데이터 처리 방법을 소개합니다. 여기서 소개하는 내용을 스트림릿과 같은 파이썬 웹 앱 개발에 접목하면 무궁무진한 활용을 할 수 있을 겁니다. 심화 내용이므로 모든 과정을 상세히 다루지는 않았지만, 여러분의 업무 자동화에 새로운 아이디어를 얻고 한 걸음 더 나아가는 데 도움이 되길 바랍니다. 어렵거나 궁금한 점이 있다면 AI를 활용하거나 오픈 카톡에서 질의응답을 통해 해결해보세요.

부록 A

나이스 교육 정보 개방 포털 데이터 활용하기

나이스 교육 정보 개방 포털은 교육 현장에서 유용한 정보를 제공하는 플랫폼입니다. 학사 정보, 교육 과정 등 다양한 주제별 데이터를 제공하여 선생님들이 교육과 관련된 정보를 찾을 때 유용하게 활용할 수 있습니다.

- **나이스 교육 정보 개방 포털**: open.neis.go.kr/portal/mainPage.do

나이스 교육정보 개방 포털은 크게 4가지 메뉴로 구성되어 있습니다.

❶ '데이터셋'에서는 주제별 데이터셋을 제공합니다. ❷ '활용 가이드'에서는 Open API 소개와 인증키 발급, 개발자 가이드를 제공합니다. ❸ '참여 소통'에서는 공지 사항, 자주 묻는 질문, 활용 갤러리를 ❹ '소개'에서는 교육 정보 개방을 소개하고 있습니다.

이 중 가장 중요한 데이터셋 메뉴를 같이 알아보겠습니다. 데이터셋에는 학교 기본 정보, 급식 식단 정보, 학원 교습소 정보 등 12가지 데이터가 종류별로 정리되어 있습니다.

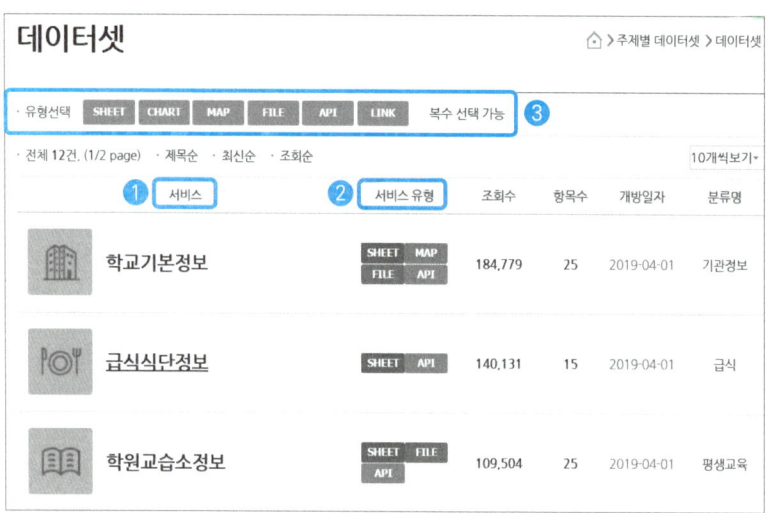

❶ 서비스 항목에서는 제공하는 데이터셋의 종류를 확인할 수 있고 데이터셋의 이름을 누르면 해당 데이터셋을 더 자세히 확인할 수 있습니다. ❷ 제공하는 데이터의 종류를 확인할 수 있습니다. 시트, 차트, 지도, 파일, API, 링크 6가지 형태의 데이터를 제공하며 ❸ 데이터의 종류에 따라 정렬해서 볼 수도 있습니다.

사이트 상단의 메뉴 중 **[참여소통]**의 **[활용갤러리]**도 참고하면 좋습니다. 데이터를 활용한 다양한 사례들을 볼 수 있기 때문이죠. 이 메뉴에서 업무나 학생들을 위한 데이터 활용 아이디어를 얻어 보세요.

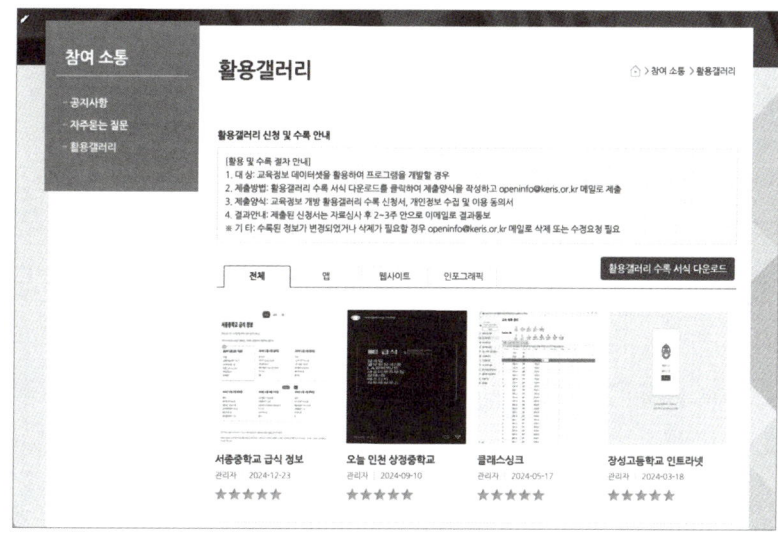

나이스 교육 정보 개방 포털 인증키 받기

API^{Application Programming Interface}란 쉽게 말해 특정 프로그램이나 서비스가 가지고 있는 기능이나 데이터를 외부에서 요청하고 사용할 수 있도록 하는 다리 역할을 합니다. 예를 들어 나이스 교육 정보 개방 포털에서 급식 정보 API를 제공한다면 사용자는 API를 이용해 '오늘의 급식을 알려줘'라는 요청을 보냅니다. 서비스는 정해진 방식으로 그 요청을 처리하고 급식 데이터를 돌려줍니다. 이렇게 하면 사용자는 데이터를 효과적으로 활용할 수 있고, 서비스 제공자는 데이터를 전부 공개하지 않고 자신의 시스템을 안전하게 보호할 수 있습니다.

이때, 서비스 제공자는 사용자의 접근을 통제하고 데이터를 안전하게 보호하기 위해 인증키를 발급합니다. 인증키는 일종의 디지털 신분증으로, 사용자가 API를 통해 데이터를 요청할 때 누구인지, 어떤 목적으로 사용하는지 확인하기 위해 필요합니다. 인증키 없이는 데이터를 사용할 수 없으므로, API를 활용하려면 반드시 인증키를 발급받아야 합니다.

인증키는 포털에 로그인한 후 원하는 데이터셋의 상세 정보에 들어가 [Open API → 인증키 신청] 버튼을 누른 후 API 사용 설명에 대한 간단한 신청서를 작성해야 발급받을 수 있습니다.

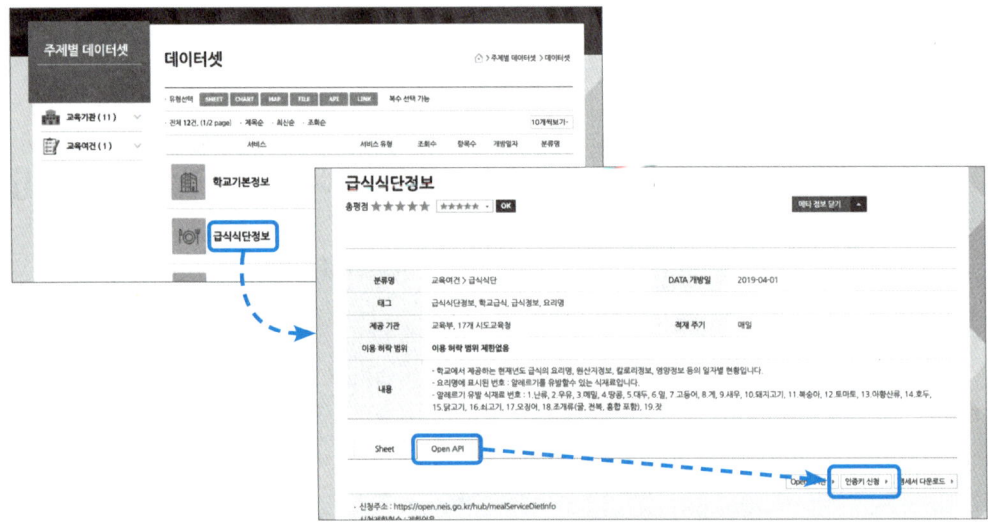

인증키 신청을 마친 후에 홈페이지 상단 메뉴 **[마이페이지 → 인증키 발급]** 내역을 보면 발급된 인증키를 확인할 수 있습니다. 이 인증키 정보를 코드에 입력해야 원하는 API를 사용할 수 있습니다.

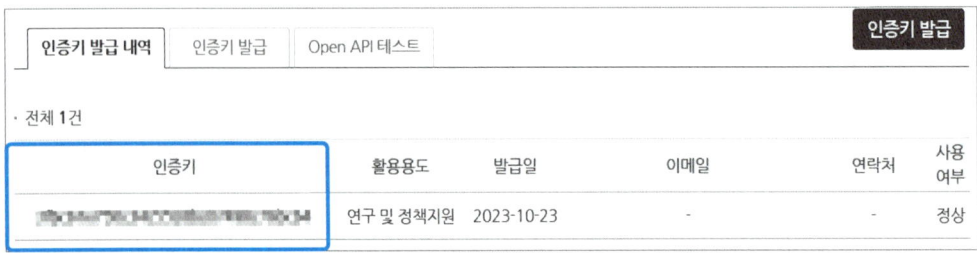

API로 급식 데이터 받아오기

이제 원하는 데이터를 요청해서 받아보겠습니다. 여기서는 급식식단정보 데이터셋으로 설명하겠습니다. 데이터의 상세 정보 페이지에서 **[Open API]** 탭을 누르면 API 사용을 위한 기본 설명이 있습니다.

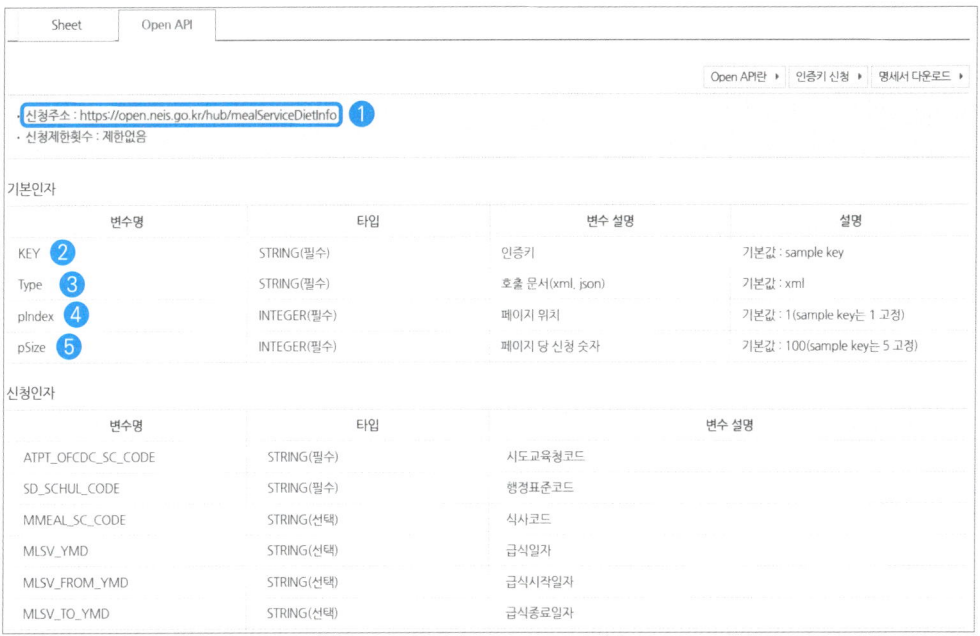

❶ API를 신청하는 신청 주소입니다. 이 주소는 데이터셋마다 다르니 주의하세요.

❷ **기본 인자**는 API 호출 시 꼭 포함해야 하는 매개변수를 의미합니다. API를 호출할 때는 보통 정해진 양식을 따르는데 그 양식에 들어가야 하는 필수 정보입니다. 기본 인자에는 다음과 같은 것들이 있습니다:

- **KEY** : 인증키로 API 접근 권한을 확인하는 데 사용됩니다.
- **Type** : 응답 형식을 지정하며 XML 또는 JSON 형식으로 받을 수 있습니다.
- **pIndex** : 데이터를 페이지별로 나누어 조회할 때 사용합니다.
- **pSize** : 한 페이지당 출력할 데이터의 개수를 설정합니다.

❸ **신청 인자**는 우리가 얻고자 하는 내용과 관련된 매개 변수를 의미합니다. 기본 인자와 필수 인자를 소개하는 표에서 '타입' 열을 보면 (필수)라고 적힌 변수가 있습니다. 이 변수는 API 요청 시 반드시 입력해야합니다.

그런데 신청 인자의 필수 변수에 학교명은 없고 시도 교육청 코드, 행정 표준 코드가 들어있습니다. 이게 무엇일까요? 학교마다 소속 교육청에 따른 코드와 행정 표준 코드가 부여되어 있습니다. 이 자료는 학교 기본 정보 데이터셋에서 찾을 수 있습니다. 하지만 매번 학교의 시도 교육청 코드와 행정 표준 코드를 찾아서 호출하는 건 너무 힘든 일이죠.

이 문제는 API를 두 개 호출하여 해결할 수 있습니다. 먼저, 학교기본정보 데이터셋을 이용해서 시도교육청을 입력하고 학교명을 입력해서 시도교육청코드와 행정표준코드를 받아옵니다. 그리고 받아온 코드를 급식 식단 정보 데이터셋에 입력하면 되겠죠?

API를 활용할 때는 이처럼 사용 설명서를 잘 읽고 어떤 변수가 필요한지, 각각의 변수는 어떤 것을 의미하는지 파악하는 과정이 중요합니다. 이 API를 사용하여 급식 정보를 불러오는 코드는 실습 파일 드라이브의 Appendix_A.py 파일에서 확인하세요.

- **독자 실습 자료 폴더** : vo.la/azECUb

제공한 코드에 ① 여러분의 API 키를 입력하고 ② 실행하면 다음과 같이 터미널에 학교, 지역명, 날짜를 입력하는 명령이 뜹니다. 정보를 정확히 입력하면 해당하는 급식 정보가 출력되죠.

```
1  import requests
2  import json
3  import datetime
4
5  key = '나이스 교육개방 포털 API 키'     ① 여러분의 API 키로 변경하세요
6  url_school= "https://open.neis.go.kr/hub/schoolInfo"
7  url_meal = 'https://open.neis.go.kr/hub/mealServiceDietInfo'
8
```

```
학교명을 입력하세요 : 숭의초등학교
지역명을 입력하세요 : 인천광역시
날짜 입력 (MMDD): 0307
찰보리밥
우렁된장국 (5.6)
편육 (5.6.10)
양배추쌈 (5.6.13)
포기김치 (9)
딸기
```

② 실행하면 이렇게!

나이스 교육 정보 개방 포털의 데이터를 다양하게 활용해보세요

이렇게 나이스 교육 정보 개방 포털의 데이터를 파이썬으로 가져오는 기본적인 방법을 살펴봤습니다. 하지만 중요한 것은 이 데이터를 어떻게 활용하느냐겠죠? 예를 들어, GUI를 도입하면 프로그래밍에 익숙하지 않은 사용자도 버튼 클릭만으로 데이터를 조회하거나 분석할 수 있을테니 다른 선생님들과 공유해서 쓰기 편할 겁니다. 앞서 배운 스트림릿과 결합하면 웹 기반의 대시보드를 만들어 학생과 교사 모두가 쉽게 접근할 수 있는 맞춤형 교육 데이터 서비스를 구축할 수도 있습니다. 실습 예제 파일 중 Appendix_A_withStreamlit.py 파일을 실행해서 더 편하게 급식 정보를 알아볼 수 있는 앱도 확인해보세요.

또한 데이터셋 목록을 살펴보면 대부분 sheet 서비스를 지원하므로, 파이썬 활용뿐만 아니라 엑셀 파일로 내려받아 스프레드시트에서 열고 가공할 수도 있습니다. 앱스 스크립트를 함께 활용하면 반복 작업을 자동화할 수 있어 더 효율적으로 데이터를 분석하고 활용할 수 있겠죠?

이처럼 나이스 교육 정보 데이터를 단순히 수집하는 데 그치지 않고, 다양한 방식으로 가공하고 시각화하면 더욱 가치 있게 활용할 수 있습니다. 데이터를 적극적으로 둘러보면서 효과적으로 활용할 수 있는 자신만의 방식을 찾아보세요.

부록 B

나이스 데이터 전처리하기

나이스에서 학생들의 지필 평가 점수를 파일로 다운로드하면 바로 분석에 사용하기 어렵습니다. 병합되어 있는 칸이 많아 데이터를 활용하려면 한 셀, 한 셀 병합을 해제해야 합니다. 또한 학급의 수가 너무 많거나, 학생 수가 너무 많다면 데이터가 2페이지로 넘어가는데 이 또한 활용하기 편하게 수정해야 합니다.

이렇게 데이터 분석을 위해서는 엑셀 파일에서 우리가 원하는 데이터만 추출하고 정리하는 과정이 필요합니다 이 과정은 **바로실습 59** **나이스 다운로드 문서 불필요한 형식 정리하기**에서 앱스 스크립트를 사용하여 해결했었습니다. 여기서는 파이썬의 판다스 라이브러리를 활용하는 방법을 소개합니다. 이처럼 같은 작업을 수행하는 방법은 다양한데, 업무 자동화에 익숙해지면 자신에게 가장 편한 방식과 언어를 자연스럽게 선택하게 될 것입니다.

나이스 교육 정보 개방 포털 인증키 받기

나이스의 형식이 적용된 엑셀 파일을 분석하기 편하게 데이터만 남겨 다시 저장하는 코드의 구성은 다음과 같습니다.

1. 판다스 라이브러리로 엑셀 파일을 불러옵니다.
2. 병합된 셀을 자동 해체하고 필요 없는 셀은 삭제합니다.
3. 필요한 정보가 있는 부분만 가져옵니다.
4. 정리한 결과를 새 엑셀 파일로 저장합니다.

판다스는 병합된 셀의 첫 번째 값만 남기고 나머지는 NaN으로 처리합니다. 이를 활용하여 불필요한 셀과 결측값을 처리하는 것이 핵심입니다. 코드 전문은 실습 파일 드라이브의 Appendix_B.py 파일에서 확인하세요. 코드를 적용하면 다음과 같이 깔끔하게 반, 번호에 따라 데이터가 정리됩니다.

분석할 수 있는 데이터 형태로 바꾸기

데이터 처리가 끝난 것이 아니냐구요? 아직 한 단계 남았습니다. 지금 다운로드한 엑셀의 형태는 반별 학생 점수를 한눈에 보기 위해 요약해놓은 상태인 일람표였습니다. 이 상태는 '읽기'를 위한 용도입니다. 이제 반별로 데이터를 정리하고, 어느 반에 최고점과 최저점이 있는지, 반별 통계량은 어떤지 알아보기 위해 데이터를 '분석'할 수 있는 형태로 바꿔야 합니다. 결과물을 먼저 봅시다. 왼쪽의 기존 데이터를 압축된 데이터 형태, wide data 또는 피벗 테이블이라고 하며, 오른쪽과 같은 형태가 데이터 분석에 필요한 형태로, raw data 혹은 tidy data라고 합니다.

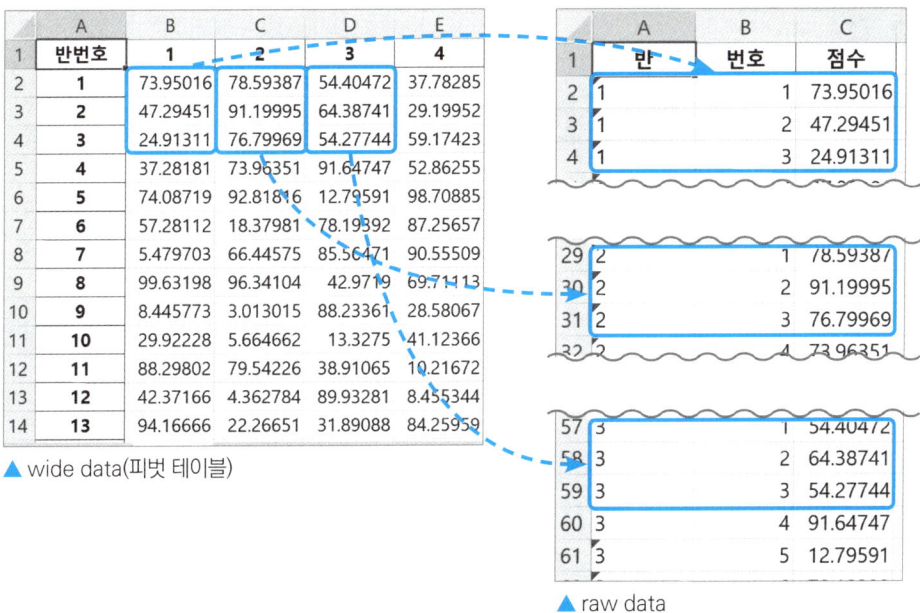

▲ wide data(피벗 테이블)

▲ raw data

왼쪽과 같은 wide 형태의 데이터에서는 1반, 2반, 3반의 점수들이 각기 다른 열입니다. 이러한 구조는 데이터를 한눈에 보기에 좋을지 몰라도, 실제로 분석과 시각화를 하기에 적합하지 않습니다. 우리는 이를 변환하여 각 행에 학생 번호, 반, 점수가 포함되도록 만들어야 합니다.

오른쪽 형태의 데이터로 만드는 과정을 melting이라고도 하는데요, 판다스 라이브러리는 이러한 변환을 손쉽게 할 수 있는 melt( ) 함수를 제공합니다. 설명이 다소 길었지만 직접 실행해보면 감이 잡힐 겁니다. 코드 전문은 실습 파일 드라이브의 Appendix_B.py 파일에서 확인하세요. 코드를 실행하고 새로 만들어진 melted_data.xlsx 파일을 확인해보면 더 이상 반별로 나뉘어 있지 않고, 각 반과 학생 번호의 조합이 한 행으로 저장되어있을 겁니다.

이제 우리는 이 데이터를 사용하여 반별 평균을 계산하거나, 점수 분포를 시각화하는 등의 다양한 분석을 진행할 수 있습니다. 다음 단계에서는 변환된 데이터를 활용하여 반별 평균 점수를 계산하고, 전체 평균 점수와 비교하는 작업을 진행하겠습니다.

부록 C

학생 지필 평가 점수 데이터 분석하기

시험이 끝나면 가장 궁금한 것은 평균입니다. 특히 반별 평균은 학급간 차이를 파악하거나 앞으로의 수업을 진행하는 데 중요한 지표가 됩니다. 또한 표준편차는 반에서 학생들의 점수가 얼마나 흩어져있거나 모여있는지 보여주는데요, 두 지표는 성적표에도 함께 기록되는 지표입니다.

앞서 전처리를 통해 만든 raw data를 가지고 전체 평균, 그리고 표준편차를 구해보겠습니다. 엑셀에서도 이를 계산할 수 있지만, 파이썬을 사용하면 더 효율적으로 처리할 수 있습니다. 여러 개의 반 평균과 표준편차를 한 번에 계산할 때 특히 유용하겠죠?

반별 평균과 표준편차 구하기

평균, 그리고 표준편차를 구하는 코드의 구성은 다음과 같습니다.

1. 판다스 라이브러리로 엑셀 파일을 불러옵니다.
2. 분석에 사용할 수 있도록 데이터의 타입을 변환합니다.
3. 기본 통계량을 계산합니다.
4. 사용자가 지정한 백분위에 해당하는 통계량을 계산합니다.

코드 전문은 실습 파일 드라이브의 Appendix_C.py 파일에서 확인하세요. 코드를 실행하면 다음과 같이 기본 통계량과 사용자가 지정한 백분위의 통계량이 출력됩니다.

```
기본 통계량:
              점수
count   281.000000
mean     51.727807
std      28.756191
min       0.674218
25%      28.206718
50%      52.862548
75%      76.031849
max      99.735826
사용자 지정 백분위수를 포함한 통계량:
              점수
count   281.000000
mean     51.727807
std      28.756191
min       0.674218
4%        5.296814
11%      12.009408
23%      26.246176
40%      43.194735
50%      52.862548
60%      61.436423
77%      78.203307
89%      90.956682
96%      97.506597
100%     99.735826
max      99.735826
```

describe( ) 함수를 이용하면 고등학교에서 등급컷을 구할 때 뿐 아니라, 어떤 성적이나 수치를 시각화할 때 원하는 대로 한번에 통계량을 구할 수 있습니다. 이 코드를 응용하여 여러 엑셀 파일을 한 번에 처리하거나 데이터를 다시 엑셀 파일로 저장하는 기능을 추가해도 좋겠네요!

반별 점수 분포 시각화하기

숫자가 많을수록 그래프, 차트를 통해 시각화해서 한눈에 보기 쉽게 처리를 하는 것이 중요합니다. 이를 통해 다음 시험은 어떻게 낼지, 수업을 어떻게 보완할지 등 지난 수업과 평가를 되돌아보기도 합니다. 파이썬 라이브러리 시본seaborn을 사용하면 데이터프레임을 쉽게 시각화할 수 있습니다.

시본을 이용해서 히스토그램으로 데이터를 시각화하는 코드의 구성은 다음과 같습니다.

1. 엑셀 파일을 불러옵니다.
2. 시본 라이브러리로 히스토그램을 그리는 함수를 사용합니다. 이때 원하는 구간의 범위와 너비를 지정합니다.

3. 한글 라벨을 표현하기 위해 koreanize_matplotlib 라이브러리를 사용합니다.

4. 생성한 그래프를 이미지로 저장합니다.

코드 전문은 실습 파일 드라이브의 Appendix_C.py 파일에서 확인하세요. 코드를 실행하면 다음과 같이 히스토그램 이미지가 저장됩니다.

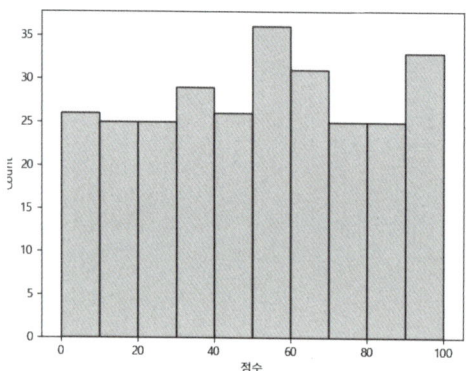

이렇게 우리가 매일 보는 나이스 데이터를 다운받아 파이썬으로 분석하면, 생각보다 많은 것을 할 수 있습니다. 지필평가나 수행평가 일람표를 확인해서 반별 평균뿐 아니라 반별 성적의 분포 등 많은 정보를 얻을 수 있고 로컬 컴퓨터에서 분석하는 셈이기 때문에 유출될 걱정 없이 안전하게 작업할 수 있다는 장점도 있습니다.

부록 D

설문조사 결과 정리하고 분석하기

학교에서는 '프로그램 만족도 조사'나 '2025학년도 학교평가 설문 결과'와 같은 다양한 설문조사를 시행합니다. 이 설문의 응답을 어떻게 수집하고 분석하는지 궁금해 해본 적이 있나요? 이번에는 가상의 설문조사 결과를 바탕으로 데이터를 분석하고 인사이트를 도출하는 과정을 함께 살펴보겠습니다. 실습해볼 수 있는 데이터 엑셀 파일과 코드 전문은 모두 독자 실습 자료 폴더에서 다운받을 수 있습니다.

- **독자 실습 자료 폴더 :** vo.la/azECUb

설문조사 안한 사람 찾기

구글 폼과 같은 각종 도구를 이용하여 학생을 대상으로 설문조사를 하다보면, 응답자는 잘 정리되어 나오지만 '아직 설문을 하지 않은 학생'을 찾기는 번거롭습니다. 명렬표를 보고 응답자를 지워나가며 찾지 않고 코드를 이용해서 미응답자를 찾는 방법을 알아보겠습니다.

필요한 데이터는 전체 학생의 명렬표와 설문 응답 결과입니다. 모두 엑셀로 정리되어있다고 가정합니다. 이때 판다스 라이브러리를 이용해서 미응답자를 찾는 코드의 구성은 다음과 같습니다.

1. 두 엑셀 파일을 불러옵니다.
2. 설문 응답 결과 데이터에서 학생 이메일 주소의 앞 5자리를 가져와 학번을 추출합니다. 이를 위해 미리 학생들의 이메일 주소 형식을 통일해야겠죠?
3. 비교할 수 있도록 명렬표와 설문 응답 결과의 학번 데이터 타입을 확인하고 변환합니다.
4. 두 명단을 비교하고 명렬표의 학생 중 설문 응답을 하지 않은 학생을 찾아 반환합니다.

코드 전문은 실습 파일 드라이브의 Appendix_D_NonRespondents.py 파일에서 확인하세요. 코드를 실행하면 다음과 같이 데이터 타입 확인 결과와 설문에 응답하지 않은 학생의 명단이 출력됩니다.

```
데이터 타입 확인 :
students['학번'] 타입 : int64
df1['학번'] 타입 : object

설문에 응답하지 않은 학생 :
      학번    이름
0   20101   강학생
1   20102   김학생A
3   20104   송학생
5   20106   윤학생
7   20108   전학생
8   20109   최학생
9   20110   홍학생
10  20201   권학생
12  20203   서학생
14  20205   오학생
```

이 코드를 응용하여 새 엑셀 파일로 미응답 명단을 저장하거나, 기존 명렬표의 미응답자 열에 색을 칠해 표시하는 등 다양한 기능을 더해보세요.

여러 개의 설문조사 데이터 처리하기

여러 종류의 설문조사를 진행했거나, 한 종류의 설문조사 결과가 반별로 진행되어 여러 개의 설문조사 파일을 통합해야 할 때도 있을 겁니다. 이번에는 그런 경우 한 번에 처리할 수 있는 방법을 소개합니다.

실습에서 가정한 상황은 다음과 같습니다. 3개의 설문조사 데이터와 학생 명렬표 데이터가 있을 때 명렬표에는 모든 학생의 학번과 이름이 포함되어 있으며, 설문조사 데이터에는 응답자 정보와 설문 내용이 포함되어 있습니다. 설문 1, 2, 3은 각각 다른 설문이고, 각 설문에는 한 학생이 한 번만 응답했다고 가정합니다.

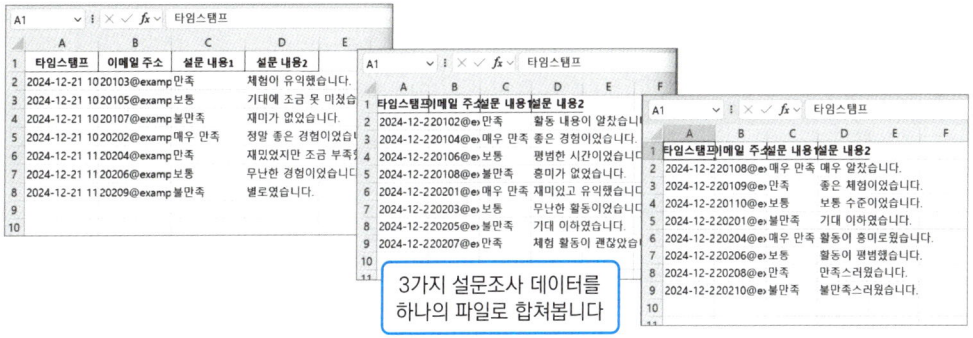

이때 판다스 라이브러리를 이용해서 설문을 합치는 코드의 구성은 다음과 같습니다.

1. 3개의 설문 응답 결과와 명렬표 데이터를 불러옵니다.
2. 각 설문에서 이메일 주소의 첫 5자를 학번으로 추출하고 설문 내용은 하나의 열로 통합합니다.
3. 앞 단계에서 전처리한 설문 데이터에서 필요한 열만 추출합니다.
4. 학번을 기준으로 데이터를 통합합니다.
5. 통합한 최종 파일과 명렬표를 함께 저장하여 설문에 응하시 않은 학생도 결과 파일에 포함합니다.

코드 전문은 실습 파일 드라이브의 Appendix_D_MultiSurvey.py 파일에서 확인하세요. 코드를 실행하면 다음과 같이 3개의 설문 응답 결과와 미응답자까지 한 눈에 볼 수 있는 엑셀 파일이 만들어집니다.

	A	B	C	D	E
1	학번	이름	설문1	설문2	설문3
2	20101	강학생			
3	20102	김학생A		타임스탬프: 2024-12-22 09:00 설문 내용1: 만족 설문 내용2: 활동 내용이 알찼습니다.	
4	20103	박학생	타임스탬프: 2024-12-21 10:15 설문 내용1: 만족 설문 내용2: 체험이 유익했습니다.		
5	20104	송학생		타임스탬프: 2024-12-22 09:15 설문 내용1: 매우 만족 설문 내용2: 좋은 경험이었습니다.	
6	20105	안학생	타임스탬프: 2024-12-21 10:20 설문 내용1: 보통 설문 내용2: 기대에 조금 못 미쳤습니다.		
7	20106	윤학생		타임스탬프: 2024-12-22 09:20 설문 내용1: 보통 설문 내용2: 평범한 시간이었습니다.	
8	20107	임학생	타임스탬프: 2024-12-21 10:30 설문 내용1: 불만족 설문 내용2: 재미가 없었습니다.		
9	20108	전학생		타임스탬프: 2024-12-22 09:30 설문 내용1: 불만족 설문 내용2: 흥미가 없었습니다.	타임스탬프: 2024-12-23 09:00 설문 내용1: 매우 만족 설문 내용2: 매우 알찼습니다.
10	20109	최학생			타임스탬프: 2024-12-23 09:20 설문 내용1: 만족 설문 내용2: 좋은 체험이었습니다.
11	20110	홍학생			타임스탬프: 2024-12-23 09:40 설문 내용1: 보통 설문 내용2: 보통 수준이었습니다.
12	20201	권학생		타임스탬프: 2024-12-22 09:45 설문 내용1: 매우 만족 설문 내용2: 재미있고 유익했습니다.	타임스탬프: 2024-12-23 10:00 설문 내용1: 불만족 설문 내용2: 기대 이하였습니다.

설문은 학생들의 자기 평가를 받거나 형성 평가를 시행할 때도 많이 사용합니다. 이런 코드를 활용하면 시간에 따른 학생의 형성 평가 결과를 살펴보거나, 여러 번에 걸친 학생의 자기평가를 누적하여 정리하기에도 좋습니다.

학교에서 쌓이는 다양한 데이터, 파이썬으로 활용해보세요

이 과정을 살펴보면 처음에 데이터를 올바른 형태로 수집해야 전처리 과정이 수월하다는 것을 알 수 있습니다. 예를 들어 학생의 정보를 한 설문에서는 학년, 반, 번호로, 어떤 설문에서는 학번으로, 어떤 설문에서는 학번이 포함된 이메일 주소로 수집했다면 이를 공통된 값인 '학번'으로 변환하는 작업이 추가로 필요할 겁니다.

또한, 설문 응답 시 '학번과 이름을 써주세요'라고 요청하면, 학생들이 '10110 김학생' 혹은 '김학생10110'처럼 다양한 방식으로 입력할 수 있어 전처리가 더욱 어려워질 수 있습니다. 따라서 데이터를 수집하는 단계부터 정확하고 일관된 방식을 유지하는 것이 중요합니다.

학교에서는 수많은 데이터가 쌓입니다. 나이스나 설문조사 데이터뿐 아니라, 학생들이 사용하는 학습관리시스템(LMS)에서도 다양한 데이터가 쌓이고 있습니다. 이러한 데이터를 어떻게 활용하느냐에 따라 데이터는 단순히 버려질 수도 있고, 의미 있는 통찰을 줄 수도 있습니다.

이렇게 각기 다른 방법으로 수집한 데이터를 쉽게 처리할 수 있는 마법같은 도구가 바로 파이썬이랍니다. 버려질 뻔한 학생 데이터가 떠올랐다면 지금 바로 파이썬에서 불러오면 어떨까요?

✔ 저자의 한마디 ➕

교직 생활을 시작하며 예상치 못한 행정 업무에 많은 시간을 빼앗긴 선생님들이 많을 것입니다. 저 역시 그랬고 특히 한글 문서 작업의 반복적인 과정이 비효율적이라고 느껴 이를 해결하기 위해 자동화 코딩을 시작했습니다. 시행착오 끝에 효율적인 도구를 개발했고 이를 동료들과 공유하며 보람을 느꼈습니다. 최근에는 생성형 AI와 같은 도구들 덕분에 코딩의 장벽이 많이 낮아졌습니다. 중요한 것은 문제를 인식하고 해결하려는 통찰력과 창의성입니다. 이 책을 통해 선생님들이 느낀 작은 불편함이나 귀찮음을 혁신의 씨앗으로 삼아 더 다양한 해결책을 만들고 공유할 수 있기를 바랍니다!

강우혁

아주 작은 과업이라도 마치 마법처럼 자동화되는 화면을 보았을 때의 뿌듯함과 행복함을 기억합니다. 이 책을 펼치신 독자분들도 "이걸 지금까지 손으로 해왔다고요?"라는 외침과 함께, 내 손끝에서 탄생한 자동화 코드의 뿌듯함을 만끽하시길 바랍니다. 그리고 무엇보다 지금까지 우리가 얼마나 비본질에 시간을 허비하고 있었는지를 느껴보시기를 기원합니다. 이러한 외침들이 모여, 학교 업무 간소화를 저해하는 비본질들이 하나둘 봄눈 녹듯 서서히 사라지는 그날을 기다립니다.

김송희

"아니, 왜 내가 이 일을 매일 같이 반복하고 있지?" 이런 생각이 드셨다면, 축하합니다! 선생님께서는 이미 비효율적인 업무를 발견하셨군요. 이제 업무 자동화를 위해 필요한 건 작은 용기와 실행력뿐입니다. 혼자라서 막막하신가요? 제가 든든한 동료가 되어드릴게요. 언제든지 연락해 주세요.

서승희

교육의 디지털 전환이 온전히 이루어지기 위해서는 단순히 어떤 도구를 쓸 수 있는 활용 능력을 넘어, 우리 선생님들이 디지털 세상에서 문제를 발견하고 해결하는 힘을 키우는 것과 동료 선생님들과 함께 배우며 공유하는 문화가 필요하다고 생각합니다. 저희가 함께 펴낸 책이 그런 변화의 마중물이 되었으면 좋겠고, 우리나라에 계신 선생님들뿐 아니라 다양한 공공 영역에서의 디지털 전환에 대한 힌트가 되길 소망합니다!

송석리

매년, 매월, 매일 반복되는 업무를 자동화하자! 교직에 첫발을 내디뎠을 때, 교육의 본질보다 행정 업무에 더 많은 시간을 쏟고 있는 모습을 발견했습니다. 특히 일정한 패턴으로 반복되는 업무들이 제 열정과 에너지를 고갈시키는 것을 느꼈습니다. 그러던 중, '이 반복적인 일들을 컴퓨터가 대신할 수 있지 않을까?'라는 단순한 질문이 교직 생활을 완전히 바꿔놓았습니다. 자동화는 단순히 시간을 절약하는 기술이 아닙니다. 불필요한 업무를 줄이고, 교사가 학생들과 더 많은 시간을 보낼 수 있도록 돕는 도구입니다. 자동화는 교육의 본질에 집중할 수 있는 시간을 되찾아 줍니다.

한솔

학교에서 반복적이고 과도한 업무에 지친 선생님들의 모습을 많이 보았습니다. 이 책에서 가장 강조하고 싶었던 것은 단순한 코딩 기술이 아닌 업무의 본질을 찾아 불필요한 과정을 줄이는 사고방식이었습니다. 기술보다 중요한 것이 바로 '왜'라는 질문입니다. 왜 이 업무가 이렇게 처리되어야 하는지, 더 효율적인 방법은 없는지, 끊임없이 고민하는 과정에서 진정한 자동화의 가치가 발견됩니다. 이 책을 통해 선생님들이 코딩과 AI 도구를 단순히 신기한 도구가 아닌 교육의 본질에 더 집중할 수 있는 혁신의 도구로 활용하시기를 바랍니다.

한준구

업무 자동화를 시작하면서 가장 크게 느낀 점은 혼자의 노력만으로는 한계가 있다는 것이었습니다. 열심히 만든 앱을 공유하면 선생님들은 신기해하시지만, 결국 각자의 스타일대로 수정하거나, 수정하기 어려운 경우에는 아예 사용하지 못하는 경우도 많았습니다. 공교육의 디지털 전환을 위해서는 문제를 공유하고 교육 데이터를 체계적으로 수집하는 시스템적 접근이 필요하다는 것을 깨달았습니다. 업무 자동화의 핵심은 바로 '협업'이라는 것을 이 책을 쓰면서 다시금 느꼈습니다. 7명의 선생님이 자유롭게 토론하고 대화하며 다양한 아이디어가 융합되는 과정을 경험했기 때문입니다. 이 책을 펼치는 순간, 변화는 시작되었습니다. 저희와 함께 선생님의 일상과 교육 현장에 변화를 만들어 가볼까요?

황수빈

찾아보기

ㄱ

가정통신문	173
개인 근무 상황 관리	260
개인 정보 식별 처리	375
갤러리	294
게시	110
계산식	32
고유키	32
공유 캘린더	100
구글 드라이브	24
구글 사이트	90
구글 앱스 스크립트	336
구글 챗	104
구글 플레이 스토어	43
권한	43
글상자	174
깃허브	266

ㄴ

나이스	202
노션	404
노코드	20
노트패드	416
누름틀	145

ㄷ

다이어그램	378
단축 주소	94
데이터 시각화	265
데이터 타입	33
도메인	303
디버깅	232
디스플레이	52

ㄹ

라벨	32
라이브러리	128
레이아웃	289
레지스트리 편집기	163
루트 인정서	165
리스트	195

ㅁ

마크다운	407
맷플롯립	265
머신러닝	265, 294
메뉴	100
메모장	123
메신저	104
메일 머지	135
명령 팔레트	125
명령 프롬프트	122
모듈	128
문자열	167
미디어 요소	287

ㅂ

배포	111
백엔드	380
보안	92
보안 모듈	164
봇	75
브라우저	202
비주얼 스튜디오 코드	123
빠른 수정	131

ㅅ

사이드 바	35
사이킷런	265
사이트 도구	93
상대 경로	139
상세 뷰	36
새로고침	328
새로운 메뉴 섹션	100
생성형 AI	304
생활 기록부	23
섹션	284
섹션 헤더	322
셀레니움	203
소스	233
소스 제어	312
소프트웨어	91
순회	176
스크립트	354
스크립트 매크로	148
스트림릿	264
스페이스	105
스프레드시트	20
슬라이드	92
시나리오	400
시본	265, 298
시트	27
식별자	238

ㅇ

안드로이드	43
알고리즘	192
애니메이션	310
액세스	29
액션	38

앱 스토어	43
앱시트	20
업무포털	202
에듀테크	92
에듀파인	256
에이전트	417
엑셀	31
엑스칼리드로우	376
영역 위치	160
오지선다	192
오토메이션	74
오픈AI	355
온라인 교무실	90
옵시디언	407
운영 체제	120
워크플로우	376
웹 드라이버	238
웹 툴	294
웹 페이지 요소	215
위젯	283
유효성 검사	31
이모지 코드	275
이벤트	78
이벤트 소스	349
인터프리터	125

ㅈ

자간	176
자간 자동 조정	173
자리 표시자	81
자바스크립트	151
절대 경로	139
주석	132
주피터 노트북	123

ㅊ

차트 요소	290
찾아 바꾸기	166
챗	131
체크아웃	416
추출	182
출결 데이터	22

ㅋ

캘린더	92
커뮤니티 클라우드	266
커밋	329
커서 AI	127
컨테이너	289
컴포저	393
코드스페이스	296
콘텐츠 블록	94
크롬	232
클라우드	92
클로드	127

ㅌ

타입	65
탭	131
터미널	127
테이블	27
텍스트 요소	284
텐서플로	265
템플릿	81
트리거	74

ㅍ

파비콘	109

파이썬	120
파이참	123
파이토치	265
판다스	203
포맷팅	170
포춘 쿠키	302
포커스	258
폼	92
폼 뷰	36
프레임워크	264
프로그래밍	20
프로세스	79
프로토타입	265
프론트엔드	380
프롬프트	128
플랫폼	336
필드	146

ㅎ

하위 페이지	98
학사 일정	100
학생 현황표	102
행동특성및종합의견	202
확장 프로그램	48

A~Z

Align	186
API	356
Bold	186
Bots	74
COM	137
CSS	91
CSS 선택자	217
csv	306

NOTE

선생님을 위한 8282 업무 자동화 with AI + 파이썬 + 노코드

학교 수업·행정 자동화의 모든 것!
선생님을 위한 72가지 교사 업무 혁신 가이드

초판 1쇄 발행 2025년 4월 1일

지은이 강우혁, 김송희, 서승희, 송석리, 한솔, 한준구, 황수빈
펴낸이 최현우 · **기획** 김성경 · **편집** 박현규, 김성경, 최혜민
디자인 표지 박은정 · **내지 · 조판** 안유경
마케팅 오힘찬 · **피플** 최순주

펴낸곳 골든래빗(주)
등록 2020년 7월 7일 제 2020-000183호
주소 서울 마포구 양화로 186 LC타워 5층 514호
전화 0505-398-0505 · **팩스** 0505-537-0505
이메일 ask@goldenrabbit.co.kr
홈페이지 www.goldenrabbit.co.kr
SNS facebook.com/goldenrabbit2020

ISBN 979-11-94383-22-2 93000

우리는 가치가 성장하는 시간을 만듭니다.

골든래빗은 가치가 성장하는 도서를 함께 만드실 저자님을 찾고 있습니다.
내가 할 수 있을까 망설이는 대신, 용기 내어 골든래빗의 문을 두드려보세요.
apply@goldenrabbit.co.kr

이 책은 대한민국 저작권법의 보호를 받습니다.
일부를 인용 또는 재사용하려면 반드시 저자와 골든래빗(주)의 동의를 구해야 합니다.

골든래빗
바로가기